"十四五"职业教育国家规划教材
高职交通运输与土建类专业系列教材
高等职业教育新形态一体化教材

隧道施工

Tunnel Construction

第3版
3RD EDITION

宋秀清　主　编
张晓玮　刘东霞　高攀科　副主编
关宝树　主　审

人民交通出版社股份有限公司
北　京

内 容 提 要

本书为高职交通运输与土建类专业系列教材之一，以山岭隧道的矿山法(钻爆法)施工为主，详细介绍隧道开挖、出渣、支护等基本内容的施工，在系统阐述一般地质隧道施工技术的基础上，分别对特殊地质地段隧道施工技术、TBM 掘进机与盾构施工技术、沉管法施工技术以及隧道养护维修等内容进行全面的介绍。

本书是国家职业教育地下与隧道工程技术专业教学资源库在线开放课程"隧道施工"的配套教材，也是地下工程类新形态一体化教材。本书针对知识点配有微课、动画、视频、教学课件等丰富的教学资源，读者可以通过扫描二维码进行在线观看学习。

本书可作为高职院校地下与隧道工程技术、盾构施工技术、铁道工程技术和高速铁道工程技术等相关专业的教材，也可供相关领域的工程技术人员参考使用。

图书在版编目（CIP）数据

隧道施工 / 宋秀清主编. — 3 版. — 北京 : 人民交通出版社股份有限公司, 2020. 7 (2024.12重印)

ISBN 978-7-114-16404-0

Ⅰ. ①隧… Ⅱ. ①宋… Ⅲ. ①隧道施工 Ⅳ. ①U455

中国版本图书馆 CIP 数据核字(2020)第 042309 号

Suidao Shigong

书　　名：隧道施工(第 3 版)
著 作 者：宋秀清
责任编辑：李　娜
责任校对：孙国靖　宋佳时
责任印制：刘高彤
出版发行：人民交通出版社股份有限公司
地　　址：(100011)北京市朝阳区安定门外外馆斜街 3 号
网　　址：http://www.ccpcl.com.cn
销售电话：(010)85285911
总 经 销：人民交通出版社股份有限公司发行部
经　　销：各地新华书店
印　　刷：北京建宏印刷有限公司
开　　本：787 × 1092　1/16
印　　张：21.75
字　　数：557 千
版　　次：2009 年 10 月　第 1 版
2014 年 7 月　第 2 版
2020 年 7 月　第 3 版
印　　次：2024 年 12 月　第 3 版　第 10 次印刷
书　　号：ISBN 978-7-114-16404-0
定　　价：55.00 元

前　言

据统计，截至 2019 年末，我国铁路营业里程达 13.9 万 km。其中，投入运营的铁路隧道 16084 座，总长 18041km。我国在建隧道规模达世界在建隧道规模的 50% 左右，目前我国已是世界上隧道数量最多、建设规模最大、发展速度最快的国家。截至 2019 年底，我国规划的有隧道工程项目的高速铁路共 86 条，隧道 3208 座，累计长度约 7975km。隧道一线需要大量的高素质技术技能人才。

为贯彻国家《交通强国建设纲要》，对接高速铁路隧道、高速公路等隧道工程建设，面向隧道施工技术员、安全员岗位，对接隧道新设备、新工艺、新方法、新材料四新技术，全面系统地介绍了隧道施工的各种方法，包括山岭隧道矿山法施工、盾构与掘进机施工、沉管法隧道施工和隧道养护维修工作。教材以真实案例出发，将施工安全、生态环保等绿色施工理念融入教材，有效推动隧道施工技术高质量发展。

本书是在《隧道施工》（第 2 版）（2014 年 7 月出版）的基础上，以学习者为中心进行教学设计、教学组织及资源开发。教材中增加了课程思政育人目标，更新了技术标准、规范及规程，吸纳了隧道机械化施工最新成果。运用信息化手段，教材中开发了数字化教学资源，方便学习者利用互联网进行学习。

本书是高职交通运输与土建类专业系列教材之一，由陕西铁路工程职业技术学院、重庆交通职业技术学院两所高职院校和中铁一局集团有限公司、中铁十一局集团有限公司、中交第四公路工程局有限公司等企业合作编写，坚持“质量一流、特色鲜明、合编共用”的原则，由上述院校骨干教师以及企业长期从事隧道现场施工的技术人员参与并合力精心打造完成。全书由宋秀清统稿担任主编，张晓玮、刘东霞、高攀科担任副主编。

本书采用校企“双元”合作模式开发。参与本书编写的人员有：陕西铁路工程职业技术学院宋秀清（绪论、项目一、项目四、项目十一）、陕西铁路工程职业技术学院高攀科（项目七）、重庆交通职业技术学院刘东霞（项目三、项目五）、陕西铁路工程职业技术学院毛红梅（项目十三）、陕西铁路工程职业技术学院郭军（项目十二）、陕西铁路工程职业技术学院王小凤（项目九）、陕西铁路工程职业技术学院欧阳艳（项目十四）、中交第四公路工程局有限公司张晓玮（项目二、项目六）、中铁十一局集团有限公司何磊（项目八）、中铁一局集团有限公司刘军（项目十）。本书的数字化资源采用了职业教育地下与隧道工程技术专业资源库的素材，相关素材由陕西铁路工程职业技术学院宋秀清、高攀科、李昭晖、王小凤等老师录制完成。

本书特邀西南交通大学关宝树教授审阅，他对书稿提出了很多中肯的意见和建议，在此表示由衷感谢。同时，在编写过程中，编者得到了中铁一局集团有限公司、中铁七局集团有限公司、中铁十一局集团有限公司等施工企业在图片、视频和动画等资料上的大力协助，人民交通出版社股份有限公司亦给予了大力支持，在此表示衷心感谢。

由于编者水平有限，书中不当和错误之处，敬请批评指正。

教学课件

编　者

2022 年 11 月

教材配套资源说明

本教材配套了丰富的教学资源，有效激发学生的学习兴趣和积极性，也方便教师备课和组织教学活动。具体资源类型包括学习课件、微课、视频、动画等，列表说明如下，读者可扫描书中二维码直接在线观看学习。

教师可加入高职铁道类教育平台 QQ 群：189546008，索取课件等资源。

序号	名称	类别	正文位置
1	洞身衬砌构造	微课	P16
2	洞门作用	微课	P19
3	避车洞	微课	P25
4	公路隧道附属结构物	动画	P28
5	坑道开挖后的状态	微课	P32
6	围岩分级	微课	P33
7	施工准备	视频	P44
8	施工组织设计	视频	P46
9	施工场地布置	视频	P48
10	隧道施工方法	微课	P56
11	矿山法概述	微课	P57
12	矿山法(新奥法)施工原理	视频	P58
13	全断面法	动画	P58
14	全断面法	视频	P58
15	全断面法	微课	P58
16	全断面法开挖施工流程	动画	P59
17	台阶法	动画	P59
18	台阶法	微课	P59
19	三台阶七步开挖	微课	P62
20	弧形导坑预留核心土法	微课	P62
21	中隔壁法	动画	P62
22	中隔壁法(CD 法)	微课	P62
23	侧壁导坑	视频	P65
24	洞口土石方施工	动画	P69
25	明洞施工方法	动画	P71
26	明洞施工	微课	P71
27	隧道机械化施工开挖作业线	视频	P82
28	三臂凿岩台车	视频	P83
29	液压凿岩台车	微课	P83
30	隧道常用炸药	微课	P86

续上表

序　号	名　　称	类　别	正文位置
31	起爆器材与起爆方法	微课	P88
32	隧道爆破设计参数	微课	P93
33	隧道炮眼布置	动画	P93
34	炮眼的种类和布置	微课	P93
35	掏槽眼类型	微课	P94
36	光面爆破概述	微课	P99
37	水压爆破工艺	微课	P102
38	水压爆破原理	微课	P102
39	装载机装渣	视频	P108
40	装渣运输概述	微课	P108
41	皮带运输	视频	P108
42	装渣机械选择	微课	P109
43	运输设备选择	微课	P110
44	渣量	微课	P112
45	运输	微课	P113
46	锚喷支护作用机理	视频	P120
47	喷射混凝土原理	视频	P120
48	喷混凝土材料要求	微课	P122
49	喷混凝土施工要点	微课	P125
50	锚杆作用	视频	P129
51	锚杆分类	微课	P130
52	砂浆锚杆施工	微课	P132
53	刚拱架安装机	视频	P134
54	钢支撑施工要点	微课	P135
55	二次衬砌钢筋定位卡具施工工艺	视频	P137
56	台车定位安装	动画	P138
57	隧道仰拱及填充作业	视频	P141
58	仰拱施工	视频	P141
59	衬砌施工机械设备	微课	P142
60	超前锚杆施工要点	微课	P143
61	管棚布置	微课	P145
62	管棚施工	微课	P145
63	超前管棚工艺施工流程	动画	P146
64	小导管布置	微课	P147
65	小导管施工	微课	P149
66	周边位移量测	动画	P160
67	洞内外状态观察	动画	P160

续上表

序号	名称	类别	正文位置
68	地质罗盘测试岩层产状	视频	P160
69	隧道周边收敛	微课	P163
70	收敛计的使用	视频	P164
71	拱顶下沉量测	微课	P165
72	地表下沉量测	微课	P167
73	防排水基本知识	微课	P182
74	结构防排水施工工艺流程	动画	P183
75	纵环向排水盲沟的安装	动画	P188
76	水沟电缆槽移动模架施工	视频	P189
77	塑料防水层施工	动画	P189
78	基面处理	动画	P190
79	基面处理	微课	P190
80	防水板铺设	微课	P191
81	防水板钢筋定位台车	视频	P192
82	隧道防水板自动铺设作业机械化施工	视频	P192
83	防水板焊接	微课	P193
84	三缝防水布置图	微课	P194
85	三缝防水施工	微课	P194
86	平行导坑的施工	微课	P202
87	斜井施工	微课	P204
88	隧道通风方式	微课	P212
89	高压风管确定	微课	P221
90	施工供水与排水	微课	P223
91	供电与照明	微课	P226
92	黄土隧道施工	微课	P237
93	溶洞	微课	P240
94	马鹿箐突水	动画	P242
95	隧道塌方处理	动画	P242
96	瓦斯的防治	微课	P245
97	岩爆	微课	P246
98	高地温	微课	P247
99	TBM 介绍	微课	P256
100	TBM 支撑及推进系统	微课	P260
101	TBM 后配套设施	微课	P261
102	TBM 支护设备	微课	P264
103	盾构机的吊运与组装	微课	P272
104	负环管片的安装与拆除	微课	P275

续上表

序　号	名　　称	类　别	正文位置
105	盾构施工-同步注浆	微课	P278
106	沉管法隧道施工	动画	P287
107	隧道水害整治	微课	P324
108	隧道衬砌裂损整治	微课	P328
109	隧道衬砌腐蚀整治	微课	P332

目　录

绪论

一、隧道概念

教学课件:绪论

隧道工程是与人类生活息息相关的古老工程,原始人用以栖息而开挖的洞穴,是最原始的隧道工程。伴随着人类社会的发展与科学技术的进步,各种用途的隧道相继出现。

隧道狭义上通常是指修建在地层中的地下通道的工程建筑物。它被广泛地应用于公路、铁路、矿山、水利、市政和国防等方面,因此,单纯理解为"地下通道"的隧道概念,也可扩大到地下空间利用的各个方面,即也可把各种用途的地下通道和洞室都称为隧道。

1970 年,国际经济合作与发展组织(Organization for Economic Cooperation and Development, OECD)隧道会议中将隧道定义为,以某种用途在地面下用任何方法,按规定形状和尺寸修筑的断面积大于 $2m^2$ 的线状建筑物。

在 21 世纪以前,隧道建筑大都是交通运输隧道和水工隧道。由于隧道的修建使用,克服了平面、高程、江河等障碍,改善了运输条件,缩短了里程,节省了运费,提高了运输能力,使线路更加平缓顺直,从而能更好地满足高速行车的要求,取得了理想的经济效果,因而大量隧道应用于铁路和公路等交通运输中,并且单座隧道的长度越来越长,这已成为当前隧道发展的趋势之一。

二、隧道基本分类与功能

(一)隧道的基本分类

(1)从隧道所处的地质条件划分,可以分为土质隧道和石质隧道。

(2)根据隧道的长度,可以分为短隧道(铁路隧道规定:$L \leqslant 500m$;公路隧道规定:$L \leqslant 500m$),中长隧道(铁路隧道规定:$500 < L \leqslant 3000m$;公路隧道规定 $500 < L < 1000m$),长隧道(铁路隧道规定:$3000 < L \leqslant 10000m$;公路隧道规定 $1000 \leqslant L \leqslant 3000m$)及特长隧道(铁路隧道规定:$L > 10000m$;公路隧道规定:$L > 3000m$)。

隧道长度是指进出口洞门之间的距离,以端墙面或斜切洞门的斜切面与设计内轨面的交线同线路中线的交点计算。双线隧道按照左线长度计算。

(3)按国际隧道协会(ITA)定义的隧道横断面积大小划分标准,可以分为极小断面隧道($2 \sim 3m^2$)、小断面隧道($3 \sim 10m^2$)、中等断面隧道($10 \sim 50m^2$)、大断面隧道($50 \sim 100m^2$)及特大断面隧道(大于 $100m^2$)。

(4)按照隧道开挖跨度(指隧道开挖横断面的水平最大宽度),可分为:小跨度($5 \sim 8.5m$)、中等跨度($8.5 \sim 12m$)、大跨度($12 \sim 14m$)及特大跨度(14m 以上)。

(5)从隧道所在的位置划分,可以分为山岭隧道、水底隧道和城市隧道。

(6)从埋深的深度划分,可以分为浅埋隧道和深埋隧道。

(7)按照用途划分,可以分为交通隧道、水工隧道、市政隧道和矿山隧道。

(二)隧道功能

下面按不同用途隧道,对隧道功能进行逐一介绍。

1. 交通隧道

交通隧道是提供交通运输和人类通行的通道,按满足交通线路畅通的要求,一般分为以下几种。

(1)铁路隧道

开挖隧道直接穿山而过，既可使线路顺直，避免许多无谓的展线，使线路缩短；又可以减小坡度，使运营条件得以改善，从而提高牵引定数，多拉快跑。

(2)公路隧道

高速公路对道路的修建技术提出了较高的标准，要求线路顺直、坡度平缓、路面宽敞等。公路隧道的修建在改善公路技术状态、缩短运行距离、提高运输能力以及减少事故等方面起到了重要的作用。

(3)水底隧道

当交通线路需要跨越江、河、湖、海、洋时，可使用水底隧道。其特点是不受气候影响，不影响通航，引道占地少，战时不暴露交通设施目标等，越来越受到人们的青睐。

(4)地下铁道

地下铁道在解决大城市中交通拥挤、车辆堵塞问题，以及大量快速运送乘客方面发挥了重要作用。

(5)航运隧道

当运河需要越过分水岭时，隧道将分水岭两边河道沟通，既可缩短航程，又可以省去船闸费用，并使航运条件大为改善。

(6)人行地道

为了提高交通运送能力及减少交通事故，除架设街心高跨桥以外，也可以修建人行地道来穿越街道或跨越铁路、高速公路等。

2. 水工隧道

水工隧道是水利工程和水力发电枢纽的重要组成部分。

(1)引水隧道：进行水资源的调动或把水引入水电站的发电机组，产生动力资源。引水隧道有的内部充水因而内壁承压，有的只是部分过水，因而内部只受大气压力而无水压，分别称之为有压隧道和无压隧道。

(2)排水隧道：把发电机组排出的废水送出去的隧道。

(3)导流隧道或泄洪隧道：水利工程中的一个重要组成部分，由它疏导水流并补充溢洪道流量超限后的泄洪作用。

(4)排沙隧道：用来冲刷水库中淤积的泥沙，把泥沙裹带运出水库。有时也用来放空水库里的水，以便进行库身检查或修理建筑物。

3. 市政隧道

市政隧道指安置各种市政设施、改善人居环境、合理利用地下空间的洞室。

(1)给水隧道：用来布置城市自来水供水管网。

(2)污水隧道：本身导流排送或由管道排污。一般排污隧道的进口处，多设有拦渣隔栅，把漂浮的杂物拦在隧道之外，使之不致涌入而造成堵塞。

(3)管路隧道：主要供给煤气、暖气、热水等。

(4)线路隧道：用来铺设电力电缆、通信电缆等。

(5)人防隧道：为战时的防空目的而修建的防空避难隧道。

目前我国多个城市已规划和修建了城市综合管廊项目，将电力、通信、热力、给水、污水等各类工程管线集于一体，并设有专门的检修口、吊装口和监测系统，实施统一规划、统一设计、统一建设和管理，是保障城市运行的重要基础设施和“生命线”。

4. 矿山隧道

在矿山开采中，常设一些为采矿服务的隧道，从山体以外通向矿床，并将开采到的矿石运输出来。

(1) 运输巷道

主巷道：向山体开凿通到矿床的隧道，是主要出入口和主要的运输干道。

由主巷道通往各个开采面的巷道，分布如树枝状，分向各个采掘面。此种巷道多用临时支撑，仅供作业人员进行开采工作的需要。

(2) 给水隧道

送入清洁水为采掘机械使用，并将废水及积水，通过泵抽排出洞外。

(3) 通风隧道

净化巷道中的空气，创造良好的工作环境，用通风机及时把有害气体和污浊空气排除出去，并把新鲜空气补充进来。

三、我国隧道及地下工程建设成就与发展

自 1888 年我国修建第一条隧道——狮球岭隧道以来，经过 120 余年艰难曲折的发展历程，我国隧道修建技术从成昆铁路隧道和衡广复线大瑶山双线铁路隧道开始使用以喷混凝土—锚杆支护为主体的方法以来，经过高速铁路隧道的建设，目前施工技术已步入了世界先进水平的行列，在勘察设计、施工、运营、科研等方面取得许多重大的成就和创新。

纵观我国隧道修建史，其修建技术的发展大体上经历了三个阶段：一是新中国成立之前，隧道修建技术落后的时期。这一阶段基本上是靠人力挖，手工操作，机具十分简单。新中国成立以后的 20 世纪 50 ~ 70 年代，隧道技术处于有所发展的阶段，隧道施工由以人为主转为普遍采用中、小型机械施工。二是 20 世纪 80 年代以后，隧道技术进入大发展时期。这一阶段，隧道修建由以传统矿山法为主的建设方法，转向以光面爆破、喷锚支护、监控量测信息反馈、复合式衬砌结构等为特征的施工技术。一系列的新技术、新设备在工程实践中涌现，隧道施工形成了大型、配套的机械化施工，使隧道修建技术步入了世界先进水平。三是 21 世纪开始，经济建设的快速发展为地下工程提供了广阔的发展前景，这一阶段，我国修建了西秦岭铁路隧道、秦岭终南山公路隧道、新关角隧道等一批越岭特长交通隧道，跨越水域的武汉长江隧道、上海崇明岛隧道、南京长江隧道、厦门翔安海底隧道、青黄海底隧道、港珠澳大桥海底隧道等内陆水域及海域隧道也已建成，北京、南京、西安、成都、深圳、广州、郑州、青岛等 30 多个城市的地铁也正处于建设与规划的热潮中。辽宁省直径 8m 的大伙房水库输水隧道长度达到 85.32km，已建成投入使用，这条隧道已成为目前世界上已经建成的最长隧道。规模宏大的葛洲坝、三峡、奚洛渡等水电站的建成，说明我国在修建大型复杂地下工程的技术水平已位居国际前列。可以自豪地说，我国已经跻身世界隧道大国的行列。而且，大量工程的修建已证明：我国已经成为世界上隧道数量最多、发展速度最快、地质条件与施工环境最复杂、隧道结构形式多样的国家。

目前，我国隧道修建技术已有长足的发展，有许多大型的隧道成果已处于国际先进水平。今后通过工程实践不断创新，将逐步形成具有我国特色的隧道及地下工程修建方法与技术体系，使我国隧道及地下工程修建技术进入跨越性的发展阶段，成为引领世界隧道及地下工程修建技术的国家。

四、我国隧道技术发展展望

我国是个多山国家，大规模铁路、公路建设项目的开展，为隧道技术进步和创新提供了很好的发展机遇，随着设计理念、施工技术和管理水平的提高，我国的隧道会越来越多，技术含量也会越来越高。

1. 特长隧道修建技术不断完善和优化

我国已经开工和规划了很多特长隧道，对于特长隧道的辅助坑道设置、缓冲措施、防灾救援、运营通风和维护管理、施工工法和建设工期等问题，都需要结合工程实际进行认真研究，不断完善和优化，逐步形成一套适合我国的特长隧道修建技术。

2. 跨越江河、海峡的水下隧道将会有重大进展

对航道标准要求较高的大江、大河，对于水中设桥墩特别敏感，对防洪也提出比较高的要求，水底隧道的优势逐渐增大，因此我国已经开工和规划的多个项目中，采用了隧道方式穿越江河，这将对我国水底隧道技术的发展起到促进作用。

3. 掘进机技术将会得到广泛应用

掘进机以其掘进速度快、施工质量高、沉降控制好、劳动强度低等优越性，在长大铁路隧道中应用越来越广泛，随着大规模高速铁路隧道的修建，对于地质和作业条件适宜的特长山岭隧道、下穿城市建筑物的隧道、水底隧道等，会更多地采用掘进机(盾构)施工，掘进机技术将会得到广泛应用。

4. 大断面、特大断面隧道快速施工技术不断实现

要实现大断面、特大断面隧道的快速施工，减少施工工序最为关键。应尽量多采用机械化施工，加大一次施工的断面面积和作业循环长度。在能够保证有效控制变形和沉降的情况下，尽早实现初期支护的封闭。为了充分发挥掘进机和钻爆法施工的各自优势，采用小断面掘进机施工超前导坑，然后采用钻爆法扩挖的工法，也是解决大断面、特大断面隧道快速施工的有效措施。

五、我国部分重点隧道介绍

1. 大瑶山隧道

我国修建长度 10km 以上铁路隧道的实践是从14.295km长的双线隧道——大瑶山隧道开始的。在这座隧道的施工中，采用凿岩台车、衬砌模板台车和高效能的装运工具等机具配套作业，实行全断面开挖。大瑶山隧道的修建是我国山岭隧道采用重型机具综合机械化施工的开端，将隧道工程的修建技术和修建长大隧道的能力提高到一个新的阶段，缩短了同国际隧道施工先进水平的差距，如图 0-1 所示。

2. 秦岭隧道

西康线秦岭隧道工程由 1 号线和 2 号线两座隧道组成(图 0-2)，通过混合片麻岩及花岗岩。其中 2 号线隧道是用钻爆法开挖的。采用轨行门架三臂钻孔台车、挖掘装载机、大容积梭式矿车等重型机具先开挖断面面积 26 ~ 30m^2 的导坑，平均月进尺达 264m。值得指出的是，在 2 号线导坑的开挖中，创造了单台风机独头通风距离 6000m 的记录；超过 6000m 后，再串联一台风机，到独头通风距离 9500m 时，作业面空气仍符合标准要求。秦岭隧道的 1 号线隧道则是用直径 8.8m 的全断面掘进机开挖的，实现了隧道施工作业的工业化、自动化和信息化，为国内岩石掘进机施工积累了可贵的经验。

图 0-1　大瑶山隧道

图 0-2　秦岭隧道

3. 秦岭终南山隧道

秦岭终南山隧道位于我国国道主线包头至北海段在陕西境内的西康高速公路北段，同时也是银川至武汉主干线的西部大通道共用的“咽喉工程”，隧道穿越秦岭山脉的终南山，单洞全长 18.02km，双洞长 36.04km，双向四车道（图 0-3）。秦岭终南山特长公路隧道按双向车道高速公路标准建设，隧道净宽 10.5m，限高 5m，设计行车速度为 80km/h，总投资为 31.93 亿元人民币。工程于 2002 年 3 月开工，于 2007 年 1 月 20 日正式通车。

a)　　b)

图 0-3　秦岭终南山隧道

秦岭终南山隧道建设克服了地质断层、涌水、岩爆等施工中的难题，并通过借鉴日本、美国、奥地利、德国、挪威等国家的特长隧道建设经验，吸取欧洲三起隧道大火灾经验教训，破解通风、火灾、监控等运营中的重大技术难题，最终建成具有国际领先的防灾救援系统、监控管理系统和运营服务系统。它的建成进一步促进了我国公路隧道建设水平的提高，是我国公路隧道建设史上一个新的里程碑。

4. 厦门翔安隧道

厦门翔安隧道是一项规模浩大的跨海工程，全长约 9km，其中海底隧道 5.95km，海域段 4.2km。隧道最深在海平面下约 70m，工程总投资约 32 亿元人民币，是我国大陆地区第一座海底隧道。设计采用三孔双向 6 车道隧道方案（图 0-4），两侧为行车主洞各设置 3 车道，中孔为服务隧道，主线设计速度为 80km/h。隧道于 2005 年开工，2010 年 4 月通车，按 100 年的设计使用年限确保工程的安全性和耐久性。

翔安隧道不仅是我国大陆第一座海底隧道，而且还是一座钻爆法施工的海底隧道。在强风化的松软土层、浅滩段透水砂层、海底风化深槽等恶劣地质条件下，分别采用了中隔壁法的四部工法和双侧壁导坑法施工、地下连续墙井点降水、全断面帷幕注浆技术等先进施工技术和工艺，对探索适合我国国情的海底隧道建造技术，为类似工程的动工兴建，缩小与世界先进水平的差距，都将起到重要的作用。

a)　　　　b)

图 0-4　厦门翔安隧道

5. 西秦岭隧道

兰渝铁路西秦岭隧道为我国第二长铁路隧道(图 0-5)。该隧道由两座平行的分离式单线隧道构成，全长 28.236km，是目前采用钻爆法和全断面隧道掘进机法(TBM 法)相结合施工的最长隧道。出口段采用 2 台直径为 10.24m 敞开式硬岩掘进机进行施工，在我国铁路隧道建设史上具有重要意义。

图 0-5　西秦岭隧道

6. 新关角隧道

新关角隧道是青藏铁路西格(西宁—格尔木)二线重点控制性工程，是我国第一长铁路隧道。隧道由两条分离式单线隧道组成，全长 32.6km，采用钻爆法施工(图 0-6)，于 2007 年 11 月 6 日全面开工，2014 年 4 月全线贯通，2014 年 12 月通车。

7. 高黎贡山隧道

高黎贡山隧道是大瑞铁路的重点控制性工程，位于云南省保山市龙陵县境内，隧道全长

34.5km，最大埋深1155m，是目前亚洲最长的山岭铁路隧道，地形地质条件极为复杂。具有"三高、四活跃"的特征(高地热、高地应力、高地震烈度，活跃的新构造运动、活跃的地热水环境、活跃的外动力地质条件、活跃的岸坡浅表改造过程)。隧道施工穿越19条活动断裂带，遭遇高温热害、断层破碎带、突水突泥、岩爆、放射性、有害气体、高地应力软岩大变形等技术难题。为了加快施工进度，设置"1个平导、1个斜井和2个竖井"的辅助坑道，采用隧道掘进机和钻爆法进行施工，竖井最深在760m以上，计划6年贯通。2014年12月开工建设。

图0-6 新关角隧道

8.大伙房水库输水工程

大伙房水库输水工程，是为了引用优质充沛的辽宁东部山区水源，供给辽宁省老工业基地的中部城市群，以解决这些地区百年内用水问题，受益人口近1000万人。其一期工程输水隧洞开挖洞径8m，连续长85.3km，其中60.3km采用TBM施工。这条超长深埋隧洞是目前世界上最长的隧洞之一，穿越50余座山、50余条河谷，最大埋深630m，最小埋深60m，地质情况复杂多变，在一条隧洞上使用3台TBM，在国内还是第一次。

9.北京地铁

北京地铁是北京市的城市轨道交通系统。规划始于1953年，工程始建于1965年，最早的线路竣工于1969年，是我国第一个地铁系统。截至2019年12月，北京地铁共有23条运营线路(包括19条地铁线路、1条中低速磁浮交通线路、1条现代有轨电车线路和2条机场轨道)，组成覆盖北京市12个市辖区和河北省廊坊市广阳区，拥有405座运营车站、运营总里程达699.3km的轨道交通系统。以客运量计算，北京地铁亦是我国大陆最繁忙的城市轨道交通系统，是我国运营时间最久、乘客运载最多、早晚峰值最忙的地铁线路。根据《北京城市总体规划(2016年—2035年)》，到2035年轨道交通里程不低于2500km。

项目一

隧道构造和围岩分级

知识目标：

1. 掌握隧道建筑物的组成；
2. 掌握隧道主体建筑的构造和类型；
3. 掌握隧道曲线加宽的计算；
4. 熟悉隧道附属建筑物的组成；
5. 掌握隧道围岩的概念、基本分级及修正方法。

能力目标：

1. 具有曲线隧道加宽计算的能力；
2. 具备根据围岩级别选择衬砌结构类型的能力；
3. 具备初步辨识围岩的能力。

素质目标：

1. 培养学生认真工作的态度；
2. 培养学生求真务实的精神；
3. 培养学生分析问题和解决问题的能力。

任务描述：

小张同学今年刚毕业，被分配到施工企业从事隧道工程项目施工，到项目后，从施工图纸上熟悉了隧道相关信息：隧道进出口里程分别为：DK200 +500、DK202 +992，长度为2493m，隧道进出口洞门采用翼墙式洞门，洞身采用复合式衬砌，隧道所穿过地质条件是石英岩、石灰岩、泥岩夹页岩，围岩级别为Ⅲ、Ⅳ、Ⅴ。试结合图纸完成下列任务：

1. 认识隧道复合式衬砌组成；
2. 认识隧道洞门类型和结构；
3. 认识隧道附属建筑物结构；
4. 能够辨别围岩，判断不同围岩稳定性。

任务实施

隧道建筑物应按满足100年正常使用的永久性结构设计，建成的隧道应能适应运营的需要，方便养护作业，并具有必要的安全防护等设施。隧道建筑结构、防排水的设计及建筑材料的选择，应充分考虑地区环境的影响。隧道结构由主体建筑物和附属建筑物两部分组成。

任务一　隧道主体建筑物

教学课件：隧道主体建筑物

隧道主体建筑物是为了保持隧道的稳定、保证列车的安全运行而修筑的，它由洞身衬砌和洞门组成。在洞口容易坍塌或有落石危险时则需要加筑明洞。

一、隧道净空

（一）铁路隧道净空

铁路隧道净空是指隧道衬砌的内轮廓线所包围的空间。隧道衬砌内轮廓线确定应考虑的因素包括隧道建筑限界、股道数及线间距、隧道设备空间、空气动力学效应、轨道结构形式及运营维护方式等，如图1-1所示。

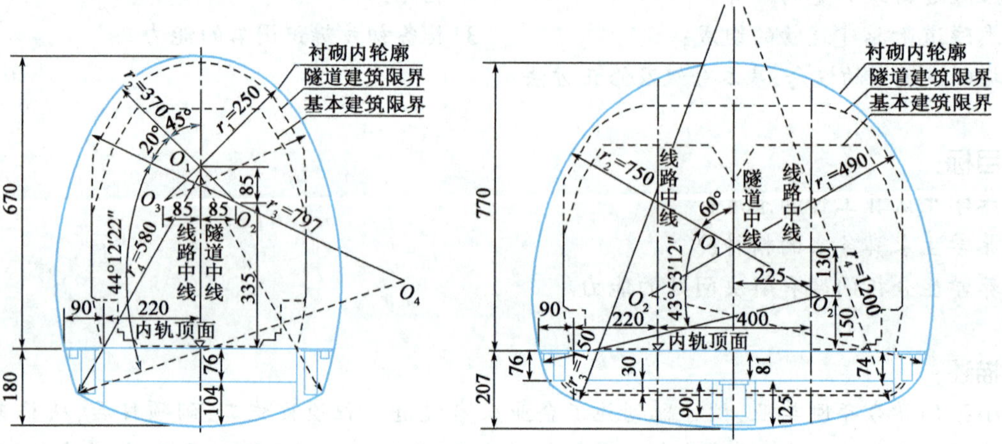

a)单线隧道　　b)双线隧道

图1-1　速度120km/h有砟轨道隧道考虑大机养护衬砌内轮廓（尺寸单位：cm）

1. 直线隧道净空

(1) 机车车辆限界

为了确保行车安全，要求机车、车辆本身，不得超过规定的轮廓尺寸线，机车车辆限界是指机车车辆最大轮廓的限界尺寸。规范或设计要求所有在线路上行驶的机车车辆在平坡直线上时，车体所有部分都必须容纳在此限界范围内而不得超越。

(2) 基本建筑限界

基本建筑限界是指线路上各种建筑物和设备不得越入的轮廓线。它是为保证机车车辆的安全运行及建筑物和设备不受损坏，根据“机车车辆限界”确定的。

(3) 隧道建筑限界

隧道建筑限界是指为保证隧道内各种交通的正常运行与安全，规定在一定宽度和高度范围内不得有任何障碍物的空间限界。它比“基本建筑限界”大一些，可留出少许空间用于安装照明、通信、信号及电力等设备。

(4)直线隧道净空

直线隧道净空除了满足限界要求外，还要考虑结构形式的合理及施工方便等因素，因此，它比“隧道建筑限界”要稍大一些。

2. 隧道建筑限界含义

1983 年，我国按照 1435mm 标准轨距发布了《标准轨距铁路建筑限界》(GB 146.2—1983)，在此基础上，确定了客货共线铁路隧道建筑限界($v \leq 160$km/h)、客货共线铁路隧道建筑限界(160km/h < $v \leq 200$km/h)、双层集装箱运输隧道建筑限界和高速铁路隧道建筑限界。如图 1-2、图 1-3 所示。

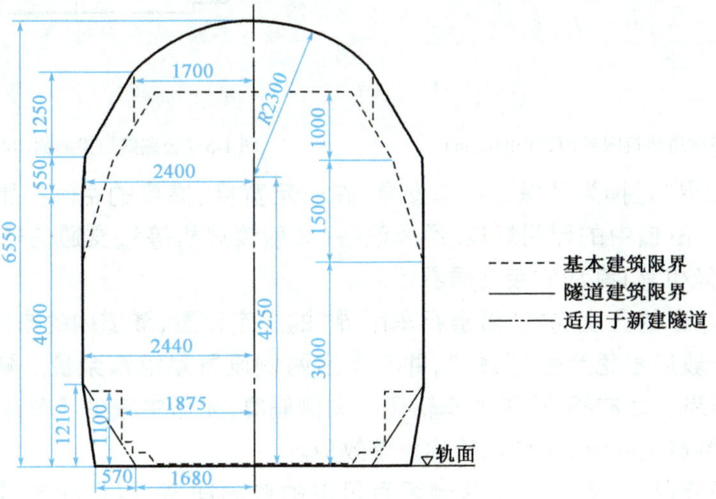

图 1-2 电力牵引单线隧道限界($v \leq 160$km/h，尺寸单位：mm)

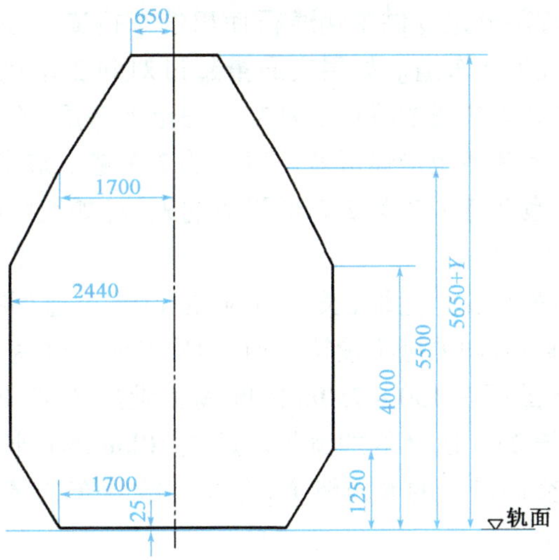

图 1-3 高速铁路隧道建筑限界(尺寸单位：mm)

注：Y-接触网结构高度。

(二)公路隧道净空

公路隧道净空包括公路建筑限界(图 1-4)、通风及其他所需的断面积。断面形状和尺寸应根据围岩压力求得最经济值。公路隧道的建筑限界包括车道、路肩、路缘带、人行道等宽度以及车道、人行道的净高。公路隧道的净空除包括公路建筑限界以外,还包括通风管道、照明设备、防灾设备、监控设备、运行管理设备等附属设备所需要的空间以及富余量和施工允许误差等,如图 1-5 所示。

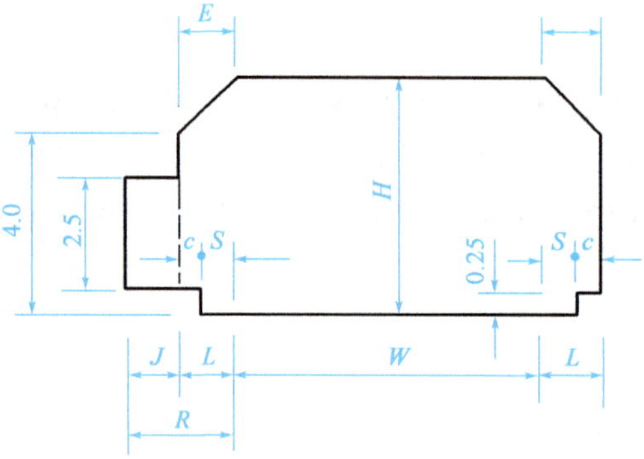

图 1-4　公路隧道建筑限界(尺寸单位:m)

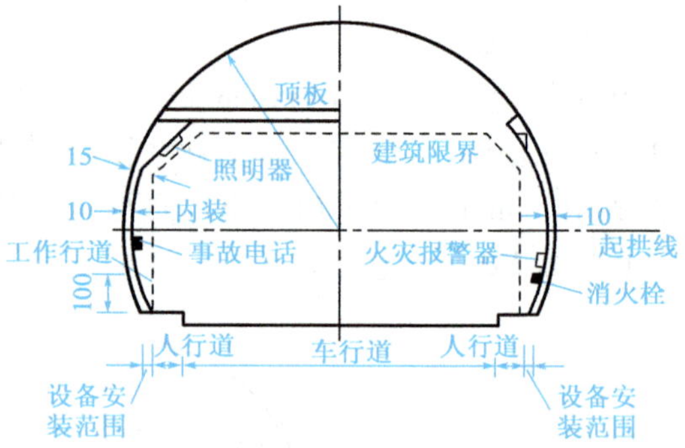

图 1-5　公路隧道横断面(尺寸单位:cm)

“隧道行车限界”是指为了保证行车安全,在一定宽度、高度的空间范围内要求任何物件不得侵入的限界。隧道中的照明灯具、通风设备(如射流风机等)、交通信号灯、运行管理专用设施(如电视、摄像机等)都应安装在限界以外。

各级公路行车道的宽度均按“隧道行车限界”的规定设置,隧道内的车道宽度原则上应与前后道路一致,一般应避免产生“瓶颈”,并在车道两侧设置足够富余量。隧道墙壁往往给驾驶人以危险感,唯恐与之冲撞,行驶的车辆多向左侧偏离,无形中减少了车道的有效宽度,从而导致隧道中交通容量的降低,这种现象称为墙效应。

因此,在道路隧道中,应在车道两侧留有足够的侧向净宽,以消除或减小墙效应的不良影响。

公路隧道中的基本组成部分是专供车辆通行使用的车行道。在每个车行道中,原则上规定采用对向交通的最小单位为 2 车道。如果交通量超过对向 2 车道的容量,则应设置两条各为单向交通的 2 车道,即合计 4 车道的隧道。从交通安全上考虑,不应设置对向交通的 3 车道隧道。大于 4 车道时,原则上隧道也应修成两条以上的 2 车道。隧道前后公路若为 6 车道时,应修成两条单向 3 车道,但也有修成 3 条 2 车道隧道的先例(如纽约的林肯隧道和汉堡的易北河隧道等),这对交通有很大不便。

单车道隧道,为保证错车和安全运输,长隧道时,应设错车道(最好能供汽车掉头),短隧道在进口能观察到出口引道时,洞内可不设错车道,但应在洞口外两端设错车道。

超过 2km 的长隧道,各国都在 150 ~ 750m 的间隔上设加宽带,PIARC(世界道路协会)隧道委员会推荐设宽 2.5m、长 25m 以上的加宽带。超过 10km 的特长隧道,还应设置可供大型车辆使用的 U 形回车场。交通量大的城市隧道,考虑到故障车的停车,路面宽度最小推荐值为 8 ~ 8.5m。

一般公路隧道,特别是 1km 以下的隧道,都考虑自行车和行人的通过。但是隧道附近有迂回道路时,为安全起见,自行车和行人不应通过隧道。一个自行车道的宽度为 1.0m,自行车道数应根据交通量确定。人行道的宽度为 0.75m 或 1m,大于 1m 时按 0.5 的倍数增加。在城市道路隧道中,在行人和自行车非常多的情况下,因修很宽的人行道而加大隧道断面,需要的通风设备也相应增大，这时人和自行车与车辆分开，修建小断面的人行隧管。人行隧管与车行隧管分开，对安全也极有利，在火灾时可以作为避难、救护伤员的场所使用，平时亦可兼作管理人员用的通道。需通行自行车时，应另设自行车道，自行车不应混杂在行人中穿行。在山岭地区修建长大隧道时，专为行人需要加大通风设施及其功率是不经济的，应另寻其他途径解决行人问题。人行道、自行车道或自行车人行道与车行道在同一隧道中时，为保证安全，应使其比车行道高出 25cm。为了彻底解决安全问题，可对汽车速度严加管制，或者把人行道等与车行道用护栏隔开或者把设在路肩上的人行道等置于 1m 以上的台阶上并加设护栏。

车行道的净高，通常由车辆载货限制高度和富余量决定。另外，由于隧道内的路面全部更换很困难，一般应估计到将来可能进行罩面，其厚度通常按 20cm 预留。还应估计冬季积雪等可能减少净高。对不能满足净高要求的路段，应设标志牌，标明该处净高，并指明迂回道路。人行道、自行车道及自行车人行道的净高为 2.5m。隧道的内轮廓线在施工中不可避免地要产生凸凹不平，一般还应考虑 5cm 的误差。

隧道的净空断面受通风方式影响很大。自然通风的隧道，断面应适当大些。假如采用射流通风机进行纵向通风时，应考虑射流通风机本身的直径、悬吊架的高度和富余量，总计约为 1.5m 的高度。长大隧道的通风管道断面积、通风区段的长度、通风竖井或斜井的长度和数量、设备费和长期运营费等应综合考虑。重要的长大隧道，防灾设备（如火灾传感器、监视电视摄像机等）也要占有空间。维修时往往是在不进行交通管制的条件下工作，还有管理人员的通道，根据实际需要可能设置在隧道的一侧或两侧，要根据隧道实际进行确定。

（三）曲线隧道净空加宽

1. 加宽原因

车辆通过曲线时，转向架中心点沿线路中心线运行，而车辆本身仍保持其矩形形状，故其两端向曲线外侧偏移一定距离（$d_{外}$），中间向曲线内侧偏移一定距离（$d_{内1}$），如图 1-6 所示。

由于曲线外轨超高，车辆向曲线内侧倾斜，使车辆限界上的有关控制点在水平方向上向内移动了一定距离（$d_{内2}$），如图 1-7 所示。

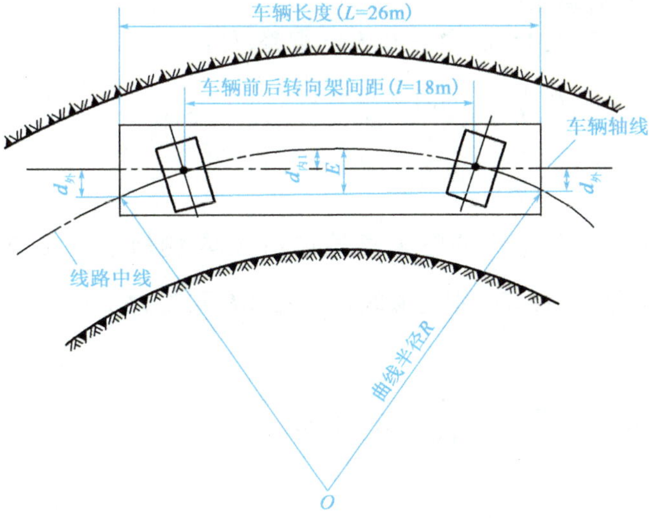

图 1-6　车辆轴线与隧道线路中线关系

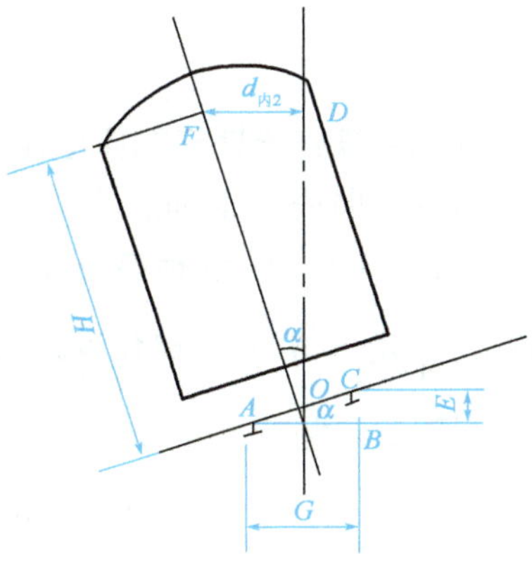

图 1-7　车辆运行情况

因此，曲线隧道的净空加宽值为：

内侧加宽 $W_1 = d_{内1} + d_{内2}$

外侧加宽 $W_2 = d_{外}$

总加宽 $W = W_1 + W_2 = d_{内1} + d_{内2} + d_{外}$

2. 加宽值的确定

(1) 单线曲线隧道加宽值的确定

①车辆中间部分向曲线内侧的偏移量 $d_{内1}$ 为:

$$d_{内1} = \frac{l^2}{8R} \tag{1-1}$$

式中:l——车辆转向架中心距,取 18m;

R——曲线半径,m。

则

$$d_{内1} = \frac{18^2}{8R} \times 100 = \frac{4050}{R} \quad (\mathrm{cm}) \tag{1-2}$$

②车辆两端向曲线外侧的偏移量 $d_{外}$ 为:

$$d_{外} = \frac{L^2 - l^2}{8R} \tag{1-3}$$

式中:L——标准车辆长度,我国规定为 26m。

则

$$d_{外} = \frac{26^2 - 18^2}{8R} \times 100 = \frac{4400}{R} \quad (\mathrm{cm}) \tag{1-4}$$

③外轨超高使车体向曲线内侧倾移量 $d_{内2}$ 为:

$$d_{内2} = \frac{H}{150} \cdot E \quad (\mathrm{cm}) \tag{1-5}$$

式中:H——隧道限界控制点自轨面算起的高度;

E——曲线外轨超高值,其最大值不超过 15cm,并按 0.5cm 取整,且:

$$E = 0.76\frac{V^2}{R} \quad (\mathrm{cm}) \tag{1-6}$$

式中:V——铁路远期行车速度,km/h;

R——曲线半径,m。

在我国铁路隧道标准设计中,$d_{内2}$ 系将相应的隧道建筑限界绕内侧轨顶中心转动 $\arctan\frac{E}{150}$ 角求得,对于电化铁路和非电化铁路,可分别近似取 $d_{内2} = 2.8E$ 和 $2.7E$。

则隧道内侧加宽值为:

$$W_1 = d_{内1} + d_{内2} = \frac{4050}{R} + \frac{H}{150} \cdot E \quad (\mathrm{cm}) \tag{1-7}$$

隧道外侧加宽值为:

$$W_2 = d_{外} = \frac{4400}{R} \quad (\mathrm{cm}) \tag{1-8}$$

隧道总加宽为:

$$W = W_1 + W_2 = \frac{4050}{R} + \frac{H}{150} \cdot E + \frac{4400}{R}$$

$$= \frac{8450}{R} + \frac{H}{150} \cdot E \quad (\text{cm}) \tag{1-9}$$

(2)双线曲线隧道加宽值的确定

双线曲线隧道的内侧加宽值 W_1 及外侧加宽值 W_2 与单线曲线隧道加宽值相同,但双线曲线隧道的加宽值还需要考虑两线路线间距的加宽值。

根据情况不同,线间距加宽值(W_3)可分别按下列公式计算:

当外侧线路的外轨超高大于内侧线路的外轨超高时:

$$W_3 = \frac{8450}{R} + \frac{360}{150} \times \frac{E}{2} \quad (\text{cm}) \tag{1-10}$$

其他情况时:

$$W_3 = \frac{8450}{R} \quad (\text{cm}) \tag{1-11}$$

式中:E——外侧线路的外轨超高值,cm;

R——曲线半径,m。

则双线曲线隧道总加宽值为:

$$W = W_1 + W_2 + W_3 \quad (\text{cm}) \tag{1-12}$$

(3)隧道中线偏移距离的确定

根据计算,曲线隧道内侧加宽大于外侧加宽,断面加宽后,隧道中线应向线路中线内侧偏移一定距离(d)。

①单线曲线隧道(图 1-8)

$$d = \frac{1}{2}(W_1 - W_2) \quad (\text{cm}) \tag{1-13}$$

②双线曲线隧道(图 1-9)

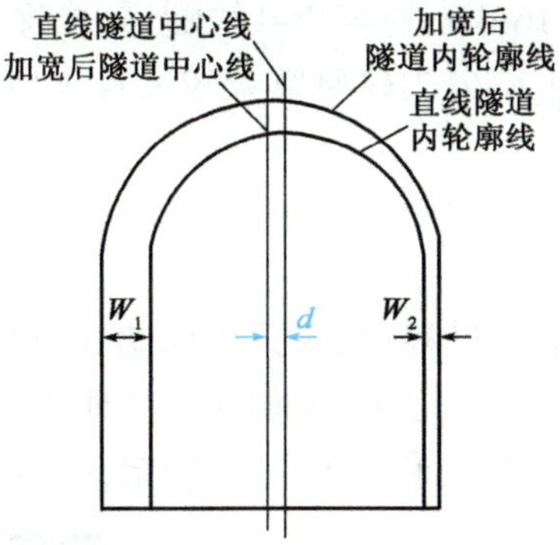

图 1-8 单线曲线隧道中线偏移量

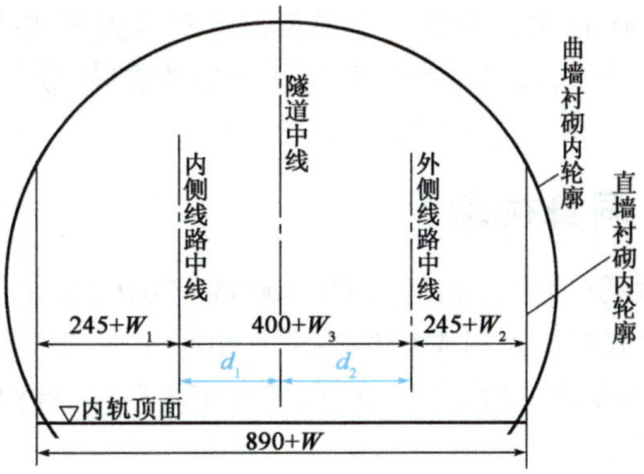

图 1-9 双线曲线隧道中线偏移量(尺寸单位:cm)

内侧线路中线至隧道中线的距离:

$$d_1 = 200 - \frac{1}{2}(W_1 - W_2 - W_3) \quad (\text{cm}) \tag{1-14}$$

外侧线路中线至隧道中线的距离:

$$d_2 = 200 + \frac{1}{2}(W_1 - W_2 + W_3) \quad (\text{cm}) \tag{1-15}$$

3. 曲线地段隧道的加宽断面

《铁路隧道设计规范》(TB 10003—2016)规定:位于曲线地段的隧道,其断面加宽除圆曲线部分按上述计算值予以加宽外,缓和曲线部分可分两段加宽,即自圆曲线至缓和曲线中点,并向直线方向延长13m,采用圆曲线加宽断面(按W值加宽);其余缓和曲线,并自直缓点向直线段延长22m,采用缓和曲线中点加宽断面,其加宽值取圆曲线之半(即按$W/2$加宽),如图1-10所示。

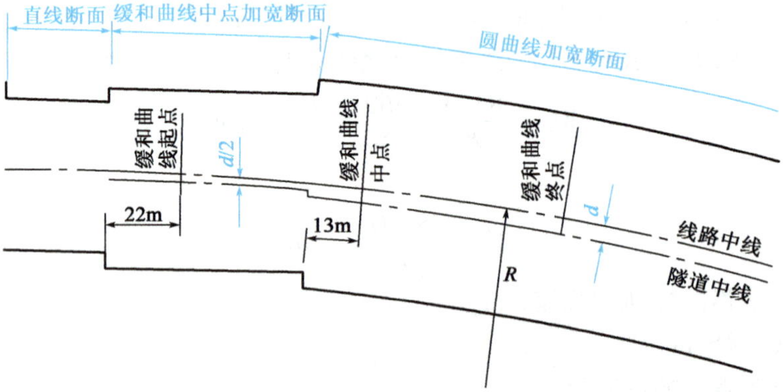

图1-10　曲线地段隧道加宽示意图

d-圆曲线地段隧道中线偏移距离;R-圆曲线半径

位于曲线车站上的隧道,断面加宽应根据站场线路具体要求计算确定。

当隧道位于反向曲线上且其间夹直线长度小于44m时,重叠部分按两端不同的曲线半径分别计算内外侧加宽值,取其中较大者。

隧道衬砌施工中,对不同宽度衬砌断面的衔接,可做成台阶形,也可在两拱之间(一般为1m长)逐渐进行断面变化。

需要说明的是,曲线隧道净空加宽是针对时速160km的铁路隧道而言,高速铁路隧道、设计时速200km的城际铁路隧道及设计时速大于或等于160km的客货共线隧道,内净空满足建筑限界要求外,尚考虑空气动力学效应的影响,轨面以上部分内轮廓富余较大且采用了较大曲线半径,一般不考虑加宽。

二、洞身衬砌

《铁路隧道设计规范》(TB 10003—2016)规定,隧道应设衬砌,应采用曲墙式衬砌,并应宜采用复合式衬砌。衬砌结构的形式和尺寸,可根据围岩级别、工程地质及水文地质条件、埋置深度、环保要求、结构工作特点,结合施工条件,通过工程类比和结构计算确定,必要时还应经过试验论证。

(一)洞身衬砌结构类型

1. 复合式衬砌

复合式衬砌是矿山法施工隧道的基本结构形式,由内外两层衬砌组合而成,第一层衬砌用喷锚作初期支护,第二层用模筑混凝土作二次衬砌,两层间可根据需要设置防水层。复合式衬砌可用于各级围岩,一般情况下宜设置仰拱,仰拱厚度应大于拱部厚度,Ⅲ~Ⅵ级围岩段仰拱宜采用钢筋混凝土结构。如图1-11、图1-12所示。

微课:洞身衬砌构造

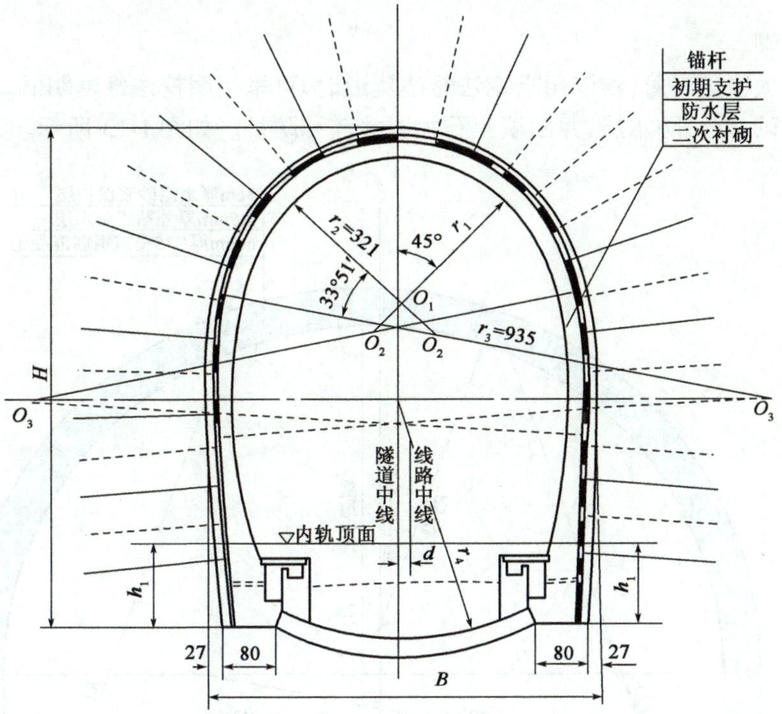

图 1-11　速度 160km/h 及以下单线铁路隧道Ⅳ级围岩复合式衬砌(尺寸单位:cm)

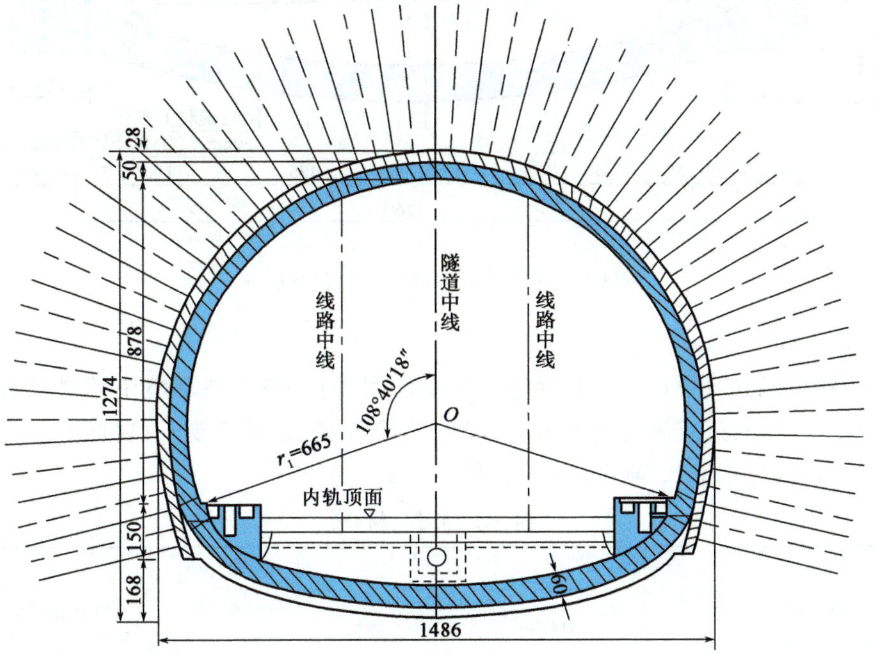

图 1-12　速度 350km/h 双线Ⅳ级围岩铁路隧道衬砌结构断面(尺寸单位:cm)

2. 喷锚衬砌

喷锚衬砌是指以喷锚支护作永久衬砌的通称,包括喷混凝土衬砌和锚杆喷混凝土衬砌,必要时可采用钢纤维喷混凝土或配合使用钢筋网、钢架等。喷锚衬砌可用于辅助坑道及一些短隧道。

3. 明洞衬砌

当隧道洞顶覆盖层薄，难以用暗挖法修建隧道时，可采用明挖法修建明洞。明洞衬砌采用模筑混凝土衬砌，外贴防水层，并回填土石加以掩盖和防护。如图1-13所示。

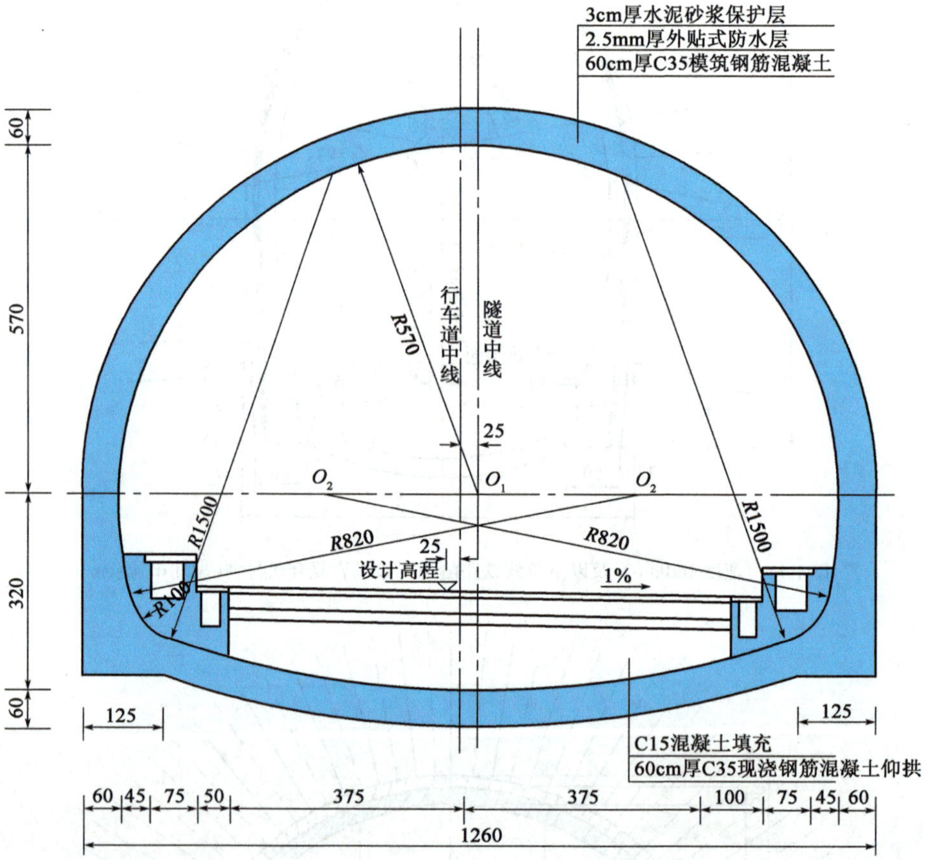

图1-13 明洞衬砌结构断面（尺寸单位：cm）

（二）衬砌材料

修建隧道衬砌用的材料，应具有足够的强度和耐久性，在某些环境中还必须具有抗渗、抗冻和抗侵蚀性。此外，还应满足就地取材、降低造价、施工方便及易于机械化施工等要求。常用的衬砌建筑材料见表1-1，洞门建筑材料见表1-2。

衬砌建筑材料　　表1-1

工程部位	材料种类			
	混凝土	钢筋混凝土	喷射混凝土	
			衬砌	支护
拱墙	C25	C30	C25	C25
仰拱	C25	C30	C25	C25
底板	—	C30	—	—
仰拱填充	C20	—	—	—

续上表

工程部位	材料种类			
	混凝土	钢筋混凝土	喷射混凝土	
			衬砌	支护
仰拱预制块	—	C40	—	—
管片	—	C50	—	—
水沟、电缆槽	C25	C25	—	—
水沟、电缆槽盖板	—	C30	—	—

洞门建筑材料　　表1-2

工程部位	材料种类	
	混凝土	钢筋混凝土
端墙	C25	C30
顶帽	C25	C30
洞口挡、翼墙	C25	C30
侧沟、截水沟	C20	—
护坡	C20	—

注：护坡材料也可采用C20喷混凝土，M10水泥砂浆片石。

三、洞门

（一）洞口位置选择

“洞口”是指洞门所在位置边仰坡刷坡范围及洞口衬砌（或非正常衬砌地段）和洞外附属工程地段的统称。一般应根据具体工点的地形、地质、水文等条件，结合工程施工安全、环境保护要求、洞口相关工程、运营条件加以全面研究，综合比较其经济、技术合理性及安全性，方能确定洞口的最佳位置。在城镇附近或与公（道）路交叉地段尚应与周围景观和交叉方式相协调。一般情况下宜贯彻“早进晚出”的原则，同时应符合下列要求：

（1）洞口不应大面积开挖边仰坡，有条件时尽量采用不刷坡进洞方案。

（2）洞口边仰坡应根据岩石性质、气候、水文条件及边仰坡高度，采取工程加固和植被防护相结合的措施，有条件时可接长明洞。

（3）当洞口处有落石、塌方、泥石流等威胁时，可延长洞口，设置明洞或支挡建筑物。

（4）避免沿沟进洞，当不可避免时，应结合防排水工程，确定隧道洞口位置。

（5）漫坡浅埋地形的洞口位置，宜结合排水、用地、弃渣等因素，综合分析确定。

（6）洞口位于林区时，应考虑树木倒伏对铁路安全影响。

（二）洞门作用

修建洞门可起到以下几个作用：

（1）减少洞口土石方开挖量。洞口段范围内的路堑是根据地质条件以一定的边坡开挖的，当隧道埋置较深时，开挖量较大，设置隧道洞门可起到挡土墙的作用，降低洞口刷方高度，减少洞口土石方开挖量。

微课：洞门作用

（2）稳定边坡、仰坡。修建洞门可减小洞口路堑的边坡高度，缩短正面仰坡的坡面长度，使边坡及仰坡得以稳定。

(3)引离地表水流。地表水流往往汇集在洞口，如不排除，将会浸害线路，妨碍行车安全。修建洞门可以把水流引入侧沟排走，确保运营安全。

(4)装饰洞口。洞口是隧道唯一外露部分，是隧道的正面外观。修建洞门可起到装饰作用，特别在城市附近、风景区及旅游区内的隧道更应配合当地的环境，进行美化处理。

(三)洞门类型

(1)端墙式洞门。端墙式洞门适用于地形开阔、岩层稳定的Ⅰ~Ⅲ级围岩地区，其作用在于支护洞口仰坡，保持其稳定，并将仰坡水流汇集排出。端墙的构造一般是采用等厚的直墙，直墙圬工体积比其他形式都小，而且施工方便。墙身微向后倾斜，斜度约为1∶0.1，如图1-14所示。

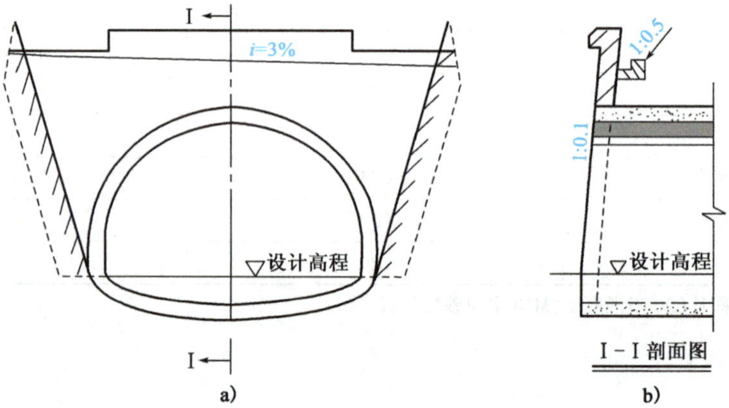

图1-14　端墙式洞门

(2)翼墙式洞门。也称"八"字式洞门，如图1-15所示，在端墙的侧面加设翼墙而成，用以支撑端墙和保护路堑边坡的稳定，适用于地质条件较差的Ⅳ~Ⅵ级围岩洞口；翼墙顶面和仰坡的延长面一致，其上设置水沟，将仰坡和洞顶汇集的地表水排入路堑边沟内。

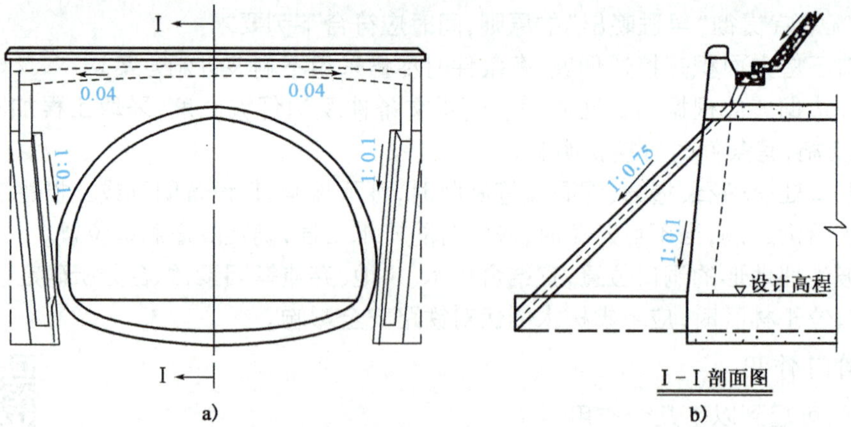

图1-15　翼墙式洞门(尺寸单位:m)

(3)柱式洞门。当地形较陡，地质条件较差，仰坡有下滑的可能性，但又受地形或地质条件限制，不能设置翼墙时，可以在端墙中部设置两个断面较大的柱墩，以增加端墙的稳定性，如图1-16所示。这种洞门墙面有凸出线条，较为美观，适宜在城市附近或风景区内采用。对于较长大的隧道，采用柱式洞门比较壮观。

（4）台阶式洞门。当洞门处于傍山侧坡地区，洞门一侧边坡较高时，为减小仰坡高度及外露坡长，可以将端墙一侧顶部改为逐步升级的台阶形式，以适应地形的特点，减少仰坡土石方开挖量，这种洞门也有一定的美化作用，如图 1-17 所示。

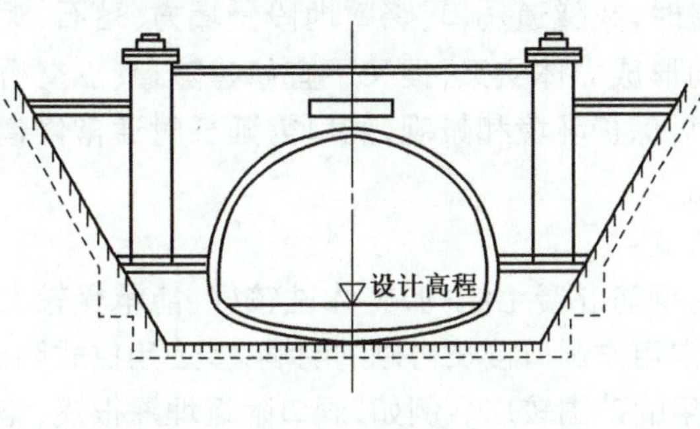

图 1-16　柱式洞门

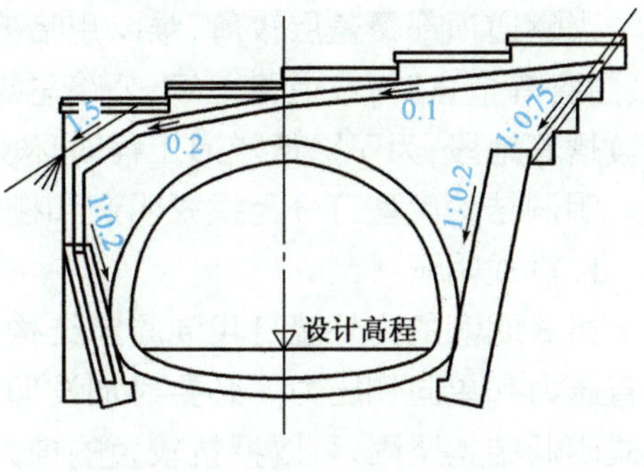

图 1-17　台阶式洞门

（5）削竹式洞门。当隧道洞口段有一节较长的明洞衬砌时，由于洞门背后一定范围内是以回填土为主，山体的推滑力不大时，可采用削竹式洞门，其是由于结构形式类似竹筒被斜向削砍的样子而得其名，类型包括直切、正切、倒切等，如图 1-18 所示。这种洞门结构近年来在公路、铁路隧道的建造中被普遍使用。

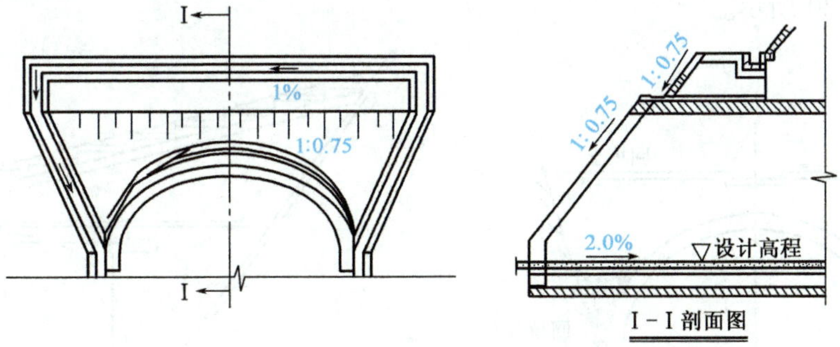

a)　　b)

图 1-18　削竹式洞门

削竹式洞门的特点是，洞口边仰坡开挖量少，有利于山体的稳定，减少对植被的破坏和有利于保护环境，各种围岩类别均能适用。但其使用条件是：地形相对比较对称和不太陡峻。

（6）遮光棚式洞门。当洞外需要设置遮光棚时，其入口通常外伸很远。遮光构造物有开放式和封闭式之分，前者遮光板之间是透空的，后者则用透光材料将前者透空部分封闭。但由于透光材料上面容易沾染尘垢油污，养护困难，因此很少使用后者。形状上又有喇叭式与棚式之分。

除了洞门结构的基本类型和防排水设计外，洞门的铭牌设置也应该引起重视。隧道的铭牌和号标记载着隧道的名称、编号、长度和工程的竣工时间，是整个隧道洞口的画龙点睛之处。隧道的铭牌应根据洞口的尺寸来确定其尺寸，以达到铭牌与洞门的和谐统一。铭牌安放的位置可以在隧道洞口坡面上，可以做成碑或牌或洞口小品立于洞口的一侧，也可以因地制宜刻于洞口附近的岩壁上或直接镶嵌于洞口衬砌上。总之，在保证铭牌坚固耐久的条件下，应尽可能做到美观和协调。隧道标识设计尺寸应是统一的。对于切削式洞门标识，最好镶嵌于洞口段衬砌内侧。

四、明洞

（一）明洞类型

当隧道顶部覆盖层较薄，难以用暗挖法修建时，或隧道洞口、路堑地段受塌方、落石、泥石流、雪害等危害时，或道路之间、公路与铁路之间形成立体交叉，但又不宜修建隧道、立交桥或者渡槽等地段，为了降低隧道工程对环境的破坏，保护环境和景观，洞口需延长时通常修建明洞。明洞结构类型可分为拱式明洞和棚洞两类。

1. 拱式明洞

拱式明洞的内外墙身用混凝土结构，拱顶用钢筋混凝土结构，整体性较好，能承受较大的垂直压力和单向侧压力。必要时加设仰拱。通常用作洞口接长衬砌的明洞，多选用拱式明洞。拱式明洞结构坚固，可以抵抗较大的推力，其适用的范围较广。例如，洞口附近埋深很浅，施工时不能保证上方覆盖层的稳定，或是深路堑、高边坡上有较多的崩塌落石对行车有威胁时，常常修筑拱式明洞来防护，如图1-19所示。

2. 棚式明洞

当路线外侧地形狭窄或外侧基岩埋藏较深，设置稳固的基础工程大时，或者是当山坡的坍方、落石数量较少，山体侧向压力不大，或因受地质、地形限制，难以修建拱式明洞时，可采用棚式明洞，如图1-20所示。

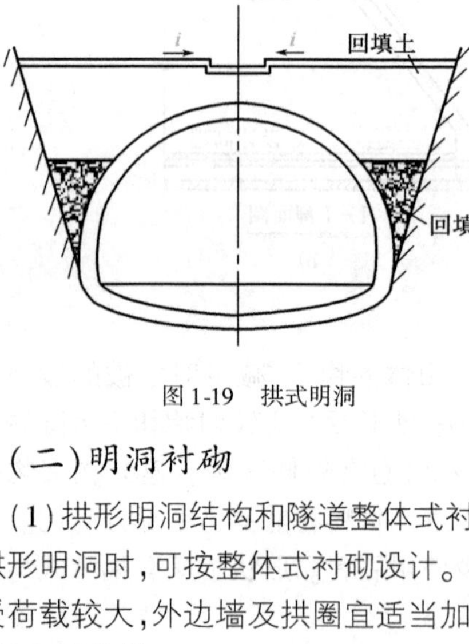

图1-19　拱式明洞

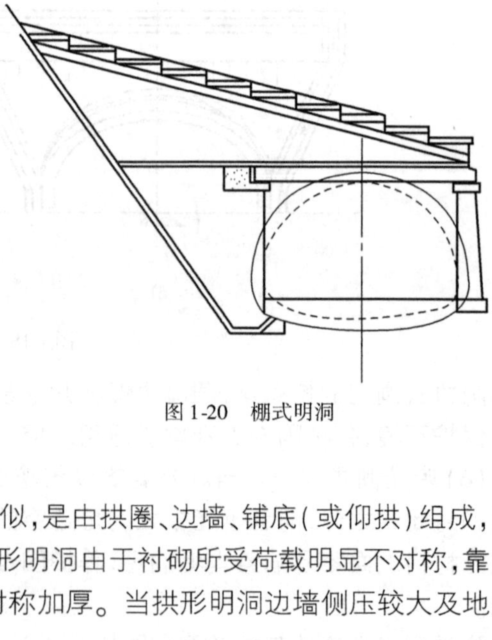

图1-20　棚式明洞

（二）明洞衬砌

（1）拱形明洞结构和隧道整体式衬砌基本相似，是由拱圈、边墙、铺底（或仰拱）组成，当采用拱形明洞时，可按整体式衬砌设计。半路堑拱形明洞由于衬砌所受荷载明显不对称，靠山侧所受荷载较大，外边墙及拱圈宜适当加厚，也可对称加厚。当拱形明洞边墙侧压较大及地层松软时，宜设仰拱。

（2）棚洞结构主要由盖板、内边墙和外侧支承建筑物三部分组成。采用棚洞结构时，顶板一般可采用T形、Ⅱ形两种，多采用T形截面构建，便于预制吊装，缩短工期。内边墙根据地形、地质情况，有重力式和锚杆式两种。重力式边墙适用于内侧有足够净宽或岩层破碎的地段；锚杆式边墙适用于新建铁路或已成路堑内侧不宽阔，同时岩层坚硬完整，能提供一定锚固力地段。外侧边墙可视地形、地基、边坡坍方、落石等情况，选用墙式、柱式、刚架等结构类型。

（3）当明洞作为整治滑坡的措施时，应按支挡工程设计，充分考虑明洞上方滑坡体的推力，采取综合治理措施，如地表排水、减载、反压、支撑墙、抗滑桩、地下排水盲沟等，确保明洞与滑坡的稳定。

（4）在气温变化较大的地区，为了减少衬砌变形开裂，应根据具体情况设置伸缩缝。伸缩缝的间距可视明洞长度、覆土或暴露情况、温差大小及地质情况酌定。

（三）明洞衬砌基础

（1）明洞衬砌基础和隧道衬砌基础一样，应置于稳固的地基上。为防止侧沟及铺底施工开挖时影响边墙地基稳定，明洞基础底高程不宜高于隧道侧沟沟底高程或路面基层高程。当基岩埋深较浅时，基础可设置于基岩上；当基础位于软弱地基上时，可采用仰拱、整体式钢筋混凝土底板，也可采用桩基、扩大基础、基础加深和地基加固处理等措施。

（2）外墙基础趾部应保证一定的嵌入基岩深度和护基宽度。在冻胀性土上设置明洞基础时，基底埋置深度应不小于冰冻线以下250mm。当地基为斜坡地形时，地基可切割成台阶。

（3）山区傍山沿河公路，设计明洞时，要考虑河岸刷的可能影响基础稳定的地段，应根据地形、地质、流速等情况，采取加固和防护措施。

（4）明洞外边墙、棚洞立柱基础埋置深度超过路面以下3m时，宜在路面以下设置钢筋混凝土横向水平拉杆，并锚固于内边墙基础或岩体中，或用锚杆锚固于稳定的岩体中；立柱可在路基平面处加设纵撑，应与相邻立柱及内边墙连接。

根据明洞设置的目的、作用以及地形条件、山坡病害，明洞洞顶要进行回填，拱背要进行处理，明洞回填的具体要求参照隧道设计和规范。

任务二　铁路隧道附属建筑物

教学课件：铁路隧道附属建筑物

隧道的附属建筑物是为了养护、维修工作的方便以及供电、通信等方面的要求而修筑的，主要包括防排水设施、避车洞、电缆槽、长大隧道的通风设施，以及在电气化铁路上根据情况而设置的有关附属设施等。

一、防排水设施

隧道防排水一般应采取“防、排、截、堵相结合，因地制宜，综合治理”的原则，达到防水可靠、排水通畅、线路基床底部无积水、经济合理的目的。

（一）排水

排水是将地下水引入隧道内，再经由洞内水沟排出洞外。绝对堵死地下水是做不到的，如果不给地下水以出路，衬砌背后的地下水位就会逐渐升高，以致对隧道衬砌施加很大压力，故一般要“以排为主”。主要排水设施有：衬砌内的纵横向排水沟；衬砌上的引水管（暗槽）或泄水孔；衬砌背后的纵横向盲沟和集水钻孔等。

1. 排水沟

除了长度在100m以下且常年干燥无水的隧道以外，一般的隧道都应设置排水沟，使渗漏到洞内和从道床涌出的地下水，沿着带有流水坡的排水沟，顺着线路方向引出洞外。排水沟的断面按排水量计算确定，但一般沟底宽不应小于40cm，沟深不应小于35cm。沟底纵坡宜与线路纵坡一致。水沟上面应设有预制的钢筋混凝土盖板，其顶面应与避车洞底面齐平。排水沟在一定长度上应设检查井，以便随时清理残渣。

排水沟有两种形式:一是侧式水沟。这种形式的水沟设在线路的两侧或一侧,视水流量大小而定。当为一侧时,应设在来水的一侧;如为曲线隧道,则应设在曲线内侧。双侧水沟隔一定距离应设一横向联络沟,以平衡不均匀的水流量。是中心式水沟。隧道采用整体式道床时,水沟设在线路中线的下方,或设在双线隧道两线路之间。排水沟示意图如图1-21所示。

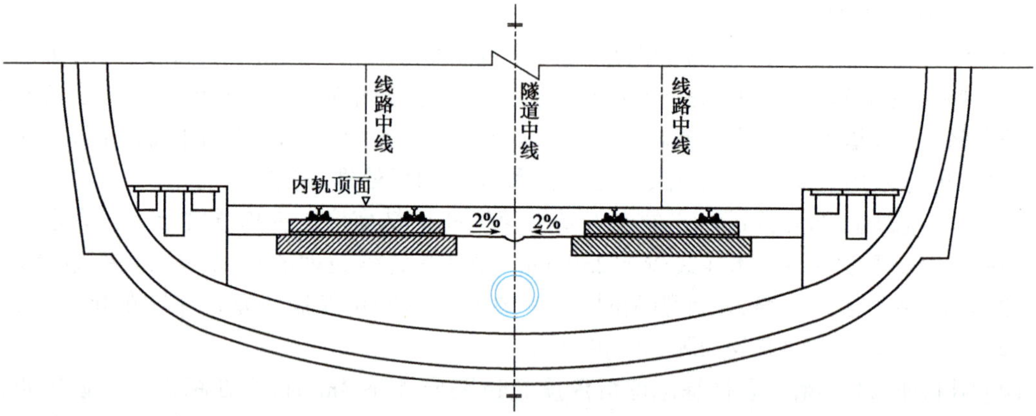

图1-21 排水沟示意图

在严寒地区,为了不使流水冻结而堵死水沟,应采取防寒措施。一般可修筑浅埋保温水沟,即将水沟沟身加深,用轻质混凝土做成上、下两层,各自设钢筋混凝土盖板。两层盖板之间用保温材料填充密实,其厚度不小于70cm。但当浅埋保温水沟不足以防止冻害时,可设置中心深埋渗水沟,即利用地温本身的作用,达到保温防冻害之目的。当隧道内冻结深度较深,用明挖法会影响边墙稳定时,可采用暗挖法修筑泄水洞。

2. 盲沟

在衬砌背后,用片石或埋管设置环向或竖向盲沟,以汇集衬砌周围的地下水,并通过盲沟底部泄水孔(或预埋管)引入隧道侧沟排出。

(二)防水

防水是指衬砌防水,即防止地下水从衬砌背后渗入隧道内。其办法是充分利用衬砌与支护之间设置防水层、施工缝和变形缝防水以及混凝土结构的自防水能力。

1. 防水混凝土结构

厚度不应小于30cm,抗渗等级不得低于P6,裂缝宽度不得大于0.2mm,并不得贯通;当为钢筋混凝土时,迎水面主筋保护层厚度不应小于5cm。

2. 防水层

防水层种类很多,大致可归纳为两类。一是粘贴式防水层,如用沥青将油毡(或麻布)粘贴在衬砌的外表面(适用于明挖修建的地下工程),复合式衬砌在初期支护与二次模筑衬砌之间可粘贴软聚氯乙烯薄膜、聚异丁烯片、聚乙烯片等防水卷材。二是喷涂式防水层,如"881"涂膜防水胶、阳离子乳化沥青等防水剂。

3. 施工缝、变形缝防水

施工缝、变形缝是防水最薄弱的环节,具有结构复杂、防水工艺繁琐、施工难度大等特点,稍有不慎就会造成渗漏。

常见变形缝的几种复合防水构造形式如图1-22所示,亦可采用其他新型、成熟、可靠的防水构造形式。

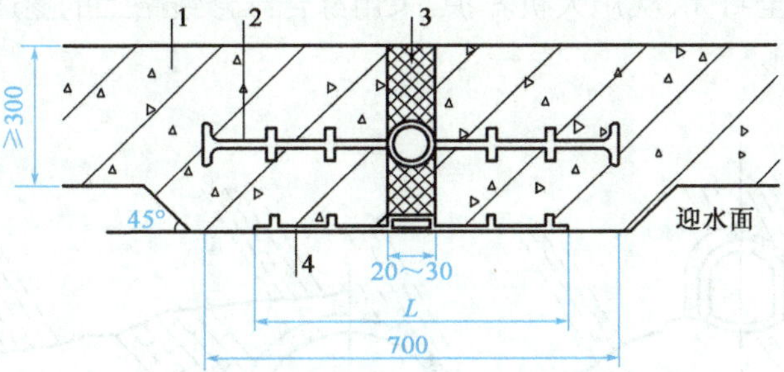

图 1-22　中埋式止水带与外贴式防水层复合防水构造(尺寸单位:mm)
外贴式止水带 $L \geqslant 300$;外贴式防水卷材 $L \geqslant 400$;外涂防水涂层 $L \geqslant 400$
1-混凝土结构;2-中埋式止水带;3-填缝材料;4-外贴防水层

(三)截水

截水是指截断地表水和地下水流入隧道的通路。

1. 洞顶天沟

为防止地表水冲刷仰坡,流入隧道,一般应在洞口边仰坡上方设置天沟;但当地表横坡陡于1∶0.75时可不设。

天沟设于边仰坡坡顶以外应不小于5m,黄土地区应不小于10m。天沟一般沿等高线向线路一侧或两侧排水。天沟坡度根据地形设置,但应不小于0.3%,以免淤积。当纵坡过陡时,应设计急流槽或跌水连接。一般在地面自然坡度陡于1∶1时,水沟宜做成阶梯式,以减少冲刷。天沟断面应根据流入截水沟的汇水区流量确定。水沟深度宜高出计算水面20cm,一般底宽和深度均不小于60cm;在干燥少雨地区,深度可减至40cm;水沟分水点深度可减至20cm。天沟长度应使边仰坡面不受冲刷,下游应将水引至适当地点排泄,避免危害农田和冲刷山体。流量较大时,不宜将水引向路堑排泄,应根据地形将水引至沟谷或涵洞处排泄。在容易渗漏、沉陷和易冲蚀的地层及易溶于水的岩层中设置的天沟,其底部及侧壁必须用C5砌片石铺砌。通过裂隙岩层的天沟,可采取水泥砂浆抹面、勾缝等防止渗漏的措施。

2. 泄水洞

泄水洞一般是在地下水特别发达、涌水地段较长且水压较高,用其他防排水措施难以收效时才采用。泄水洞应设在地下水上游一侧,与隧道方向平行或近似平行,使周围的地下水经由泄水洞的过滤孔眼流入泄水洞内排走,以达到拦截排走地下水、防止地下水对隧道的危害。泄水洞与隧道的间距应根据地质情况、地下水位及需要降低水位的程度等来确定,一般情况下其净距不小于10～15m。如图1-23所示。

泄水洞断面尺寸除应保证有足够的排水能力外,还应便于施工和检查维修,一般定为不小于1.2m(宽)×1.8m(高),泄水洞越长,尺寸应适当加大。泄水洞纵向坡度应满足流水通畅,一般不小于0.3%。泄水洞一般应做衬砌,衬砌上应有足够的泄水孔以引入地下水。围岩中有细小颗粒容易流失时,应于衬砌背后设置反滤层。泄水洞洞口一般应设置洞门及出水口沟渠。

二、铁路隧道附属建筑物

(一)避车洞

重载铁路隧道、设计速度 $v \geqslant 160\text{km/h}$ 的客货共线铁路隧道,应设置大避

微课:避车洞

车洞和小避车洞。对全封闭、实施大机养护、采用综合维修线路上的隧道及隧道特殊衬砌结构地段，可不设小避车洞。

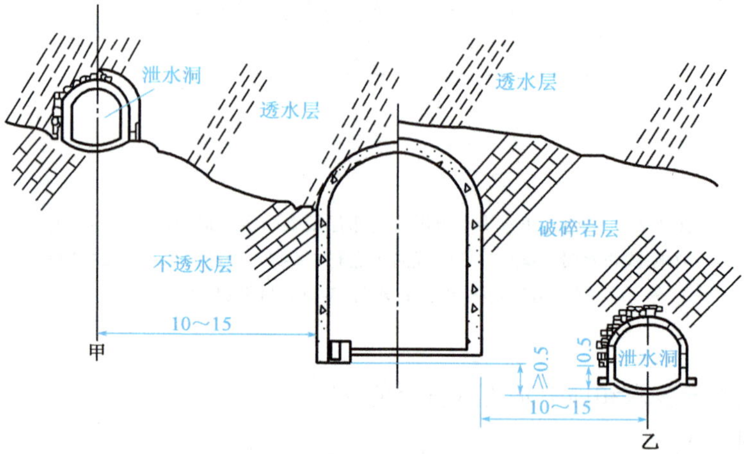

图 1-23　拦截地下水疏干地层泄水洞(尺寸单位:m)

1. 设置规定及要求

隧道内大避车洞和小避车洞尺寸，如图 1-24、图 1-25 所示。大、小避车洞应交错设置于两侧边墙内，大避车洞之间设置小避车洞，其间距和尺寸见表 1-3。

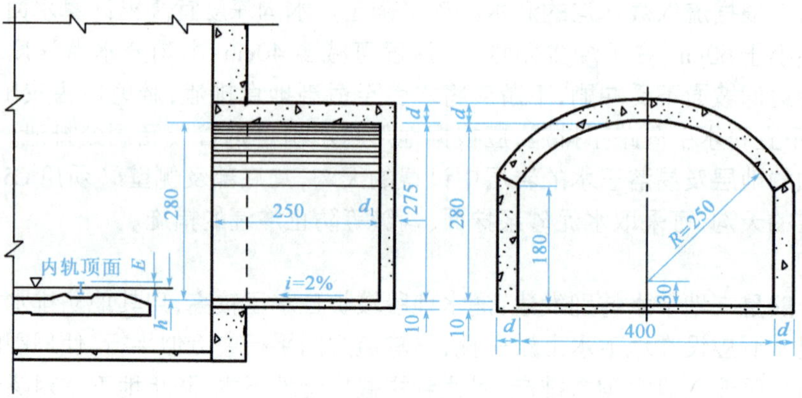

图 1-24　大避车洞(尺寸单位:cm)

避车洞间距和尺寸(m)　　表 1-3

<table>
<tr><th rowspan="2">名　称</th><th colspan="2" rowspan="2">一 侧 间 距</th><th colspan="3">尺　寸</th></tr>
<tr><th>宽</th><th>深</th><th>中 心 高</th></tr>
<tr><td rowspan="2">大避车洞</td><td>有砟轨道</td><td>300</td><td rowspan="2">4.0</td><td rowspan="2">2.5</td><td rowspan="2">2.8</td></tr>
<tr><td>无砟轨道</td><td>420</td></tr>
<tr><td rowspan="2">小避车洞</td><td>有砟轨道</td><td rowspan="2">60</td><td rowspan="2">2.0</td><td rowspan="2">1.0</td><td rowspan="2">2.2</td></tr>
<tr><td>无砟轨道</td></tr>
</table>

注：双线隧道小避车洞每侧间距每侧按 30m 设置。

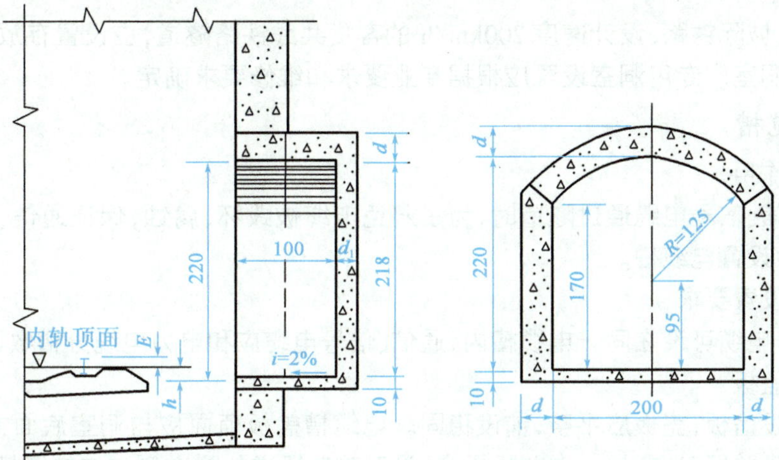

图 1-25　小避车洞(尺寸单位:cm)

避车洞布置应符合下列规定:

(1)隧道长度小于 300m 时,可不设大避车洞;长度为 300～400m 时,可在隧道中部设一个大避车洞。

(2)洞口接桥或路堑,当桥上无避车台或路堑侧沟无平台时,应与隧道一并考虑设置大避车洞。

(3)设计速度为 160km/h 的隧道内,避车洞应沿洞壁设置钢制扶手。

2. 避车洞底部高程

当避车洞位于直线上且隧道内有人行道时,避车洞底面应与人行道顶面齐平,无人行道时,避车洞的顶面应与道砟顶面(或侧沟盖板顶面)齐平;隧道内采用整体道床时,应与道床面齐平。当避车洞位于曲线上时,因受曲线外轨超高的影响,曲线内侧及外侧的避车洞底面应分别降低及抬高一定距离。

避车洞衬砌类型一般与隧道衬砌类型相适应。主要有喷混凝土衬砌或锚杆喷混凝土衬砌以及全衬砌,但不论衬砌与否,避车洞均应铺底(一般均铺 10cm 厚的混凝土)。地质条件较差时(Ⅲ级及以上围岩),避车洞尚应做后墙,特别在松软的Ⅴ～Ⅵ级围岩中,还应将铺底加厚,使之成为封闭式结构。

为了使避车洞的位置明显,应将洞内全部及洞口周边 30cm 宽粉刷成白色。在洞的两侧各 10m 处的边墙上标一白色箭头指向避车洞,如图 1-26 所示。

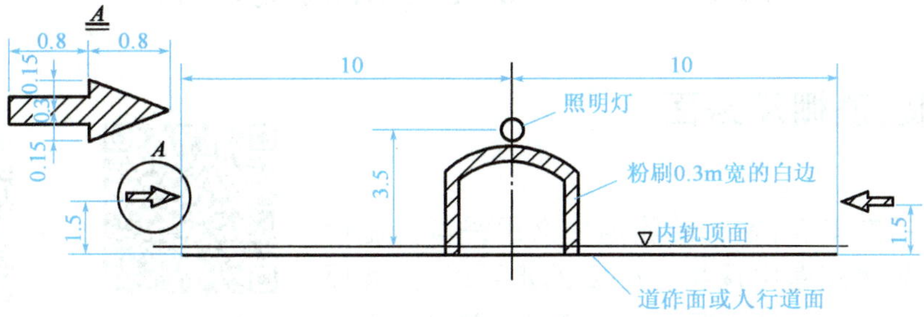

图 1-26　避车洞标志位置图(尺寸单位:m)

3. 专用洞室

高速铁路、城际铁路、设计速度 200km/h 的客货共线铁路隧道,应设置存放专用器材等运营养护设备的洞室。专用洞室设置应根据专业要求和维修要求确定。

(二)电缆槽

1. 电缆槽作用

当铁路通信、信号电缆通过隧道时,为了避免电缆被毁坏、腐蚀,保证通信、信号工作的安全,应在隧道内设置电缆槽。

2. 电缆槽设置要求

通信、信号电缆可设在同一电缆槽内,通信、信号电缆应和电力电缆分槽敷设。

3. 电缆槽盖板

电缆槽应设盖板,盖板应平整,铺设稳固。电缆槽盖板顶面应与洞室底面或道床面平齐,当电缆槽与水沟并行时,应与水沟盖板平齐;设有疏散通道的隧道侧沟与电缆槽盖板应与疏散通道平齐。

4. 余长电缆槽(余长电缆腔)

当隧道长度大于 500m 时,为便于电缆维修,应在洞内设置余长电缆腔。余长电缆腔应沿隧道量测交错布置,并应与专用洞室或电缆槽设于同侧的大避车洞结合设置;每侧间距宜为 500m,设置大避车洞时,每侧间距可为 420m 或 600m。长度为 500 ~ 1000m 的隧道,可只在其中设置一处。

(三)其他设施

隧道内需设置无人增音站时,其位置可根据通信要求确定,亦可与大避车洞结合使用,但应将大避车洞加深 2.5m。当不能结合时,应另行修建无人增音站,其尺寸与大避车洞相同。

同时修建相邻双孔隧道时,在相邻双孔隧道之间设置巡查、维修、救援等使用的行人横通道,要求见表 1-4。

横通道间距和尺寸(m) 表 1-4

名称	间距	宽度	高度
行人横通道	300 ~ 400	2.0	2.2

注:隧道长度为 600 ~ 800m 时,可在隧道中部设一行人横通道,长度小于 600m 时可不设。

电力牵引的长隧道,必要时可设置存放维修接触网的绝缘梯车洞,并宜利用施工辅助坑道或避车洞修建,参考尺寸 2.5m × 2.5m × 6.0m(高 × 宽 × 长),其间距为 500m。

任务三　公路隧道附属建筑物

一、内装、顶棚及路面

1. 内装

为了确保行车安全,在公路隧道中必须采取措施使墙面亮度在长期的运营中保持在必要的水平以上,墙面须用适当的材料加以内装处理。内装可以改善隧道内的环境,主要是提高能见度,其次是吸收噪声。

教学课件:公路隧道附属建筑物

动画:公路隧道附属结构物

提高墙面的反射率，可以增加照明效果，因此内装材料表面应是光洁的，颜色应是明亮的。人眼对黄绿光最为敏感，所以内装材料应是淡黄色和浅绿色。作为背景的墙面，应能衬托出障碍物的轮廓，这就需要使墙面具有良好的反射率。为了减少眩光，希望这种反射是漫反射。

未经内装的混凝土衬砌表面，容易吸附引擎排出的废气中的黏稠油分，可与烟雾、尘埃一起粘在表面上。在隧道内潮湿、漏水的情况下，污染过程很快，能使墙面的反光率降低。

经过内装的墙面，污染仍然是不可避免的，但要求墙面具有不易污染、容易清洗、耐冲刷、耐酸碱、耐腐蚀、耐高温等特点，表面应该光滑、平整、明亮。内装可以起到美观作用，使隧道漏水不露出墙面；各种管线都能隐藏在内装材料的后面，但管线的维修应该方便。内装材料应该具有吸收噪声的作用，消除隧道内的噪声是极其困难的课题之一。隧道内噪声源主要来自两个方面：通风机产生的噪声和汽车行驶时引擎发出的噪声。

声波在三维空间中传播时，与光波一样可以屏蔽、聚焦和定向。在均匀截面的管道中行进的波常常是平面波，这种波从波源出发，在无阻碍地进行很长一段距离后，仍近似地为平面波，平面波的衰减很慢。由于管径与铺贴吸声材料的吸声效果成倒数关系，在大管道中铺贴吸声材料几乎无效，所以内装材料的消声效果很不理想。

通常用于隧道的粘贴内装材料主要有：

(1)块状混凝土材料：表面粗糙，容易污染且不好清洗，但衬砌表面不需特殊处理。

(2)饰面板、镶板等质地致密材料：不容易污染，清洗效果好，洗净率高，板背后的渗漏水隐蔽，各种管线容易在板背后隐蔽设置，板背后的空间有利于吸收噪声。

(3)瓷砖镶面材料：表面光滑，最容易洗净，且效果良好；要求衬砌平整，以便镶砌整齐；隧道漏水部位可用排水管道疏导；镶面后可埋设小管线。这种材料没有任何吸声作用。

(4)油漆材料：比块状混凝土材料容易清洗，但不及其他两种材料，对衬砌表面要求很高，需要压光、平整；隧道不能有漏水现象，否则浸湿的油漆损坏很快。这种材料也没有吸声作用。

随着建筑材料工业技术的发展，新材料相继出现，许多新型材料都可以应用于隧道内装。

用于内装的新材料应该具有下列特性：①耐火性，在高温条件下仍能维持原状，不燃烧、不分解有害成分等；②耐腐蚀性，长期在油垢及有害气体作用下不变质，在洗涤剂等化学物质作用下不被侵蚀；③防水性，大多数隧道都存在漏水问题，在水的浸泡下，在潮湿环境中不变质、不霉烂；④材料来源广泛，价格相对便宜，隧道是大型构造物，用材量很大，价格高昂的材料不适于作隧道内装。

2. 顶棚

顶棚的反射率对提高照明效果有利，经过顶棚的反射光使路面产生二次反射，能增加路面亮度。顶棚用漫反射材料可以避免产生眩光。其颜色的明亮程度直接影响到路面亮度，所以应该是浅色的，但是又应有别于墙面，在色调和饱和度上可以有所不同。

顶棚是背景的一部分，特别是在有坡度处和变坡点附近对识别障碍物和察觉隧道内异常现象颇有帮助。顶棚可以美化隧道，特别是与整齐排列的灯具相互衬托，更可以起到美化的效果，并有明显的诱导作用。

根据实际需要，可以把顶棚做成平顶或拱顶。在自然通风或诱导通风时，可以用拱顶；在半横向或横向通风时可以用平顶。顶棚以上部分可作为通风道和供管理人员使用的通道，因此设计荷载可按10MPa考虑(据国外资料)。

3. 路面

隧道内的路面需具有足够的强度和耐久性，有以下几点特殊要求：

路面材料应具有抵御水冲刷和含有化学物质的水侵蚀的能力，路面的坡度应能迅速排除清洗用水。因为车辆在隧道内的减速及制动次数较多，横向抗滑要求高，故路面需能保证车体横向稳定；容易修补。路面漫反射率高，颜色明亮，才能获得良好的照明效果，路面作为发现障碍物的背景，比墙面和顶棚更重要。

路面材料主要有两种，即混凝土和沥青混凝土。由于混凝土的反射率较沥青混凝土路面高，横向抗滑性好，是过去广泛使用的材料。其最大缺点是产生裂缝时不容易修补，更换时要停止交通。在高寒地区还要受到防滑链的损害，必须考虑设置磨耗层。沥青路面的反射率较低，为了改善路面亮度，需要在面层加入石英和铝的混合物，有的加入浅色石子和氧化钛作填充料。

路面与车道分隔线等交通标志之间应保证有明显的亮度对比和鲜明的颜色对比。

隧道内的路基应具有足够的承载力，尤其是在有丰富地下水的条件下也能满足要求，这就要求有良好的排水设施。衬砌背后应设置盲沟和导水管，在车道板下面铺设透水性好的路基材料，必要时设置仰拱。在确定隧道纵坡时应保证排水沟排水顺畅，保证路面有1%～1.5%的横坡。

4. 吸声

隧道内的混响时间（噪声源发音瞬间的声能衰减到百万分之一时所需的时间，即衰减60dB所需的时间）为洞外的数千倍，在噪声级相当高的隧道内，震耳欲聋，难以忍受。因此，隧道内应设置吸声材料或吸声结构进行吸声。目前吸声材料较多，其中多孔吸声材料是应用最广的基本吸声材料，如玻璃棉、矿棉、无机纤维材料及其成型板材等，种类繁多。而吸声结构则有：膜共振吸声结构、板共振吸声结构、腔共振吸声结构、穿孔板式共振吸声结构等。吸声材料应当具有内装材料特性，吸声结构应与内装相结合。任何吸声材料和结构形式对沿隧道轴线传播的平面声波作用都不大，这是在隧道中吸声效果差的原因之一。

二、其他附属设施

公路隧道的其他附属设施包括通风设施、照明设施、安全设施、应急设施以及公用设施等，在此简要介绍。

1. 紧急停车带

紧急停车带是为故障车辆离开干道进行避让，以免发生交通事故，引起混乱，影响通行能力而专供紧急停车使用的停车位置。尤其在长大隧道中，故障车必须尽快离开干道，否则会引起阻塞，甚至导致交通事故。

为使车辆能在发生火灾时避难和退避，还应设置方向转换场。

紧急停车带的间隔，主要根据故障车的可能滑行距离和人力可能推动的距离确定。如小车较卡车滑行距离长，人力推动也较省力；下坡较上坡滑行距离长，推动也省力。紧急停车带间隔一般取500～800m。汽车专用隧道取500m，隧道长度大于600m时即应在中间设置一处。混合交通隧道取800m，隧道长度大于900m时即应在中间设置一处。

紧急停车带的有效长度，应满足停放车辆进入所需的长度，一般全挂车可以进入的长度需20m，最低值为15m，宽度一般为3.0m。隧道内的缓和路段施工复杂，所以通常是将停车带两端各延长5m左右，如图1-27所示（以上数据为国外资料，仅供参考）。

2. 救援通道

隧道内应设置贯通的救援通道，单线隧道应单侧设置，双线隧道应双侧设置。救援通道宽1.5m、高2.2m。

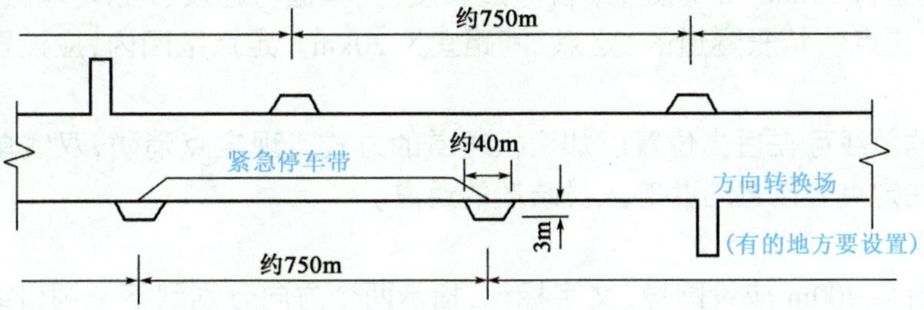

图1-27 紧急停车带及方向转换场的设置实例

3. 联络通道

对于双洞单线隧道，隧道间应设置联络通道，其间距可采用350m左右，“定点”处应适当加密。

4. 紧急出口

长度大于1000m的隧道，有条件时宜设置紧急出口，大于6000m的隧道应考虑设置紧急出口。

紧急出口通道断面最小尺寸应符合下列规定：

(1)宽度不应小于2.3m，高度不应小于2.5m。

(2)纵向仰角不应大于30°。

满足以上条件的施工辅助坑道可改造为紧急出口。紧急出口通道内应设置通风排烟系统、照明系统及其他相关设施。

在隧道紧急出口处设置能提供紧急车辆停车和容纳出逃人员的安全区，并有道路与外界公共道路(公路)连接。

在有条件的洞口应设置供救援车辆停放的停车场。

5. 应急通信系统

一旦在隧道内列车发生火灾，应尽快利用列车上的火灾报警按钮或设于隧道内的紧急报警电话，将隧道内发生火灾的情报向消防控制中心(室)或相关管理部门报警，以便及时采取有效措施将其扑灭或控制火势的扩大，获得使乘客及驾乘人员安全疏散所必需的宝贵时间。隧道内应急通信采用无线或有线通信系统，一旦有紧急情况，驾乘人员可随时与列车控制中心联系。

6. 消火栓系统

无论是在公路隧道的消防设计还是在地铁消防设计中，消火栓系统都获得了广泛的使用。铁路隧道的灭火系统应以消火栓系统为主，辅以干粉、泡沫系统(灭火器)应对初起的小型火灾。

7. 火灾时的防排烟系统

特长隧道作为一狭长的地下有限空间，一旦发生火灾，乘客车厢燃烧生成的有毒烟气将迅速蔓延扩散，除影响人的能见度而迟滞逃生机会外，还会使人因吸入有毒烟气而窒息死亡。在设置运营通风时，应充分考虑到火灾时防排烟的具体要求。

8. 定点消防

考虑列车着火且能继续运行时，参照欧盟对初期着火列车“可以继续运行20km”(残余运行能力时间为15~20min时，按事故情况下速度80km/h考虑，列车通常可以运行20km)或参照日本“可继续运行 15min”的规定，结合隧道长度、列车运行速度、地形、地质条件等，在特长隧道中部设置“定点”，特长隧道的“定点”间距宜为 20km。定点范围内，应设置消火栓等消防设施。

两座平行的单线可在适当位置以加密横通道的方式实现定点消防，双线单洞隧道或单线单洞隧道必须在定点处设置斜井等人员疏散的通道。

9. 疏散标识

救援通道每隔 200m 应设图像、文字标记，指示两个方向分别到下一洞口或紧急出口的整百米数，并配备灯光显示方向。

任务四　围 岩 分 级

教学课件：围岩分级

围岩是指隧道开挖后其周围产生应力重分布范围内的岩体，或指隧道开挖后对其稳定性产生影响的那部分岩体（这里所指的岩体是土体与岩体的总称）。

由于隧道工程所处的地质环境十分复杂，人们对它的认识还不完善，所以至今隧道工程的设计和施工仍采用经验类比法。此法的基础就是围岩分级。因为隧道工程所赋存的地质环境千差万别，它给隧道工程带来的问题也是各种各样的，人们不可能对每一种情况都有现成的经验和行之有效的处理方法。根据长期的工程实际，工程师们认识到各种围岩的物理性质之间存在着一定的内在联系和规律，依照这些联系和规律，根据一个或几个主要指标将岩体划分为具有不同稳定性的有限个级别，即将稳定性相似的一些围岩划归为一类，可将全部围岩划分为若干级，这就是隧道围岩稳定性分级。

一、坑道开挖后的状态

微课：隧道开挖后的状态

隧道稳定性是指坑道在不加任何人工支护条件下的稳定状态。根据铁路单线隧道工程实践，隧道开挖后的坑道稳定状态可以分为以下四类。

1. 充分稳定

在坚硬（单轴饱和抗压强度 $R_c > 60\text{MPa}$）、整体（裂隙间距 $> 1.0\text{m}$）、耐风化的围岩中，由于围岩强度高、岩体完整、不易松弛，坑道在长时间内有足够的自稳能力和自支护能力。

2. 稳定

在大块状构造的岩体及整体状的中硬岩（$R_c > 30\text{MPa}$）中开挖坑道时，坑道会因岩爆、岩块结合松弛而产生局部掉块，但不至于引起坍塌，围岩具有一定的自支护能力。但层间结合差的平板岩层，顶板可能弯曲、断裂，应采取局部人工支护或轻型的全面人工支护。

3. 暂时稳定

大多数隧道属于该类型状态。在具有碎块状构造的围岩中，坑道开挖后常呈现出不同程度的坍塌现象，坍塌后通常能成拱形，处于暂时稳定状态。在外界（如爆破、支撑顶替、回填不及时等）和内部（如地下水）条件影响下，若不及时采取人工支护，隧道会进一步丧失稳定。故在这种围岩中，必须采取各种类型的人工支护措施。

4. 不稳定

在块石土、堆积土等围岩中，坑道在不支护的条件下是难以开挖的，随挖随塌，通常需要先支后挖。围岩无自支护能力或自支护时间极短，需要采取稳定掌子面的辅助施工方法，如管棚、小导管等超前支护。坑道坍塌发生迅速、影响范围大，在浅埋条件下有时可塌至地表或在地面形成沉陷盆地。在地下水丰富情况下，土体易产生流动造成极大荷载。这种情况下，需要采取针对性的人工措施和特殊的施工方法来保证坑道稳定。

二、围岩分级方法

微课：围岩分级

围岩分级的目的是：作为选择施工方法的依据；进行科学管理及正确评价经济效益；确定结构上的荷载（松散荷载）；给出衬砌结构的类型及尺寸；作为制定劳动定额、材料消耗标准的基础等。

围岩分级的方法有多种，它是在人们不断实践和对围岩地质条件逐渐加深了解的基础上发展起来的，不同国家、不同行业都根据各自的工程特点和目的提出了各自的围岩分级方法。现行的许多围岩分级方法中，作为分级的基本要素大致有以下三大类。

（1）第Ⅰ类：与岩性有关的要素，如分为硬岩、软岩、膨胀岩等。其分级指标是岩石强度和变形性质等，如岩石的单轴抗压强度、岩石的变形模量或弹性波速度等。

（2）第Ⅱ类：与地质构造有关的要素，如软弱结构面的分布与性态、风化程度等。其分级指标采用诸如岩石的质量指标、地质因素评分法等。这类指标实质上是对岩体完整性或结构状态的评价，在划分围岩的级别中一般占有重要的地位。

（3）第Ⅲ类：与地下水有关的要素。

值得注意的是，近年国内外有学者提出采用模糊数学分级、根据坑道周边量测的收敛值分级、采用人工智能——专家系统分级等建议。这些设想和建议将使围岩分级方法日趋完善。

三、我国铁路隧道与公路隧道的围岩分级方法

在我国现行的《铁路隧道设计规范》（TB 10003—2016）中，明确规定了目前围岩分级法应由岩石坚硬程度和岩体完整程度两个因素确定，按照稳定性对围岩进行分级，并将弹性波（纵波）速度作为辅助分级指标。岩石坚硬程度和岩体完整程度应采用定性划分和定量指标两种方法综合确定。《公路隧道设计规范 第一分册 土建工程》（JTG 3370.1—2018）中，围岩分级同样采用了与铁路隧道相同的分级方法。铁路隧道围岩级别的确定见表1-5。

铁路隧道的围岩分级 表1-5

围岩级别	围岩主要工程地质条件		围岩开挖后的稳定状态（小跨度）	围岩基本质量指标 BQ	围岩弹性纵波速度 V_p(km/s)
	主要工程地质特征	结构特征和完整状态			
Ⅰ	极硬岩（单轴饱和抗压强度 $R_c>60$MPa）：受地质构造影响轻微，节理不发育，无软弱面（或夹层）；层状岩层为巨厚层或厚层、层间结合良好，岩体完整	呈巨块状整体结构	围岩稳定，无坍塌，可能产生岩爆	>550	A：>5.3
Ⅱ	硬质岩（$R_c>30$MPa）：受地质构造影响较重，节理较发育，有少量软弱面（或夹层）和贯通微张节理，但其产状及组合关系不致产生滑动；层状岩层为中厚层或厚层，层间结合一般，很少有分离现象，或为硬质岩石偶夹软质岩石	呈巨块状或大块状结构	暴露时间长，可能会出现局部小坍塌，侧壁稳定，层间结合差的平缓岩层顶板易塌落	451～550	A：4.5～5.3 B：>5.3 C：>5.0

<table>
<tr><th rowspan="2">围岩级别</th><th colspan="2">围岩主要工程地质条件</th><th rowspan="2">围岩开挖后的稳定状态（小跨度）</th><th rowspan="2">围岩基本质量指标 BQ</th><th rowspan="2">围岩弹性纵波速度 V_p(km/s)</th></tr>
<tr><th>主要工程地质特征</th><th>结构特征和完整状态</th></tr>
<tr><td rowspan="2">Ⅲ</td><td>硬质(R_c>30MPa)：受地质构造影响严重，节理发育，有层状软弱面（或夹层），但其产状及组合关系尚不致产生滑动；层状岩层为薄层或中层，层间结合差，多有分离现象；硬、软质岩石互层</td><td>呈块（石）碎（石）状镶嵌结构</td><td rowspan="2">拱部无支护时可产生小坍塌，侧壁基本稳定，爆破振动过大易塌</td><td rowspan="2">351～450</td><td rowspan="2">A:4.0～4.5
B:4.3～5.3
C:3.5～5.0
D:>4.0</td></tr>
<tr><td>较软岩(R=15～30MPa)；受地质构造影响轻微，节理不发育；层状岩层为厚层，巨厚层，层间结合良好或一般</td><td>呈大块状结构</td></tr>
<tr><td rowspan="3">Ⅳ</td><td>硬质岩(R_c>30MPa)：受地质构造影响极严重，节理很发育；层状软弱面（或夹层）已基本破坏</td><td>呈碎石状压碎结构</td><td rowspan="3">拱部无支护时，可产生较大的坍塌，侧壁有时失去稳定</td><td rowspan="3">251～350</td><td rowspan="3">A:3.0～4.0
B:3.3～4.3
C:3.0～3.5
D:3.0～4.0
E:2.0～3.0</td></tr>
<tr><td>软质岩(R_c≈5～30MPa)：受地质构造影响较重或严重，节理较发育或发育</td><td>呈块（石）碎（石）状镶嵌结构</td></tr>
<tr><td>土体：
(1)具压密或成岩作用的黏性土、粉土及砂类土；
(2)黄土(Q1、Q2)；
(3)一般钙质、铁质胶结的碎石土、卵石土、大块石土</td><td>(1)和(2)呈大块状压密结构；(3)呈巨块状整体结构</td></tr>
<tr><td rowspan="2">Ⅴ</td><td>岩体：较软岩、岩体破碎；软岩、岩体较破碎至破碎；全部极软岩及全部极破碎岩（包括受构造影响严重的破碎带）</td><td>呈角砾碎石状松散结构</td><td rowspan="2">围岩易坍塌，处理不当会出现大坍塌，侧壁经常出现小坍塌；浅埋时易出现地表下沉（陷）或塌至地表</td><td rowspan="2">≤250</td><td rowspan="2">A:2.0～3.0
B:2.0～3.3
C:2.0～3.0
D:1.5～3.0
E:1.0～2.0</td></tr>
<tr><td>土体：一般第四系坚硬、硬塑黏性土，稍密及以上、稍湿或潮湿的碎石土、卵石土、圆砾土、角砾土、粉土及黄土(Q3、Q4)</td><td>非黏性土呈松散结构，黏性土及黄土呈松软结构</td></tr>
<tr><td rowspan="2">Ⅵ</td><td>岩体：受构造影响严重碎石、角砾及粉末泥土状的富水断层带，富水破碎的绿泥石或炭质千枚岩</td><td rowspan="2">黏性土呈易蠕动的松软结构，砂性土呈潮湿松散结构</td><td rowspan="2">围岩极易变形坍塌，有水时土砂常与水齐涌出；浅埋时易塌至地表</td><td rowspan="2">—</td><td rowspan="2"><1.0
（饱和状态的土<1.5）</td></tr>
<tr><td>土体：软塑状黏性土，饱和的粉土、砂类土等，风积沙，严重湿陷性黄土</td></tr>
</table>

注：1. 弹性波速中A、B、C、D、E系指岩性类型。

2. 围岩分级宜采用定性分级与定量分级相结合的方法，综合分析确定围岩。

3. 强膨胀岩（土）、第三系富水弱胶结砂泥岩、岩体强度应力比小于0.15的极高地应力软岩等，属于特殊围岩。

1. 围岩分级考虑的基本因素

(1)岩石坚硬程度

根据单轴饱和抗压强度 R_c 的大小可将岩石分为硬质岩和软质岩两类,见表1-6;岩性类型可以按照表1-7确定。

岩石坚硬程度划分 表1-6

岩石类别		单轴饱和抗压强度 R_c(MPa)	定性鉴定	代表性岩石
硬质岩	极硬岩	$R_c>60$	锤击声清脆,有回弹,振手,难击碎	未风化或微风化的花岗岩、片麻岩、闪长岩、石英岩、硅质灰岩、钙质胶结的砂岩或砾岩等
	硬岩	$30<R_c\leqslant60$	浸水后,大多无吸水反应	弱风化的极硬岩;未风化或微风化的熔结凝灰岩、大理岩、板岩、白云岩、灰岩、钙质胶结的砂岩、结晶颗粒较粗的岩浆岩等
软质岩	较软岩	$15<R_c\leqslant30$	锤击声较清脆,有轻微回弹,稍振手,较难击碎	强风化的极硬岩;弱风化的硬岩;未风化或微风化的云母片岩、千枚岩、砂质泥岩、钙泥质胶结的粉砂岩和砾岩、泥灰岩、泥岩、凝灰岩等
	软岩	$5<R_c\leqslant15$	浸水后,有轻微吸水反应	强风化的极硬岩;弱风化至强风化的硬岩;弱风化的较软岩和未风化或微风化的泥质岩类;泥岩、煤、泥质胶结的砂岩和砾岩等
	极软岩	$R_c\leqslant5$	锤击声不清脆,无回弹,较易击碎	全风化的各类岩石和成岩作用差的岩石

岩性类型划分 表1-7

岩性类型	代表岩性
A	(1)岩浆岩(花岗岩、闪长岩、正长岩、辉绿岩、安山岩、玄武岩、石英粗面岩、石英斑岩等); (2)变质岩(片麻岩、石英岩、片岩、蛇纹岩等); (3)沉积岩(熔结凝灰岩、硅质砾岩、硅质石灰岩等)
B	沉积岩(石灰岩、白云岩等碳酸盐类)
C	(1)变质岩(大理岩、板岩等); (2)沉积岩(钙质砂岩、铁质胶结的砾岩及砂岩等)
D	(1)第三纪沉积岩类(页岩、砂岩、砾岩、砂质泥岩、凝灰岩等); (2)变质岩(云母片岩、千枚岩等),且岩石单轴饱和抗压强度 $R_c>15$MPa
E	晚第三纪~第四纪沉积岩类(泥岩、页岩、砂岩、砾岩、凝灰岩等),且岩石单轴饱和抗压强度 $R_c\leqslant15$MPa

(2)岩体完整程度

按岩体完整程度可将岩石划分为完整、较完整、较破碎、破碎、极破碎五类,见表1-8。

(3)围岩基本分级

按照以上两个因素,把围岩分为六级,依其坚硬程度和完整程度由好到差依次分为Ⅰ、Ⅱ、Ⅲ、Ⅳ、Ⅴ、Ⅵ级,见表1-9。

岩体完整程度划分 表1-8

完整程度	结构面发育程度			主要结构面结合程度	主要结构面类型	相应结构类型	岩体完整性指数 K_v	岩体体积节理数 J_v (条/m³)
	定性描述	组数	平均间距(m)					
完整	不发育	1~2	>1.0	结合好或一般	节理、裂隙、层面	整体状或巨厚层状结构	$K_v>0.75$	$J_v<3$
较完整		1~2	>1.0	结合差	节理、裂隙、层面	块状或厚层状结构	$0.55<K_v\leqslant0.75$	$3\leqslant J_v<10$
	较发育	2~3	0.4~1.0	结合好或一般		块状结构		
较破碎		2~3	0.4~1.0	结合差	节理、裂隙、劈理、层面、小断层	裂隙块状或中厚层状结构	$0.35<K_v\leqslant0.55$	$10\leqslant J_v<20$
	发育	≥3	0.2~0.4	结合好		镶嵌碎裂结构		
				结合一般		薄层状结构		
破碎		≥3	0.2~0.4	结合差	各种类型结构面	裂隙块状结构	$0.15<K_v\leqslant0.35$	$20\leqslant J_v<35$
	很发育	≥3	≤0.2	结合一般或差		碎裂结构		
极破碎	无序	—	—	结合很差		散体结构	$K_v\leqslant0.15$	$J_v\geqslant35$

注:平均间距指主要结构面的平均值。

围岩基本分级 表1-9

级别	岩体特征	土体特征	围岩基本质量 Q	围岩弹性纵波速度(km/s)
Ⅰ	极硬岩,岩体完整	—	>550	A:>5.3
Ⅱ	极硬岩,岩体较完整; 硬岩,岩体完整	—	451~550	A:4.5~5.3 B:>5.3 C:>5.0
Ⅲ	极硬岩,岩体较破碎; 硬岩或软硬岩互层,岩体较完整; 较软岩,岩体完整	—	331~450	A:4.0~4.5 B:4.3~5.3 C:3.5~5.0 D:>4.0
Ⅳ	极硬岩,岩体破碎; 硬岩,岩体较破碎或破碎; 较软岩或软硬岩互层,且以软岩为主,岩体较完整或较破碎; 软岩,岩体较完整或较完整	具压密或成岩作用的黏性土、分土及砂类土,一般钙质、铁质胶结的粗角砾土、粗圆砾土、碎石土、卵石土、大块石土、黄土(Q_1、Q_2)	251~350	A:3.0~4.0 B:3.3~4.3 C:3.0~3.5 D:3.0~4.0 E:2.0~3.0
Ⅴ	软岩,岩体破碎至极破碎;全部极软岩及全部极极破碎岩(包括受构造影响严重的破碎带)	一般第四系坚硬、硬塑黏性土、稍密及以上、稍湿、潮湿的碎(卵)石土、粗圆砾土、细角砾土、粉土及黄土(Q_3、Q_4)	≤250	A:2.0~3.0 B:2.0~3.3 C:2.0~3.0 D:1.5~3.0 E:1.0~2.0
Ⅵ	受构造影响很严重呈碎石、角砾及粉末、泥土状的断层带	软塑状黏性土、饱和的粉土、砂类土等	—	<1.0(饱和状态的土<1.5)

2. 围岩分级修正

结合隧道工程的特点，考虑地下水状态、初始地应力状态等必要的因素，围岩级别在基本分级的基础上应进行修正。一般情况下，对地下水的处理采用降级处理的方法。在整体状软质岩石中，一般的地下水对它的稳定性影响不大，可以不考虑降级。在块状硬质岩石和整体状软质岩石中，可根据地下水类型、水量和危害程度调整围岩级别。

(1) 地下水状态分级见表 1-10。

地下水状态分级 表 1-10

级　别	地下水出水状态	渗水量[L/(min·10m)]
Ⅰ	湿润或点滴状出水	<25
Ⅱ	淋雨状或流状出水	25~125
Ⅲ	涌流状出水	>125

(2) 地下水对围岩级别修正见表 1-11。

地下水影响修正 表 1-11

地下水状态分级	围岩基本分级				
	Ⅰ	Ⅱ	Ⅲ	Ⅳ	Ⅴ
Ⅰ	Ⅰ	Ⅱ	Ⅲ	Ⅳ	Ⅴ
Ⅱ	Ⅰ	Ⅱ	Ⅲ或Ⅳ①	Ⅴ	Ⅵ
Ⅲ	Ⅱ	Ⅲ	Ⅳ	Ⅴ	Ⅵ

注：①岩体较完整的硬岩定义为Ⅲ级；其他情况定为Ⅳ级。

(3) 围岩初始应力状态。

围岩初始地应力状态，当无实测资料时，可根据隧道工程埋深、地貌、地形、地质、构造运动史、主要构造线与开挖过程中出现的岩爆、岩芯饼化等特殊地质现象，按表 1-12 评估。

初始地应力场评估基准 表 1-12

初始地应力状态	主 要 现 象	评估基准 R_c/σ_{max}
极高应力	(1) 硬质岩：开挖过程中有时有岩爆发生，有岩块弹出，洞壁岩体发生剥离，新生裂缝多，成洞性差	<2
	(2) 软质岩：岩芯常有饼化现象，开挖过程中洞壁岩体有剥离，位移极为显著，甚至发生大位移，持续时间长，不易成洞	
高应力	(1) 硬质岩：开挖过程中可能出现岩爆，洞壁岩体有剥离和掉块现象，新生裂缝较多，成洞性较差	2~4
	(2) 软质岩：岩芯时有饼化现象，开挖过程中洞壁岩体位移显著，持续时间长，成洞性差	
一般应力	(1) 硬质岩：开挖过程不会出现岩爆，新生裂缝少，成洞性一般较好	—
	(2) 软质岩：岩芯无或少有饼化现象，开挖过程中洞壁岩体有一定位移，成洞性一般较好	—

注：R_c-岩石单轴饱和抗压强度(MPa)；σ_{max}-最大地应力值(MPa)。

(4)初始地应力对围岩级别修正见表 1-13。

初始地应力影响修正　　表 1-13

初始地应力状态	围岩基本分级				
	Ⅰ	Ⅱ	Ⅲ	Ⅳ	Ⅴ
极高应力	Ⅰ	Ⅱ	Ⅲ或Ⅳ①	Ⅴ	Ⅵ
高应力	Ⅰ	Ⅱ	Ⅲ	Ⅳ或Ⅴ②	Ⅵ

注:①围岩为较破碎的极硬岩、较完整的硬岩时定为Ⅲ级,其他情况定为Ⅳ级。

②围岩为破碎的极硬岩、较破碎及破碎的硬岩时定为Ⅳ级,其他情况定为Ⅴ级。

(5)主要结构面产状状态对围岩级别修正,应考虑主要结构面产状与洞轴线的组合关系,并结合结构面工程特性、富水情况等因素综合分析确定。主要结构面是指对围岩稳定性起主要影响的结构面,如层状岩体的泥化层面,一组很发育的裂隙,次生泥化夹层,含断层泥、糜棱岩的小断层等。

案例分析:×××隧道结构物

某高速铁路单线隧道,隧道起止里程为 DK69+255～DK97+094(左线)、YDK69+271～YDK97+119(右线),两线间距 35m,隧道全长 27839m,是该线的重点控制工程。

该合同段包括 7 号(西山头)主副斜井、8 号(井沟)斜井及隧道 DK87+302～DK91+650 段的施工、竣工和缺陷修复,长度 4348 双延米。不包含隧道照明、永久通风、防灾及设备安装、无砟轨道等工程。隧道洞身穿过围岩级别为Ⅱ、Ⅲ、Ⅳ、Ⅴ级,其Ⅲ级围岩单线复合式衬砌断面图如图 1-28 所示。

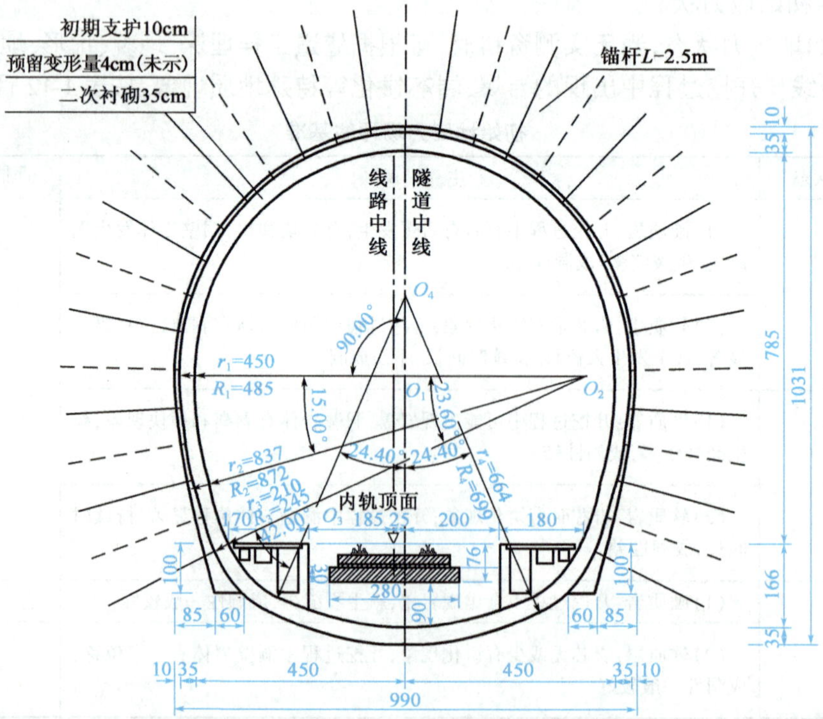

图 1-28　Ⅲ级围岩单线复合式衬砌断面图(尺寸单位:mm)

一、隧道围岩分级情况

根据设计勘察结果,该合同段隧道主要围岩分级见表1-14。

围 岩 分 级　　表1-14

类型	Ⅱ级围岩(m/%)	Ⅲ级围岩(m/%)	Ⅳ级围岩(m/%)	Ⅴ级围岩(m/%)	Ⅴ级膏溶角砾岩段(m/%)
正洞	1104/12.7	398/4.6	864/9.9	260/3	6070/69.8

二、初期支护、辅助施工措施及衬砌类型

该标段隧道主要的衬砌及支护参数见表1-15。

×××隧道支护与衬砌参数　　表1-15

衬砌类型	超前支护类型	喷混凝土厚度(cm)	锚杆			钢筋网			格栅支撑间距(m)	二次衬砌厚度(cm)
			部位	长度(m)	间距(m)	部位	直径(mm)	网眼尺寸(cm)		
Ⅱ级围岩复合式衬砌	—	拱墙5	拱部	2.5	1.5	拱部局部	纵 ϕ6,环 ϕ8	20×20		30
Ⅲ级围岩复合式衬砌	—	拱墙10	拱墙	2.5	1.5	拱墙	纵 ϕ6,环 ϕ8	20×20		35
Ⅳ级围岩复合式衬砌	—	拱墙、仰拱15	拱墙	3.0	1.2	拱墙仰拱	纵 ϕ6,环 ϕ8	20×20	拱墙1.2	35
Ⅴ级围岩加强复合式衬砌	—	拱墙、仰拱25	拱墙	4.0	1.0	拱墙仰拱	纵 ϕ6,环 ϕ8	15×15	拱墙、仰拱0.75	45
Ⅴ级围岩膏溶角砾岩衬砌	拱部超前小导管注浆	拱墙、仰拱30	拱墙	6.0	1.0	拱墙仰拱	纵 ϕ6,环 ϕ8	15×15	拱墙、仰拱0.75	55

注:1. Ⅴ级加强段适用于洞口、洞身浅埋段、断层破碎带及其影响带地段。
2. Ⅱ、Ⅲ、Ⅳ级拱部和Ⅴ级围岩拱墙采用HCB25N组合式中空注浆锚杆,其余采用 ϕ22砂浆锚杆;膏溶角砾岩地段采用EX27N涨壳式预应力中空锚杆。
3. 初期支护喷混凝土中应掺入一定量的HLS微纤维,掺入量为1kg/m^3。
4. 膏溶角砾岩地段的钢架支护采用HW175型钢支护,其余地段均采用格栅钢架支护。

三、防排水

隧道防排水采用"防、排、截、堵结合,因地制宜,综合治理"的原则。在裂隙水较发育及对水文环境严格要求的地段,防排水采用"以堵为主,限量排放"的原则,达到防水可靠、经济合理的目的。

(1)隧道防水等级为一级。

(2)隧道二次衬砌采用防水混凝土,抗渗等级不低于P8;膏溶角砾岩地段的防水混凝土按抗腐蚀性混凝土设计,抗渗性系数不小于0.8。

(3)隧道内设双侧排水沟排水。

(4)隧道拱墙初期支护与二次衬砌之间铺设柔性防水层,防水层采用乙酸醋乙烯改性沥

青(ECB)防水板加土工布缓冲层,防水层一般地段拱墙铺设厚度1.2mm;富水地段全断面铺设,厚度1.5mm。

(5)隧道初期支护与二次衬砌环向设ϕ50mm软式透水管盲沟;边墙墙脚纵向设ϕ80mm软式透水管,与环向盲沟连通。

(6)二次衬砌施工缝每10m一道,采用中埋式橡胶止水带;变形缝在地层显著变化处、断面明显变化处等设置,采用背贴式橡胶止水带加中埋式钢边橡胶止水带。

(7)在裂隙水比较发育、富水断层破碎带地段采用帷幕注浆、超前小导管注浆措施。

(8)裂隙水比较发育、富水断层破碎带地段及斜井与正洞交叉口处,两侧水沟间设2根ϕ100mm的横向连接钢管。

四、建筑材料

Z5合同段结构物建筑材料见表1-16。

衬砌建筑材料　　表1-16

项目		建筑材料
衬砌	拱部	Ⅱ、Ⅲ、Ⅳ级C25防水混凝土,Ⅴ级、Ⅴ级膏溶角砾岩C30防水钢筋混凝土
	边墙	Ⅱ、Ⅲ、Ⅳ级C25防水混凝土,Ⅴ级、Ⅴ级膏溶角砾岩C30防水钢筋混凝土
	仰拱	Ⅲ、Ⅳ级C25防水混凝土,Ⅴ级、Ⅴ级膏溶角砾岩C30防水钢筋混凝土
	底板	Ⅱ、Ⅲ、Ⅳ、Ⅴ级、Ⅴ级膏溶角砾岩C30防水钢筋混凝土
	仰拱填充	Ⅲ、Ⅳ级C20,Ⅴ级、Ⅴ级膏溶角砾岩C25混凝土
	钢筋混凝土	C30防水钢筋混凝土
	钢筋	HPB235、HRB335
初期支护	喷混凝土	C25素混凝土、C25网喷混凝土
	系统锚杆	砂浆锚杆ϕ22、HCB25N组合式中空注浆锚杆
	钢筋网	HPB235钢筋、钢筋直径:纵向ϕ6、环向ϕ8
	格栅	HPB235、HRB335、I14工字钢、HW175型钢
水沟电缆槽	水沟、电缆槽	Ⅱ、Ⅲ、Ⅳ、Ⅴ级、Ⅴ级膏溶角砾岩C25混凝土
	水沟、电缆槽盖板	C25防水钢筋混凝土

注:膏溶角砾岩地段二次衬砌采用C30防腐蚀钢筋混凝土,膏溶角砾岩地段系统锚杆采用EX27N涨壳式中空注浆锚杆。

五、水沟及电缆槽

1.排水沟

正洞内水沟设计为双侧矩形排水沟,混凝土为C25混凝土,盖板为C25钢筋混凝土;8号斜井水沟为中心式矩形排水沟;7号斜井水沟为中心式矩形排水沟(Ⅴ级膏溶岩段),其他类围岩水沟为梯形水沟,设置在下行方向的右侧,斜井水沟混凝土为C20混凝土;斜井井口的截水沟和洞门后面的水沟均为梯形M10浆砌片石水沟。

2.电缆槽

隧道正洞共设三个电缆槽:线左一个信号电缆槽,规格33(宽)×40(高)cm;线右两个信号电缆槽,分别是通信电缆槽和电力电缆槽,规格40(宽)×40(高)cm;槽身均为C25混凝土,盖板为C25钢筋混凝土。

技能训练

某单线铁路隧道，隧道通过的围岩Ⅱ、Ⅲ、Ⅳ、Ⅴ四种围岩，出口位于曲线地段隧道进口里程为 DK500 +200，出口里程为 DK502 +400，曲线半径 $R = 1000$m，列车行车速度 120km/h，ZH 点里程 DK501 +000，HY 点里程 DK501 + 140，YH 点里程 DK501 + 800，HZ 点里程 DK501 + 940，曲线地段外轨超高值 $E = 11.0$cm。请完成下列任务：

1. 请计算隧道长度，并按照隧道长度进行分类。
2. 该隧道直线地段和曲线隧道净空断面大小是否一致?
3. 什么是净空? 隧道净空尺寸影响因素有哪些?
4. 请确定隧道净空尺寸。
5. 计算隧道曲线净空加宽值，并标出不同加宽点里程。
6. 在Ⅱ、Ⅲ、Ⅳ和Ⅴ级围岩中，哪种稳定性好，哪种稳定性差?
7. 我国铁路隧道围岩的分级方法是什么?
8. 公路隧道和铁路隧道附属建筑物有什么不同?

项目二

施工准备

知识目标：

1. 了解隧道施工准备的主要内容；
2. 掌握施工调查、设计文件校核及复测的程序；
3. 掌握现场技术条件、物质条件的准备内容。

能力目标：

1. 具备根据具体工程条件制订调查提纲及根据调查情况编写书面的施工调查报告的能力；
2. 初步具备完成隧道施工场地布置的能力。

素质目标：

1. 培养学生爱岗敬业的精神；
2. 培养学生团队协作意识；
3. 培养学生任劳任怨、不怕吃苦的精神。

任务描述：

某公司中标了某新建铁路一个标段，标段内主要工程是隧道工程，项目人员刚刚进场，在这个阶段，项目部的各个职能部门通力合作，力争工程快速开工。结合施工现场完成下列任务：

1. 现场技术工作准备；
2. 施工现场场地布置；
3. 机械设备准备。

任务实施

隧道施工的准备工作，是隧道施工组织设计中重要的工作之一。做好施工前的各项准备工作，是隧道施工能顺利进行、安全完成的重要保证。

隧道准备工作一般包括：做好现场踏勘调查工作；确定施工组织机构及人员配备；对设计文件进一步了解和研究；对施工现场的补充调查和复核；进行接桩、复测及洞口设点等；结合施工单位的经验和技术条件，对设计中需要变更与改进的地方，向建设单位和设计单位提出建议，并通过协商进行修改；根据进一步掌握的情况和资料，对投标时所拟定的施工方案、施工计划、技术措施等重新评价和深入研究，修订或重新填写指导性施工组织设计，还要根据现场施工条件做好物资准备和人员培训等工作。

视频：施工准备

任务一　施 工 调 查

教学课件：施工调查

一、现场调查

施工单位在编制隧道施工的组织设计之前，应深入工地现场，做好现场调查研究工作。

1. 自然条件调查（图2-1）

图2-1　现场调查

（1）调查场地的地质条件，以便正确选择施工方法，并对可能遇到的不良地质做好充分准备。

（2）调查施工场地的地形、地貌情况，主要包括地形起伏、河流、交通、拟建地区的原有房屋及附近建筑物的情况。

（3）调查当地气象、水文情况，做好季节施工安排，为施工防寒和防洪提供可靠的依据。

（4）做好场地地表构筑物和地下管网的调查，预测隧道施工对地表和地下已设结构物的影响。

（5）调查和测试水源、水质并拟订供水方案。

（6）对天然建筑材料（砂石料）的场地、数量、质量进行鉴定并制订供应方案。

（7）对施工场地和弃渣场地进行具体布置，应贯彻节约用地的原则，少占耕地，尽量减少拆迁对其他设施的干扰。

2. 社会经济条件调查

（1）了解当地政治、经济、居民情况及风俗习惯等。

（2）了解工地附近可能利用的场地、需拆迁的建筑物、可以租用的民房等。

（3）调查当地交通运输能力以及修建为施工服务的临时运输道路、桥涵等的可能性，对交通运输条件和施工运输便道进行方案比选。

（4）调查施工现场水、电及通信情况。

（5）调查地方工业的生产能力、质量、价格和协作的可能性，了解当地可利用的材料品种和供应能力。

(6) 了解当地可能提供劳动力数量、来源、价格和技术水平。

(7) 了解当地的生活供应、医疗卫生、文化教育、消防治安等机构支援能力，做好生活及医疗设施安排。

二、校核设计文件

隧道施工单位施工前应全面熟悉设计文件，会同设计单位进行现场核对，做好施工准备工作（图 2-2）。

图 2-2　技术交底

(1) 熟悉、审查图纸及有关设计资料，了解设计意图，对总平面布置、各个单位工程和分项工程，对工程结构形式和特点，都要认真研究。

(2) 掌握工程的重点和难点，了解隧道方案选定的设计意图。

(3) 对设计图纸本身是否存在错误和矛盾、图纸与说明书之间有无矛盾都应审查清楚。

(4) 熟悉地质、水文等勘察资料，对工程作业难易程度做出判断。

(5) 会同设计单位、现场交接和复查测量控制点、施工测量用的基准点及水准点，并定期进行复核，做好护桩工作。

(6) 核对隧道平面、纵断面设计，了解隧道与所在区段的总平面、纵断面设计的关系。

(7) 核对洞门位置、式样、衬砌类型是否与洞口周围环境相适应、相协调。

(8) 核对洞外排水系统和设施的布置是否与地形、地貌、水文、气象等条件相适应，设计好基坑、洞口及施工现场的排水系统，应避开洪水、泥石流、塌方、滑坡等对施工安全和有威胁的场地。

(9) 预测施工中对环境的影响（如污水、泥浆、废气、振动、噪声、对交通的干扰等），提出解决问题的办法。

任务二　技 术 准 备

教学课件：技术准备

一、设计文件的核对

(1) 对设计文件的核对应做好以下工作：技术标准、技术条件、设计原则；隧道的平面及纵断面；隧道设计的勘测资料，如地形、地貌、工程地质、水文地质、钻探图表等；各设计专业的接口及相互衔接；洞门与洞口段其他各项工程的衔接方式；隧道穿过不良地质地段的设计方案，隧道施工对环境可能造成影响的预防措施；隧道洞口位置，洞门样式，洞身衬砌类型，辅助坑道的类型和位置，洞口边坡、仰坡的稳定程度；施工方案、方法和技术措施；洞、内外排水系统和排水方式；隧道施工期通风方案。

(2) 控制桩和水准基点的核对和交接应做好以下工作：隧道控制桩和水准基点的交接应在建设单位主持下，由设计单位持交桩资料向施工单位逐桩逐点交接确认，遗失的应补桩，资料与现场不符的应要求更正。对接收的控制桩和水准基点，应实行相应等级的测量复核。测量复核结果应呈报监理工程师。

(3) 施工单位应全面熟悉设计文件，并会同设计单位进行现场核对，当与实际情况不符时,应及时提出修改意见。

二、实施性施工组织设计

视频:施工组织设计

(1)编制实施性施工组织设计应通过全面地调查研究,按照建设项目的工期要求和投资计划,有计划地合理组织和安排好工期、施工方案、施工方法、施工顺序,并提出劳动力、材料、机具设备等生产资源的合理配置。

(2)实施性施工组织设计的编制,应遵循下列原则:满足指导性和综合性施工组织设计,应在详细调查研究的基础上,进行技术经济方案的比选,根据最优的方案进行设计。应完善施工工艺,积极采用新技术、新工艺、新材料、新设备;因地制宜,就地取材。根据工程特点和工期要求,安排好施工顺序及工序的衔接。提高施工机械化作业水平,提高劳动生产率,减轻劳动强度,加快施工进度,确保工程质量。符合环境保护、安全生产及职业健康有关法律、法规的要求。

(3)编制实施性施工组织设计应以下列内容为依据:建设项目的合同文件;设计文件、有关标准、施工技术指南和施工工法;调查资料,如气象、交通运输情况、当地建筑材料分布、临时辅助设施的修建条件,以及水、电、通信等情况;施工力量及机具现状和更新情况;现行施工定额和本单位实际施工水平。

(4)实施性施工组织设计应包括下列内容:地理位置、地理特征、气候气象、工程地质、水文地质、工程设计概况、工期要求、质量要求、主要工程数量等;工程特点、施工条件、施工方案;洞口场地布置、洞内管线及风、水、电供应方法;安全、质量控制目标;施工进度安排、施工形象进度;进洞方案、开挖方法、爆破设计、装渣运输、支护、衬砌、通风、排水、施工测量、地质预报、监控量测、工程试验等;机械设备配备、劳动力配备、主要材料供应计划、当地材料供给等;施工管理、工程质量和施工安全保证措施等;施工过程中对环境的直接影响和潜在的影响,对各种影响因素所采取的环境保护措施;隧道施工地区发生自然灾害时、施工中发生紧急情况时的应急预案。

(5)实施性施工组织设计应在开工前作为开工报告的一部分呈报监理工程师,待批准后实施;在实施过程中应根据客观条件、生产资源配置的变化情况及时调整施工组织设计,并呈报监理工程师批准,实行动态管理。

三、控制测量

隧道控制测量应按照具体工程的行业工程测量规定和工程施工质量验收标准有关技术要求进行设计、作业和检测。控制测量完成后,应向监理工程师提交测量成果报告(图2-3)。

a)　　b)

图2-3　线路复测

(1)控制测量应符合下列规定：控制测量必须在确认桩点稳固、可靠后进行。经纬仪、水准仪及标尺、光电测距仪、全站仪、GPS全球定位系统都应按规定周期进行检定和校正。测量工作中的各项计算，均应由两组独立进行；计算过程中应及时校核，发现问题应及时检查，找出原因。利用原控制点（含中线控制点）作第二次设站观测或根据原控制点增设新点时，必须对原控制点的相邻边和水平角进行检测。利用原水准点作引伸测量时，必须对其相邻的已测段高差或相邻水准点间高差进行检测；水准基点应定期进行复测。隧道洞外控制测量应在隧道进洞施工前完成。

(2)控制测量工作应按下列基本内容和要求进行：用于测量的图纸资料应认真研究核对，确认无误后方可使用，抄录数据资料必须核对。隧道施工前，应根据设计单位交付的测量资料进行核对和交接。平面控制测量应结合隧道长度、平面形状、线路通过地区的地形和环境等条件，可采用GPS测量、导线网测量、边角网测量、三角网测量或综合使用。每个洞口应测设不少于3个平面控制点（包括洞口投点及其相联系的三角点或导线点）和2个高程控制点。

任务三　资 源 配 置

施工单位可根据施工调查结果、工程规模、重要性等来组建施工机构和配备职工。组建施工机构应遵循以下基本原则：施工机构应根据任务的需要而定，以便指挥和管理，有利于发挥职工的积极性、创造性以及团队协作精神。施工组织机构应分工明确，权责具体，力求精简但又能圆满执行任务，同时又要密切协作，做到指挥具体及时，事事有人负责。

教学课件：资源配置

一、施工机械准备

(1)施工机械应根据隧道实施性施工组织设计的要求，配备污染少、能耗小、效率高的机械。

(2)施工机械应机况良好，零配件、附件及履历书齐全，施工机械的准备应适应施工进度的要求，迅速而及时地分期完成，确保正常施工。

(3)隧道机械设备的安装应选择适宜的地点，应尽量减少机械运转时的废气、噪声、废液、振动等对周围环境造成污染和影响。在靠近居民区时，各项排放指标均应符合现行《建筑施工场界环境噪声排放标准》(GB 12523—2011)、《污水综合排放标准》(GB 8978—1996)、《环境空气质量标准》(GB 3095—2012)等有关标准的规定。

(4)隧道施工机械配套应满足以下要求：

①隧道施工机械配套应针对隧道断面的特点，以实现机械化均衡生产为目标，配套的生产能力应为均衡施工能力的1.2～1.5倍。

②施工中的关键机械，如混凝土的拌合设备、运输设备、混凝土喷射机、混凝土输送泵、通风机、抽水机等必须有备用数量。

③隧道施工应配置仰拱超前的跨越设备；衬砌结构宜采用仰拱、边墙、拱部一体化施工的整体式衬砌台车。

④施工机械应优先选择排污达标、噪声小的机械，动力宜优先选择电力机械。

(5)施工机械的安装与调试应符合下列要求：

①施工机械的安装不得在松软地段，危岩塌方、滑坡或可能受洪水、飞石、车辆冲击的处所

进行。特殊情况下应有可靠的防护措施,并确保安全。

②应参照产品说明书的有关规定,对机械设备进行安装。安装完毕后应进行安全检查及性能试验,并经试运转合格后,方可投入使用。

③机械调试方法和步骤按照技术说明书等资料要求进行。

(6)按施工机械的用途,其进场、安装、调试与四通(水、电、道路、通信)一平(场地)同步或交叉进行,使机械尽早投入施工,并逐步形成各工序的机械化作业。

二、施工场地布置

隧道洞口场地一般比较狭窄,而隧道施工的机械设备和材料又多,如果事前没有很好的规划,很容易造成相互干扰、使用不便、效率不高等不合理现象,甚至发生不安全事故。为此,施工前要根据洞口的地形特点,结合劳动力安排、机械设备、材料用量、工期要求、施工和弃渣场位置等因素,进行全面规划统筹、合理布置,使工地秩序井然,忙而不乱,充分发挥人力物力的最大效能,为快速施工创造有利条件。

视频:施工场地布置

(1)施工场地布置应符合下列要求:有利于生产,文明施工,节约用地和保护环境。事先统筹规划,分期安排,便于各项施工活动有序进行,避免相互干扰。

(2)施工场地布置应包括下列内容:

①确定卸渣场的位置和范围。

②轨道运输时,洞外出渣线、编组线、牵出线和其他作业线的布置。

③汽车运输道路的引入和其他运输设施的布置。

④确定风、水、电设施的位置。

⑤确定大型机具设备的组装和检修场地。

⑥确定混凝土拌合站(场)和预制场及砂、石等材料的布置。

⑦确定各种生产、生活等房屋的位置。

⑧场内临时排水系统的布置。

施工场地布置时,在水源保护地区内不得取土、弃土、破坏植被等,不得设置拌合站、洗车台、充电房等,并不得堆放任何含有害物质的材料或废弃物。

三、临时工程施工

一般情况下,由于地形限制,现场临时工程很难一次布置就绪。在布置时必须有缓有急,随场地的逐步扩大和逐步改造而逐渐完善。在临时工程布置建设时,需要考虑的项目很多。下面就隧道施工时几个主要临时工程项目的施工布置要求如下。

1.弃渣场地及卸渣道路的布置

对于隧道工程开挖弃渣量一般很大,弃渣往往要占很大的面积,而长隧道更甚。在考虑弃渣用地时,可依次考虑下述可能性:作洞外路径填方和桥头路堤填土,而运距又不至于过远;顺沟顺河弃渣而又不致堵塞河谷与河道;填平山坡荒地作施工场地而不致在山洪来临时被洪水冲毁,并危害下游农田;洞口均为良田而较软处有荒地可供弃渣时,应作为远距离的运渣;在隧道工地附近均为更低,弃渣必须占用农田时,应先把种植土铲运一旁,待工程结束后再把原种植土覆盖于弃渣场上以恢复耕种。总之,处理弃渣有两个原则:一是变废为用,把弃渣用于路基填方或用弃渣造田;另一个是变有害为无害,就是当必须占用农田时,力争把弃渣场变为耕地，以此弥补弃渣占用的耕地。布置弃渣场地时，还应考虑弃渣对不良地质和其他工程的影响。

2. 大宗材料的堆放场和料库的布置

大宗材料的存放地点应考虑材料运进工地方便，易于卸车，并靠近使用地点。

(1) 砂石料堆放和水泥仓库均应和混凝土拌合站布置在一起，如图2-4所示。砂石料场要充分利用地形，不一定要推平场地，但应注意供料要方便。寒冷地区冬季施工可设置地炕。如洞口处地形狭窄，则可在附近开阔处布置砂石堆放场地。水泥仓库里水泥应分类堆放，先到先用，进出方便，以确保水泥过期不硬化。另外，要做好防洪防潮工作。

(2) 钢材仓库与钢构件加工场地应布置在一起，以便于加工和工程使用，如图2-5所示。

(3) 木材仓库和木材加工场应布置在一起，并靠近道路。

图2-4　混凝土拌合站

图2-5　钢构件加工车间

3. 生产房屋和生产设施的布置（图2-6、图2-7）

图2-6　火工品库房

图2-7　洞口场地布置

要特别注意防洪、防砸、防沉陷、防塌埋。

(1) 通风机房和空压机房应靠近洞口，尽量缩短管道长度，以减少管道中能量损失，尤其要尽量避免出现过多的角度弯折。

(2) 蓄水池在山上的高度要能产生足够的压力差，以满足工作面用水的需要。另外，在高寒地区冬季要做好水管的防冻措施。

(3) 搅拌机应尽量靠近洞口，靠近砂石料，且应有一定垂直高度，便于装车运输。

(4) 炸药和雷管要分别存放。其库房要选择离工地300～400m以外的隐蔽地点，并安装避雷装置。

(5)机械队场所的位置,要求便道可直达,用电用水要方便。

(6)发电机房不一定太靠近洞口,与其他房屋争场地。如采用外来高压电线输电,变电站应设在洞口附近。当洞内输电距离太长(超过 1.3km)时,电压降太大,电动机械电压效率不足,可考虑高压线进洞,洞内设变电站。

(7)工地的临时道路应充分利用原有道路。

(8)行政管理和生活福利设施,应方便生产,方便工人的生活。工地办公室应靠近施工现场。行政管理办公室可位于工地出入口附近。

4. 生活房屋的布置

条件许可时,生活用房要与洞口保持一定的距离,以保证工作人员有一个安静的休息环境。但又不宜布置得过远,同时注意行动方便。整个生活区要适当集中,以便于学习和管理。要考虑职工室外问题活动场所的布置。生活区要靠近水源,在水源四周 50m 以内不得设厕所和垃圾坑等。生活区要注意防洪防水的要求。如图 2-8 所示。

图 2-8 项目部驻地

总的说来,每个隧道工地的自然条件是千变万化、各不相同的。因此在考虑隧道工地布置时,要因地制宜,对具体的情况作出具体分析。注意做好环境保护工作。

5. 临时工程的安全、环保要求

(1)道路应满足运量和行车安全的要求。

(2)高压、低压电力线路及变压器和通信线路应按有关规定统一布置、尽早建成。

(3)各种房屋按其使用性质应遵守相应的安全消防规定。爆破器材库、油库的位置应符合有关规定。房屋区内应有通畅的给排水系统,并避开高压电线。

(4)严禁将住房等临时设施布置在受洪水、泥石流、落石、雪崩、滑坡等自然灾害威胁的地点。洞口段为不良地质时,不应在洞顶修建房屋、高压水池和其他建筑。

(5)临时工程及场地布置应采取措施保护自然环境。

(6)隧道弃渣场坡面应按设计进行复垦或绿化,渣顶整平造田,坡脚进行防护,防止水土流失。

(7)临时设施的布置应考虑突发性自然灾害,并制订相应的紧急预案。

隧道内、外施工场所应按现行《工作场所职业病危害警示标识》(GBZ 158—2003)设置禁止标识、警告标识、指令标识、提示标识,并配以相应的警示语句。工程竣工时,应修整、恢复受到施工破坏或影响的植被、自然资源等。

四、人员的教育和培训

隧道施工前和施工过程中,对管理人员、作业人员应经常进行安全教育,使其提高自我保护意识(图 2-9)。

结合隧道施工现场实际情况,进行质量管理策划,确定质量管理目标,建立质量控制体系,编制质量管理实施计划,并培训作业人员,考核合格后持证上岗,确保隧道工程质量。

图 2-9　员工培训

隧道施工前先进行危险源辨识和安全风险评估,建立安全生产责任制,编制安全管理实施方案,制订相应的应急预案,培训作业人员考核合格后持证上岗,确保隧道施工安全。

从事隧道施工作业的人员应符合劳动法律、法规的规定,并对其进行培训,提高法制观念。特种作业人员培训后持证上岗,其他人员培训后上岗。

施工过程中应对职工加强技术培训和安全技术交底,在推广新技术和新型机械设备时,应对职工进行培训和安全教育。

根据隧道施工情况,应对作业人员进行定期健康检查,并建档管理。

当上隧道施工准备工作完成后应向建设单位和监理工程师提交开工报告,报告内容除以上的单项报告外还应包括:

(1)临时工程完成情况。

(2)人员和机械进场情况。

(3)进场工程材料的试验和检定情况。

(4)有关环保设施的落实情况及环境保护方案等。

案例分析:×××隧道洞口施工场地布置图

该隧道洞口布置内容如下(图 2-10):

(1)洞口范围无法布置弃渣场,采用换装码头卸渣。

(2)混凝土拌合站靠近砂石料场,靠近道路,运输方便。

(3)配电、发电机、空压机靠近隧道洞口。

(4)高压水池放在隧道洞口上方;炸药库设在偏僻地方,离洞口 300～400m 的位置;修配所交通运输方便。

(5)生活区远离隧道洞口。

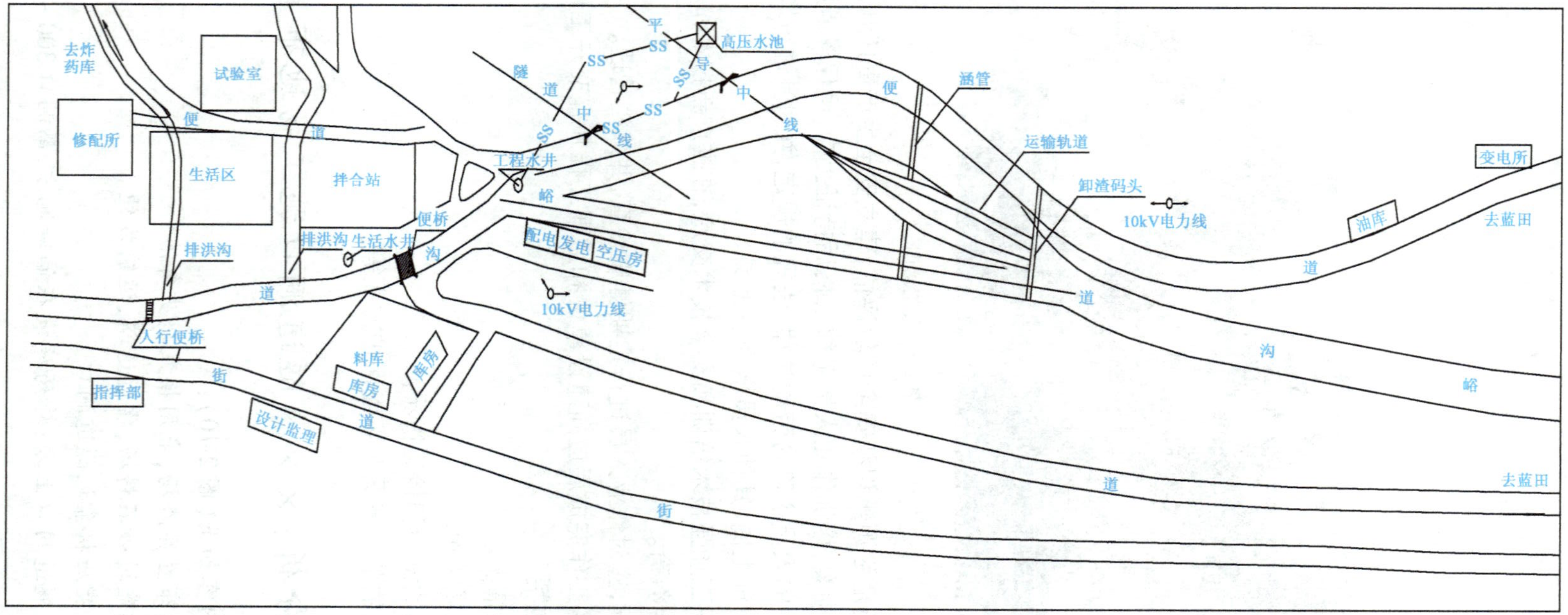

图2-10 ×××隧道洞口施工场地布置图

技能训练

某一新建高速铁路隧道，项目刚开工建设，请结合隧道进出口平面图确定隧道需要做哪些准备工作，才能满足开工需要。请完成下列任务：

1. 作为一名施工技术员，需要做哪些准备工作？
2. 现场调查工作有哪些？
3. 作为一名测量人员需要做哪些工作？
4. 临时工程包含哪些内容？
5. 准备阶段需要哪些机具设备？

项目三

隧道开挖方法

知识目标：

1. 掌握各类隧道施工方法的特点和适用条件；
2. 熟悉隧道各类开挖方法的施工工艺流程、施工要求和施工注意事项；
3. 掌握隧道洞口地段的开挖方法、施工注意事项和施工要求；
4. 掌握明洞开挖方法、施工注意事项和施工要求。

能力目标：

1. 初步具备根据地形、地质条件选择隧道洞身开挖方法和洞口施工的能力；
2. 能根据隧道施工相关规范，为所选的施工方法绘制施工工艺流程并组织施工。

素质目标：

1. 培养学生任劳任怨、不怕吃苦的精神；
2. 强化学生安全质量意识；
3. 培养学生分析问题和解决问题的能力。

任务描述：

某双线铁路山岭隧道，隧道长度为1800m，穿越围岩条件分别为Ⅱ、Ⅲ、Ⅳ、Ⅴ级四种围岩，隧道洞口地段为Ⅴ级浅埋围岩，其余地段为深埋。试结合图纸完成以下任务：

1. 确定隧道采用哪种施工方法；
2. 选择洞身地段不同围岩采用的开挖方法；
3. 选择洞口浅埋段采用的开挖方法。

任务实施

任务一　隧道施工方法简介

从大量的地下工程实践中，人们普遍认识到，隧道及地下工程的核心问题，都归结在开挖和支护两个关键工序上。即如何开挖，才能更有利于洞室的稳定且便于支护；若需要支护时，又如何支护才能更有效地保证洞室稳定便于开挖。因此研究隧道施工方法主要就是研究隧道的开挖与支护的施工程序及方法。根据开挖成型方法、破岩掘进方式、支护结构施作方式或者空间维护方式的不同、隧道穿越地层的不同情况和目前隧道施工方法的发展，隧道施工方法可按图3-1方式分类。除了下述几种方法外，还有新意法、挪威法等施工方法。

教学课件：隧道施工方法简介

- 隧道施工方法
  - 山岭隧道施工方法
    - 矿山法（钻爆法）
      - 传统矿山法
      - 新奥法
    - 掘进机法
  - 浅埋及软土隧道施工方法
    - 明挖法
    - 地下连续槽法
    - 盖挖法
    - 浅埋暗挖法
    - 盾构法
  - 水底隧道施工方法
    - 沉管法
    - 盾构法

图3-1　隧道施工方法分类

一、隧道施工的特点

概括地说，隧道施工具有以下特性：

（1）工程隐蔽性大，未知因素多。施工是动态的，作业风险性大，气候影响小。

（2）作业循环性强，综合性强。

（3）作业空间有限，工作面狭窄。隧道施工速度比较慢，工期也比较长，需要开挖竖井、斜井、横洞等辅助工程来增加工作面，加快隧道施工速度。另外，有些工序只能顺序作业，有些工序可以沿隧道纵向开展，平行作业。因此，要求施工中加强管理、合理组织、避免相互干扰。洞内设备、管线路布置应周密考虑，妥善安排。隧道施工机械应当结构紧凑、坚固耐用。

（4）作业环境恶劣，须采取有效措施，使施工场地满足卫生条件，并有足够的亮度，以保证施工人员的身体健康，提高劳动生产率。

（5）施工工地一般都位于偏远的深山峡谷之中，往往远离既有交通线，运输不便、供应困难。

（6）山岭隧道埋设于地下，一旦建成就难以更改。

各种施工技术必须考虑这些特性，才能够发挥其作用。

二、各种施工方法介绍

微课：隧道施工方法

1. 矿山法（新奥法）

因最早应用于矿石开采而得名，它包括上面已经提到的传统方法和新奥法。由于在这种方法中,多数情况下都需要采用钻眼爆破进行开挖,故又称为钻爆法。

近年来,由于施工机械的发展以及传统矿山法明显不符合岩石力学的基本原理和不经济,已逐渐由新奥法所取代,故传统矿山法本书不再介绍。而建立在新奥法施工原则基础上的矿山法仍然是我国目前应用最广、最成熟的隧道修建方法。施工是严格按照"钻孔—装药—爆破—通风—出渣"的顺序,一步一步循环开挖,并趋向大断面少分部开挖,辅以简单易行而安全可靠的强有力支护结构。从保护围岩的原则出发,调动和发挥围岩的自承能力。从这样一个原则出发,可以根据隧道工程具体条件灵活地选择开挖方法、爆破技术、支护形式、支护施作时机和辅助工法。常用的方法为全断面法、台阶法、预留核心土法、中隔壁法、双侧壁导坑法等。

微课:矿山法概述

2. 明挖法

当隧道埋置较浅时,可将上覆一定范围内的岩体及隧道内的岩体逐层分块挖除,并逐次分段施作隧道衬砌结构,然后回填上覆土。明挖法是在露天的路堑地面上,或是从地表向下开挖的基坑内,先修筑衬砌结构物,然后敷设外贴式防水层,再回填覆盖土石。明挖法多用于地下铁道、城市市政隧道、山岭隧道等埋深很浅、难以暗挖的地段。

3. 岩石隧道掘进机法(Tunnel Boring Machine,TBM)

岩石隧道掘进机法是利用岩石隧道掘进机在岩石地层中暗挖隧道的一种施工方法。它是利用刀具一次便将隧道整个断面切削成型,掘进的同时还兼有出渣及自动推进的功能。

4. 盾构法(Shield)

用盾构修建隧道的方法主要用于软土隧道暗挖施工,在金属外壳的掩护下盾构可以同步完成土体开挖、土渣排运、整机推进和管片安装等作业,将隧道一次开挖成形。

5. 盖挖法

当隧道埋深较浅时,可考虑采用"盖挖法"。盖挖法是在隧道浅埋时,由地面向下开挖至一定深度后,施作结构顶板,并恢复地面原状,其余大部分土体的挖除和主体结构的施作则是在封闭的顶板掩盖下完成的施工方法。

6. 沉管法

沉管法是将预制好的隧道管段,浮运到隧址,沉入基槽并进行水下连接,从而形成隧道。

7. 新意法

新意法即岩土控制变形分析法,是 20 世纪 70 年代中期由意大利的教授在研究围岩的压力拱理论和新奥法施工理论的基础上提出的。它是在困难地质情况下,通过对隧道掌子面前方围岩核心土进行超前支护和加固措施减小或避免围岩变形,并进行全断面开挖的一种设计施工指导原则。

8. 挪威法(Norwegian Method of Tunnelling,NMT)

挪威法是对新奥法的完善、补充,其特点是施工中进行观察和量测,继而求出 Q 值进行围岩分类,在支护体系上的最大特点是把一次支护作为永久衬砌,借助监测结果确定是否需加筑二次衬砌。一次支护采用高质量的湿喷钢纤维混凝土和全长黏结型高拉力耐腐蚀的锚杆来完成。

三、矿山法施工原则

我国山岭隧道普遍采用的施工方法为矿山法(新奥法),认为围岩既是荷载的来源,又是支护结构体系的一部分,围岩和支护结构相互作用。新奥法施工的基本思想是:充分利用围岩的自承能力和开挖面的空间约束作用,以锚杆和喷射混凝土为主要支护手段,及时对围岩进行加固,约束围岩的松弛和变形,并通过对围岩和支护结构的监控、量测来指导地下工程的设计与施工。

视频:矿山法(新奥法)施工原理

矿山法的基本原则是:

(1)充分保护围岩,减少对围岩的扰动。因为岩体是隧道结构体系中的主要承载单元,所以在施工中必须充分保护围岩,尽量减少对它的扰动。

(2)充分发挥围岩的自承能力。为了充分发挥岩体的承载能力,应允许并控制岩体的变形。一方面允许变形,使围岩中能形成承载环;另一方面又必须限制它,使岩体不致过度松弛而丧失或大大降低承载能力。为此,在施工中应采用能与围岩密贴、及时砌筑又能随时加强的支护结构,如锚喷支护等。这样,就能通过调整支护结构的强度、刚度和它参加工作的时间(包括底拱闭合时间)来控制岩体的变形。

(3)尽快使支护结构闭合。为了改善支护结构的受力性能,施工中应尽快使之闭合,成为封闭的筒形结构。

(4)隧道断面形状要尽可能地圆顺,以避免拐角处的应力集中。

(5)要加强监测,根据监测数据指导施工。在施工的各个阶段,应进行现场量测,及时提出可靠的、数量足够的量测信息,如坑道周边的位移或收敛、接触应力等,并及时反馈信息,用来指导施工和修改设计。

上述基本原则可简要概括为“少扰动、早喷锚、快封闭、勤量测”。

任务二　隧道洞身开挖方法

教学课件:隧道洞身开挖方法

一、全断面法

视频　动画　微课
全断面法

全断面法全称为“全断面一次开挖法”,即按隧道设计断面轮廓一次开挖成型的方法,如图3-2、图3-3所示。该方法施工工序少,相互干扰相对减少,便于施工组织的管理;全断面开挖有较大的作业空间,有利于采用大型配套机械化作业,提高施工速度;全断面一次成型,对围岩的扰动次数减少,对隧道的围岩稳定有利。全断面法施工一般适用于Ⅰ、Ⅱ、Ⅲ级围岩,Ⅳ、Ⅴ级围岩在采取有效的超前预加固措施稳定开挖工作面后,也可采用全断面法开挖。

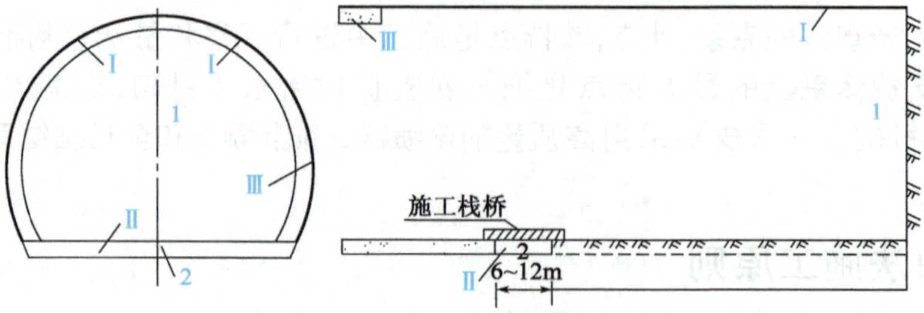

图3-2　全断面施工工序示意图

1-开挖;Ⅰ-初期支护;2-检底;Ⅱ-铺底混凝土;Ⅲ-拱墙混凝土

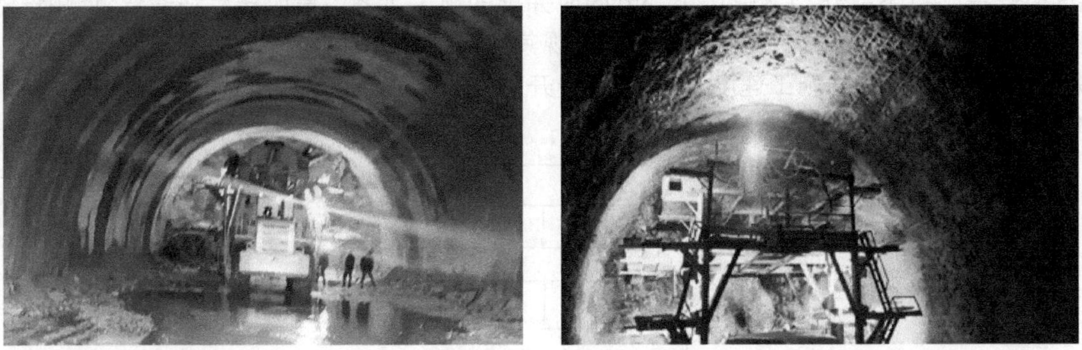

a)　　b)

图 3-3　全断面施工图

1. 全断面开挖要求

(1) 全断面法开挖时，应控制一次同时起爆的炸药量，减少爆破振动对围岩的影响。

(2) 长及特长隧道应采用大型施工机械，各种施工机械设备应合理配套，充分发挥机械设备的综合效率。

(3) Ⅰ、Ⅱ级围岩开挖循环进尺不宜大于 3.5m，Ⅲ级围岩循环进尺不宜大于 3.0m；Ⅳ、Ⅴ级围岩在采取有效的超前预加固措施稳定开挖工作面后，若采用全断面法开挖，循环进尺不得大于 2m。

全断面法具有较大的作业空间，有利于采用大型配套机械化作业，钻爆施工效率较高，可采用深眼爆破，提高施工掘进速度，且工序少、便于施工组织和管理，较分部开挖法减少了对围岩的振动次数。但由于开挖面积较大，围岩相对稳定性降低，且每循环工作量相对较大，深孔爆破用药量大，引起振动大，因此要求精心进行钻爆设计和严格控制爆破作业。

2. 全断面法施工工艺流程

全断面法施工工艺流程如图 3-4 所示。

3. 采用全断面法应注意的问题

(1) 要加强对开挖面前方工程地质和水文地质的调查。对不良地质情况，要及时预测、预报和分析研究，随时准备好应急措施，以确保施工安全和工程进度。

动画：全断面法开挖施工流程

(2) 各工序机械设备要配套。如钻孔、装渣、运输、支护、衬砌等主要机械和相应的辅助机具，在尺寸、性能和生产能力上要相互配合，工作方面要环环紧扣，不致彼此互受牵制而影响掘进，以充分发挥机械设备的使用效率和工序之间的协调作用。

(3) 要加强各种辅助施工方法的设计和施工检查。尤其是软弱破碎围岩，应对支护后围岩进行动态量测与监控，辅助作业的管理要求保持技术上的良好状态。

(4) 要重视和加强对施工操作人员的技术培训，使其能熟练掌握各种机械和推广新技术，不断提高工效，改进施工管理，加快施工速度。

(5) 在选择支护类型时，应优先考虑锚杆和喷混凝土、挂网、拱架等支护形式。

二、台阶法

动画　　微课

台阶法

台阶法开挖是先开挖断面的上半部分，待开挖至一定长度后同时开挖(中)下部分,上(中)、下部分同时并进的施工工艺。台阶法灵活多变、适用性强,是最基本、运用最广泛的施工方法,而且是实现其他施工方法的重要手段。台阶法开挖具有足够的作业空间和较快的施工速度,台阶有利于开挖面的稳定性,尤其是上部开挖支护后,下部作业则较为安全。

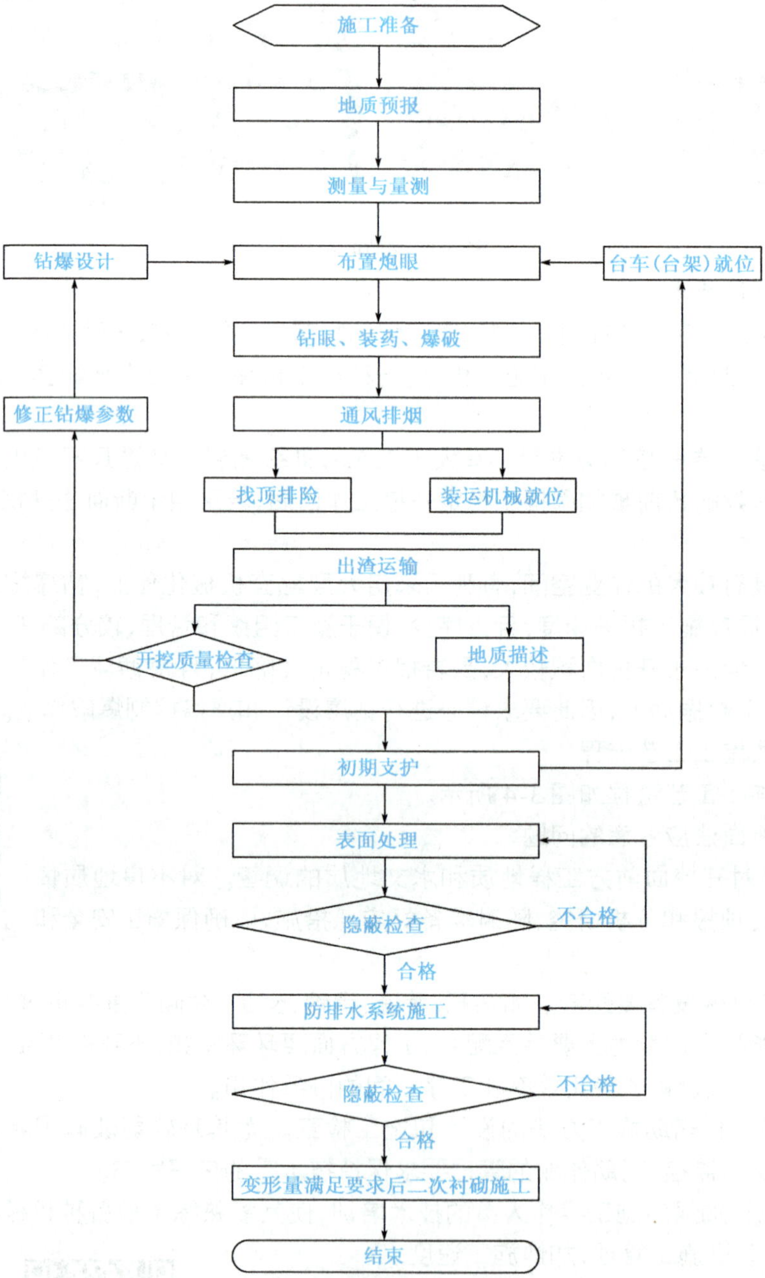

图 3-4　全断面法工艺流程

台阶法施工一般适用于Ⅲ级围岩,Ⅳ、Ⅴ级围岩在采取必要的超前支护措施稳定开挖工作面后也可选用台阶法。台阶法分为二台阶法、三台阶法、三台阶预留核心土法等。台阶法是最基本、运用最广泛的施工方法之一,而且是实现其他施工方法的重要手段。台阶法施工如图 3-5、图 3-6 所示。

a)

b)

图 3-5 两台阶法施工

1. 台阶法的适用情况

(1)单线隧道及围岩地质条件较好的双线隧道,可采用二台阶法施工。

(2)隧道断面较高、单层台阶断面尺寸较大时,可采用三台阶法。

(3)当地质条件较差时,为增加掌子面自稳能力,可采用三台阶预留核心土法开挖。

2. 各类台阶法施工工序

如图 3-7 ~ 图 3-9 所示。

图 3-6 三台阶法施工

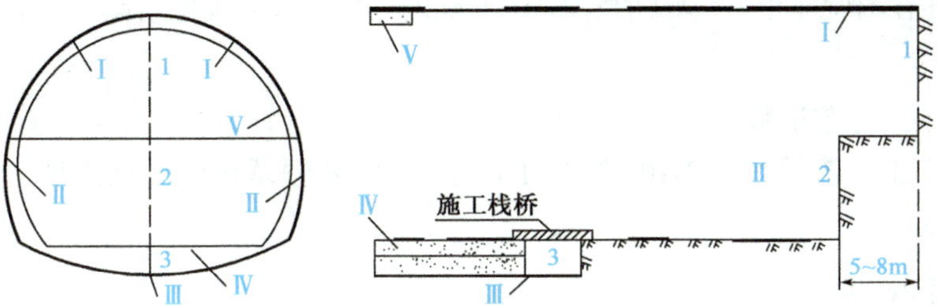

图 3-7 二台阶法施工工序示意图

1-上台阶开挖;Ⅰ-上台阶初期支护;2-下台阶开挖;Ⅱ-下台阶初期支护;3-仰拱开挖;Ⅲ-仰拱喷混凝土封闭;Ⅳ-仰拱填充混凝土施工;Ⅴ-拱墙混凝土施工

3. 台阶法施工要求

(1)采用台阶法开挖隧道时,应根据围岩条件合理确定台阶长度和高度。台阶长度不宜过长,宜控制在一倍洞径以内。

(2)台阶形成后,各台阶开挖、支护宜平行作业。

(3)下台阶开挖,左右侧宜交错进行。

(4)循环进尺应根据围岩的地质条件、自稳能力和初期支护钢架间距合理确定。Ⅲ级围岩循环进尺不宜超过 3.0m;Ⅳ级软弱围岩上台阶循环进尺不宜超过 2 榀钢架设计间距;Ⅴ、Ⅵ级围岩上台阶循环进尺不宜超过 1 榀钢架设计间距;Ⅳ、Ⅴ级围岩下台阶循环进尺不宜超过 2 榀钢架设计间距;初期支护设计钢架未封闭成环的隧道,仰拱一次开挖长度不宜大于 3m。

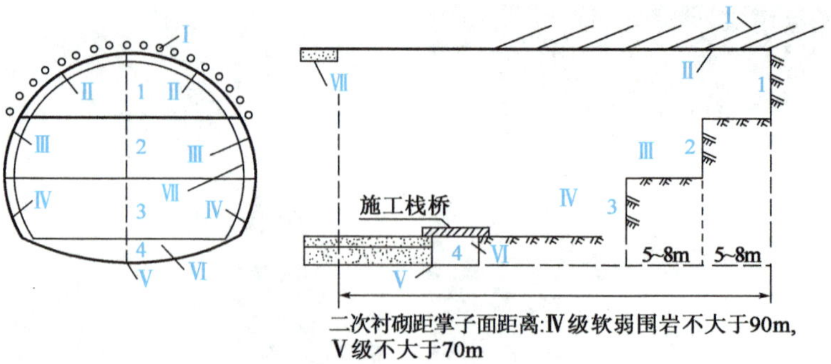

图 3-8　三台阶法施工工序示意图

Ⅰ-超前小导管;1-上台阶开挖;Ⅱ-上台阶初期支护;2-中台阶开挖;Ⅲ-中台阶初期支护;3-下台阶开挖;Ⅳ-下台阶初期支护;4-仰拱开挖;Ⅴ-仰拱初期支护;Ⅵ-仰拱填充混凝土;Ⅶ-拱墙混凝土

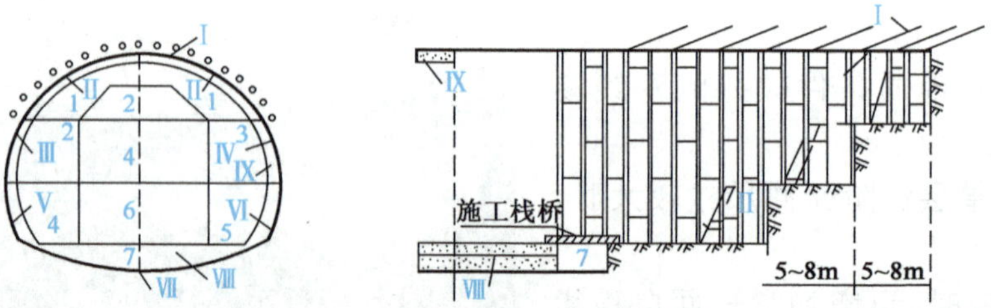

图 3-9　三台阶预留核心土法施工工序示意图

Ⅰ-超前小导管;1-上台阶开挖;Ⅱ-上台阶初期支护;2-上台阶核心土开挖、中台阶左侧开挖;Ⅲ-中台阶左侧初期支护;3-中台阶右侧开挖;Ⅳ-中台阶右侧初期支护;4-中台阶核心土开挖、下台阶左侧开挖;Ⅴ-下台阶左侧初期支护;5-下台阶右侧开挖;Ⅵ-下台阶右侧初期支护;6-下台阶核心土开挖;7-仰拱开挖;Ⅶ-仰拱初期支护;Ⅷ-仰拱填充混凝土;Ⅸ-拱墙混凝土

微课:三台阶七步开挖

4. 台阶法施工工艺流程

台阶法施工工艺流程如图 3-10、图 3-11 所示,台阶法预留核心土施工现场如图 3-12 所示。

微课:弧形导坑预留核心土法

三、中隔壁法

中隔壁法是将隧道分成左右两部分进行开挖,先在隧道一侧采用二部或三部分层开挖,施作初期支护和中隔墙临时支护,再分台阶开挖隧道另一侧,并进行相应的初期支护的施工方法。此法采用时,两台阶之间的距离可采用超短台阶法确定。

1. 中隔壁法施工工序

开挖工序如图 3-13 所示。

动画:中隔壁法　　微课:中隔壁法(CD 法)

2. 施工顺序说明

(1)先行导坑上部开挖;(2)先行导坑上部初期支护;(3)先行导坑中部开挖;(4)先行导坑中部初期支护;(5)先行导坑下部开挖;(6)先行导坑下部初期支护;(7)后行导坑上部开挖;(8)后行导坑上部初期支护;(9)后行导坑中部开挖;(10)后行导坑中部初期支护;(11)后行导坑下部开挖;(12)后行导坑下部开挖;(13)仰拱超前浇筑;(14)全断面二次衬砌。

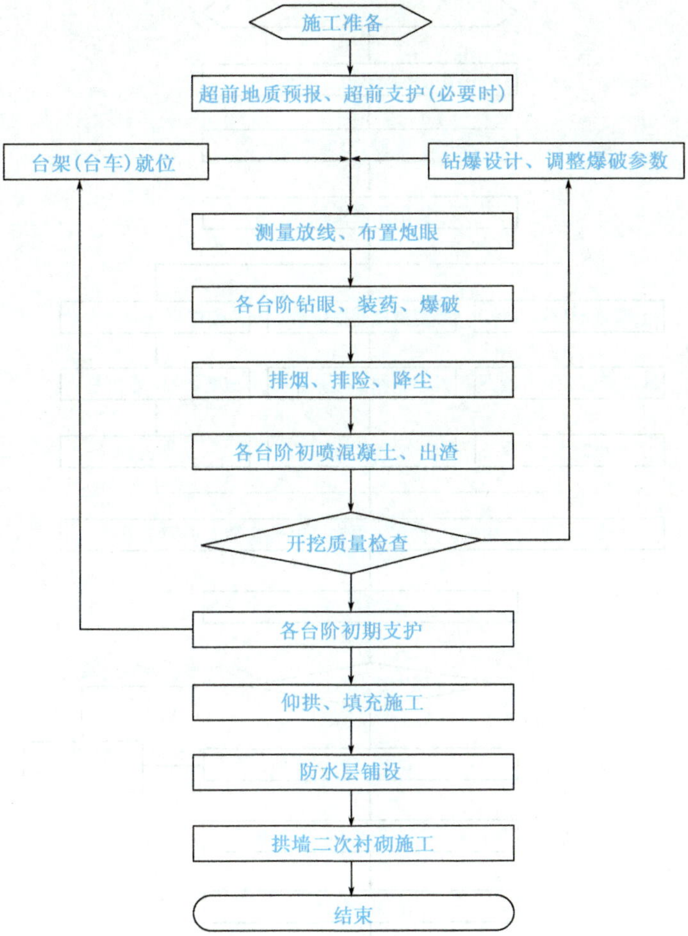

图3-10　二台阶、三台阶法施工工艺流程

中隔壁法一般用于Ⅳ～Ⅴ级围岩的隧道,也可用于浅埋地段隧道。软弱围岩或三线隧道采用中隔壁法时宜增设临时仰拱。中隔壁法设临时仰拱施工工序如图3-14所示。

3. 工艺流程图

中隔壁法施工工艺流程见图3-15。

4. 施工要点

(1)中隔壁法应先施工隧道的一侧,施作中隔壁墙后再施工隧道另一侧。中隔壁应设置为弧形。

(2)上部导坑的开挖循环进尺控制为1榀钢架间距(0.75～0.8m),下部导坑的开挖进尺可依据地质情况适当加大。

(3)中隔壁法施工时,初期支护完成后方可进行下一分部开挖,地质较差时,每个台阶底部均应按设计要求设临时钢架或临时仰拱;各部开挖时,周边轮廓应尽量圆顺;应在先开挖侧喷混凝土强度达到设计要求后再进行另一侧开挖;左右两侧导坑开挖工作面的纵向间距不宜小于15m;当开挖形成全断面时,应及时完成全断面初期支护闭合。

(4)导坑开挖孔径及台阶高度可根据施工机具、人员等安排进行适当调整。应配备适合导坑开挖的小型机械设备,提高导坑开挖效率。

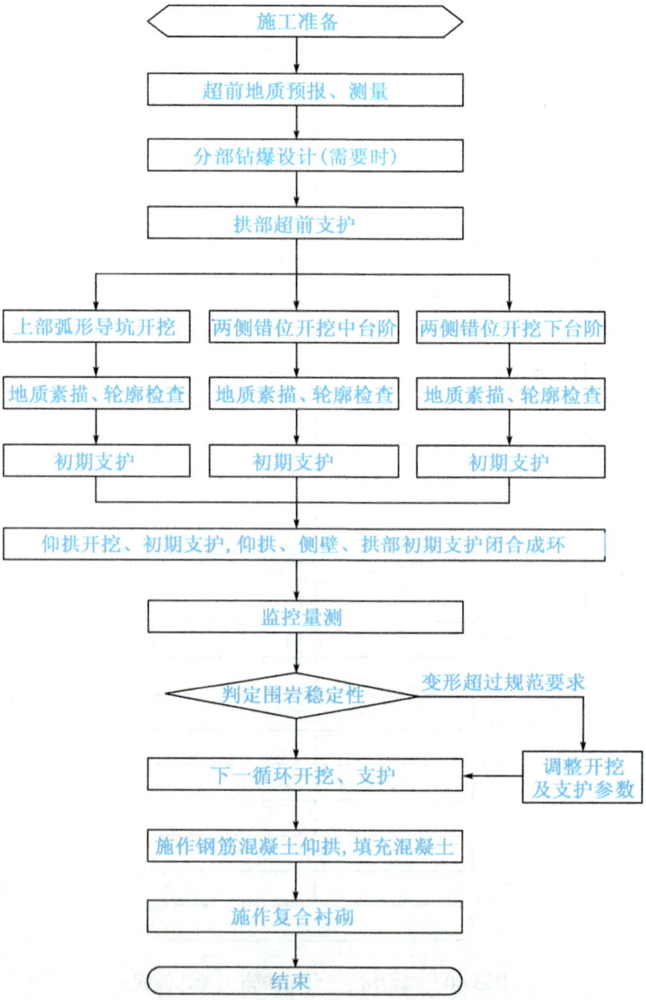

图3-11　三台阶预留核心土法施工工艺流程

图3-12　预留核心土施工现场

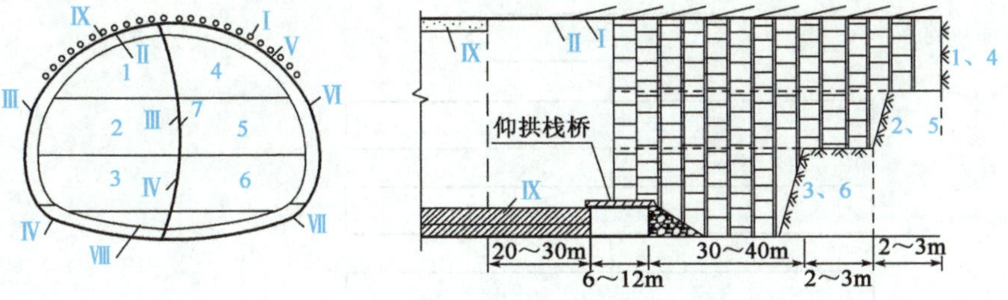

a) b)

图 3-13 CD 法开挖工序

Ⅰ-超前小导管；1-左侧上部开挖；Ⅱ-左侧上部初期支护；2-左侧中部开挖；Ⅲ-左侧中部初期支护；3-左侧下部开挖；Ⅳ-左侧下部初期支护；4-右侧上部开挖；Ⅴ-右侧上部初期支护；5-右侧中部开挖；Ⅵ-右侧中部初期支护；6-右侧下部开挖；Ⅶ-右侧下部初期支护；7-拆除隔墙；Ⅷ-仰拱填充混凝土；Ⅸ-拱墙混凝土

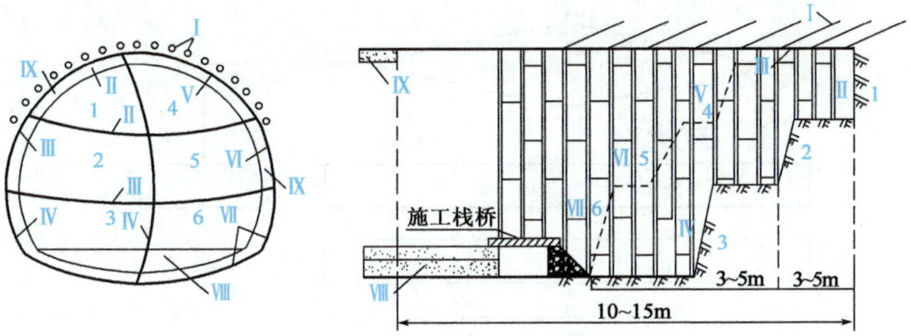

图 3-14 中隔壁法设临时仰拱施工工序

Ⅰ-超前小导管；1-左侧上部开挖；Ⅱ-左侧上部初期支护；2-左侧中部开挖；Ⅲ-左侧中部初期支护；3-左侧下部开挖；Ⅳ-左侧下部初期支护；4-右侧上部开挖；Ⅴ-右侧上部初期支护；5-右侧中部开挖；Ⅵ-右侧中部初期支护；6-右侧下部开挖；Ⅶ-右侧下部初期支护；Ⅷ-仰拱填充混凝土；Ⅸ-拱墙混凝土

（5）开挖时，同层左、右两侧沿纵向应错开 10～15m，单侧开挖应采用短台阶，台阶长度 3～5m。

（6）中隔壁的拆除应滞后于仰拱，并应于围岩变形稳定后才能进行，一次拆除长度应根据量测数据慎重确定，拆除后应立即施作二次衬砌。

5. 特点及适用条件

中隔壁法变大跨为小跨，使断面受力更合理，对减少沉降，保证隧道开挖安全、可靠具有良好效果。该法适用于较差地层，如采用人工或人工配合机械开挖的Ⅳ～Ⅴ级围岩的浅埋双线隧道和浅埋、偏压及洞口段。施工过程中，为保证初期支护稳定，除喷锚支护外，须增加型钢或钢格栅支撑，并采用超前大管棚、超前锚杆、超前注浆小导管、超前预注浆等一种或多种辅助措施进行超前加固。

四、双侧壁导坑法

双侧壁导坑法又称眼镜工法，采用先开挖隧道两侧导坑，及时施作导坑四周初期支护，必要时施作边墙衬砌，然后根据地质条件、断面大小，对剩余部分采用二台阶或三台阶开挖的方法，其实质是将大跨度的隧道变为三个小跨度的隧道进行开挖。双侧壁导坑法适用于浅埋双线或三线隧道Ⅴ、Ⅵ级围岩。

视频：侧壁导坑

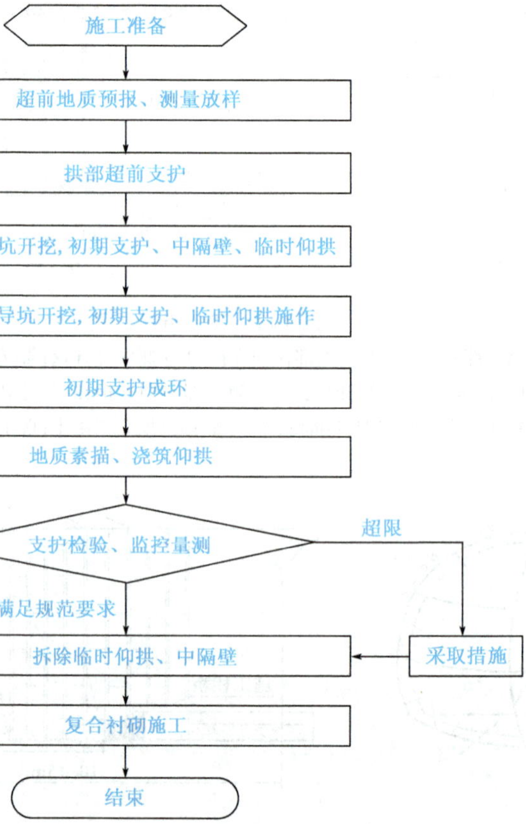

图3-15 中隔壁法施工工艺流程

1. 双侧壁导坑法施工工序

开挖工序如图3-16所示。

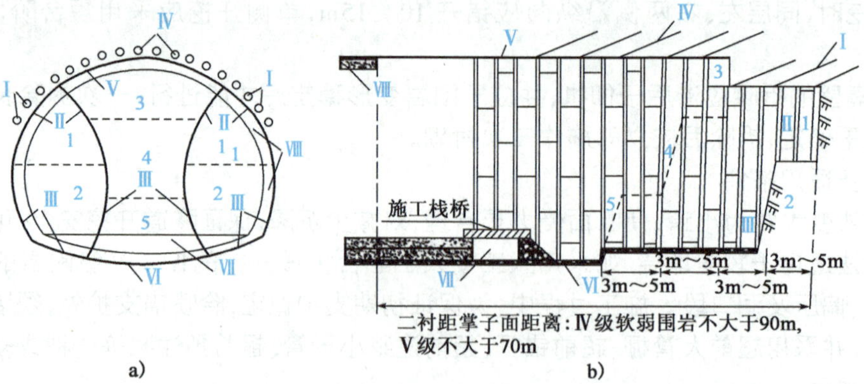

图3-16 双侧壁导坑开挖工序

Ⅰ-两侧超前小导管;1-两侧上部开挖;Ⅱ-两侧上部初期支护;2-两侧下部开挖;Ⅲ-两侧下部初期支护;Ⅳ-拱部超前小导管;3-中壁上部开挖;4-中壁中部开挖;Ⅴ-中壁上部初期支护;5-中壁下部开挖;Ⅵ-中隔壁下部初期支护;Ⅶ-仰拱混凝土施工;Ⅷ-拱墙混凝土

2. 双侧壁导坑分块开挖示意图和现场施工图

分别如图3-17和图3-18所示。

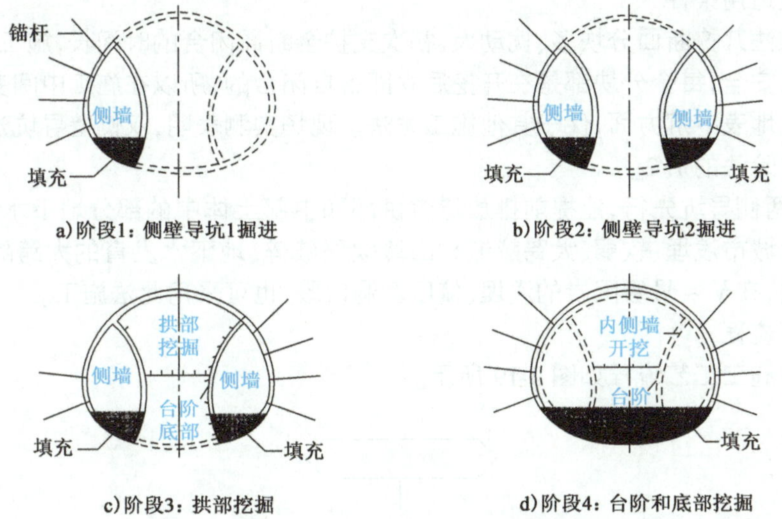

图 3-17 双侧壁导坑分块开挖示意图

a) b)

图 3-18 双侧壁导坑施工

3. 施工要点

(1) 围岩开挖应尽量采用挖掘机和人工配合无爆破施工，局部需爆破施工时，宜弱爆破施工，以尽量减少对地层的扰动。侧壁导坑、中部开挖应采用短台阶，台阶长度 3 ~ 5m，必要时留核心土。

(2) 开挖应严格按规范做好监控量测工作，随时掌握围岩及支护的变形情况，以便及时修正支护参数，改变施工方法；同时，应有较准确的超前地质预报。

(3) 开挖时的排水工作要认真做好，在保证排水畅通的同时，重点要对两侧临时排水沟铺砌抹面，防止钢支撑基底软化。

(4) 侧壁导坑开挖后，应及时施工初期支护并尽早形成封闭环；侧壁导坑形状应近于椭圆形断面，导坑跨度宜为整个隧道跨度的三分之一；左右导坑施工时，前后拉开距离不宜小于 15m；导坑与中间土体同时施工时，导坑应超前 30 ~ 50m。

(5) 开挖循环进尺不宜大于初期支护钢架设计间距。

4. 优缺点及适用条件

双侧壁导坑法开挖断面分块多、扰动大，初次支护全断面闭合的时间长，施工进度较慢，成本较高。但施工安全，每个分块都是在开挖后立即各自闭合的，所以在施工中间变形几乎不发展。尤其在控制地表下沉方面，优于其他施工方法。现场实测表明，双侧壁导坑法所引起的地表沉陷仅为短台阶法的1/2。

此外，由于两侧导坑先行，能提前排放隧道拱部和中部土体中的部分地下水，为后续施工创造条件。因此城市浅埋、软弱、大跨隧道和山岭软弱破碎、地下水发育的大跨隧道可优先选用双侧壁导坑法，在Ⅴ～Ⅵ级围岩的浅埋、偏压及洞口段，也可采用此法施工。

5. 施工工艺流程

双侧壁导坑施工工艺流程如图3-19所示。

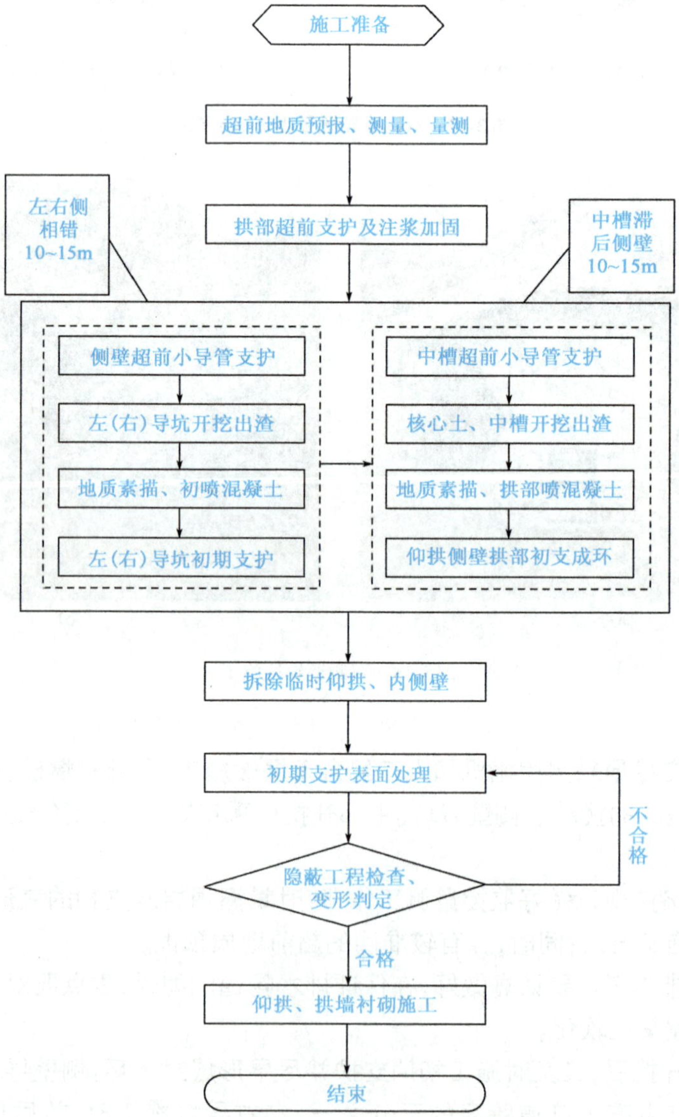

图3-19　双侧壁导坑法施工工艺流程

任务三　洞口和明洞施工

教学课件：洞口和明洞施工

动画：洞口土石方施工

一、洞口土石方施工

隧道洞口工程主要包括边、仰坡土石方；边、仰坡防护；端墙、翼墙等洞门圬工；洞口排水系统；洞口段的洞身衬砌等。

（一）洞口施工要求

施工便道的引入和施工场地的平整，应尽量减少对原地貌的破坏和对洞口岩体稳定的影响。洞口施工应满足下列要求：

（1）施工宜避开雨季及严寒季节。

（2）隧道与相邻路基断面的宽度和高程差应在路基范围内调整。

（3）紧邻洞口的桥、涵、路基挡护等工程的施工，应结合隧道施工场地布置，及早完成。

（4）洞口施工应减少仰坡开挖高度，保护生态环境，减少植被破坏。

（5）洞口工程施工应采取微振动控制爆破，临近建筑物时，应对建筑物下沉、倾斜、裂缝以及振动等情况做必要的监测。

（6）洞口临近交通道路的施工，应采取确保道路通行安全的防护和加固措施，并应对道路沉降、边坡稳定等进行监测。

（二）洞口边、仰坡开挖及防护

边坡、仰坡以上可能滑塌的表土、危石应全部清除，不留后患。洞口边仰坡工程应自上而下逐级开挖支护，及时完成洞口边仰坡加固、防护及防排水工程。

（1）边仰坡开挖及防护施工工艺流程如图3-20所示。

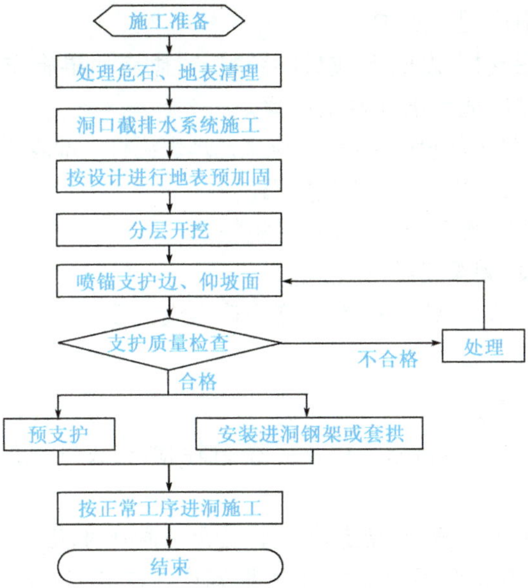

图3-20　洞口边、仰坡开挖及防护施工工艺流程

（2）边仰坡开挖前应完成截排水工程，洞顶地表水的处理应符合下列要求：

①边、仰坡截、排水沟应与洞外路基排水系统连接良好；纵坡较陡时，沟身应采取设缓坡段

和基座等稳定措施，沟口应采取设垂裙的防冲刷措施。

②对不利于施工及运营安全的地表径流、坑洞、漏斗、陷穴、裂缝等，应采取封闭、引排、截流等工程措施。洞口自然冲沟、水渠横跨隧道洞口时，应设渡槽排水。

(三)洞口段施工

一般将由于隧道开挖可能给洞顶地表和仰坡造成不良影响的暗挖地段称为“洞口段”。隧道洞口段应根据地质条件、对地面建筑物的影响以及保障施工安全等因素选择施工方法，不宜采用全断面开挖，采用台阶法时，严禁长台阶施工，当围岩较差时，应采用管棚法进洞。如图3-21所示。

a)　　　　b)

图3-21　管棚进洞

洞口段围岩自稳能力较差，因此进洞之前应按设计施作超前支护，洞口段开挖应加强初期支护，及时形成封闭结构，并尽早施作衬砌，加强对地表下沉、拱顶下沉的监控量测，适当增加量测频率。隧道洞口段处于偏压时，开挖前应按设计要求先完成洞门结构及回填施工。地面预注浆、地表旋喷桩、长管棚(10～40m)等适用于洞口浅埋段、偏压段的围岩加固。

(1)洞口段施工，应符合下列要求：

①进洞前应按设计施作超前支护。

②洞口段应加强初期支护，及时形成封闭结构，衬砌应尽早施作。

③洞口段的监控量测应适当增加量测频率。

(2)洞口段位于浅埋、地表坡度较平缓时，可采用地表锚杆。地表锚杆施工应符合下列要求：

①施工前应清除植被，夯平表土，清除危石。

②锚杆应按设计要求布置孔位，垂直向下施钻。

③成孔后应及时灌浆，灌浆管插入孔底。

④锚杆安装前应除锈矫直，锚杆插入深度应符合设计要求。

(四)洞外排水

洞外排水应符合下列要求：

(1)洞外施工期间排水应结合永久排水系统、辅助坑道设置统筹考虑，并以较短途径引排到自然沟谷中。

(2)洞外排水系统应避开不良、不稳定地质体，当无法避开时，应先采取处理措施，消除隐患。

(3)洞外排水系统应避免对相邻工程及其基础产生冲击、冲刷、淘蚀及浸泡等不利影响；当难以避免时，相邻工程应采取措施。

(4)洞外排水沟渠宜采用可防止泥沙淤积的排水坡度，但应避免流速过大导致沟渠毁损，其采用的建筑材料应具有防冲刷的能力，必要时设置消能设施。

二、明洞施工

用明挖法修建的隧道称为明洞。明挖法是从地表面向下开挖，在预定的位置修筑结构物方法的总称。明洞宜采用明挖法施工。明挖法施工具有以下显著优点：

（1）工艺简单，施工面宽畅，作业条件较好。

（2）可安排较多劳动力同时施工，便于使用大型、高效率的施工机械，以缩短工期。

（3）造价较低，施工质量易于保证。

动画：明洞施工方法　　微课：明洞施工

（一）明洞暗做法

明洞位于陡峭山坡或破碎、松软地层时，宜先施作明洞衬砌轮廓外的整幅或半幅套（护）拱，必要时还应在外侧施作挡墙，然后在套拱护顶下暗挖明洞土石方，并及时支护边墙，成形后按暗挖隧道施作明洞衬砌。明洞暗做法施工工艺流程如图3-22所示。

（二）明洞明挖法

在山岭隧道中，往往采用明洞结构来保护洞口的安全。明洞结构能否顺利施作直接影响到明（洞）暗（洞）交界的里程。在实际中，由于明洞施作与边仰坡刷坡配合得不好而导致明暗交界里程一再变动，致使明洞数次接长的实例不少。因此对于明洞施工应该予以高度重视。明洞明挖施工工艺流程如图3-23所示。根据地形、地质情况有以下几种施工方法。

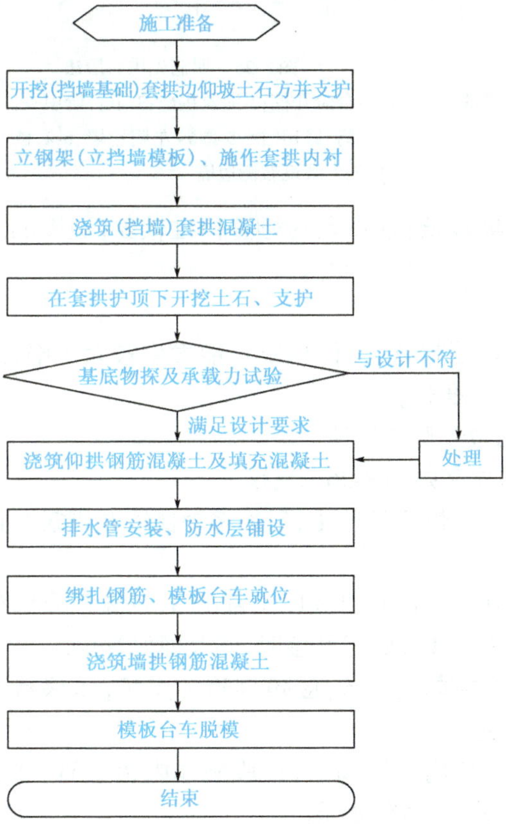

图3-22　明洞暗做法施工工艺流程

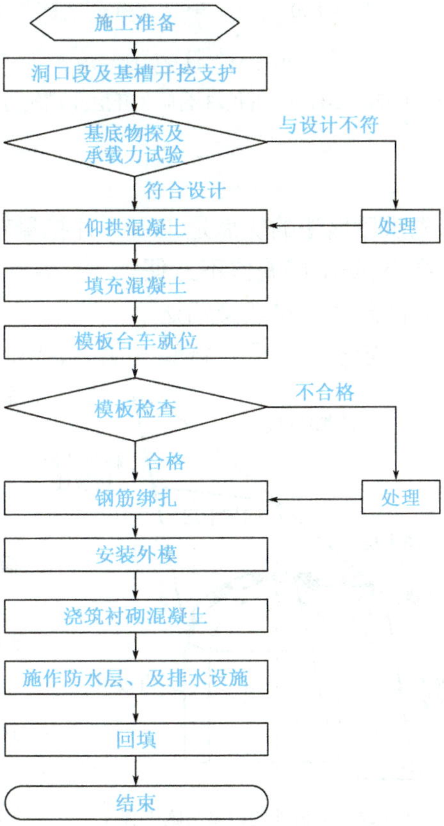

图3-23　明洞明挖施工工艺流程

1. 先墙后拱法

如图 3-24 所示，这种方法适用于埋深较浅且按临时边坡开挖能暂时稳定的对称式明洞。根据地质条件及开挖深度，选择临时边坡坡率（图中的 $1:m$、$1:n$），从上往下分台阶开挖，直至路基设计高程。如果地质条件较好，也可只用一种坡率。纵断面图中所示的开挖为分台阶直立坡，以保证坡体的稳定。如果地质条件较差，则应将直立坡改为斜坡（见图中虚线）。随即灌注边墙及拱圈混凝土，并做外贴式防水层，最后进行两侧及洞顶回填。

先墙后拱法的优点是衬砌整体性好，施工空间大，有利于施工；缺点是土方开挖量大，刷坡较高。

2. 先拱后墙法

当路堑边坡较高、明洞埋置较深，或明洞位于松软地层中，不能明挖一挖到底时（全部明挖可能引起边坡坍塌），应采用先拱后墙法施工，如图 3-25 所示。施工步骤为：开挖拱部以上土石（挖至拱脚），灌注拱圈，做外贴式防水层，进行初步回填，然后暗挖拱脚以下土石，灌注边墙，故又称明拱暗墙法。因边墙是暗挖，在选择挖马口方式时要慎重，以防止掉拱。

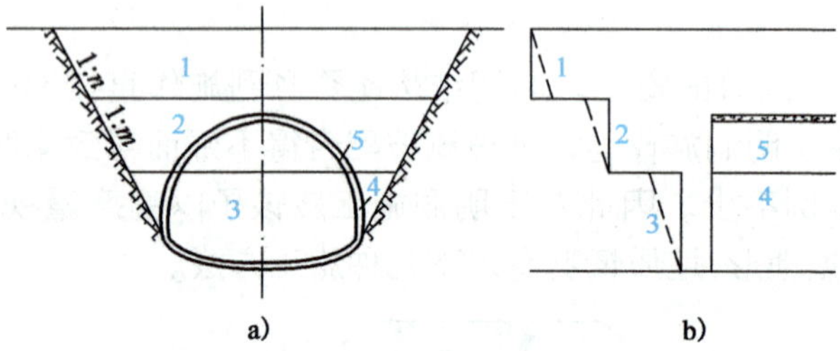

图 3-24 明洞先墙后拱法

1-台阶 1 开挖；2-台阶 2 开挖；3-台阶 3 开挖；4-灌筑边墙；5-灌筑拱部

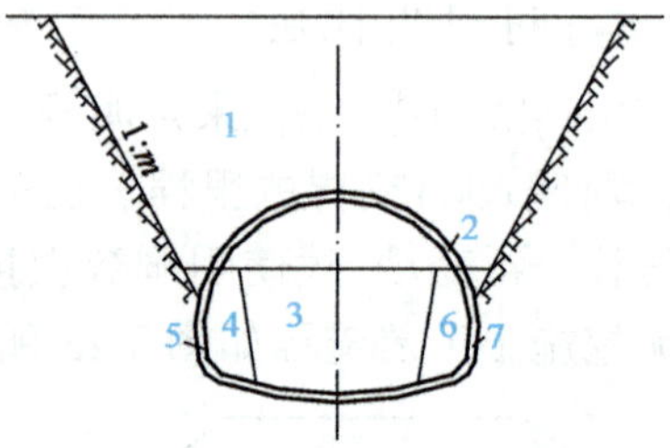

图 3-25 明洞先拱后墙法

1-上台阶开挖；2-灌筑拱部；3-下台阶中央开挖；4-左侧马口开挖；5-灌筑左侧边墙；6-右侧马口开挖；7-灌筑右侧边墙

先拱后墙法的优点是土石方开挖量较小，刷坡较低；缺点是衬砌整体性较差，边墙的施工空间窄小，防水层施作不方便。

3. 部分明挖拱墙交错法

此法较多地用于半路堑式明洞，或由于外侧地层松软，先做拱圈可能发生较大沉陷，先墙后拱亦有困难时。

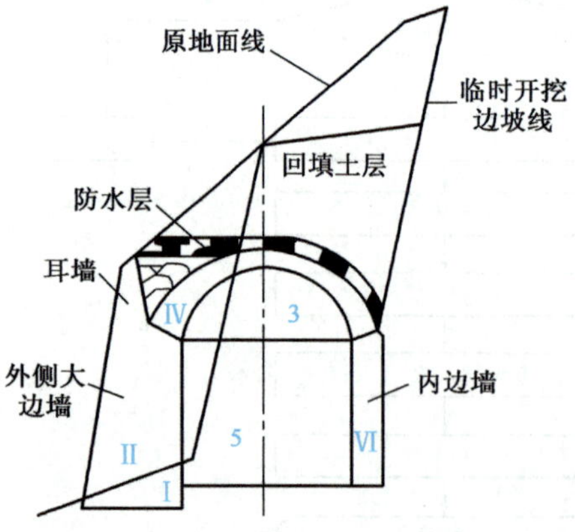

图 3-26 先做外侧边墙法施工程序

1）先做外侧边墙法

施工程序如图 3-26 所示。

（1）挖外侧墙基坑 Ⅰ，然后将外侧墙 Ⅱ 砌筑至设计高程。

（2）开挖内侧起拱线以上部分 3，挖除后立即架立拱架灌注拱圈 Ⅳ，如有耳墙时，同时做好耳墙。

（3）在拱内落底 5，应随落随加支护，以保持内侧边坡的稳定。

（4）开挖内边墙马口，逐段施作内边墙 Ⅵ，然后进行拱顶回填，并做防水层。

2）挖开灌注边墙法

先拱后墙法施工的路堑式明洞，如开挖后发现地层松软，难于承受拱圈压力时，或先墙后拱法，路堑边坡明挖过深可能引起边坡坍塌等不安全等情况时，均可采用挖开法或拉槽法灌注边墙。可在起拱线以上部分开挖后，采用跳槽挖井法先灌注两侧部分边墙，再施作拱圈，最后施作其余边墙。

明洞大多数修筑于地质较差、地形陡峻的地段，受力条件复杂。施工中特别注意安全和结构稳定，符合下列各项要求：

（1）开挖前要做好全部临时排水系统；适当选用施工方法；要按设计正确测定中线和高程，放好边桩和内、外墙的位置。石质地段的开挖，应有防止爆破危害边坡及仰坡稳定措施；地质较差、边坡较高地段的开挖，除应设检查防护人员外，还应有必要的防护设施；必要时，需随挖随支撑。

（2）认真处理基础。明洞边墙基础承载力必须保证达到设计要求；有地下水流时，及时予以引排；基础松软时，要相应采取措施，如夯填厚度不小于10cm的碎石层或扩大基础以提高承载力；岩石基础则应埋置于表面风化层以下0.25m。

（3）明洞衬砌其拱圈要按断面要求，制作定型挡头板、外模和骨架，并防止走模；采用跳槽挖井法灌注拱圈时，应保证拱脚稳定；先做一侧边墙随即灌注拱圈时，应防止另一侧拱脚沉落；先拱后墙法施工的拱圈，在起拱线以上1m范围内应紧贴岩壁灌注，并同时做好纵向或竖向排水设施。

明洞衬砌完成后应及时进行回填，明洞的回填土石主要是起缓和边、仰坡上的落石、坍塌和支挡边坡稳定的作用，应按设计厚度和坡度进行施工。

（1）明洞墙背回填施工

①当墙背垂直开挖，超挖数量较小时，应采取与边墙相同的材料同时灌注；超挖数量较大时，应用浆砌片石回填。

②由墙底起坡开挖或在已成路堑增建明洞时，必须按设计要求办理，不得任意抛填土石。

③墙后有排水设施时，应与回填同时施工，并保证能使渗水顺畅排出。

（2）明洞拱背回填施工

①拱圈灌注完成，在外模拆除后应立即施作防水层，随即回填拱背。

②拱圈混凝土达到设计强度70%且拱顶回填高度达到0.7m以上时，方可拆除拱架。

③拱背回填必须对称分层夯实，每层厚度不宜大于0.3m，其两侧回填的土面高差不得大于0.5m；回填至拱顶后亦满铺分层填筑。

回填土石与边坡接触处，要挖成台阶，并用粗糙透水材料填塞，防止回填土石沿边坡滑动。

明洞与隧道衔接的施工方法，有先做明洞后进隧道和先进隧道后做明洞两种。在明洞长度不大和洞口地层松软，开挖仰坡和边坡易引起坍方，或在已坍方的地段，一般是先做明洞后进隧道。在地层较为稳定或工期较紧的长隧道设有较长明洞；或是洞口路堑开挖后可能发生坍塌时，则可采用先进隧道后做明洞的施工方法。

不论是先隧后明，还是先明后隧，隧道部分的拱圈都应由内向外和明洞拱圈衔接，必须保证仰坡的稳定和内外拱圈衔接良好。

明洞宜及早施作，明洞仰拱应安排在明洞拱墙衬砌施工前浇筑。隧道采用爆破开挖时，宜在洞身掘进适当距离后施作明洞；非爆破开挖时，宜先施作明洞，然后开挖隧道。明洞基础应设置在稳固的地基上，两侧墙体地基松软或软硬不均时，应采取措施处理，防止地基不均匀沉降。明洞施工如图3-27、图3-28所示。

图3-27 明洞台车施工

图3-28 明洞明挖施工

(三)明洞衬砌施工

明洞衬砌结构施工应符合下列要求:

(1)明洞衬砌不得侵入设计轮廓线,浇筑混凝土前应复测中线、高程和模板的外轮廓尺寸。

(2)明洞混凝土的浇筑应设挡头板、外模和支架。

(3)需要及时回填的明洞,内模板支架应在回填至拱脚位置且混凝土强度达到设计强度的70%后方可拆除。

(四)明洞防排水施工

明洞防排水施工应符合下列要求:

(1)明洞外模拆除后应及时施作防水层及排水盲管,并与隧道的防水层和排水盲管顺接,排水管应排水畅通。

(2)明洞防排水施工应和隧道的排水侧沟、中心水沟的出水口及洞顶的截、排水设施统筹安排。

(3)明洞外侧的排水盲管设置完成后方可填土施工,确保出水口通畅。

(五)明洞回填施工

明洞回填施工应符合下列要求:

(1)明洞回填应加强对防水层及排水系统保护,不得损坏防水层及排水系统。

(2)侧墙回填应对称进行,石质地层中岩壁与墙背空隙较小时用与墙身同级混凝土回填;空隙较大时用片石混凝土回填密实。回填至与拱顶齐平后,再分层满铺填筑至设计高度。

(3)拱顶回填应采用小型机械分层进行,分层厚度不大于0.3m,两侧回填土面的高差不得大于0.5m。夯填超过拱顶1.0m以上后方可采用大型机械回填。

(4)表土层需作隔水层时,隔水层应与边、仰坡搭接平顺,防止地表水下渗。

任务四　浅埋暗挖法

教学课件：浅埋暗挖法

近年来，采用浅埋暗挖法施工的地下工程已越来越多，它的优越性也越来越明显，目前已经成为城市地下铁道施工采用的主要方法之一。

浅埋暗挖法是在新奥法的基础上，针对城市地下工程的特点发展起来的。城市浅埋地下工程的特点主要是：覆土浅，地质条件差（多数是未固结的砂土、黏性土、粉细砂等），自稳能力差，承载力小，变形快，特别是初期增长快，稍有不慎极易产生坍塌或过大的下沉，而且在隧道附近往往有重要的地面建筑物或地下管网，因此对施工有严格要求。

浅埋暗挖法是以超前加固、处理软弱地层为前提，采用足够刚性的复合衬砌（由初期支护和二次衬砌及中间防水层所组成）为基本支护结构的一种用于软土地层近地表隧道的暗挖施工方法。它以施工监测为手段，并以此来指导设计和施工，保证施工安全，控制地表沉降。在应用范围上，不仅可用于区间、大跨度过渡线段、通风道、出入口和竖井的修建，而且可用于多跨、多层大型车站的修建；在结构形式上，不仅有圆拱曲墙、大跨度平拱直墙，还有平顶直墙的形式；在与其他施工方法的结合上，有浅埋暗挖法与盖挖法结合，还有与半断面插刀盾构的结合。近年来我国隧道工作者将浅埋暗挖法应用到一些不良地质地段和极其困难的施工环境中，取得了宝贵的经验。浅埋暗挖施工如图 3-29 所示。

图 3-29　浅埋暗挖施工现场

一、浅埋暗挖法的特点

与其他施工方法相比，浅埋暗挖法具有许多特点，主要如下：

（1）适用于各种地质条件和地下水条件。

（2）具有适合各种断面形式（如单线、双线及多线、车站等）和变化断面（如过渡段、多层断面等）的高度灵活性。

（3）通过分部开挖和辅助施工方法，可以有效地控制地表下沉和坍塌。

(4)与盾构法相比较，在较短的开挖地段使用也很经济。

(5)与明挖法相比较，可以极大地减轻对地面交通的干扰和对商业活动的影响，避免大量的拆迁。

(6)从综合效益观点出发，是比较经济的一种施工方法。

二、浅埋暗挖施工原则

1. 施工的基本原则

根据国内外的工程实践，浅埋暗挖法的施工应贯彻如下原则：

(1)管超前：指采用超前管棚或小导管注浆等措施先行支护，实际上就是采用超前支护的各种手段，提高掌子面的稳定性，防止围岩松动和坍塌。

(2)严注浆：指在导管超前支护后，立即进行压住水泥浆或其他化学浆液，填充围岩空隙，使隧道周围形成一个具有一定强度的客体，以增强围岩的自稳能力。

(3)短开挖：指一次注浆。多次开挖，即限制一次进尺的长度，减少围岩的松动。

(4)强支护：指在浅埋的松软地层中施工，初期支护必须十分牢固，具有较大的刚度，以控制开挖初期的变形。

(5)快封闭：指在台阶法施工中，如上台阶过长，变形增加较快，为及时控制围岩松动，必须采用临时仰拱封闭，开挖一环，封闭一环，提高初期支护的承载能力。

(6)勤测量：指对隧道施工过程进行经常性的测量。掌握施工动态，并及时反馈以指导设计和施工。

2. 地层预加固和预支护技术

在城市地下铁道浅埋暗挖法施工中，经常遇到砂砾土、砂性土、黏性土或强风化基岩等不稳定地层。这类地层在隧道开挖过程中自稳时间短暂，往往引起较大的地面沉降。往往初期支护还未来得及施作，或喷混凝土还未达到足够强度时，拱墙的局部地层已经开始坍塌。为此需要采用地层预支护和预加固方法，来提高地层自稳能力，减少地表沉降。目前我国采用较多的预支护手段为小导管注浆和管棚。在国外行之有效的水平旋喷预支护，已在国内试验成功并开始应用。

案例分析：隧道施工方案的选择

×××隧道区属构造—剥蚀溶蚀高山峡谷地貌，地形起伏较大，局部地方形成陡崖、陡坎，隧址区内最高点高程约为1400m，最低点某隧道出口处，其高程约为760m，相对高差640m，隧道最大埋深约570m。隧道进口端为自然坡体，坡度约30°，局部为较陡；出口为自然坡体，坡度约20°。隧道洞口：洞口斜坡自然坡度20°～30°，洞口段隧道埋深较浅，位于构造剥蚀浅丘地貌的浅丘上，未发现断层、滑坡、危岩、崩塌、泥石流等不良地质现象。现有自然斜坡未见开裂变形迹象，现阶段稳定。洞身段：隧道洞身穿越地层较为单一，除在河谷，冲沟底，山坡洪积物砂土、碎石、冲、洪物块石、卵石外，其余地段大部分为基岩裸露，基岩为花岗片麻岩等。洞身围岩主要以Ⅱ、Ⅲ级为主。

一、洞身开挖

施工通道洞身分成多段，分别采用悬臂掘进机开挖、台阶法和全断面施工方法。

1. 悬臂掘进机开挖施工方法

洞身施工采用悬臂掘进机进行非爆法开挖施工。悬臂掘进机作为一种集切割、行走、装运、喷雾、灭尘等多功能为一体的高效隧道开挖的联合作业机械。其主要针对岩石单轴抗压强度小于70MPa的软岩隧道,具有效率高、作业人员少、对围岩扰动小、安全性高,开挖出渣连续、适应断面形状多变等特点。洞口段,使用机械设备对洞口边仰坡进行开挖刷坡,开挖长度4.5m,并做好边仰坡喷锚网防护,两侧对应设置截水沟;根据地形进行适当削坡,形成进洞仰坡,之后施作管棚护拱,打设管棚,并在管棚支撑下开挖进洞,开始开挖施工,并施作通道洞门。进暗洞后浅埋段采用两台阶法施工,进洞后深埋段采用全断面法施工。台阶长度控制在3~5m;下台阶开挖一次开挖长度不得超过2榀钢架间距,下台阶左右两侧交错开挖,确保施工过程中拱部钢架两侧不同时处于悬空状态,左右两侧错开至少2榀钢架间距。

2. 台阶法开挖方法

采用台阶法施工的分段通道,根据悬臂掘进机大臂长度,采用微台阶法开挖施工,上下台阶同步施工,底板混凝土浇筑紧跟初期支护施工。上台阶长度控制在3m左右,上台阶每循环开挖不超过2榀钢架长度,采用非爆法施工,减少对围岩的扰动以控制成形。上台阶悬臂掘进机开挖,自卸车装渣;下台阶利用挖掘机或悬臂掘进机开挖,装载机或挖装机配合自卸汽车装运;底板混凝土浇筑紧跟初期支护施工。台阶法施工工序:①开挖上台阶;施作上台阶初期支护;②开挖下台阶;施作两侧初期支护;③开挖隧底,浇筑底板。

3. 全断面法施工

每循环开挖不超过2榀钢架长度,周边采用非爆破法,减少对围岩的扰动以控制成形。使用悬臂掘进机、部分位置凿岩机配合全断面法开挖作业,自卸汽车装渣,局部采用挖机配合装渣;底板混凝土浇筑紧跟初期支护施工。悬臂掘进机作为一种集切割、行走、装运、喷雾、灭尘等多功能为一体的高效隧道开挖的联合作业机械。其主要针对岩石单轴抗压强度小于70MPa的软岩隧道,具有效率高、作业人员少、对围岩扰动小、安全性高,开挖出渣连续、适应断面形状多变等特点。悬臂掘进机就位后,自掌子面底部水平切削出一条槽、向前移动掘进机再一次就位,就位后截割头采取自下而上、左右循环切削。在切削的同时,铲板部耙爪将切削下来的洞渣通过运输机装入自卸车运输处洞外,从底部开挖到顶部完成后,进行二次修整以达到准确的设计断面。当局部遇见硬岩时,可先掘周围软岩,使大块硬岩坠落,采用凿岩机进行处理,以降低掘进难度及截齿消耗量。全断面法施工工序为:全断面开挖—施作初期支护—浇筑底板。

二、洞口工程施工

依据设计准确放出开挖边线、截水沟的位置及洞口中心桩位置、洞门里程和底板高程,并报监理工程师批复后方可施工。

隧道洞门口开挖采用明挖法施工,洞口边坡应自上而下分阶段开挖,不得掏底开挖或上下重叠开挖。土方及软弱围岩采用人工配合机械开挖,坚硬石质围岩采用松动或控制爆破。仰坡面采用机械刷坡,避免爆破震动造成仰坡失稳,及时进行坡面封闭防护,当洞口边仰坡稳定情况较差时,先对边仰坡面临时喷浆封闭处理,以确保山体、隧道洞口仰坡的稳定。洞口开挖尽量减少洞口坡脚破坏,防止坍塌,洞顶采用草皮护坡绿化。

洞口施工应避开雨季,并做好周边截水沟和洞口的排水措施。截水沟设计在边、仰坡开挖线5m以外设置，具体位置根据实际地形进行测量定位布置。通过截水沟拦截大量山坡地表水，将其引至仰坡范围以外以阻拦地表水冲刷浸蚀仰坡，起到稳定坡面的作用。截水沟采用人工开挖，如遇坚硬石质，采用空压机、风镐开挖，保证截水沟的几何尺寸满足设计要求，同时要清除沟底、沟边坡边的松渣，截水沟采用厚度0.25m、M10的浆砌片石砌筑。

三、明洞基础施工

明洞基础要落在稳固地基上，地基承载力不低于250kPa，如在土层上，须挖至基岩，用浆砌片石或素混凝土回填找平。地基承载力检测合格后，及时进行仰拱钢筋绑扎，并一次性进行仰拱浇筑，仰拱立模采用定型钢模。仰拱填充采用C15混凝土，在仰拱混凝土达到设计强度的70%后施工。明洞处仰拱及仰拱填充施工同暗洞施工。

四、安全文明施工

(1)工地区域分布合理有序、场容场貌整洁文明，施工区域与生活区域严格分隔，场容场貌整齐、整洁、有序、文明、材料区域堆放整齐，并采取安全保卫措施。

(2)施工区域和危险区域设置醒目的安全警示标志。

(3)在工地主要出入口设置"七牌一图"：

①工程项目简介牌：工程项目，建设、设计、施工和监理单位的名称，工地四周范围、面积，工程结构和层数，开竣工日期和监督电话。

②工程项目责任人员姓名牌：包括工程项目责任人、工程师、安全员、质量员、卫生员、施工员、计划员、材料员。

③安全"六大纪律"牌。

④安全生产记数牌。

⑤"十项安全技术措施"牌。

⑥防火须知牌。

⑦卫生须知牌。

⑧工地施工总平面布置图。

(4)工地必须做到"三通一平"、排水畅通。防止泥浆、污水、废水外流或堵塞下水道和排水河道。

技能训练

某施工单位承接了一座双线隧道施工，隧道进出口里程为DK15+270，隧道出口桩号为DK18+050，隧道穿越的地层有：石灰岩、页岩、泥灰岩，局部夹有煤层，该隧道穿越一向斜构造。隧道进出口围岩为Ⅴ级，洞内Ⅲ级和Ⅳ级呈间隔分布，局部为Ⅴ级。隧道采用矿山法(新奥法)施工，请完成下列任务：

1. 该隧道为什么采用矿山法施工?

2. 写出矿山法施工原则，施工中怎么做能够确保安全?

3. 隧道Ⅲ、Ⅳ和Ⅴ级围岩能不能采用同一种开挖方法? 为什么?

4. 请写出Ⅲ、Ⅳ级围岩各采用的开挖方法,并绘制工序正面图和侧面图。
5. 洞口地段可以采用明挖法施工吗?
6. 若洞口地段采用暗挖法施工,请写出其施工原则。
7. 编制该隧道开挖方法作业指导书。

项目四

隧道开挖作业

知识目标：

1. 了解凿岩机具的性质和炸药的性能；
2. 掌握工程上常用的起爆方法和其传爆方式；
3. 熟悉隧道炮眼的种类和布置方法；
4. 掌握隧道钻爆设计的内容；
5. 掌握光面爆破的特点和光面爆破参数选择方法。

能力目标：

1. 具备初步选定隧道钻眼机具的能力；
2. 具备选择隧道光面爆破参数的能力；
3. 具备绘制炮眼布置图的能力。

素质目标：

1. 培养学生扎根一线甘于奉献的精神；
2. 强化学生安全质量意识；
3. 培养学生积极思考、勇于创新的精神。

任务描述：

某双线铁路山岭隧道，采用矿山法（钻眼爆破）施工，隧道洞身地段采用全断面法和台阶法开挖，实施光面爆破技术，试完成下列任务：

1. 确定隧道采用凿岩机具；
2. 选定隧道炸药类型和起爆方法；
3. 选定合理爆破设计参数；
4. 选择光面爆破参数。

任务实施

矿山法隧道的开挖作业实质上就是钻眼爆破，是隧道施工的基本作业之一，占用整个隧道循环中时间40%左右，它的成败与好坏直接影响围岩的稳定及后续工序的正常进行和施工速度，是隧道施工非常重要的组成部分。

在隧道工程中，一般要求钻眼爆破应满足以下条件：开挖轮廓成形规则，岩面平整，超欠挖量应符合规定；爆破对围岩的扰动破坏小，以保证围岩的稳定；爆破后的石渣块度大小合适，有利于装车；钻眼工作量少，耗用炸药等爆破材料少等。

视频：隧道机械化施工开挖作业线

任务一　凿岩基本知识

教学课件：凿岩基本知识

目前，隧道工程中较常使用的凿岩机为风动凿岩机，另有电动凿岩机和内燃凿岩机，但较少采用。其工作原理都是利用镶嵌在钻头前端的凿刃反复冲击并转动破碎岩石而成孔的。有的可通过调节冲击功和转速大小以适应不同硬度的石质，达到成孔效果。

一、钻眼机具

1. 风动凿岩机

风动凿岩机俗称风钻（图4-1），以压缩空气为驱动力。它具有结构简单、制造维修简单、操作方便、使用安全等优点，但压缩空气的供应设备比较复杂，机械效率低，能耗大，噪声大，凿岩速度比液压凿岩机低。需要配备多功能台架配合使用。如图4-2所示。

图4-1　风动凿岩机

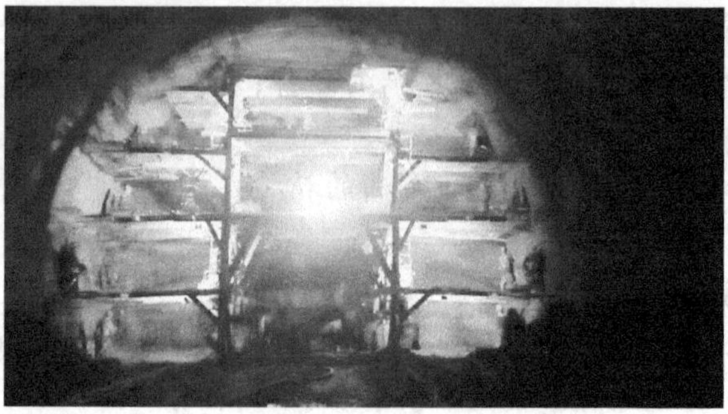

图4-2　多功能台架

2. 液压凿岩机

液压凿岩机是以电力带动高压油泵，通过改变油路，使活塞往复运动，实现冲击作用。

液压凿岩机与风动凿岩机比较，主要具有以下特点：

（1）动力消耗少，能量利用率高。液压凿岩机动力消耗仅为风动凿岩机的1/3～1/2；液压的能量利用率可达30%～40%，风动的仅有15%。

（2）凿岩速度快。液压凿岩机比风动凿岩机的凿岩速度快50%～150%。在花岗岩中纯钻进速度可达170～200cm/min。

（3）液压凿岩机的液压系统设计配套合理，能自动调节冲击频率、扭矩、转速和推力等参数，适应不同性质的岩石，以提高凿岩功效，且润滑条件好，各主要零件使用寿命长。

(4)环境保护较好。液压钻的噪声比风钻低 10 ~ 15dB;液压钻也没有像风钻那样的排气,工作面没有雾气,空气较清新。目前,液压钻已广泛应用于隧道工程中。

(5)液压凿岩机构造复杂,造价较高,质量大,附属装置较多,多安装在台车上使用。

最近,国内厂家研制成功一种支腿式液压凿岩机组,将多把液压钻机组合在一起,由移动式液压站提供动力,克服了风钻噪声大、能耗高的缺陷,弥补了液压凿岩台车价格昂贵之不足。其缺点是易损,故障率过高。

3. 凿岩台车

将多台液压凿岩机安装在一个专门的移动设备上,实现多机同时作业,称为凿岩台车。凿岩台车按其走形方式,可分为轨道走行、轮胎走行及履带走行式;按其结构形式,可分为实腹式和门架式两种。

凿岩台车通常为轮胎走行,可以安装 1 ~ 4 台凿岩车及 1 支工作平台臂。其立定工作范围可以达到宽 10 ~ 15m,高 7 ~ 12m,可分别适用不同断面的隧道中。但实腹式凿岩台车占用坑道空间较大,需与出渣运输车辆交会避让,占用循环时间,尤其是在隧道断面不大时,机械避让占用时间的非工作时间就更长。故实腹式凿岩台车多应用于断面较大的隧道中。

在轮式和轨行式可打 3.9m、5.15m 炮眼,眼径 48mm,大中空孔眼径 102mm。国外台车也在不断发展,多臂有 5 ~ 6 个臂,炮眼直径为 48mm、63mm、76mm、102mm、152mm 不等。可在不同位置打起不同作用的炮眼。

若按其控制的自动化程度来分,凿岩台车可以分为人工控制、电脑控制、电脑导向三种。人工控制是由人工控制操纵杆来实现钻机的定位、定向和钻进的。钻眼位置由工程师标出,钻眼方向则由操作手按经验目测确定。电脑控制凿岩台车的所有动作都在电脑的控制下进行,必要时可由操作手进行干预。电脑导向凿岩台车不仅具有电脑控制功能,而且可以在隧道定位(导向)激光束的帮助下进行自动定位和定向,因此能进一步缩短钻眼作业时间,提高钻眼精度,减少超欠挖量。目前铁建重工生产的全电脑三臂凿岩台车(图 4-3)在郑万高铁项目中得到了广泛使用,凿岩台车还可以应用在中管棚、超前水平钻、小导管注浆、锚杆等作业中。

视频:三臂凿岩台车

微课:液压凿岩台车

a)　　b)

图 4-3　全电脑三臂凿岩台车

二、钻头和钻杆

钻头直接连接在钻杆前端(整体式)或套装在钻杆前端(组合式),钻杆尾则套装在凿岩机的机头上,钻头前端则镶入硬质高强耐磨合金钢凿刃。

凿刃起着直接破碎岩石的作用,它的形状、结构、材质、加工工艺是否合理都直接影响凿岩效率及其本身的磨损。

凿刃的种类按其形状可分为片状连续刃和柱齿刃(不连续)两类。片状连续刃又有一字行、十字形等几种布置形式;柱齿刃又有球齿、锥形齿、楔形齿等形状之分。

一字形片状连续刃钻头的制造和修磨简单,对岩性的适应能力较强,适用于功率较小的风动凿岩机。在中硬以下岩石中钻眼,但钻眼速度较慢,且在节理裂隙发育的岩石中容易卡钻。

十字形片状连续刃钻头和柱齿刃钻头的制造和修磨较复杂,适用于功率较大和冲击频率较高的重型风动或液压凿岩机在各种岩石中钻眼,尤其在高硬度岩石中或节理裂隙发育的岩石中钻眼效果良好,速度也快。

常用钻头的钻孔直径有38mm、40mm、42mm、45mm、48mm等几种,用于钻中空孔眼的钻头直径可达102mm,甚至更大。钻头和钻杆均有射水孔,压力水即通过此孔清洗岩粉。钻头、钻杆构造形式如图4-4、图4-5所示。

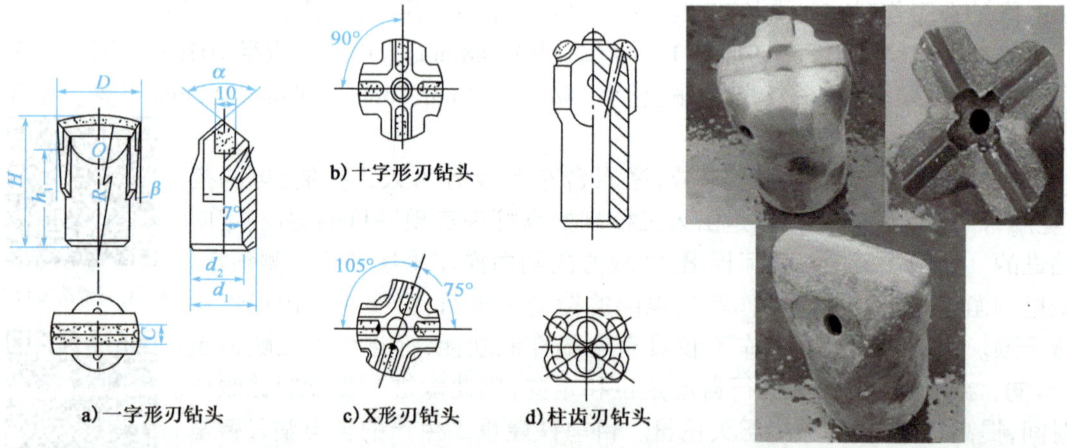

图4-4　钻头形式

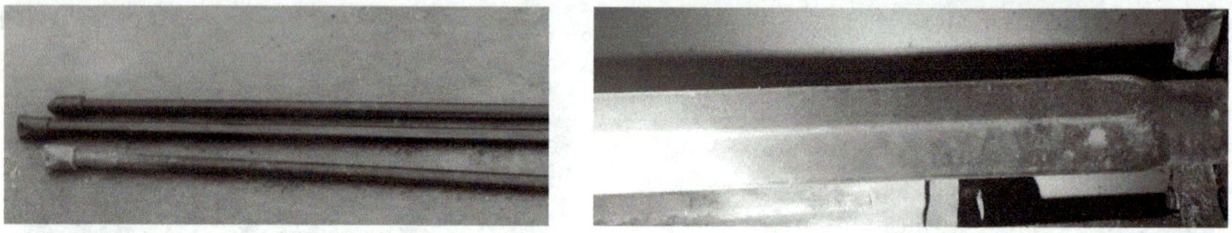

a)　　b)

图4-5　钻杆形式

钻眼速度受冲击频率、冲击功、钻头形式、钻孔直径、钻孔深度及岩石质量等因素的影响。另外,钻头与钻杆、钻杆与机头的套装紧密程度和钻杆的质量、粗细则影响冲击功的传递。若套装不紧密、钻杆轴线与机头轴线重合不好或钻杆硬度小,钻杆较粗,都会损耗冲击功,从而降低钻眼速度。

任务二　炸药基本知识

教学课件:炸药基本知识

一、炸药性能

炸药爆炸反应是极为迅速的,一旦发生爆炸,则会在瞬间产生大量的高温、高压的爆生气体，在极短的时间内释放出大量能量而对周围介质做功。炸药的性能主要取决于所含的化学成分。了解和掌握炸药的性能，对炸药的正确使用、储存和运输，确保安全和提高爆破效果，具有重要意义。炸药的主要性能如下。

1. 敏感度

敏感度简称感度，是指炸药在外能作用下爆炸反应的难易程度，也就是炸药爆炸对外界起爆能的需要程度。炸药的敏感度随采用的起爆能形式不同而有不同的表示方法，主要表现有：

(1)热敏感度。也称爆发点，即使炸药爆炸的最低温度，它表示炸药对热的敏感度。工程中几种常用炸药的爆发点见表4-1。

几种炸药的爆发点

表4-1

炸药名称	爆发点(℃)	炸药名称	爆发点(℃)	炸药名称	爆发点(℃)	炸药名称	爆发点(℃)
EL系列乳化炸药	330	梯恩梯	290~295	2号岩石硝铵炸药	186~230	硝化甘油	200
2号煤矿硝铵炸药	180~188	黑索金	230	黑火药	290~310	特屈儿	195~200

(2)火焰感度。表示炸药对火焰(明火星)的敏感度。有些炸药虽然对温度的反应比较迟钝，但对火焰却很敏感，如黑火药一接触火星便易燃爆炸。

(3)机械感度。是指炸药对机械能(撞击、摩擦)作用的敏感程度。一般来说，对于撞击比较敏感的炸药，对摩擦也比较敏感。一般以试验次数的爆炸百分率来表示，见表4-2。

几种炸药的撞击及摩擦感度

表4-2

炸药名称	EL系列乳化炸药	2号岩石硝铵炸药	硝化甘油	黑索金	特屈儿	黑火药	梯恩梯
撞击感度(%)	≤8	20	100	70~75	50~60	50	4~8
摩擦感度(%)	0			90	24		0

(4)爆轰感度。是指炸药对爆破性能的敏感程度。通常在起爆作用下，炸药的爆炸是由冲击波、爆炸产物流或高速运动的介质颗粒的作用而激发的。不同炸药所需的起爆能也不同。爆轰感度一般用极限起爆药量表示。

2. 爆速

炸药爆炸时爆轰在炸药内部的传播速度称为爆速。不同成分的炸药有不同的爆速，但一般来说，密度越大的炸药其爆速越高。相同成分的炸药，其爆速还受装填密实程度、药量、含水率和包装材料等因素的影响，几种炸药的爆速见表4-3。

几种炸药的爆速

表4-3

炸药名称	铵梯炸药	硝化甘油	梯恩梯	特屈儿	黑索金	泰安
密度(g/cm^3)	1.40	1.60	1.60	159	1.76	1.72
爆速(m/s)	5200	7450	6850	7334	8660	8083

3. 爆力(威力)

炸药爆炸时对周围介质做功的能力称为爆力(或威力)。炸药的爆力越大，其破坏能力越强，破坏的范围及体积越大。一般地，爆炸产生的气体物质越多，或爆温越高，则其爆力越大。炸药的爆力通常用铅柱扩孔试验法测定。铅柱扩孔容积等于$280cm^3$时的爆力称为标准爆力。几种炸药的爆力见表4-4。

几种炸药的爆力　　表 4-4

炸药名称	2号铵梯岩石炸药	硝化甘油	梯恩梯	特屈儿	黑索金	泰安
密度(g/cm^3)	1.0~1.1	1.60	1.50	1.60	1.70	
爆力(cm^3)	320	600	285	300	600	580

4. 猛度

炸药爆炸后对与之接触的固体介质的局部破坏能力称为猛度。这种局部破坏表现为固体介质的粉碎性破坏程度和范围大小。一般,炸药的爆速越高,其猛度越大。炸药的猛度通常用铅柱压缩法测定,以铅柱被爆炸压缩的数值表示,见表 4-5。

几种炸药的猛度　　表 4-5

炸药名称	2号铵梯岩石炸药	EL系列乳化炸药	RL系列乳化炸药	硝化甘油	梯恩梯	特屈儿	黑索金	泰安
密度(g/cm^3)	0.9~1.0	1.1~1.2	1.1~1.25		1.0	1.6	1.7	
猛度(mm)	12~14	16~19	15~19	22.5~23.5	16~17	21~22	25	23~25

5. 殉爆距离

一个药包爆炸(主动药包)后,能引起与它不相接触的邻近药包(被动药包)爆炸,这种现象称为被动药包的"殉爆"。发生殉爆的原因是主动药包爆炸产生冲击波和高速气流,使邻近药包在其作用下而爆炸。是否会发生殉爆,则主要取决于主动药包的药量和爆力、被动药包的爆轰感度、主动与被动药包之间的距离和介质性质。当主动、被动药包采用同性质炸药的等直径药卷时,则用被动药包能发生殉爆的最大距离来表示被动药包的殉爆能力,称为"殉爆距离",当然它也反映了主动药包的致爆能力。

工程爆破中,常采用柱状间隔(不连续)装药来减少炸药用量和调整装药集中度,但应注意使药卷间距不大于殉爆距离。实际殉爆距离应通过现场试验确定。

6. 安定性

炸药的安定性是指其物理化学性质的安定性,主要表现为吸湿、结块、挥发、渗油、老化、冻结和化学分解等。如硝铵炸药吸湿性很强,也容易结块。遇此需人工解潮和碾碎后再使用。胶质炸药易老化和冻结。老化的胶质炸药敏感度和爆速将降低,威力减小;冻结的胶质炸药感度高,使用危险,必须解冻后才允许使用。硝铵炸药的安定性差,易分解,在运输和存放中,应通风避光,不宜堆放过高。

二、隧道工程常用炸药

工程用炸药一般以某种或几种单质炸药为主要成分,另加一些外加剂混合而成。目前,在隧道爆破施工中使用最多的是硝铵类炸药。硝铵类炸药品种丰富,但其主要成分是硝酸铵,占60%以上,其次是梯恩梯或硝酸钠(钾),占10%~15%。

微课:隧道常用炸药

1. 硝铵类炸药

以硝酸铵为主要成分,加入适量的可燃剂、敏化剂及其他添加剂的混合炸药,在炸药中添加TNT(三硝基甲苯)和柴油,组成铵梯炸药和铵油炸药,是国内外工程爆破用量最大、品种最多的混合炸药。硝铵类炸药成分简单,原料来源充足,成本低,制作使用安全;感度低,起爆较困难，需要强烈爆破能作用才可以起爆。在无瓦斯坑道中使用的铵梯炸药，简称岩石炸药，其中2号岩石炸药是最常用的一种；在有瓦斯坑道中使用的铵梯炸药，简称煤矿炸药，它是在岩石炸药的基础上外加一定比例的食盐作为消焰剂的煤矿用安全炸药。

2. 水胶炸药

与乳化炸药同属于抗水炸药，是以硝酸钾胺为主要敏化剂的含水炸药。水胶炸药的优点：爆炸反应较完全，能量释放系数高，威力大；抗水性好；爆炸后有毒气体生成量较少；机械感度和火焰感度低；储存稳定性好；原料广、成本低。常用在露天有水深孔爆破中。

3. 乳化炸药

通常是氧化剂水溶液为分散相，以不溶于水、可液化的碳质燃料做连续相，借助乳化作用及敏化剂作用而形成的一种油包水特殊结构含水混合炸药。其外观随制作工艺不同而呈白色、淡黄色、浅褐色或银灰色。乳化炸药具有爆速和猛度较高、起爆感度高、抗水性能强、安全性能高、环境污染小、密度可调范围较宽、原料来源广和生产成本低、爆破效率比浆状及水胶炸药更高等优点。有资料表明，在地下开挖中保持原使用2号岩石炸药孔网参数不变的情况下，乳化炸药可使平均炮孔利用率稳定在90%以上，平均炸药单耗较2号岩石炸药下降1.359%。在露天爆破中，使用乳化炸药每立方米岩石炸药耗量比混合炸药（浆状炸药70%~80%，铵油炸药30%~20%）降低23.1%，延米炮孔爆破量增加18.2%，石渣大块率从0.97%~1.0%下降到0.6%~0.7%，尤其适用于硬岩爆破。隧道中常用的即乳化炸药。

4. 硝化甘油炸药

它又称为胶质炸药，是另一种高猛度炸药，它的主要成分是硝化甘油（或硝化甘油与二硝基乙二醇的混合物）。硝化甘油炸药抗水性强、密度高、爆炸威力大，因此适用于有水和坚硬岩石的爆破。但它对撞击摩擦的敏感度高，安全性差，价格昂贵，保存期不能过长，容易老化而使性能降低甚至失去爆炸性能，一般只在水下爆破中使用。

5. 煤矿许用炸药

对于瓦斯隧道，由于掘进工作面的空气中大部分都有瓦斯或煤尘，当其在空气中的含量达到一定浓度时，一旦遇到电火花、明火及爆破作业，就有可能引起爆炸。因此，用于瓦斯隧道掘进中的炸药应当具备一定的安全条件，对于不同瓦斯等级的煤矿所使用的炸药，也应具有相应的安全等级。瓦斯隧道引燃、引爆瓦斯煤尘的因素，除电气火花和明火外，主要来自爆破作业，爆破引燃、引爆瓦斯煤尘的原因主要有三方面，即空气冲击波的发火作用、炽热或燃烧的固体颗粒的发火作用和气态爆炸产物的发火作用，其中后两者的发火作用是主要因素。

隧道爆破使用的炸药一般由厂制或现场加工成药卷，药卷直径有22mm、25mm、32mm、35mm、40mm等，长度为165~500mm，可按爆破设计的装药结构和用药量来选择使用。隧道工程中常用的几种炸药成分见表4-6。

隧道工程中常用的几种炸药规格、性能及适用范围 表4-6

炸药种类	适用范围	主要特性
乳化炸药	无瓦斯和无矿尘爆炸的坚硬岩石、有水孔	抗水性极好，爆炸威力大，爆破产生的有毒气体少； 密度1.05~1.35g/mL；猛度12~20mm；殉爆距离5~12cm；爆速3100~5800m/s
水胶炸药	无瓦斯和无矿尘爆炸的坚硬岩石、有水孔	抗水性能强，爆炸威力大，但感度较浆状炸药高； 密度1.1~1.5g/mL；猛度12~20mm；爆力330~350mL；殉爆距离6~25cm；爆速3500~4600m/s

续上表

炸药种类	适用范围	主要特性
浆状炸药	无瓦斯和无矿尘爆炸的坚硬岩石、有水孔	抗水性能强,密度大,爆炸威力大,但感度较低; 密度 1.1~1.5g/mL;猛度 15.2~20.1mm;爆力 326~356mL;殉爆距离 10~20cm;爆速 3200~5600m/s
铵油炸药	无瓦斯和无矿尘爆炸的坚硬岩石、有水孔	抗水性能好,不易结块,爆轰稳定,但保存期短; 密度 0.8~1.0g/mL;猛度 12~18mm;爆力 250~300mL;殉爆距离 5cm;爆速 3300~3800m/s
煤矿许用炸药	有瓦斯和矿尘爆炸危险的隧道	爆炸产生的爆热、爆温、爆压相对较低;有较好的起爆感度和传爆能力;排放的有毒气体含量符合国家标准;炸药成分中不含金属粉末;容许含水率不大于 0.3%;密度 0.85~1.1g/mL;猛度 8~12mm;爆力 230~290mL;浸水前殉爆距离 3~6cm;浸水后殉爆距离 2~4cm;爆速 3262~3675m/s

注:各种炸药均为系列产品,因型号不同其性能指标有所差异。

三、起爆方法和起爆材料

微课:起爆器材与起爆方法

设置传爆、起爆系统的目的是在装药(药包或药卷)意外的安全距离处发爆(点火、通电或激发枪)和传递,使安装在药包或药卷中的雷管起爆,并引发药包或药卷爆炸,从而爆破岩石。

(一)导火索与火雷管

(1)导火索是用来传递火焰给火雷管,并使火雷管在火焰作用下爆炸的传爆材料之一。导火索的燃烧速度取决于索芯黑火药的成分和配比,一般在 110~130m/s 范围内,缓燃导火索则为 180~210m/s 或 240~350m/s。导火索具有一定的防潮耐水能力,在 1m 深常温静水中浸 2h 后,其燃烧速度和燃烧性能不变,如图 4-6 所示。普通导火索不能在有瓦斯或有矿尘爆炸危险的场所使用。

(2)火雷管是最简单的一种雷管,火雷管成本低,使用比较简单灵活,不受杂散电流的影响,应用广泛,但受撞击、摩擦和火花等作用时能引起爆炸,如图 4-7 所示。火雷管全部是即发雷管(一点火,就爆炸)。

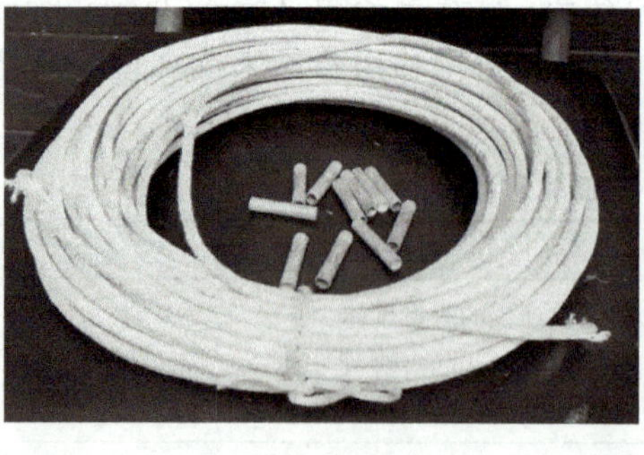

图 4-6 导火索

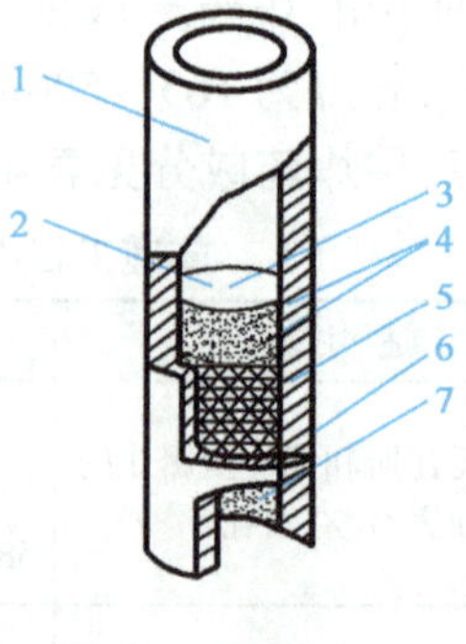

图 4-7 火雷管构造

1-加强帽;2-纸壳;3-传火孔;4-副装药;5-第二遍主装药;6-第一遍主装药;7-聚能穴

(3)雷管号数按其起爆能量的大小分为10个等级(号数)。号数越大,起爆能力越强。隧道工程中常用的是8号和6号雷管。其他雷管的号数也同次划分。

目前,隧道施工中已基本上不再使用导火索+火雷管起爆系统,而使用非电起爆系统。

(二)电雷管起爆

电雷管是在火雷管中加设电发火装置而成的(图4-8、图4-9)。它是用导电线传输电流使装在雷管中的电阻发热而引起雷管爆炸的。

图4-8 电雷管

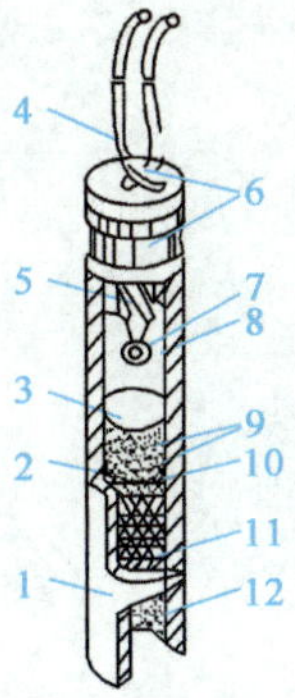

图4-9 电雷管构造

1-纸壳;2-加强帽;3-传火口;4-脚线;5-铁箍;6-卡口;7-桥丝;8-引火头;9-副装药;10-第二遍主装药;11-第一遍主装药;12-聚能穴

(1)电雷管可分为即发电雷管和迟发电雷管。

为实现延期起爆,迟发电雷管的延期时间是在即发电雷管中加装延期药来实现的。延期时间的长短均用段数来表示。

(2)迟发电雷管按其延期时间差可分为秒迟发和毫秒迟发系列。

国产秒迟发电雷管按延期时间的长短分为7段,段数越大,延期时间越长。最长延期时间为7.0s±10s,见表4-7。

秒迟发电雷管延期时间 表4-7

段别	1	2	3	4	5	6	7
延期时间(s)	<0.1	1.0±0.5	2.0±0.6	3.1±0.7	4.3±0.8	5.6±0.9	7.0+1.0
脚线颜色	灰蓝	灰白	灰红	灰绿	灰黄	黑蓝	黑白

国产毫秒迟发电雷管有5个系列。其中,第二系列是工程中常用的一个时间系列;第一、第五系列为高精度系列;第三、第四系列的延期时间间隔分别是100ms和300ms。

(3)发爆电源可用交、直流照明或动力电源,也可以用各种类型的专用电起爆器。对于康钢丝电雷管,一般要求在10ms的传导时间内,其发火冲量($K=I^2 \cdot t$)最小不得低于25A^2·ms大不得超过45A^2·ms。

在有杂散电流的条件下,应采用抗杂散电流电雷管。

(三)导爆管雷管起爆法

1. 塑料导爆管

塑料导爆管是用来传递微弱爆轰给非电雷管，使之爆炸的传爆材料之一，它是在聚乙烯塑料管的内壁涂有一层高能炸药，管壁上的高能炸药在冲击波作用下可以沿着管道方向连续稳定爆轰，从而将爆轰传播到非电雷管使雷管起爆。弱爆轰在管内的传播速度为 1600 ~ 2000m/s，但因其微弱，不致炸坏塑料管(图 4-10)。

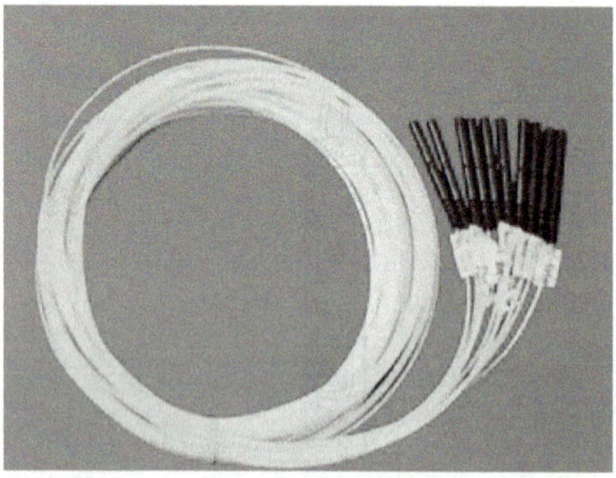

图 4-10　塑料导爆管

塑料导爆管有以下优点：抗电、抗火、抗冲击性能好；起爆、传爆性能稳定。甚至在扭结、180°对折、局部断药、管端对接的情况下均能正常传爆。它不能直接起爆炸药，应与非电毫秒雷管配合使用。其在运输和使用过程中抗破坏能力强、安装简单、使用方便、价格便宜，且可作为危险品运输，因而在隧道工程中被广泛应用，尤其是在有电条件和炮眼数较多时。

2. 导爆管雷管

导爆管雷管是指利用导爆管传递的冲击波能直接起爆雷管，由导爆管和雷管组成。由瑞典诺贝尔炸药公司提出塑料导爆管系统而出现的。隧道常用的雷管见表 4-8。

隧道常用雷管　　表 4-8

段　别	各种产品系列名称				
	DH-1	GB-6378	DE1	MG803-B	半秒雷管(s)
1	0	<13	50 ± 15	<10	<0.1
2	25 ± 10	25 ± 10	100 ± 20	25	0.5 ± 0.2
3	50 ± 10	50 ± 10	150 ± 20	50	1.0 ± 0.2
4	75 ± 10	75^{+15}_{-10}	370 ± 30	75	1.5 ± 0.2
5	100^{+20}_{-10}	110 ± 15	490 ± 50	100	2.0 ± 0.2
6	150 ± 20	150 ± 15	610 ± 60	125	2.5 ± 0.2
7	200 ± 20	200^{+20}_{-15}	780 ± 70	150	3.0 ± 0.2
8	250 ± 20	250 ± 25	980 ± 100	175	3.5 ± 0.2
9	310 ± 25	310 ± 30	1250 ± 150	200	4.0 ± 0.2
10	390 ± 40	380 ± 35		225	4.5 ± 0.2
11	490 ± 45	460 ± 40		250	
12	600 ± 50	550 ± 45		275	
13	720 ± 50	650 ± 50		300	
14	840 ± 50	760 ± 55		325	
15	990 ± 75	880 ± 60		350	
16		1020 ± 70		400	
……		……		……	

注：各系列非电导爆管雷管延迟时间(ms)。

3. 导爆管起爆

导爆管可用8号火雷管、导火索、击发枪、专用激发器发爆。其连接和分枝可集束捆扎雷管继爆。

4. 导爆管的连接网络

导爆管起爆系统包括四个组成部分:起爆元件、传爆元件、联结与分流元件、末端起爆元件。其爆破过程是:击发起爆雷管,从而使传爆元件中的导爆管起爆传爆,当导爆管传爆到联结元件中的传爆雷管时,雷管起爆,再引起周围的导爆管起爆和传爆,这样连续传爆下去,进而使所有的炮眼炸药起爆。其连接网络如图4-11和图4-12所示。

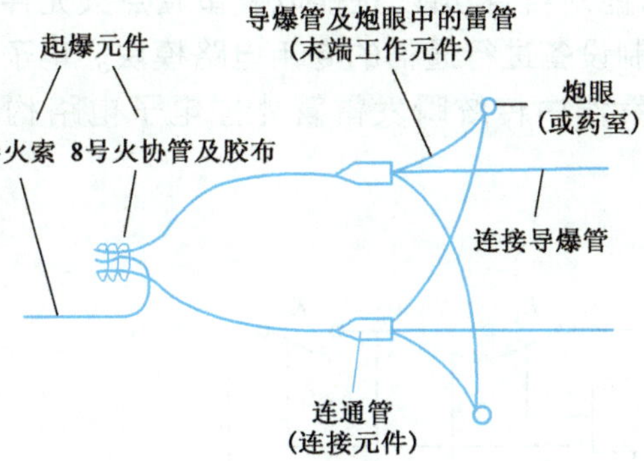

图4-11 导爆管起爆网络之一

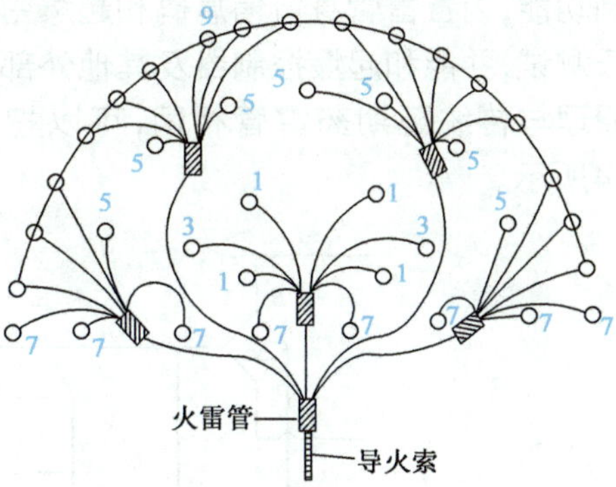

图4-12 导爆管起爆网络之二(炮眼旁数字为毫秒雷管的段别)

(四)导爆索起爆

导爆索是以单质猛炸药黑索金或泰安作为索芯的传爆材料(图4-13),导爆索需要用雷管将其引爆后,才可以直接引爆其他炸药。导爆索分为普通导爆索和安全导爆索,爆索起爆法属于非电起爆法。

图4-13 导爆索

普通导爆索在装药、填塞和联网等施工程序上都没有雷管,不受雷电、杂散电流影响。耐折和耐损度大于导爆管,安全性高,但是成本较高。它具有一定的防水性能和耐热性能,但在爆轰传播过程中火焰强烈,所以只能用于露天爆破和没有瓦斯的地下爆破作业。其爆速不小于6500m/s。

安全导爆索是在普通导爆索的药芯或外壳内加了适量的消焰剂,使爆轰过程中产生的火焰小,温度低,不会引爆瓦斯或矿尘,专供有瓦斯或矿尘爆炸危险的地下爆破作业使用。其爆速不小于6000m/s。

因导爆索能直接引爆炸药,故在隧道工程中,当采用小直径药卷间隔装药时,常用导爆索将各被动药卷与主动药卷相连接,以使被动药卷均能连续爆炸,从而减少雷管数量和简化装药结构,实现减少装药量,达到有控制的弱爆破目的。在装药量计算时,应将导爆索的爆力计入炸药用量中。

继爆管是一种专门与导爆索配合使用的具有毫秒延期作用的起爆器材。

导爆索与继爆管具有抵抗杂散电流和静电引起爆炸危害的能力，装药时可不停电，增加了纯作业时间，所以导爆管—继爆管起爆系统在矿山和其他工程爆破中得到了应用。其缺点是成本比毫秒电雷管系统高，且在有瓦斯的环境中危险性高，网络中的导爆索不能交叉。

（五）电子雷管起爆

电子雷管，又称数码雷管或数码智能雷管。即采用电子控制模块对起爆过程进行控制的电雷管。其中电子控制模块是指置于数码电子雷管内部，具备雷管起爆延期时间控制、起爆能量控制功能，内置雷管身份信息码和起爆密码，能对自身功能、性能以及雷管点火元件的电性能进行测试，并能和起爆控制器及其他外部控制设备进行通信的专用电路模块。电子雷管的基本原理与传统延期药雷管相同，可以把它看作由传统瞬发雷管外挂电子电路构成。如图4-14所示。

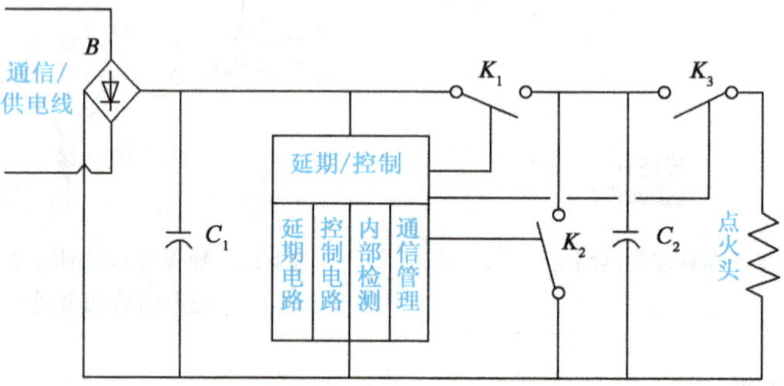

图4-14　电子雷管基本原理

电子雷管起爆系统基本上由雷管、编码器及起爆器三部分组成。

1. 编码器

编码器的功能，是在爆破现场对每发雷管设定所需的延期时间。具体操作方法是：首先将雷管脚线接到编码器上，编码器会立即读出对应该发雷管的ID码，然后，爆破技术员按设计要求，用编码器向该发雷管发送并设定所需的延期时间。爆区内每发雷管的对应数据将存储在编码器中。编码器首先记录雷管在起爆回路中的位置，然后是其ID码。在检测雷管ID码时，编码器还会对相邻雷管之间的连接、支路与起爆回路的连接、雷管的电子性能、雷管脚线短路或漏电与否等技术情况予以检测。

2. 起爆器

起爆器，控制整个爆破网路编程与触发起爆，起爆器通过双绞线与编码器连接，编码器放在距爆区较近的位置，爆破员在距爆区安全距离处对起爆器进行编程，然后触发整个爆破网路。起爆器会自动识别所连接的编码器，起爆器从编码器上读取整个网路中的雷管数据，再次检查整个起爆网路，起爆器可以检查出每只雷管可能出现的任何错误，如雷管脚线短路、雷管与编码器正确连接与否。只有当编码器与起爆器组成的系统没有任何错误，且由爆破员按下相应按钮对其确认后，起爆器才能触发整个起爆网路。

图4-15 所示是以“隆芯1号数码电子雷管”为例的爆破系统。

a)电子雷管

b)编码器

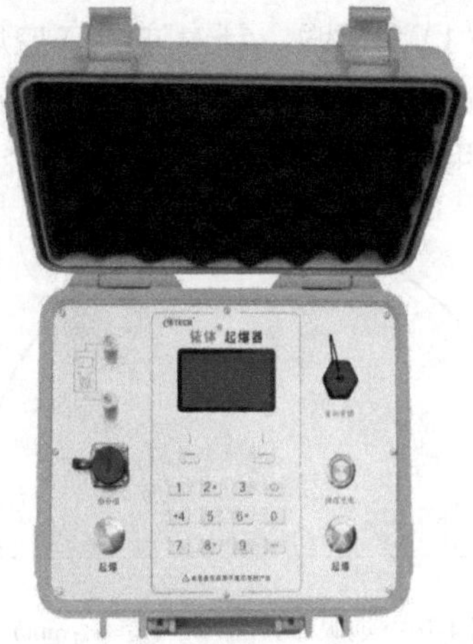
c)起爆器

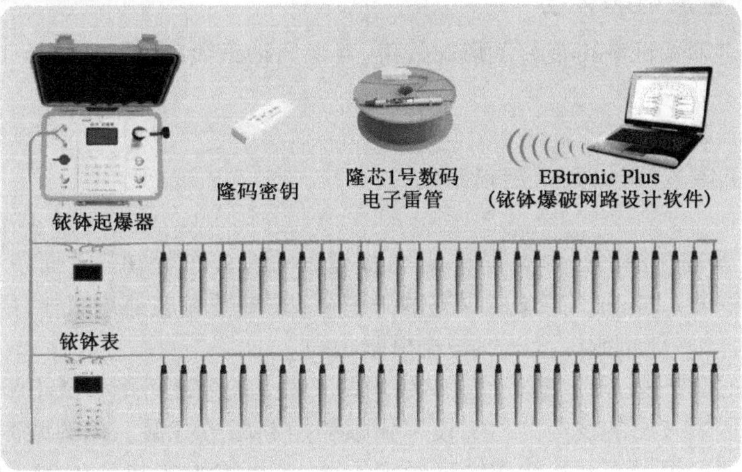

d)起爆网络

图 4-15　电子雷管起爆图

任务三　隧道爆破设计

隧道开挖前，应根据工程地质条件、开挖断面、开挖方法、掘进循环进尺、钻眼机具和爆破器材等做好钻爆设计。合理地确定炮眼布置、数目、深度和角度、装药量和装药结构、起爆方法、起爆顺序，安排好循环作业等，以正确指导钻爆施工，达到预期的效果。

教学课件：隧道爆破设计

一、炮眼布置

（一）炮眼种类和作用

隧道开挖爆破的炮眼数目，与隧道断面的大小有关，多在几十至数百范围内。炮眼类型按其所在位置、爆破作用、布置方式和有

微课：隧道爆破设计参数

动画：隧道炮眼布置

微课：炮眼的种类和布置

关参数的不同可分为如下几种：

(1)掏槽眼。针对隧道开挖爆破只有一个临空面的特点，为提高爆破效果，宜先在开挖断面的适当位置(一般在中央偏下部)布置几个装药量较多的炮眼，如图4-16中的1～6号炮眼。其作用是先在开挖面上炸出一个槽腔，为后续炮眼的爆破创造新的临空面。

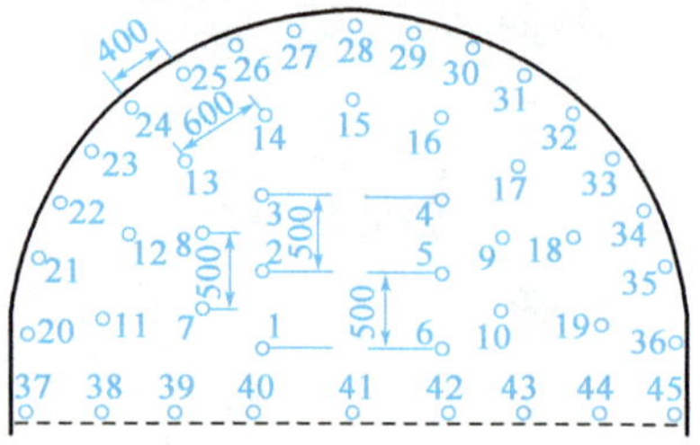

图4-16　炮眼布置图(尺寸单位：mm)

(2)辅助眼。位于掏槽眼与周边眼之间的炮眼称为辅助眼。如图4-16中的7～19号炮眼。其作用是扩大掏槽眼炸出的槽腔，为周边眼爆破创造临空面。其中11～19号为内圈眼。

(3)周边眼。沿隧道周边布置的炮眼称为周边眼。如图4-16中的20～45号炮眼，其作用是炸出较平整的隧道断面轮廓。按其所在位置的不同，又可分为周边眼(20～36号眼)和底眼(37～45号眼)。

(二)炮眼布置原则和方法

布置炮眼时，必须保证获得良好的爆破效果，并考虑钻眼效率。一般按照下列原则和方法布置：

1. 原则

先布置掏槽眼，其次周边眼，最后辅助眼。

2. 布置方法

(1)掏槽眼布置在开挖面的中央或偏下方，掏槽眼一般应布置在开挖面中央偏下部位，其深度应比其他眼深10～20cm。为爆出平整的开挖面，除掏槽和底部炮眼外，所有掘进眼眼底应落在同一平面上。底部炮眼深度一般与掏槽眼相同。

(2)周边眼的位置一般是沿着设计轮廓线均匀布置，其炮眼间距和最小抵抗线长度应比辅助眼小，目的是使爆破出的坑道的轮廓较为平顺和控制超欠挖量。周边眼眼口应放在设计轮廓线以内，眼底则应根据岩石抗爆破性来确定位置，应将炮眼方向以0.03～0.05的斜率外插；对于坚硬岩石，可将眼底放在设计轮廓线以外10～15cm；中硬岩层则放在设计轮廓线上，软弱围岩落在轮廓线以内10～15cm。底眼都应将眼底放在设计轮廓线以外10～15cm。

(3)辅助眼的内圈眼应满足周边眼抵抗线 W 要求，抵抗线 W 约为炮眼间距的80%，一般取0.6～0.9m。其余辅助眼应交错布置在内圈眼与掏槽眼之间，间距应满足爆破岩石块度的需要。

(三)掏槽形式

掏槽效果的好坏，直接影响整个隧道爆破的成败。根据掏槽眼与开挖面的关系、掏槽眼的布置方式、掏槽深度以及装药起爆顺序的不同，可将掏槽方式分为如下几类：

微课：掏槽眼类型

1. 斜眼掏槽

斜眼掏槽的特点是掏槽眼与开挖断面斜交，充分利用原有的唯一自由面，以实现掏槽爆破，在一次爆破深度较大时，往往需要采用多重斜眼掏槽。掏槽眼的形式如图4-17所示。常用的掏槽形式为楔形掏槽。这种掏槽眼只要钻眼精确，按设计装药，一般均能取得良好的效果。它适用于中硬岩、硬岩的中深眼爆破。

垂直楔形掏槽时，掏槽眼水平成对布置，爆破后将炸出楔形槽口。炮眼与开挖面间的夹角 α、上下两对炮眼的间距 a 和同一平面上一对掏槽眼眼底的距离 b，是影响此种掏槽爆破效果的重要因素，这些参数随围岩级别的不同而有所不同。斜眼掏槽的优点是可以按岩层的实际情况选择掏槽方式和掏槽角度，容易把石渣抛出，掏槽眼的个数较少；缺点是眼深受到坑道断面尺寸的限制，也不便于多台钻机同时钻眼，钻眼方向不够准确。

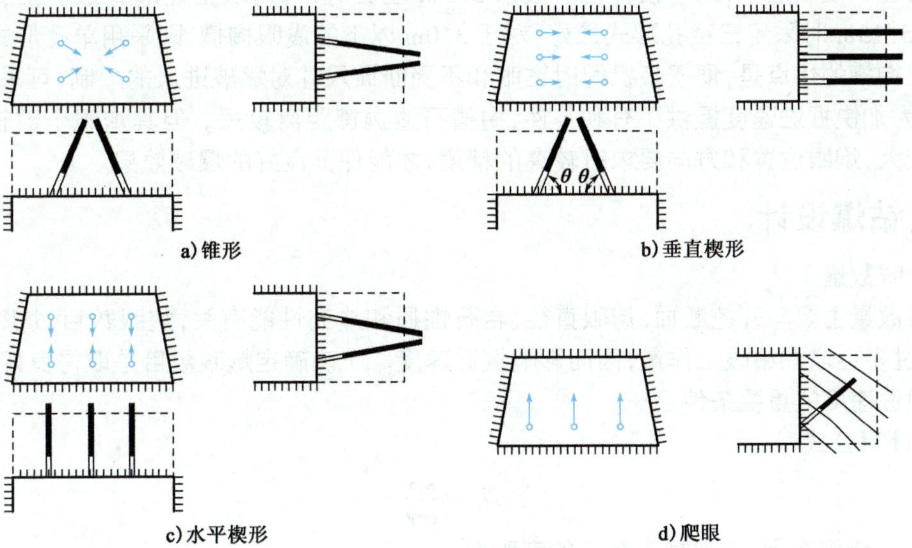

图 4-17 斜眼掏槽形式

2. 直眼掏槽

直眼掏槽（图 4-18）由若干个垂直于开挖面的炮眼所组成，掏槽深度不受围岩软硬和开挖断面大小的限制，可以实现多台钻机同时作业、深眼爆破和钻眼机械化，从而为提高掘进速度提供了有利条件。

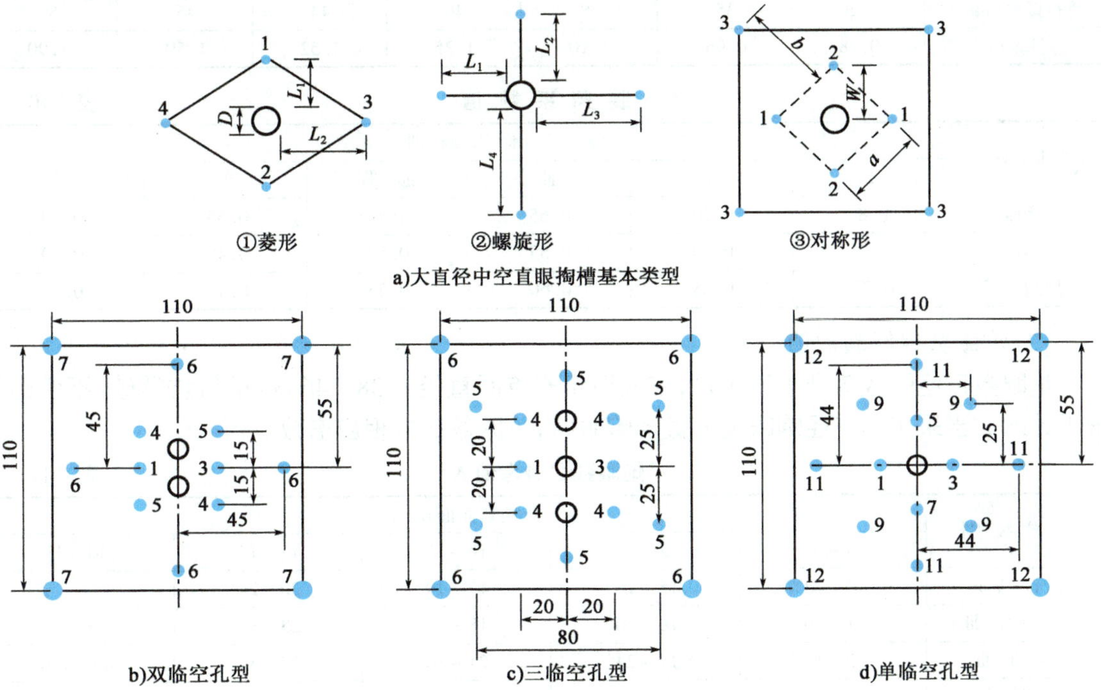

图 4-18 直眼掏槽（尺寸单位：cm）

直眼掏槽形式很多，过去常用的有龟裂掏槽、五眼梅花掏槽及螺旋掏槽。近年来，由于重型凿岩机械的使用，尤其是可以钻直径大于100mm的炮孔，液压钻机投入施工以后，直眼掏槽多采用大直径的空眼，其作用相当于为装药掏槽提供了临空面，并取得了良好的掏槽效果。

一般在中硬岩层中，对于设计循环进尺3.5m左右时，采用双空孔形式最佳；当孔眼深度为3.5～5.15m时采用三空孔形式最好；对于3.0m以下的浅眼掏槽，则采用单孔形式较好。

直眼掏槽的优点是，便于多机同时钻眼和不受断面尺寸对爆破进尺的限制，可采用深孔爆破，从而为加快掘进速度提供了有利条件，掏槽石渣抛掷距离较短。但其炮眼个数较多，炸药单耗值较大，炮眼位置和方向要求有较高的精度，才能保证良好的爆破效果。

二、钻爆设计

1. 炮眼数量

炮眼数量主要与开挖断面、炮眼直径、岩石性质和炸药性能有关，炮眼数目过少会影响爆破效果，过多会增加钻眼工作量，因而影响掘进速度。正确确定炮眼数目是取得良好爆破效果和提高掘进速度的重要条件之一。

（1）计算公式

$$N = \frac{kS}{\alpha\gamma} \tag{4-1}$$

式中：N——炮眼数量，不包括未装药的空眼数；

k——单位炸药消耗量，kg/m^3；

S——开挖断面积，m^2；

γ——每米药卷的炸药质量，kg/m，2号岩石铵梯炸药的每米质量见表4-9；

α——装药系数，即装药长度与炮眼全长的比值，可参考表4-10。

2号岩石铵梯炸药每米质量 γ 值 表4-9

药卷直径(mm)	32	35	38	40	44	45	50
γ(kg/m)	0.78	0.96	1.10	1.25	1.52	1.59	1.90

装药系数值 表4-10

炮眼名称	围岩级别					
	Ⅰ	Ⅱ	Ⅲ	Ⅲ—Ⅳ	Ⅳ	Ⅴ
掏槽眼	0.8	0.70	0.65	0.6	0.55	0.50
辅助眼	0.7	0.60	0.55	0.50	0.45	0.40
周边眼	0.75	0.65	0.60	0.55	0.45	0.40

（2）炮眼数目经验数值

炮眼数目经验数值列于表4-11，该表适用于炮眼直径为38～46mm的导坑爆破，不装药炮眼未计入。当采用小直径炮眼或大直径炮眼时，炮眼数目应相应增减。

炮眼数目参考值 N 表4-11

围岩级别	开挖断面面积(m^2)				
	4～6	7～9	10～12	13～15	40～43
软石(Ⅴ)	10～13	15～16	17～19	20～24	—
次坚石(Ⅳ、Ⅲ)	11～16	16～20	18～25	23～30	75～90
坚石(Ⅱ、Ⅲ)	12～18	17～24	21～30	27～35	80～100
特坚石(Ⅰ)	18～25	28～33	37～42	43～38	—

(3)经验类比法确定

根据类似工程爆破条件确定炮眼数目。然后根据经验先布置掏槽眼，再根据地质情况及开挖面的大小均匀布置周边眼和辅助眼。

2. 炮眼深度

炮眼深度决定了一个循环的钻眼、装渣工作量、循环时间以及施工组织和掘进进度。所谓合理炮眼深度，应根据施工组织要求、技术条件与循环作业能力确定。一般随着掘进速度的提高，炮眼深度应该也相应加深。一般可以参照经验值确定。

炮眼深度通常以循环进尺作为眼深，对于软弱岩层，掏槽眼另加10%～20%，软弱岩层的循环进尺一般在0.8～1.5m范围内考虑，通常在1.1m左右较合适。硬岩的循环进尺一般3～5m，为减少对围岩的扰动，钻眼深度一般不大于3.5m。但是，还应该根据钻眼机械的最大钻眼深度、钻眼效率及与之相配套的装运机械设备的装运能力等情况综合考虑。

3. 装药量计算及分配

装药量的多少，是影响爆破效果的重要因素。装药量不足，会出现炸不开，炮眼利用率低和石渣块度过大；装药量过多，则会破坏围岩稳定，崩坏支撑和机械设备，使抛渣过散，对装渣不利，且增加了洞内有害气体，相应地增加了排烟时间和供风量等。

目前多采取的方法是，先用体积公式计算出一个循环的总用药量，然后按各种类型炮眼的爆破特性进行分配，再在爆破实践中加以检验和修正，直到取得良好的爆破效果为止。

计算总用药量 Q 的公式为：

$$Q = kV \tag{4-2}$$

式中：Q——一个爆破循环的总用药量，kg；

k——爆破每立方米岩石所需炸药的消耗量，kg/m^3，见表4-12；

V——一个循环进尺所爆落的岩石总体积，m^3，且 $V = lS$；

l——计划循环进尺，m；

S——开挖面积，m^2。

爆破岩石所需的单位耗药量（kg/m^3）（2号岩石铵梯炸药） 表4-12

开挖部位和开挖面积（m^2）		围岩级别			
		Ⅵ	Ⅳ～Ⅴ	Ⅲ～Ⅳ	Ⅱ～Ⅲ
一个自由面的水平和倾斜隧道	4～6			2.3	2.9
	7～9	1.5	1.8	2.0	2.5
	10～12	1.3	1.6	1.8	2.25
	13～15	1.2	1.5	1.7	2.1
	16～20	1.2	1.4	1.6	2.0
	40～43	1.1	1.3	1.1	1.4
多个自由面部位	扩大	0.6	0.74	0.95	1.2
	挖底	0.52	0.62	0.79	1.0

总的炸药量应分配到各个炮孔中去，由于各炮眼的作用不同，因而各部位炮眼的装药量也不相同。掏槽眼的装药量最多，其次是底眼，然后是辅助眼，周边眼的装药量最少。

周边眼、掏槽眼按规定选取药量，其他炮眼可按下式计算，最后再从施工方便出发，可对装药量作适当调整，以单眼装药量为半卷，整卷计量为宜。

$$q = k \cdot a \cdot W \cdot L \cdot \lambda \tag{4-3}$$

式中：q——单眼装药量，kg；

k——炸药单耗，kg/m^3；

a——炮眼间距，m；

W——炮眼爆破方向抵抗线，m；

L——炮眼深度，m；

λ——炮眼所在部位系数，一般取0.8～2.0。

4. 装药结构

装药结构是指继爆药药卷和起爆药药卷在炮眼中的布置方法。

按起爆药药卷在炮眼中的位置可分为正向装药（起爆）和反向装药（起爆）；按装药的连续性可分为连续装药和间隔装药。

（1）按照起爆药药卷位置划分

①正向装药（起爆）：是将起爆药卷放在眼口药卷位置上，雷管集中穴能量向眼底传递，并用炮泥堵塞眼口（图4-19）。

②反向装药（起爆）：是将起爆药卷放在眼底药卷位置上，保证最大限度地利用炸药能，既可保证不破坏眼底岩石，还因雷管集中穴朝外，可取得好的效果（图4-20）。掏槽眼首段采用正向装药起爆，其他炮眼采用反向起爆装药。

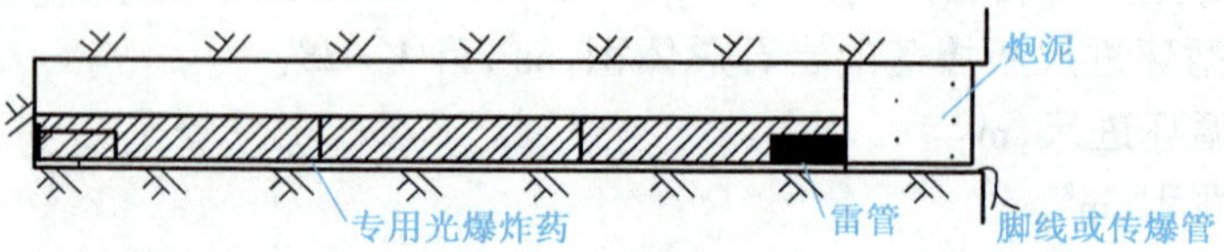

图4-19　正向起爆法

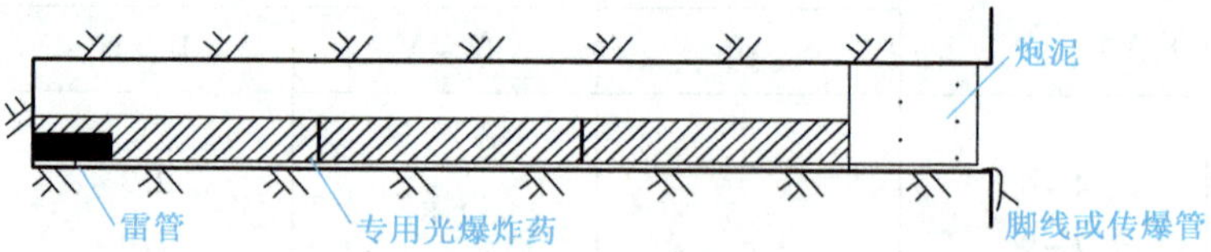

图4-20　反向起爆法

（2）按装药连续性划分

①连续装药：这种装药方式就是把药卷一个紧接一个地装入炮眼，直至把该炮眼需用量装完。

②间隔装药：是在炮眼底部先装入一个起爆药卷，然后间隔一定距离装半个药卷，再隔一定距离再装半个药卷……直到预计药量装填完毕（图4-21）。

掏槽眼和辅助眼多采用大直径药卷连续装药，周边眼可采用小直径药卷连续装药或是大直径药卷间隔装药，如图4-22所示。

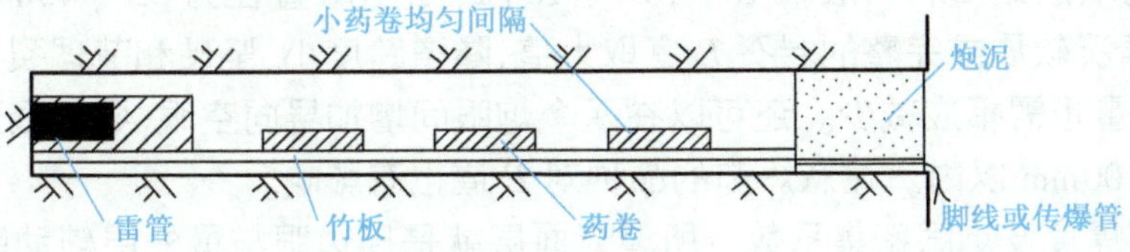

图 4-21　间隔装药

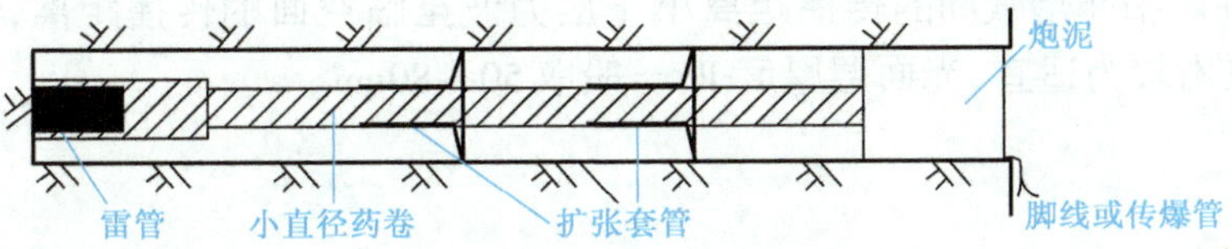

图 4-22　小直径药卷连续装药

5. 起爆方法和顺序

隧道开挖爆破一般采用导爆管起爆法，既经济又安全。

要想取得比较好的爆破效果，除合理布置炮眼及装药外，还应根据各种炮眼所起的作用来确定起爆顺序。一般是先掏槽眼、辅助眼、底板眼、周边眼。

任务四　控 制 爆 破

教学课件：控制爆破

在隧道爆破施工中，首要的要求是开挖轮廓与尺寸准确，对围岩扰动小。所以，周边眼的爆破效果，反映了整个隧道爆破的成洞质量。实践表明，采用普通爆破方法，不仅对围岩扰动大，而且难以爆出理想的开挖轮廓，故目前采用控制爆破技术进行爆破。隧道控制爆破是指光面爆破和预裂爆破。

一、隧道光面爆破

微课：光面爆破概述

1. 隧道光面爆破特点与标准

光面爆破是一种控制岩体开挖轮廓的爆破技术，其主要标准为：开挖轮廓成形规则，岩面平整；围岩壁上保存有50%以上的半面炮眼痕迹，无明显的爆破裂缝；超欠挖符合规定要求，围岩壁上无危石等。

光面爆破对围岩扰动小，又尽可能保存了围岩自身原有的承载能力，从而改善了衬砌结构的受力状况；由于围岩壁面平整，减少了应力集中和局部落石现象，增加了施工安全，减少了超挖和回填量，若与锚喷支护相结合，能节省大量混凝土，降低工程造价，加快施工进度。因光面爆破可减轻振动和保护围岩。

2. 隧道光面爆破主要参数

光面爆破的成功与否主要取决于爆破参数的确定。其主要参数包括周边炮眼的间距、光面爆破层的厚度、周边眼密集系数和装药集中度等。影响光面爆破参数选择的因素很多，主要有岩石的爆破性能、炸药品种、一次爆破的断面大小、断面形状、凿岩设备等。

其中影响最大的是地质条件。光面爆破参数的选择，通常是采取简单的计算并结合工程类比加以确定，在初步确定后，一般都要在现场爆破实践中加以修正改善。

(1)周边炮眼间距 E。一般取 $E=(10\sim18)d$;当炮眼直径为 32~40mm 时,$E=300\sim700$mm。一般情况软质或完整的岩石 E 宜取大值,隧道跨度小、坚硬和节理裂隙发育的岩石 E 宜取小值,装药量也需相应减少。还可以在两个炮眼间增加导向空眼,导向眼到装药眼间的距离一般控制在 400mm 以内。注意炸药的品种对 E 值也有影响。

(2)光面层厚度及炮眼密集系数。所谓光面层就是周边眼与最外层辅助眼之间的一圈岩石层。其厚度就是周边眼的最小抵抗线 W(图 4-23)。周边眼的间距 E 与光面层厚度 W 有着密切关系,通常以周边眼的密集系数 $K(K=E/W)$ 表示,其大小对光面爆破效果有较大影响。必须使应力波在两相邻炮眼间的传播距离小于应力波至临空面的传播距离,即 $E<W$。实践表明,$K=0.8$ 左右较为适宜,光面层厚度 W 一般取 50~80cm。

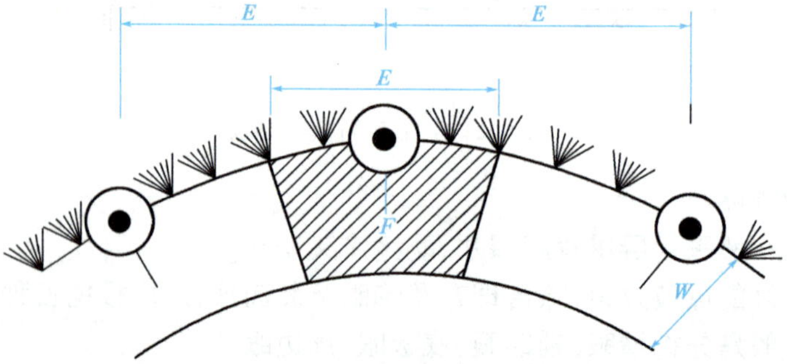

图 4-23 光面爆破参数示意图

(3)装药量。周边眼的装药量通常以线装药密度表示。恰当的装药量应是既具有破岩所需的能量,又不造成围岩的过度破坏。施工中应根据孔距、光面层厚度、石质及炸药种类等综合考虑确定装药量。表 4-13 给出了光面爆破一般参考数值。

光面爆破一般参考数值 表 4-13

岩石类别	炮眼间距 E(cm)	抵抗线 W(cm)	密集系数($K=E/W$)	装药集中度 q(kg/m)
极硬岩	50~60	55~75	0.8~0.85	0.25~0.40
硬岩	40~55	50~60	0.8~0.85	0.15~0.25
软岩	30~45	45~60	0.75~0.8	0.04~0.15

注:1. 表列参数适用于炮眼深度 1.0~3.5m,炮眼直径 40~50mm,药卷直径 20~35mm。
2. 断面较小或围岩软弱、破碎或对开挖成形要求较高时,周边眼间距 E 应取较小值。
3. 周边眼最小抵抗线 W 值应大于周边眼间距 E 值。软岩取较小值,W 值应适当增大。E/W:软岩取小值,硬岩及小断面取大值。
4. 装药集中度 q 以装药长度的平均线装药密度计,施工中应根据炸药类型和爆破试验确定。

3. 隧道光面爆破技术措施

为了获得良好的光面爆破效果,可采取以下技术措施:

(1)使用低爆速、低猛度、低密度、传爆性能好、高爆力的炸药。

(2)采用不耦合装药结构。光面爆破的不耦合系数最好大于 2,但药卷直径不应小于该炸药的临界直径,以保证稳定传爆。当采用间隔装药时,相邻炮眼所用的药卷位置应错开,以充分利用炸药效能。

(3)严格掌握与周边眼相邻的内圈炮眼的爆破效果,为周边眼爆破创造临空面。

(4)周边眼应尽量做到同时起爆。

二、隧道预裂爆破

预裂爆破是由于首先起爆周边眼，在其他炮眼未爆破之前先沿着开挖轮廓线预裂爆破出一条用以反射爆破地震应力波的裂缝而得名。预裂爆破的爆破目的同光面爆破，只是在炮眼的爆破顺序上，光面爆破是先引爆掏槽眼，再引爆辅助眼，最后引爆周边眼；而预裂爆破则是首先引爆周边眼，使沿周边眼的连心线炸出平顺的预裂面。由于这个预裂面的存在，对后爆的掏槽眼、辅助眼的爆轰波能起反射和缓冲作用，可以减轻爆轰波对围岩的破坏影响，保持岩体的完整性，爆破后的开挖面整齐规则。

由于成洞过程和破岩条件不同。在减轻对围岩的扰动程度上，预裂爆破较光面爆破的效果更好一些。所以预裂爆破很适用稳定性较差而又要求控制开挖轮廓的软弱围岩，但预裂爆破的周边眼距和最小抵抗线都要比光面爆破的小，相应地要增多炮眼数量，钻眼工作量增大。理想的预裂效果应保证在炮眼连线上产生贯通裂缝，形成光滑的岩壁。但由于预裂爆破受到只有一个临空面条件的制约，因此，其爆破技术较光面爆破更为复杂，影响预裂爆破效果的因素很多，如钻孔直径、孔距、装药量、岩石的物理力学性质、地质构造、炸药品种、装药结构及施工因素等，而这些因素又是相互影响的。

目前，确定预裂爆破主要参数的方法有理论计算法、经验公式计算法及经验类比法三种。就目前的状况来说，对预裂爆破的理论研究还很欠缺，设计计算方法也很不完善，多半需通过经验类比初步确定爆破参数，再由现场试验调整，才能获得满意的结果。表4-14给出了隧道预裂爆破的参考数值，可供选用。

预裂爆破参数 表4-14

岩石级别	炮眼间距 E(cm)	至内排崩落眼间距(cm)	装药集中度(kg/m)
硬岩	40～50	40	0.30～0.40
中硬岩	40～45	40	0.2～0.25
软岩	35～40	35	0.07～0.12

任务五 水压爆破

教学课件：水压爆破

水压爆破是将药包置于注满水的被爆容器中的设计位置上，以水作为传爆介质传播爆轰压力使容器破坏，且空气冲击波、飞石及噪声等均可有效控制的爆破方法。该方法是利用水的不可压缩性质，能量传播损失小。炸药爆炸瞬间水传播冲击波到容器壁使其位移，并产生反射作用形成二次加载，加剧容器壁的破坏，遂使容器均匀解体破碎。此法简便易行，效果良好。

"隧道掘进水压爆破"技术正是针对这一情况，采用在炮眼中先"注水"后用"炮泥"回填堵塞的新技术，来变革隧道掘进爆破技术的。它利用在水中传播的爆破应力波对水的不可压缩性，使爆炸能量经过水传递到炮眼围岩中几乎无损失，十分有利于岩石破碎。同时，水在爆炸气体膨胀作用下产生的"水楔"效应有利于岩石进一步破碎，炮眼中有水可以起到雾化降尘作用，大大降低粉尘对环境的污染。

一、水压爆破原理

微课：水压爆破原理

水压爆破与普通以空气为耦合介质爆破在爆破机理上没有太大区别，但是在爆破作用特征上，由两者物理性质不同，却表现出明显差异。钻孔水耦合装药爆破具有以下特点：

(1)基于水的不可压缩性和较高的密度、较大的流动黏度，水中爆轰产物的膨胀速度要慢，在耦合水中激起爆炸冲击波的作用强度高和作用时间长。

(2)在炮孔周围岩石中产生的爆炸应力波强度高，衰减慢，作用时间较长，即有较高的爆炸压力峰值，因此，对岩石造成的破坏作用强。

(3)因为水的不可压缩性和较高的能量传递效率，同时相当于炮泥，水又具有一定的堵塞作用，因此，传递给岩石的爆破能量分布更加均匀、利用率高。

(4)在爆破破碎质量上，它能使破碎块度更加均匀；在爆破安全方面，它能够有效地控制爆破振动、爆破飞石、空气冲击波和爆生有毒气体的强度和数量、降低爆破粉尘。

(5)与耦合装药相比，水耦合装药又能够降低孔壁岩面上的初始冲击压力，利于提高光面爆破、预裂爆破的成形质量。

同时钻孔水压爆破与无限水域下水压爆破相比其爆破的水域小，炸药到岩石距离很短，冲击波产生与传播和无限水域下水压爆破有很大区别。对较小直径钻孔来说，以水作为介质的爆破与普通爆破的压力波阵面不同，钻孔内各点的应力是瞬间同时到达的，只是不同点上应力大小不同而已，即水中冲击波阵面为圆柱形，压力波入射与炮孔壁成直角，在孔深不太大时可近似认为孔内应力均匀，在孔壁上基本是均匀作用，其效果和使用弱性炸药一样，柱状装药时更是如此。

二、水压爆破工艺

微课：水压爆破工艺

水压爆破是由我国著名的爆破专家何广沂教授在20世纪90年代提出来的，其爆破设计与传统的隧道光面爆破设计方案基本相同，只是在装药结构和炮孔堵塞上进行了适当的调整，原理为往炮眼中一定位置注入一定量的水，用炮泥回填堵塞炮眼，利用在水中传播的爆破应力波对水的不可压缩性，使爆炸能量经过水传递到围岩中几乎无损失，同时，水在爆炸气体膨胀作用下产生的水楔效应，有利于岩石破碎，炮眼中的水可以起到雾化降尘作用，大大降低粉尘对环境的污染。

水压爆破工艺流程与普通光面爆破基本相同，不同之处在于要事先加工好爆破所需的炮泥及水袋，装药时按照设计的装药结构分次序装入水袋炸药水袋后，用炮泥堵塞(图4-24)。

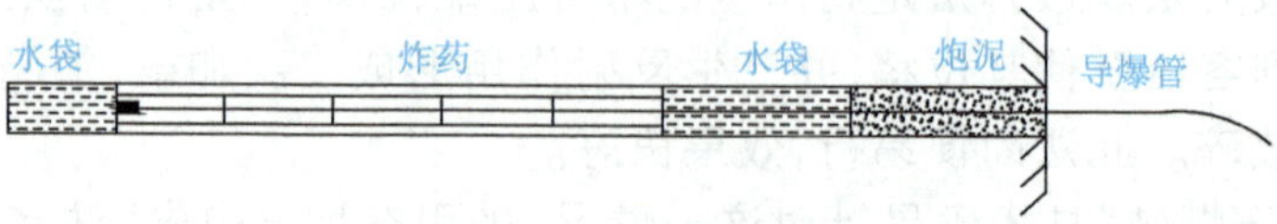

图4-24 水压爆破装药结构

水压爆破成功解决了工程爆破中多年存在的不能充分利用炸药能量和爆破产生的粉尘严重污染环境两大难题，同时也是我国隧道掘进技术从湿法钻孔代替干法钻孔从非电起爆代替火爆和电爆以来的第三个质的飞跃和变化。水压爆破具有明显的"三提高一保护"作用，即提高炸药能量利用率即节省炸药、提高施工效率即加快施工进度、提高经济效益即节约成本，保护环境即大大降低粉尘含量保护环境和人身健康。水压爆破效果如图4-25所示。

a)常规爆破通风35min　　b)水压爆破通风10min

图4-25　水压爆破效果

案例分析:Ⅳ级钻爆设计

某双线高速铁路隧道所穿越的地质条件Ⅲ、Ⅳ、Ⅴ三级。Ⅲ级为较稳定的砂岩;Ⅳ级为灰岩呈薄层状产出,层间夹页岩;Ⅴ级处在洞口附近,围岩受风化影响岩体破碎,且层间结合差。该隧道采用新奥法施工,光面爆破技术。Ⅴ级围岩主要采用机械配合人工开挖的方法进行,遇到局部位置采用小炮松动爆破,减小对周边围岩的振动。Ⅳ级围岩段超短台阶法开挖,拱部弧形导坑采用微振光面爆破,下部台阶采用一次性爆破施工。试确定此隧道Ⅳ级围岩的爆破参数。

(1)炸药及雷管选型

选用爆速低的炸药,采用ϕ32mm乳化炸药药卷,药卷长度为200mm。为更好地实现微差爆破隧道采用导爆管起爆法,采用火雷管进行引爆。非电毫秒雷管的段数共计10段。

(2)钻孔设计

钻孔采用双臂液压钻空台车H-174(瑞典生产)配合风动凿岩机YT-28型。

(3)掏槽形式设计

上台阶采用三对垂直楔形掏槽。炮眼布置图如图4-26所示。

(4)炮眼数目

采用工程类比法确定,见表4-15。

(5)炮眼深度

该隧道Ⅳ级围岩循环进尺采用1.8m进尺,钻孔深度1.8m。

(6)装药结构设计

由于间隔装药结构相比连续装药结构可以使爆破后的孔壁保持更为完好,破坏程度更小。所以,为更好地达到光爆效果,周边眼采用间隔装药结构,其余炮眼采用直径ϕ32mm标准药卷连续装药,并用炮泥堵塞孔口。两种装药见本章相关内容。

(7)爆破参数计算及炮眼布置

该区典型的Ⅳ级围岩的强度值为:抗压强度为20MPa,抗剪强度为8.4MPa,抗拉强度为2MPa,钻孔孔径25mm,孔深1.25m。

该隧道采用光面爆破技术,其光面爆破参数为:周边眼间距$E=50$cm;$E/W=0.8$;最小抵抗线$W=60$cm;具体爆破参数见表4-15。

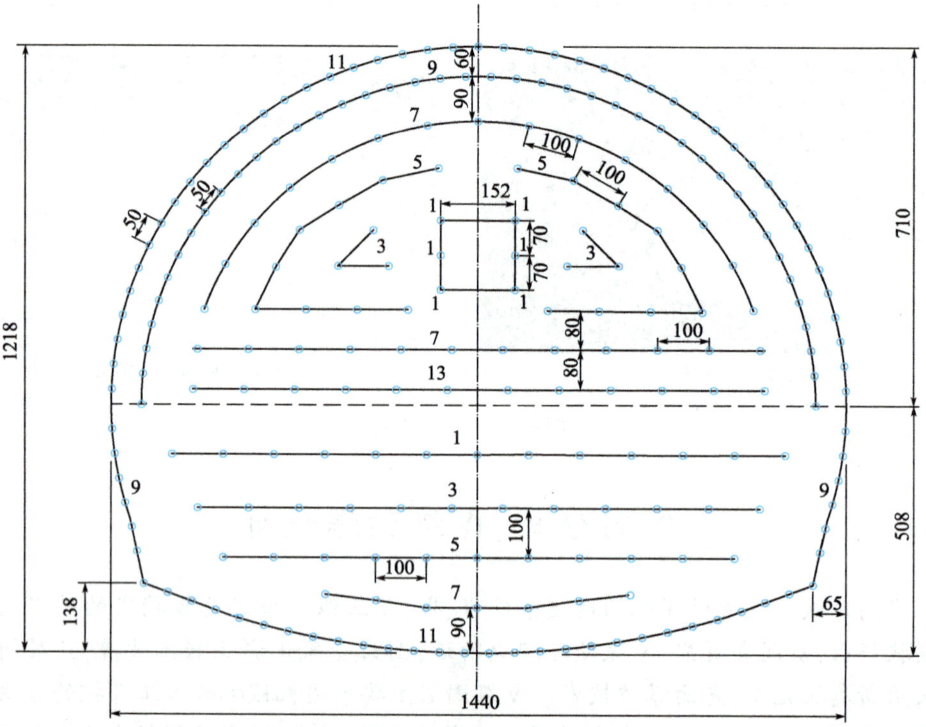

图4-26　炮眼布置图(尺寸单位:cm)

钻 爆 参 数　　表4-15

	炮眼名称	炮眼深度	炮眼个数	药卷类型	药卷个数	单孔装药(kg)	总药量(kg)	雷管段别
上部断面	周边眼	180cm	45	$\phi32\times200$	4	0.6	27	11
	内圈眼	180cm	42	$\phi32\times200$	7	1.05	44.1	9
	掏槽眼	200cm	6	$\phi32\times200$	9	1.35	8.1	1
	辅助眼	180cm	51	$\phi32\times200$	7	1.05	53.55	3、5、7
	底板眼	180cm	12	$\phi32\times200$	7	1.05	12.6	13
	小计		156				145.4	
下部断面	炮眼名称	炮眼深度	炮眼个数	药卷类型	药卷个数	单孔装药(kg)	总药量(kg)	雷管段别
	周边眼	180cm	12	$\phi32\times200$	4	0.6	7.2	9
	辅助眼	180cm	43	$\phi32\times200$	7	1.05	45.15	1、3、5、7
	底板眼	180cm	28	$\phi32\times200$	7	1.05	29.4	11
	小计		83				81.75	
整个断面	总计		238				227.15	
	开挖面积(m^2)		143.55					
	炮眼密度(个/m^2)		1.66					
	单位用药量(kg/m^3)		0.88					
	预计进尺(m)		1.80					

技能训练

某高铁双线铁路隧道，隧道长度为3500m，隧道所通过的围岩级别有Ⅱ、Ⅲ和Ⅳ级围岩，按照建设单位要求隧道配备了大型机械化设备，采用双向掘进，光面爆破，隧道大多数地段采用全断面法施工，洞口地段采用管棚施工。请完成下列任务：

1. 该隧道选择全断面法是否合理？
2. 隧道采用的凿岩机具有哪些？
3. 该隧道采用哪种方式进行起爆？
4. 若下图（尺寸单位：cm）是该隧道炮眼布置图，请分析：

（1）工作面的炮眼种类和作用；

（2）掏槽眼个数、掏槽眼类型；

（3）炮眼的布置原则和方法。

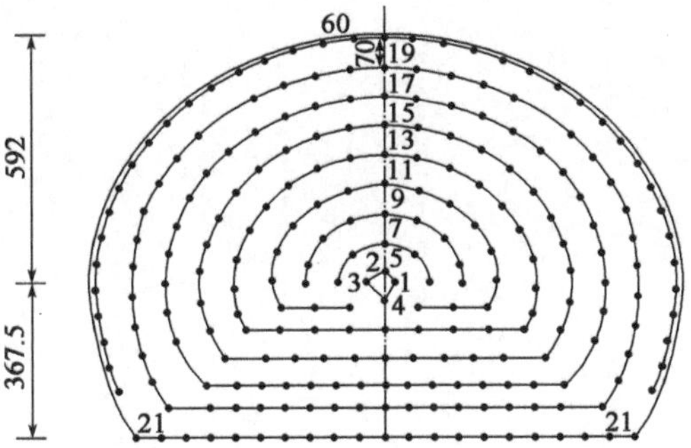

5. 隧道在实施爆破时，需要哪些爆破参数？如何进行选择？
6. 什么是光面爆破？光面爆破特点有哪些？
7. 请分析上图光面爆破参数是否合理？若不合理，请重新选择。

项目五

装渣运输

知识目标：

1. 了解隧道施工装渣运输的基本方法及常用机具；
2. 掌握渣量的计算方法和卸渣的几种方式。

能力目标：

1. 具备初步设计隧道装渣运输方式的能力；
2. 能计算装渣运输机械的数量。

素质目标：

1. 培养学生树立环保意识；
2. 培养学生分析问题和解决问题的能力；
3. 培养团队合作能力。

任务描述

某高速铁路隧道地貌属低山丘陵区，海拔500~565m，地形起伏不大。隧道进出口里程为DK288+524~DK290+248，全长1724m，双线隧道。隧址区紧靠某国道，进、出口及浅埋沟均有简易便道通过，路面较差，均可通大车，交通条件较好。该隧道与路基桥梁共用弃渣场。试完成下列任务：

1. 确定隧道装渣运输方式；
2. 选择配套装渣运输机械；
3. 选择合理机械设备配置；
4. 结合环保要求，写出弃渣场处理方法。

任务实施

坑道开挖后,要把开挖的石渣运出洞外,还要把支护材料运进洞内,这种工作称为装渣运输。装渣运输是隧道施工中的重要工序,在整个掘进循环中,其所占的比重相当大,一般为35%~50%。因此要提高隧道施工速度,就必须压缩各工序的时间,其中装渣运输作业成了重中之重,要根据条件尽量选择一些高效率的装渣运输机具,并进行合理组织,妥善安排,才能加快施工进度,尤其装渣作业是隧道掘进循环中占用时间最多,又与其他作业干扰较大的一项工作。因此提高装渣效率,缩短装渣时间,加强运输管理及调度工作,对提高隧道施工进度有着非常巨大的意义。

装渣运输可以分为装渣、运渣、卸渣三个环节。

装渣运输工作按其采用的装渣运输机具和设备的不同可分为三类。

第一类是有轨装渣—有轨运输。即在坑道内靠近工作面一段用轨行式装渣机将石渣装在车辆内。编列成组,再用牵引机车沿着轨道运出洞外卸渣场。它是传统的装渣运输形式,污染小,不受隧道长短、断面大小的限制。但各工种干扰大,机械效率低,掘进速度较慢。此外,挖枕木槽延误时间较长,不挖则轨面抬高,装渣机铲车上浮,引起隧底爬高。挖枕木槽,对硬岩难挖。对软岩易超挖,如有整体道床是不允许超挖的。目前,在中长隧道及短隧道施工中基本不再使用此种方式。

微课:装渣运输概述

视频:装渣机装渣

第二类是无轨装渣—无轨运输。即在隧道施工中不铺设轨道。装渣采用铲斗轮胎式或履带式装岩机械,将石渣装在翻斗汽车内运出洞外卸渣场。无轨装渣—无轨运输不存在轨道铺设及工作面轨道延伸问题,运输管理及调度工作也较为简单,装运效率高,干扰小。如用内燃装渣机及翻斗汽车装运时,排出废气量大,污染洞内空气,需要很好地解决通风问题。目前,此种方式在中长隧道及短隧道施工中使用较多。

第三类是无轨装渣—有轨运输。一般是在离工作面20~30m范围内不铺设轨道。装渣机械常用履带式,如斗容量为$2m^3$的CAF953型装渣机或9HK型立爪装岩机。运输车辆多采用$6m^3$以上梭式矿车或$4m^3$以上侧卸斗车,用16t蓄电池车牵引,沿着洞身轨道运出洞外卸渣场。无轨装渣—有轨运输实为上述第一、二类的综合。它综合了第一、二类的优点,克服了各自的缺点。因而此种方法在隧道施工中有发展的趋势。要注意的是,应做到轻、重车各行其道,防止交叉,轨道尽量接近掌子面,以加快装渣速度。目前,在特长隧道及长隧道施工中使用此种方式。

除了上述三种装渣运输方法外,还有采用皮带运输的,皮带长度达2~3km,将石渣铲装在皮带运输机上,经由皮带运输到洞外石渣仓,再以重型翻斗车运至指定的卸渣场所。有的甚至采用装运卸联合机,实现装、运、卸联动化、自动化。

视频:皮带运输

隧道施工应进行施工机械配置方案设计,并纳入隧道实施性施工组织设计。隧道施工机械应配置应与施工方法配套、工期相适应,配套生产能力大于均衡生产能力,最大限度发挥机械设备总体效率。隧道施工机械的使用、管理、维修和保养应严格执行有关规定,保证机械使用安全、正常运转,防止发生机械事故。隧道施工爆破后应及时清除开挖作业面石渣。独头掘进较长的隧道,根据经济技术比选及弃渣条件,可采用转渣倒运的方式。隧道施工装渣运输方式应根据断面大小、施工方法、机械设备及施工进度等要求综合考虑,可选择汽车运输、轨道运输或皮带运输方式。隧道运输应建立运输调度,根据施工进度编制运输计划,协调组织,统一指挥,提高运输效率。

任务一　装渣运输机具

隧道内爆下的岩渣要装入车辆内(或汽车斗厢内),然后运出洞外卸掉。因此装运机具有装渣机械、牵引机车、运输车辆等。装渣机械的装载能力应满足作业循环所规定的时间要求,能装载开挖中设计最大岩石块度的需要。最好选用连续型装岩机。

教学课件:装渣运输机具

一、装渣机具

1. 耙斗式装岩机

耙斗式装岩机简称扒渣机,其机体主要结构如图 5-1 所示。它结构简单,制造容易,维修方便,装渣效率高,可将坑道齐头的石渣先行扒出而起到翻渣作用,便于与钻眼工作平行作业,使用范围广。

微课:装渣机械选择

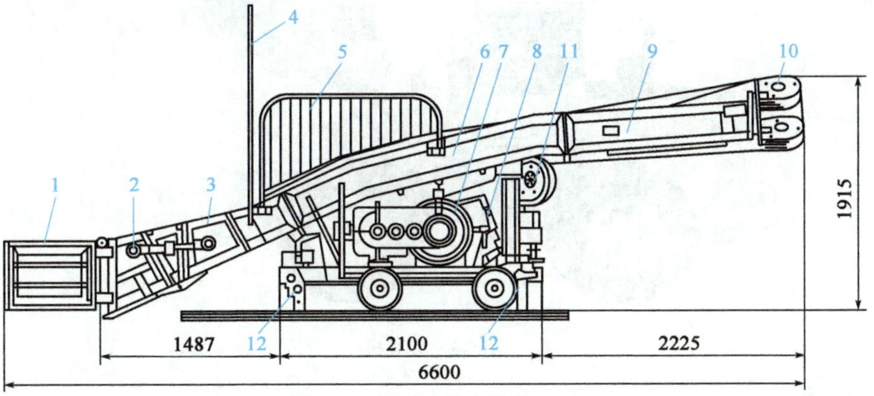

图 5-1　扒渣机(尺寸单位:mm)

1-挡板;2-簸箕口;3-连接槽;4-保护立杆;5-栏杆;6-中间槽;7-绞车;8-台车;9-卸料槽;10-导绳轮;11-架绳轮;12-卡轨器

为了提高效率,扒渣机在装渣作业时应保持一定的作业距离,其长度应按扒渣机距工作面(包括渣堆)的距离、扒渣机长度、一列空车长度(包括机车长)、两副道岔长度等因素综合确定。

2. 立爪式装岩机

立爪式装岩机由履带行走架、链条刮板式输送机以及爪臂三大部分组成,如图 5-2 所示。工作时爪臂将石渣扒进输送链板上,然后,链板输送机将石渣输送到运输车辆上。输送链板是可以升降的,以适应不同高度的接载运输车。机械的三大部分在必要时可以分解为独立的单元,以便在坑道中运输和提升。

立爪式装岩机有轨道和履带两种行走方式,其工作特点是扒渣、运渣、卸渣连续而平稳地运行且无冲击,生产效率也较高,利用装渣板还可以对隧道进行清道。但立爪装岩机所需动力风电均可。装渣生产能力可以达到 $120m^3/h$。

3. 装载机

装载机是一种广泛使用的土石方施工机械(图 5-3),它主要用于铲装土、石等散状物料,装载机的铲掘和装卸物料作业是通过其工作装置的运动来实现的。装载机工作装置由铲斗、动臂、连杆、摇臂、转斗油缸和动臂油缸等组成,方便实现三向倾斜卸载。

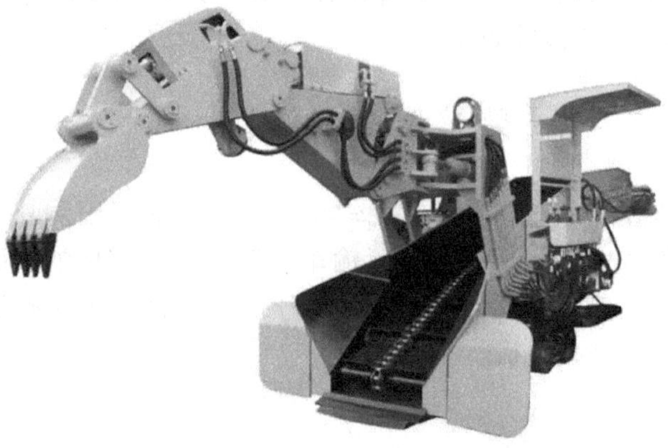

图 5-2　立爪式装岩机

图 5-3　装载机

4. 牵引车辆

采用有轨运输时,要用牵引机车将铲装在斗车内的石渣拖出洞外。因此牵引机车是轨行式隧道内牵引车辆的动力,在同一洞口,应尽可能选配同型号的牵引机车,以便使用、管理和维修。隧道牵引机车一般采用蓄电池车。

二、运输机具

(一)有轨运输车辆

微课:运输设备选择

轨行式运输车辆有斗车、梭式矿车等。

1. 斗车

国产斗车种类很多,按其断面形状分为 V 形、U 形、箱形及箕斗形等;按其卸渣方法分为侧倾、前倾及三方向倾等。

隧道施工中为配合高效率的大铲斗装岩机和减少单个斗车的调车时间,采用大容量的斗车,如 4.25m^3、6m^3 乃至 30m^3 的大斗车。

2. 梭式矿车

梭式矿车是放在两个转向架上的大斗车,车底设有链板式或刮板式输送带,石渣从前端接入,依靠传送机传递到后端,石渣就可布满整个矿车的底部。输送机的动力有气动和电动两种。单个梭式矿车的容积是5~15m^3。这种矿车可单个使用,也可以成列使用,即梭车与梭车之间有可以搭接部分,前车的卸渣端伸入后车的接渣端的车厢内。前车装满石渣后,连续开动运输机,将石渣从前车转送至后车。它可以正向卸渣,也可以侧向卸渣。梭式矿车由机车牵引。不论在全断面开挖或分部开挖的隧道施工中均可使用。其特点是结构合理,制造简单,容积较大,操作简单,劳动强度低。图5-4为8.5m^3底盘回转式梭式矿车。

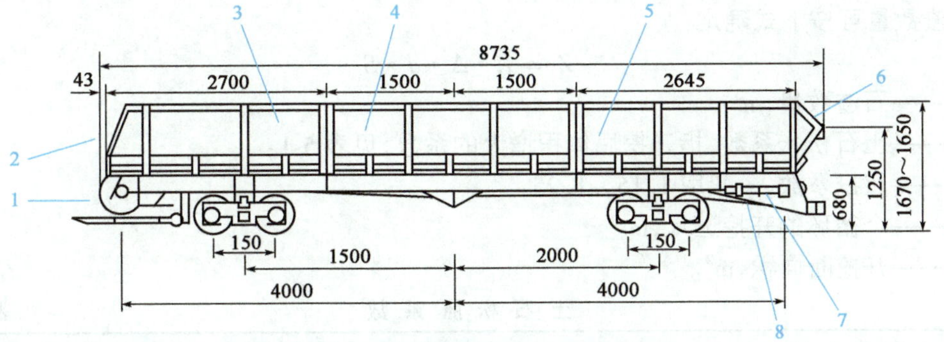

图5-4 底盘回转式梭式矿车(尺寸单位:mm)

1-主动链轮;2-卸渣端;3-前车帮;4-中车帮;5-后车帮;6-装渣端;7-张紧装置;8-后轴支座板

(二)无轨运输机械

在无轨运输施工中,石渣一般用自卸汽车运输。如图5-5所示。

图5-5 自卸式汽车

任务二 装 渣

教学课件:装渣

装渣作业是隧道掘进循环中占用时间最多,又与其他作业干扰较大的一项作业。为了迅速、及时地将洞内爆下的石渣装运出去,要充分利用和发挥机械设备的作用和效率，根据渣量选择合适的装岩机，还要尽量缩短装渣作业线长度，并合理调车，减少辅助作业时间，保证作业安全，以实现快装、快运、快卸。

微课：渣量

一、渣量计算

装渣数量可按下式确定：

$$Z = K \cdot \Delta \cdot d \cdot S \tag{5-1}$$

式中：Z——石渣数量，m^3；

K——土石松胀系数，指开挖后体积增大的系数，见表5-1；

Δ——超挖系数，一般取1.15～1.25；

d——个循环的开挖进尺，m；

S——开挖断面积，m^2。

土石松胀系数 表5-1

围岩级别	土石名称	松胀系数
Ⅰ	石质	1.90
Ⅱ	石质	1.80
Ⅲ	石质	1.70
Ⅳ	石质	1.60
Ⅴ	硬黏土	1.35
	砂夹卵石	1.30
Ⅵ	黏性土	1.25
	砂砾	1.15

二、装渣生产率

需要的装渣生产率，按坑道掘进月进度计划要求的平均装渣生产率计算，其计算式为：

$$A_b = \frac{K \cdot \Delta \cdot D \cdot S}{720 \cdot R \cdot \lambda} \tag{5-2}$$

式中：A_b——需要的装渣生产率，m^3/h；

D——坑道月计划进度，m/30d；

R——掘进循环率，等于计划全月的循环次数除以本月日历工天应有的循环次数；

λ——装渣占掘进时间的百分比；

720——24h/d×30d，h；

其他符号同式(5-1)。

按照公式算出需要的装渣生产率后，选择装岩机时，应按装岩机的实际生产率略大于需要的装渣生产率。因为装岩机理论生产率系根据装岩机不停顿装渣计算，而实际施工中装岩机的装渣能力受很多因素影响而有所下降，故装岩机的实际生产率仅为理论生产率的1/5～1/3。

三、装渣机选择

装渣机械的装载能力应满足作业循环所规定的时间要求，能装载开挖中设计最大岩石块度的需要。最好选用连续型装岩机。

装渣与运输机械选型应符合挖装、运输机械能力协调配套的要求，运输机械配置能力不应小于挖装能力的1.2倍。采用汽车运输方式时，装渣宜采用不小于$2m^3$的装载机或150~$250m^3/h$的大型挖装机；扒渣采用挖掘机。自卸汽车额定载质量宜大于15t。斜井及平行导坑断面较小时，装运设备的选型应与辅助坑道断面相适应。

正洞及平行导坑采用轨道运输方式时，装渣可采用150~$250m^3/h$的大型挖装机或扒渣机，牵引应采用电瓶车，运渣宜采用容量不小于$16m^3$的梭式矿车或容量不小于$6m^3$的侧卸式矿车。

任务三　运　　输

教学课件：运输

运输是指将石渣运出洞外的过程。本节重点讲述有轨运输轨道铺设的要求、运输轨道布置和运输组织调度等方面的内容。

一、有轨运输

微课：运输

（一）轨道铺设要求

（1）坡度：洞内轨道坡度与隧道设计坡度相同，洞外可不同，但最大不得超过2%。

（2）曲线半径：洞内应不小于机车或车辆轴距的7倍，洞外应不小于10倍。

（3）线间距：双道的线间距应保持两列车间净距大于20cm，在错车线上应大于40cm。

（4）道岔标准：不得小于6号（辙叉角α的余切值为道岔号）。

（5）钢轨类型：不宜小于38kg/m的钢轨。

（6）道床：可利用不易风化的隧道石渣作为道砟。道砟层厚度不小于20cm。

（7）轨距及轨缝允许误差：轨距一般为600mm或762mm，轨距允许误差为+6mm、-4mm。曲线地段应按规定加宽和超高，必要时加设轨距拉杆。轨缝不大于5mm，相邻轨头高低差应小于2mm，左右错开应小于2mm，轨缝应位于两枕木之间，连接配件应齐全牢固。

（8）车辆至坑道壁或支撑边缘的净距，应不小于20cm。单道旁的人行道宽不应小于70cm。

（二）洞内轨道布置

洞内轨道布置应根据隧道长度、工期要求及地质条件等合理选择单车道或双车道。

1.单车道

用于地质较差的短隧道中，运输能力较低。在导坑地段，每隔20~30m设置临时错车岔线，以容纳1~2辆斗车。在成洞地段，每80~100m设错车线（接通原临时错车岔线而成），其有效长度应能容纳一列列车，一般为25~50m，如图5-6所示。

2.双车道

轨道运输一般铺设双车道，列车出入各占一股道，互不干扰，调车灵活，车辆周转快，轨道随掘进延伸，一次铺成。

双车道布置，如图5-7所示。每隔100~200m设一渡线，每隔2~3个渡线铺设一反向渡线。在施工地段，为了方便施工作业，可在轨道正式渡线布置间，增设临时渡线（即在其间加设一副道岔），以缩短调车时间。

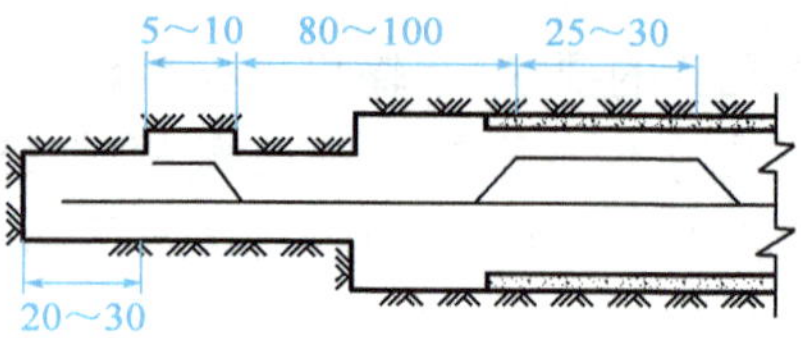

图 5-6　单车道(尺寸单位:m)

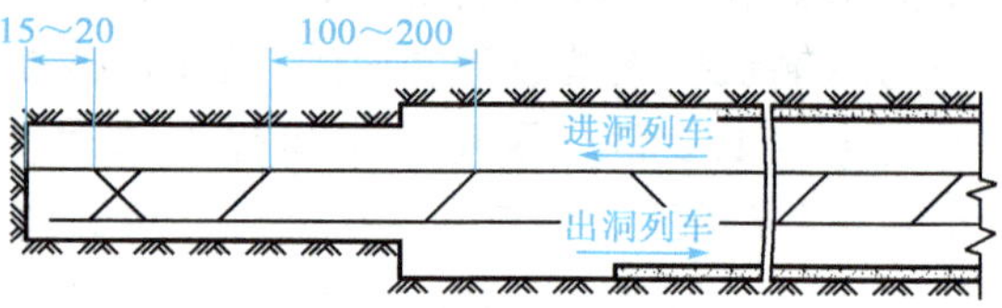

图 5-7　双车道(尺寸单位:m)

3. 有平行导坑的轨道布置

平行导坑内轨道一般为单道,每隔 2 ~ 3 个横通道设一会让车及列车编组所用的车站,站线有效长度一般为 50 ~ 60m。横通道内一般铺设单道,成洞后可拆除或留作存车线。正洞的施工地段,一般铺设双道。其轨道布置如图 5-8 所示。

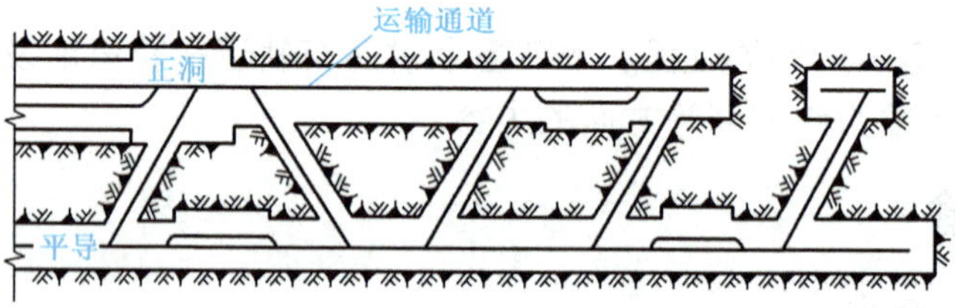

图 5-8　有平行导坑的轨道布置(尺寸单位:m)

(三)运输组织

隧道施工工序很多,每个工序之间关系非常密切,因此,加强运输组织工作非常重要。如运输工作组织不好,就会造成混乱,堵塞轨道,积压车辆,使石渣运不出、材料运不进,直接影响各道工序的正常施工。运输组织工作有两个重要环节:一是编好列车运行图,以加强运输工作的组织计划性;二是要建立健全调度制度,以加强日常的运输管理。

1. 列车运行图

编制列车运行图是根据隧道的施工方法、各工序的进度、轨道布置、机车车辆配备及运距等情况,来确定列车数量、列车在工作面装车和调车、编组、运行、错车、卸车、列车解体编组等所需的时间。图 5-9 表示一座隧道的出渣列车运行图。共有三组出渣列车,洞内设有会让站一个,洞外设有编组站一个,每列车编连重车 10min,重车在区间运行 20min,卸渣 10min,空车返回编组站 5min,在编组站停留 5min,运行 10min,错车 5min,再运行 5min,空车解体 5min,每列车往返一次需 75min。

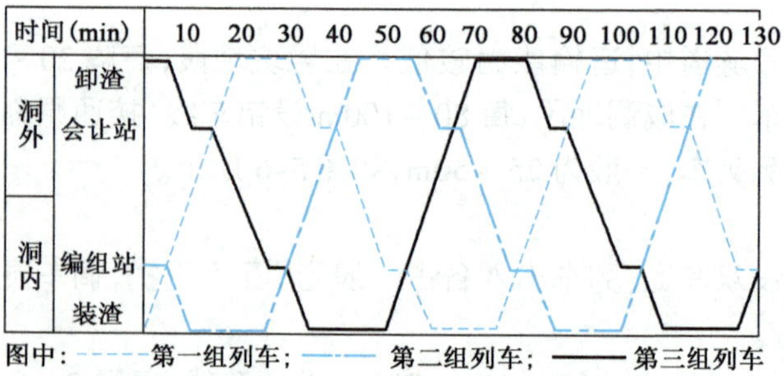

图 5-9　列车运行图

注:横坐标表示时间,纵坐标表示距离。斜线表示列车运行,水平线表示停车、装渣、卸渣。

在实际的隧道施工中，运行图中所需要的时间应实测确定，随着隧道施工的不断向前推进和卸渣线的不断向前延伸，运输距离越来越长，因此运行图也要定期修正。

2. 运输调度制度

运输调度制度，就是要建立健全调度指挥系统，以进行运输工作中的日常指挥和解决出现的问题。如及时调配车辆、及时消除运输障碍以及运行图被打乱时统一指挥列车运行等。

3. 轨道运输线路铺设要求及施工安全要求

运输线路应设专人维修和养护，使其处于良好状态，线路两侧的废渣和杂物应及时清除。轨道运输车在洞内施工地段、视线不良的曲线上以及通过道岔和洞口平交道等处时，其运行速度不得大于10km/h；其他地段在采取有效的安全措施后，运行速度不得大于20km/h。轨道运输应根据卸渣场地形条件、弃渣利用情况、车辆类型，妥善布置卸渣线和卸渣设备，提高卸渣速度。轨道运输作业应符合下列安全要求：

(1)车辆装载高度不得高于渣车顶面50cm，宽度不得大于车宽。

(2)列车连接应良好，在机车摘挂后调车、编组和停留时，应有防溜车措施。

(3)两组列车在同方向行驶时，间距不得小于100m。

(4)轨道旁临时堆放的材料，距钢轨外缘不得小于80cm，高度不得大于100cm。

(5)卸渣场线路应设安全线并设1% ~3%的上坡道，卸渣码头应搭设牢固，并设有挂钩、栏杆及车挡装置，防止溜车。

(6)车辆在洞内行驶时，应鸣笛并注意瞭望。严禁非专职人员开车、调车。严禁在行驶中进行摘挂作业。

(7)列车载人作业时，应制定针对搭乘人员安全的措施。

二、无轨运输

目前隧道开挖方法采用大断面法开挖，使得每一掘进循环作业炸下的石渣量增多，装渣运输工作量加大，但因工序简化，工作面宽敞，因而给使用大型轮胎式装运机械提供了条件。双线隧道，独头掘进长度在3000m以下时可采用无轨运输。单线隧道长度在1000m以下时，宜采用无轨运输；长度大于1500m时，宜采用有轨运输。

无轨运输一般用铲斗为2 ~5m^3的三向倾斜式装载机，将石渣铲装在后卸式矿山型自卸汽车内，运出洞外卸掉。自卸汽车容量一般按装载机斗容量的3倍考虑，如斗容量为2.5 ~3m^3的装载机，则可配用8 ~9m^3即载重为15 ~20t的矿山型自卸汽车。

对于短距离(一般在300m以内)的无轨运输，可采用一种LHD型的装运卸机，斗容量为6 ~8m^3，是用于地下工程的特种机械，装渣后即行驶至洞外卸渣。

无轨运输车在洞内施工作业段、视线不良的曲线上，以及通过岔道和洞口平交道等处时，其行车速度不得大于10km/h，其他地段在采取有效安全措施后，行车速度不应大于20km/h。有轨运输施工作业地段的行车速度不得大于15km/h，成洞地段不得大于25km/h。

有轨运输的主要优点是免除轨道铺设、减少装运设备、简化运输管理组织与调度、减少干扰、使用方便、进度快、效率高。其缺点为：一是无轨运输多为内燃机械，废气中含有一氧化碳及氮氧化合物，对人体有害。必须安装废气净化装置，同时必须配备强大的通风机械，才能使空气中有害成分的含量符合卫生标准要求。二是装载机和自卸汽车多采用轮胎式，轮胎磨损很严重，轮胎耗费占机械维修费比重很大。因此，要注意正确选择轮胎，要使装渣生产率和轮胎的使用磨损能力相适应。三是要特别注意洞内排水，否则易破坏隧道底面，并影响运输效率,且会给今后的铁路轨道构造造成很大影响。无轨运输有其经济距离,若运距较长,则以采用无轨装渣与有轨运输相配合为好。

1. 汽车运输

运输车辆应定期检 制动、转向系统和安全装置的完好性,大型自卸汽车应设置示宽灯或标志。斜井内长距离坡道运输系统,应在适当位置设置应急避险设施。

运输车在工作面装车时应符合下列要求:待进入装车位置的汽车应停在挖掘机最大回转半径范围之外;正在装车的汽车应停在挖掘机尾部回转半径之外。正在装载的运输车应制动,驾驶人不得将身体的任何部位伸出驾驶室外,严禁其他人员上、下车和检查维修车辆。运输车应在挖装机械发 信号后,方可进入或驶 装车地点。等待装车时,车与车之间应保持一定的安全距离。

2. 皮带运输

皮带运输方式应根据施工方法、隧道长度、断面大小、挖装设备、施工进度等因素进行方案设计,选择带式输送机,确定转渣地点及支架布设等。确定皮带运输的出渣方式应同时制订进洞物资的运输方案。

布设带式输送机应符合下列要求:机架安装应横向平、纵向直,结构牢固。全部滚筒和托戒,应与输送带的传动方向呈直角。应设置防止输送带跑偏、驱动滚筒打滑、纵向撕裂和溜槽堵塞等保护装置;上行带式输送机应设置防止输送带逆转的安全保护装置,下行带式输送机应设置防止超速的安全保护装置。带式输送机沿线应设紧急联锁停车装置。驱动、传动和自动拉紧装置的旋转部件周围,应设防护装置。皮带两侧应加设挡板或栅栏等防护装置。带式输送机下面的过人地点,应设置安全保护设施。倾斜带式输送机人行道应防滑,并设置扶手栏杆。

任务四　卸　　渣

教学课件:卸渣

洞内的石渣运至洞外渣场卸掉称为卸渣。卸渣工作主要考虑石渣如何处理、卸渣场地或者转运场地的布置,以及弃渣场地的选择。从隧道里面挖出来的石渣多数可以用作填料,用于填筑路基及洞外工作场地。有些符合混凝土粗集料质量标准要求的岩块石渣,则可以加工成碎石,用作衬砌混凝土集料。对于多余的石渣,则应弃之于合适的山谷、凹地。

隧道弃渣应充分利用,弃渣场应综合自然环境、人文景观、运输条件、弃渣利用等因素进行规划。弃渣应做到先挡后弃,并做好防护、排水、绿化等配套工程。弃渣应按照设计的位置和容量弃土。应避免在路堑上方弃土,严禁在膨胀土、黄土路堑边坡上方弃土。严禁在不良地质体、不稳定斜坡、软弱地基上弃土。严禁在村庄等人员居住区及铁路上游沟槽内弃土。弃渣场周边应设置完善的截、排水系统。当弃渣场规模较大时,应在顶面设置排水沟,坡面采取植被防护在隧道洞口,要根据地形特点,考虑弃渣的利用和处理,进行全面的规划,合理安排卸渣。要注意节约用地,不占或少占农田。洞口有桥涵而又必须弃渣时,要事先制订可靠措施,避免对洞口、桥墩台造成偏压而使之移位、变形;沿河弃渣,要注意避免堵塞河道。

根据洞口地形,布置卸渣线路要短,堆渣场地势要低。应尽量避免倒运弃渣,并充分考虑卸渣场地的伸展。对于可利用洞内弃渣作路基及衬砌材料的卸渣场地,还要考虑到取用时的方便。如洞口附近地势平坦,弃渣困难,可根据机械设备情况,采用绞车牵引至高台卸渣或远运。卸渣码头的设置应不少于两个，码头要搭设牢固，并备有挂钩、栏杆、车挡等。卸渣方式，可根据不同的地形条件、机具设备及材料情况选择。卸渣场及堆放如图 5-10、图 5-11 所示。

图 5-10　某弃渣场

图 5-11　弃渣堆放边坡处理

一、延伸轨道侧式卸渣

沿地形等高线或傍山较陡山坡及沟坎铺设卸渣线路，逐段卸渣，亦可填筑傍山路堤。码头边缘（即外侧路肩）宜用片石砌成适当高度的陡坎。卸渣轨道可一次铺够，亦可逐段延长。可使成列车辆同时卸渣，不需拨道，易于保持码头及轨道经常处于良好状态。

二、横移扩展侧式卸渣

在渣堆上铺设卸渣轨道，随渣堆的扩展拨道使卸渣线位于渣堆边缘，用于凹地弃渣场。在洞口地形陡窄，需利用弃渣堆作为洞外工作场地，最宜采用。但需经常扒平轨道旁余渣，且轨道不易保持良好状态。拨道时，对卸渣有干扰。

三、换装码头卸渣

弃渣需要远运、利用或废弃时，采用换装码头。此种码头多为固定式，其构造视地形条件、卸渣方式及接运车辆等因素而定，有倒装平台、漏斗棚架、立交桥、推土装载机换装场等。对前三种位置的选择，应考虑为造成换装码头处卸渣线与转运线间的高差而需进行的展线及有关洞口的布置。码头设施的构造及数量，应适应掘进速度和出渣量，并留有发展余地。如接通尽头线为闭合线，则扩大汽车调车场，加长或增设平台、棚架、梭槽及漏斗等。推土装载机换装场，应考虑堆渣、装渣及汽车回旋余地，卸渣轨道宜高于集渣场，翻卸侧的路肩宜以砌筑，使线路尽量靠近坎边，以减少清、扒工作。

案例分析：×××隧道装渣运输

某隧道地貌属低山丘陵区，海拔 500～565m，地形起伏不大，隧道进口、出口及洞身浅埋段均为干沟，地表自然坡度进口 25°～30°，隧道进、出口基岩裸露，洞身顶部植被发育。隧道起讫里程为 K288＋524～K289＋248，全长 724m，单线隧道。隧道洞身出口段 212.51m 位于半径为 $R=1200$m 的曲线上，其余位于直线上。洞身纵坡依次为 0.3%、1.22% 的下坡。隧址区紧靠某国道，进、出口及浅埋沟均有简易便道通过，路面较差，均可通大车，交通条件较好。该隧道弃渣场与路基桥梁共用弃渣场，其中路基弃渣 29.4 万 m^3（实方），此隧道弃渣 5.8 万 m^3（实方)，大桥弃渣1.3万m^3(实方)，共计32.5万m^3(实方)弃于此隧道弃渣场内。

一、出渣运输

隧道洞渣随挖随运，采用挖掘机配合装载机装渣，自卸汽车运输。隧道开挖施工时存在多种开挖施工方法，出渣时均采用无轨运输。采用PC220液压挖掘机、CAT320液压挖掘机配合ZLC50C侧卸式装载机装渣，自卸汽车运渣至洞外指定弃渣场。设备安排时装运能力大于开挖能力，装运设备有备用。

二、弃渣场及渣场防护

在该工程施工过程中本着"少破坏、多保护，少扰动、多防护，少污染、多防治"的方针，采取预防和控制措施减少破坏土地面积，通过编制土地复垦方案，明确土地复垦的目标，同时临时用地使用完成后恢复至原有的地形地貌或比原有更改善的状况：恢复原有功能，与周围地形地貌相协调，满足复垦要求后及时通知当地政府、建设单位、监理等相关管理部门进行验收，并交付使用。隧道弃渣弃于隧道所在路线某桩号左侧300m处沟内旱地，弃渣约5.4万m^3，运距约0.5km，占地20亩，复垦10亩，绿化10亩(1亩≈166.7m^2，下同)。

工程施工前，首先就弃渣场向当地环保部门办理许可手续，在取得许可证后再开始弃渣。此隧道弃渣场设计弃渣量约为40万m^3(实方)，占地81亩，为林地。渣场采用分级刷坡清方形成分级台阶，坡率为1:3.0。弃土场前边坡、消防通道侧边坡采用土工网垫客土植生护坡。弃渣场于第一级平台设9根锚固桩，第二级平台设7根锚固桩。桩截面2.25m×1.5m，桩间距(中－中)5m，桩长为22m。桩间设挡土板，挂板高度5.0～8.0m。锚固桩两侧端部设挡渣墙，两侧分别长48m，墙高6m；弃土场右侧(消防通道)长150m，设挡渣墙，墙高3m，挡墙埋深不应小于1.5m，墙身采用C35混凝土浇筑。弃土场四周及顶部设置主截水沟(主截水沟在边坡处设跌水沟)，排水坡度不应小于2%，均采用C30混凝土梯形沟。平台设截水沟0.4m×0.4m，采用C30混凝土浇筑。桩板墙与涵洞入口之间顺原沟，长211m，设置梯形导流沟，排水坡度不应小于2%，采用C30混凝土浇筑。

技能训练

某高铁双线铁路隧道，隧道长度为3500m，隧道所通过的围岩级别有Ⅱ、Ⅲ和Ⅳ级围岩，Ⅱ级围岩地段循环进尺为3.5m，开挖面积为108m^2。弃渣场距隧道洞口100m处，隧道采用了无轨装渣无轨运输，假定装渣运输时间为5h。请完成下列任务：

1. 该隧道能不能采用有轨运输，为什么？
2. 计算隧道一个循环渣量。
3. 该隧道采用合理配套机械设备是什么？
4. 确定装渣机生产能力。
5. 隧道需要选择多大的装渣机械？
6. 运输车辆如何确定？
7. 隧道洞口和洞身地段配备机械设备数量一样吗？
8. 洞口弃渣场需要做哪些防护？

项目六

支护施工

知识目标：

1. 了解隧道支护的体系和分类；
2. 掌握隧道初期支护的作用和施工工艺；
3. 掌握二次衬砌的施工过程；
4. 掌握常见几种辅助措施的施工工艺。

能力目标：

1. 初步具备能根据围岩条件确定隧道采用合适辅助措施的能力；
2. 具备安排隧道初期支护和二次衬砌施工过程的能力。

素质目标：

1. 树立学生安全质量意识；
2. 培养学生任劳任怨、不怕吃苦的精神；
3. 培养学生精益求精的工匠精神。

任务描述：

某高速铁路双线隧道，隧道起讫里程为 DK288 + 524 ~ DK290 + 248，全长 1724m，隧道地下水丰富，洞口为浅埋，Ⅴ级围岩；洞身地段为深埋，为Ⅱ、Ⅲ、Ⅳ级围岩，隧道采用复合式衬砌。隧道在洞身Ⅱ和Ⅲ级围岩地段，开挖后需要做初期支护确保稳定；Ⅴ级围岩地段，开挖后极易坍塌，需要先支护后开挖，确保隧道安全。试完成下列任务：

1. 选择初期支护类型，并组织施工；
2. 组织现场二次衬砌施工；
3. 选择预支护类型，并组织施工；

任务实施

隧道工程施工中，如何保证隧道的暂时稳定（施工期间）和长期稳定（运营期间）始终是一个基本的、关键性的问题。依照前面围岩分级中的采用围岩的等级和开挖状态不同，坑道开挖后的稳定状态也不同，从而采取控制稳定的技术措施也不同。从性质上看，坑道支护主要分为自支护和人工支护两部分。自支护是指围岩自身所具备的支护能力；而人工支护则指在自支护能力不充分的条件下人为采取的措施。两者共同构成了坑道的永久支护体系。人工支护通常又分为一次支护（初期支护）和二次支护（衬砌）两大类。现代隧道施工中，一次支护主要采用喷混凝土、锚杆及钢支撑等支护方法，既能在施工期间维护坑道的稳定，又能作为永久支护结构的一部分。另外，当仅采用喷锚等一般人工支护不能保证坑道稳定时，还需要采取辅助的支护措施，如管棚、围岩注浆、小导管注浆、锁脚锚杆（管）及各种超前支护方式。

任务一 初期支护

教学课件：初期支护

初期支护作为隧道开挖后及时施工的人为支护又称一次支护，主要为喷锚组合体系。喷锚支护是喷混凝土、锚杆、钢筋网、喷射钢纤维混凝土、钢架支撑等结构组合起来的支护形式。根据不同围岩的稳定状态，可采用锚喷支护中的一种或几种结构的组合以适应围岩的状况。

喷锚支护是一种符合岩体力学原理的支护方法，具有良好的物理力学性能。由于施作及时、密贴，能有效地控制围岩的变形，封闭岩体的张性节理、裂隙，加固结构面，充分发挥和利用岩块之间的镶嵌、咬合和自锁作用，从而恢复并提高了岩体自身的稳定性、强度、自承能力和整体性。与此同时，锚喷支护具有良好柔性的特点，使得它在与围岩体共同变形的过程中，能有效地调整围岩应力，控制围岩作有限度的变形，进而将围岩体与锚喷支护构成统一的承载体系。

视频：锚喷支护作用机理

一、喷混凝土

（一）喷混凝土的支护机理

视频：喷射混凝土原理

喷混凝土是利用压缩空气或者其他动力，将按照一定配比拌制的混凝土混合物沿管路输送至喷头处，以较高速度垂直喷射于受喷面，依赖喷射过程中水泥与集料的连续撞击，压密而形成的一种混凝土，如图6-1所示。

a) b)

图6-1 现场喷射混凝土

从锚喷支护作用机理来看：一方面，柔性的喷层具有相当大的徐变特性，能保证围岩在与喷层共同变形时产生一定的径向位移，确保防护带的形成；另一方面，由于喷层与岩层非常密贴，并具有相当高的早期强度，因此能有效地控制围岩的位移，主动加固防护带，且使之组成共同的结构承受围岩荷载。此外，由于喷混凝土与围岩紧密接触而带来荷载的均匀性及充分利用地层抗力，使得喷层中的弯矩大为减少，因而尽管喷层很薄，也不会在弯矩的作用下发生破坏。喷混凝土的支护作用效果如下。

1. 与围岩的附着力、抗剪的支护效果

喷混凝土是唯一能够与围岩大面积的、牢固接触的一种支护方式。混凝土和围岩的附着力分散作用在混凝土上的外力的同时也加强隧道周边的裂隙的抗剪能力，并可在岩面形成承载拱防止局部掉块。

2. 内压、闭合效果

比较厚的喷混凝土作为一个连续的构件支护围岩，可约束围岩的变形，给围岩以支护力（内压），使围岩保持近于三维的应力状态，控制了围岩应力释放。同时在软岩和土砂围岩中封闭掌子面或铺设临时仰拱使断面临时封闭，更好的发挥支护效果。

3. 外力分配效果

具有能够将土压传递到钢支撑和锚杆上的作用。

4. 软弱层补强效果

填平围岩的凹面，覆盖弱层，防止应力集中而加强了软弱层。

5. 被覆盖效果

开挖后，因立即被覆壁面，可防止围岩风化、止水和颗粒流出等效果。

为了充分发挥喷混凝土的支护效果，最重要的是解决好喷混凝土施工的“四要素”。

（1）强度：有足够的强度，特别是早期强度。

（2）厚度：要确保附着层的厚度，且使喷射表面平滑。

（3）附着：与围岩牢固附着成为一体，相互之间就能够传递力和变形。

（4）密实：附着层密实、均质、耐久。

（二）喷混凝土喷射方式的选择

喷混凝土的喷射方式，从拌和方法、压送方法看，大体上分干拌法喷混凝土（干喷）和湿拌法喷混凝土（湿喷）两种，湿喷工艺能改善作业环境，在施工现场已大力推广使用。

1. 干喷

将胶凝料、集料等按照一定比例拌制的混合料装入喷射机，用压缩空气送至喷嘴，与压力水混合后喷射至受喷面所形成的混凝土。在喷嘴处是干拌合料与水混合，W/C 可以小些，对初期强度有利，但混凝土品质受喷射手的熟练程度和能力左右。粉尘和回弹量较大，但压送距离比较大，适用于岩面比较湿润或者涌水的工况。工艺流程如图 6-2 所示。

2. 湿喷

将胶凝料、集料和水按一定比例拌制的混合料装入喷射机，并输送至喷嘴处，用压缩空气将混合料喷射至受喷面上所形成的混凝土。与干喷方式相比，混凝土的品质管理比较容易，粉尘和回弹量较小，但不能长距离输送，机械、管路清理必须用水，拌合料放置时间管理很重要。目前隧道施工已使用机械手，其施工能力还是较强。其工艺流程如图 6-3 所示。

湿喷与干喷两种作业方式，各有特点，应根据现场规模、状况和喷射量分别使用。选择喷射方式时，要充分考虑隧道长度、喷射厚度、断面大小、开挖方法及涌水的有无等。

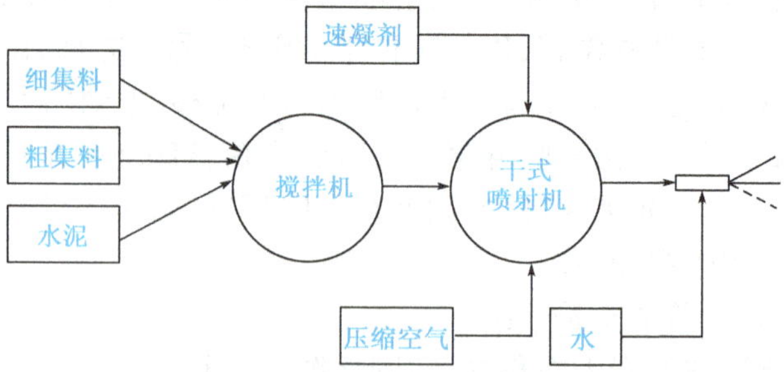

图 6-2　干喷工艺流程

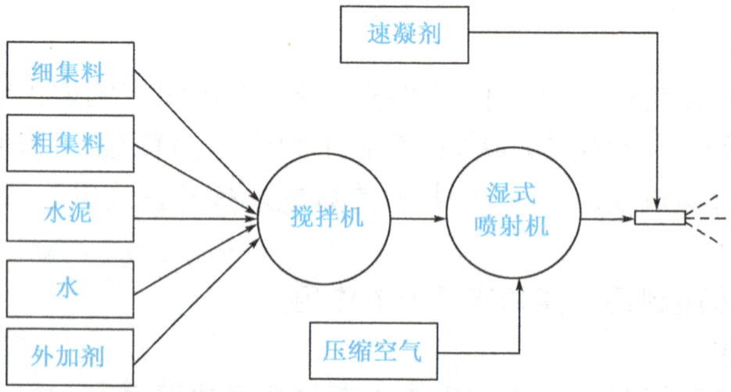

图 6-3　湿喷工艺流程

（三）喷混凝土的材料及其组成

微课：喷混凝土材料要求

1. 喷混凝土的材料

(1)水泥。一般优先采用硅酸盐水泥或普通硅酸盐水泥，强度不宜低于42.5MPa。遇到含有较高可溶性硫酸盐地层或地下水段，应按侵蚀类型和侵蚀程度采用相应的抗硫酸盐水泥；水泥的安定性、凝结时间均应合格。掺入速凝剂后凝结快、保水性好、早期强度增加快、收缩小。必要时采用可采用特种水泥。

(2)砂。应符合普通混凝土用砂标准所要求的用砂标准。一般采用中砂或粗中砂，细度模数一般宜大于2.5。砂中小于0.075mm的颗粒含量不应大于20%，含泥量不得大于3%，泥块含量不大于0.5%。

(3)石料。喷混凝土采用坚硬、耐久的卵石或碎石。严禁选用具有潜在碱活性骨料，当用碱性速凝剂时，不能使用含有活性二氧化硅的石料。石料的粒径不宜大于12mm。石料的级配宜采用连续级配，可参考图6-4使用。但喷钢纤维混凝土所用的石料，其粒径以小于10mm为宜。石料的含泥量不得大于1%，泥块含量不应大于0.25%。粗集料应选用坚硬耐久的卵石或碎石。

(4)速凝剂。在喷混凝土中掺入速凝剂的目的在于加速喷混凝土的凝结、硬化，提高早期强度；减少喷混凝土的回弹量；防止因重力作用而引起喷混凝土的流淌或脱落；增大一次喷射厚度，缩短分层喷射的时间间隔。

速凝剂掺用后，对喷混凝土后期强度无明显损失；对混凝土和钢材无腐蚀作用；不污染环境，对人体无害。采用低碱或无碱外加剂。

在使用速凝剂前，应做与水泥的相溶性试验及水泥净浆凝结效果试验，严格控制掺量；并要求水泥浆初凝时间应不大于3min,终凝时间应不大于12min。

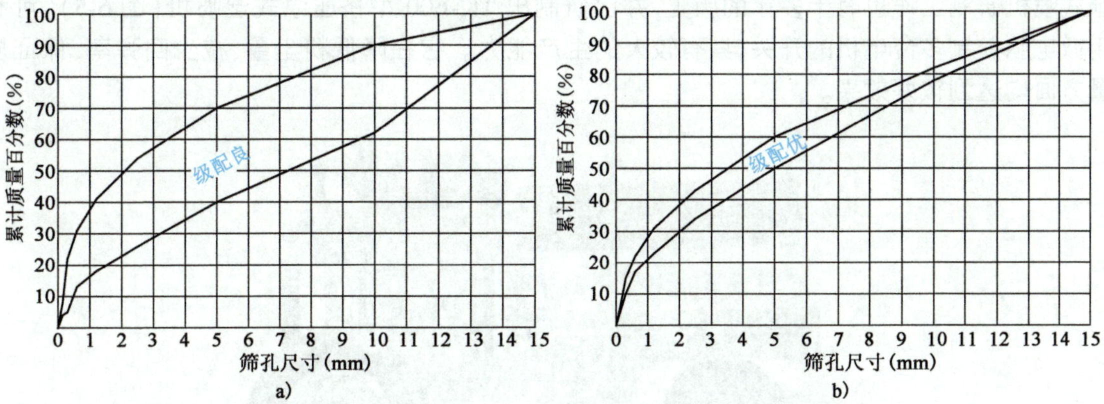

图6-4 喷混凝土石料筛分曲线图

(5)水。喷混凝土用水的要求与普通混凝土相同,水中不应含有影响水泥正常凝结与硬化的有害杂质。拌和混凝土用水采用 pH≥4.5 和 SO_4^{2-} 含量≤2000mg/L。

2. 喷混凝土的配合比与水灰比

(1)配合比。是指每1m³ 喷混凝土种水泥、砂和石料的质量比例。配合比的选择,应通过试验确定。应满足混凝土的强度和其他物理力学性能(抗剪、黏结、耐久性)的要求,同时还应满足喷射工艺(减少回弹、不发生离析、分层,和易性好)的要求,且水泥用量为最小。

为了减少回弹,一般含砂率为45%~60%。含砂率提高,水泥用量大,又势必增加混凝土收缩、开裂和费用,其强度也相应降低,较佳的含砂率是50%~55%。水泥用量375~400kg,不宜超过450kg。胶骨比1∶5~1∶4。

工程实践表明,从喷射口出来的喷混凝土配比与附着在围岩表面上的配比是不一样的,前者称为喷射配比,后者称为附着配比。设计规定的的喷混凝土强度如C25、C20等由附着配比决定,因此为了满足附着配比(即设计强度)的要求,就应适当提高现场配比强度等级以确保附着在围岩表面的喷混凝土达到设计强度。

(2)水灰比。它也是影响喷混凝土强度和其他物理力学性能的重要因素。若水灰比过小,不仅料束分散,回弹量增多,粉尘大,而且喷层上会出现干斑、砂窝等现象,影响喷混凝土的密实度。当水灰比过大时,会造成喷层流淌、滑移,甚至大片坍落,影响混凝土的强度及速凝效果。根据经验,喷混凝土的水灰比一般为0.4~0.5。此时,喷混凝土表面光泽,粗集料分布均匀,回弹量小。

(四)喷混凝土的机械(具)设备

喷混凝土作业的机械(具)设备主要包括混凝土喷射机、上料机、搅拌机、机械手、混凝土运送搅拌车、混凝土喷射台车等。

1. 混凝土喷射机

混凝土喷射机是喷混凝土的主要机械设备,目前国内使用的国产喷射机,根据其构造特点和使用物料的干湿程度不同,有以下几种:双罐式混凝土喷射机、转体式混凝土喷射机、螺旋式混凝土喷射机、转盘式混凝土喷射机。这几种混凝土喷射机均为干式喷射机。所需的水是由喷射人员凭经验在喷嘴处加入的。

由于干喷式喷射机喷射时水泥水化作用不充分而易造成粉尘大、回弹物多。干喷时水灰比难以准确控制,质量较难保证。为此,20 世纪 50 年代国外开始研制湿式喷射机。我国从事湿式喷机研制工作也有十多年的历史,并已研制出 TK-600 型挤压泵式湿喷机(图 6-5),可利用微电脑控制多台电机的开关,具有较大的生产能力。它在降低粉尘量、减少回弹率、保证质量方面均达到较好效果。

图 6-5　湿喷机

2. 搅拌机

由于采用干式喷射机,喷射的混合料是干料,拌和时极易产生粉尘。因此,应采用涡轮浆强制式混凝土搅拌机,最常用的是 J4-375 型(原 JW-375 型)搅拌机。这种搅拌机搅拌时间短,密封性能好,粉尘少,虽然体积大,但可用汽车拖运,转移方便。另外,有适合于洞内使用的小型搅拌机如 JW-200 型、安Ⅳ型等,它们都具有粉尘低、使用方便等优点。

3. 空气压缩机(俗称空压机)

它是混凝土喷射机的动力设备。为了防止压缩空气中的油水混入喷混凝土中,在高压风进入混凝土喷射机前必须先通过油水分离器(有过滤式和拆板式两种),把油水过滤排掉,避免喷混凝土产生结块、堵管等现象。

4. 湿喷机械手

为了减轻工人把持喷枪的劳动强度和改善喷射的工作条件,目前国内外都在使用喷混凝土机械手。机械手的型号虽有多种多样,但都具备使喷枪前后俯仰、左右摆动或画圈,臂杆伸缩、升降或旋转等功能,使其满足喷射工艺要求。所有机械手一般具有:喷枪,臂的伸缩、回转或翻转机构,大臂的起落机构等。如图 6-6 所示。

a)　　　　b)

图 6-6　喷混凝土机械手

铁建重工生产的 HPS3016 混凝土喷射台车，集混凝土喷射机和喷射手于一体，在成渝、沪昆和郑万高铁隧道中普遍采用，可大幅度缩短施工时间，提高了喷射效率。如图 6-7 所示。

图 6-7　铁建重工生产的喷射混凝土台车

(五)喷混凝土施工

微课：喷混凝土施工要点

1. 喷混凝土的施工准备

为使喷混凝土作业顺利进行，在施喷前应做好如下两方面的准备工作：

(1)材料、机械(具)的准备。如核实水泥和速凝剂的品种、强度等级和出厂日期以及储备量是否足够；砂、石料是否符合质量要求，并有足够储备量；保证施喷用水的水量和压力。检查发电机、空压机运转是否正常；检查搅拌机、上料机、喷射机就位是否恰当，试车运转是否良好；检查风、水、电线路是否处于良好状态。施喷前应进行试风、通水，情况正常才能开始喷射作业。

(2)施喷场地的准备。检查隧道开挖的净空尺寸，凿除欠挖部分；清除松动危岩浮石和墙脚处的弃渣；用高压水(风)冲洗受喷岩面(易潮解、泥化的岩面只能用高压风清扫)；对滴、漏水处应采取措施进行处理；设置喷混凝土的厚度的标志(如厚度控制钉、喷射线等)；做好回弹物的回收及利用的安排。

2. 喷射作业

喷射作业是喷混凝土整个施工过程中最关键而紧张的作业，要求喷射手有熟练的喷射技术，各施工环节如备料、拌和、运输、上料，风、水供应，照明、喷射等能紧密配合。这些是关系到喷混凝土质量好坏及回弹量多少的关键。在喷射作业中要掌握好下列几个问题：

(1)喷嘴与受喷岩面之间的距离和角度。通常在喷头上接一个直径为 100mm、长为 0.8 ~ 1.0m 的塑料拢料管。它使水泥充分水化，且喷混凝土集中束及回弹石子不致伤害喷射手。喷嘴与受喷岩面之间的最优距离是按喷混凝土的最高强度和最小回弹量来确定的，一般以 0.6 ~ 1.8m为宜。

喷嘴与受喷岩面的角度，一般应垂直或稍微向刚喷射过的部位倾斜(不大于 10°)，以使回弹物受到喷射束的约束，抵消部分弹回的能量，则回弹量最小、效果最好。喷射拱部时应沿径向喷射。

(2)一次喷射厚度及各喷层之间间歇时间。当喷层较厚时需分层喷射。一次喷射的厚度应根据喷射效率、回弹损失、混凝土颗粒间的凝聚力及喷层与受喷面间的黏着力等因素确定。见表 6-1。

素喷混凝土一次喷射最大厚度 表6-1

喷射方法	部位	掺速凝剂(mm)	不掺速凝剂(mm)
干喷	边墙	70～100	50～70
	拱部	50～60	30～40
湿喷	边墙	80～150	—
	拱部	60～100	—

分层喷射时，各喷层间的间歇时间与水泥品种、施工温度(施工最低温度不应低于5℃)及有无掺速凝剂等因素有关。后层喷射应在前层混凝土终凝后进行，若终凝1h后喷射，则应先用风水清洗喷层表面。

喷混凝土紧跟开挖时，从混凝土喷完到下一循环放炮的时间间隔一般应不小于3h，以使喷混凝土的强度不致因爆破震动而受到影响。

(3)喷射分区与喷射顺序。为了减少喷混凝土因重力作用而引起的滑动或脱落现象，喷射时应按照分段、分片、分层、由下而上的顺序进行。如图6-8所示为某6m长的基本段，其中又分为2m长的三个小段，每段高1.5m(指边墙)，顺次横向推移，从"1"向"3"喷射，待"3"喷完20～30min以后，"1"部混凝土已终凝，就可进行下一高度的喷射作业。如需在其上进行第二层喷射，也不会造成第一层混凝土被冲坏的现象，不论边墙还是拱部都是如此。

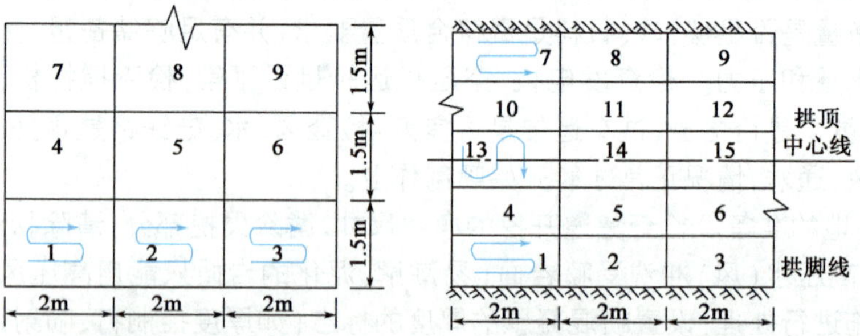

图6-8 喷射分区及喷射顺序

喷混凝土时，喷头要正对受喷岩面，均匀缓慢地按顺时针方向做螺旋形移动，一圈压半圈，绕圈直径为20～30cm，以使混凝土喷射密实。

对凸凹悬殊的岩面，喷射时应注意喷射次序要先下后上、先两头后中间，以减少回弹量。正常状态下喷混凝土的回弹率拱部不超过25%，边墙不超过15%。

3. 堵管问题处理

喷射作业中常遇到堵管，其原因是多方面的：如粗集料过大；水泥硬块或其他杂物；干喷时混合料(主要是砂)湿度过大(大于6%)致使摩擦力增大；输料软管弯头过小及风压偏低等均能引起堵管。另外，若驾驶人操作有误，如先开马达后给风，混合料未吹完就停风，误开放气阀而停风等，也会引起堵管。

遇到堵管发生时，喷射机驾驶人应立即关闭马达，随后关闭风源，喷射手将软管拉直，然后用手锤敲击以寻找堵管处。当敲击钢管时有发硬感觉处，即堵管部位。找到堵管部位后，可将风压升到0.3～0.4MPa(不超过0.5MPa)，并用锤击堵塞部位，使其畅通。排除堵管时，喷嘴前方严禁站人，以免被喷伤。

4. 喷枪头操作注意事项

(1)突然断水、断料时，喷头应移开受喷面，严禁用高压风、高压水冲击刚喷好的混凝土。

(2)受喷面敷设有金属网时，水灰比宜稍大，喷嘴与受喷面的距离也要相应缩短到0.7m左右。

5. 喷混凝土的养护

为了使水泥充分水化，喷混凝土的强度均匀增长，减少或防止混凝土的收缩开裂，确保混凝土的质量，喷后要进行良好的养护，宜采用喷水养护。喷混凝土终凝后2h起即应开始洒水养护，养护时间不得少于5d；气温低于5℃时不得喷水养护。黄土或其他土质隧道喷混凝土以采用喷雾养护为宜，防止洒水软化下部土层。

6. 喷混凝土强度及厚度检验

喷混凝土必须满足设计的初期强度、长期强度、厚度及其与围岩黏结力要求。

(1)用喷大板切割试块(100mm的立方体)，在标准养护条件下进行养护，喷射混凝土8h强度应达到2MPa，24h应达到10.0MPa，28d用测得的极限抗压强度乘以0.95。

(2)当不具备制作抗压强度标准块条件时，可喷制混凝土大板，在标准条件下养护7d后，用钻芯机取芯制作试块，芯样边缘至大板周边最小距离不小于50mm。

(3)可直接向边长150mm的无底标准试模内喷混凝土制作试块，抗压加载方向应与试块喷射成型方向垂直，其抗压强度换算系数应通过试验确定。

(4)喷层厚度的检查。应预采用钻孔法检查。喷射时可插入长度比设计厚度大5cm的粗铁丝，纵、横向1~2m设一根作为施工控制用。衬砌完成后单线隧道每20延长米、双线隧道每10延长米至少检查一个断面，从拱顶中线起每隔2m凿孔检查一个点。

(六)喷混凝土工艺流程

喷混凝土工艺流程如图6-9所示。

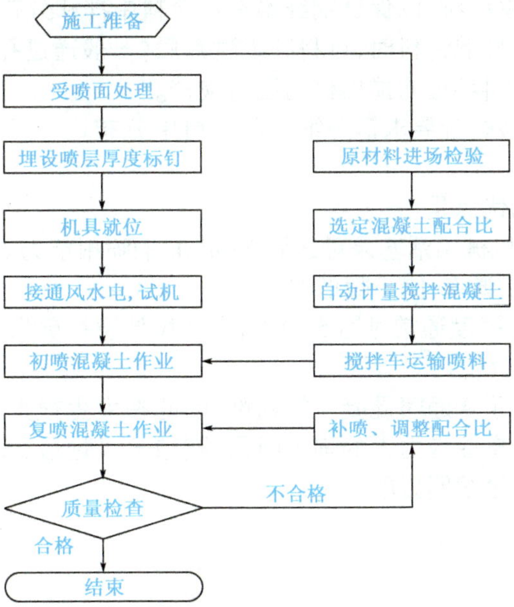

图6-9　喷混凝土工艺流程

二、钢纤维喷混凝土

钢纤维喷混凝土(Steel Fiber Reinforced Concrete,简称 SFRC)是在普通砂浆或混凝土中掺入分布均匀且离散的钢纤维,依靠压缩空气高速喷射在结构表明的一种新型复合材料。由于钢纤维均匀分布在混凝土中,为混凝土提供了非连续性的微型配筋,从而显著改善了混凝土的抗拉、抗弯、抗裂、延性、韧性及抗冲击性,可以减少甚至完全免除开裂引起的破坏。自 20 世纪 70 年代初挪威就开始采用湿喷混凝土,挪威法(简称 NTM)的最大特点就是采用湿喷钢纤维混凝土作为永久支护。之后,世界各国特别是瑞典、日本、美国等,相继开展了钢纤维喷混凝土的研究和应用,钢纤维喷混凝土在工程实践中应用得越来越多,并在实际工程中收到了良好的技术经济效益。

钢纤维喷混凝土可视为各向同性材料,无论是受拉还是受压,均为整个喷层厚度参与工作,受力条件优于钢筋网喷混凝土。钢纤维喷混凝土的物理力学性能,受到钢纤维的形状、长径比、掺入量及在混凝土中的分布状态、排列方向等各种因素的影响。

1. 钢纤维喷混凝土的原材料及其配合比

钢纤维用于喷混凝土中,其直径一般为 0.3 ~ 0.5mm,长为 20 ~ 25mm,长径比为 40 ~ 60。截面形状为平直或端头带弯钩。常用的钢纤维为碳素钢纤维,而用于耐高温混凝土的为不锈钢纤维。其抗拉强度不得小于 380MPa。

水泥一般采用强度等级不得低于 42.5 号普通硅酸盐水泥,单位水泥用量 380 ~ 450kg;细集料一般选用干净中砂为宜,砂率一般为 60% ~ 80%;粗集料石子最大粒径不超过 10mm 为佳。钢纤维混凝土中,钢纤维的掺量宜为混合料质量的 3.0% ~ 6.0%。

2. 钢纤维的搅拌

钢纤维喷混凝土混合料可使用强制式搅拌机或自落式搅拌机搅拌。

使用强制式搅拌机搅拌混合料,必须配合使用钢纤维播料机。目前主要有电磁振动插播机和振动筛式播料机两种。播料机的作用是将钢纤维均匀添加到强制式搅拌机中并与砂、石、水泥混合,边搅拌边添加钢纤维,以保证钢纤维在混合料中拌和分布均匀。

使用自落式搅拌机搅拌混合料时,可将纤维过筛后(一般通过孔径 15 ~ 20mm 的筛子),连同砂、石、水泥一起放进上料斗进入搅拌机内进行搅拌。

不论使用哪种搅拌方法,都要求钢纤维在混合料中分布均匀,不得有成团现象,以确保施工的顺利和混凝土质量。

湿喷钢纤维混凝土的优点是:

(1)全自动化的喷射机械用活塞泵可达到 $25m^3/h$ 的喷射能力。

(2)仅 5% ~ 10% 的回弹率,比干喷低得多。

(3)混凝土质量均一,强度通常可达 55MPa,弯曲拉伸及抗剪强度大。

(4)耐冲击、抗冻融性好。

以上优点极大地改善了普通喷混凝土的物性,因此在发生很大荷载和变形的隧道洞口和断层破碎带、膨胀性围岩、弯曲应力大的扁平断面、隧道分叉地段、发生复杂应力的地段等,湿喷钢纤维混凝土使用效果是很明显的。

三、锚杆

(一)锚杆支护机理

锚杆是用金属或其他高抗拉性能的材料制作的一种杆状构件,是隧道施工过程中维护围岩稳定、保证施工安全的重要支护手段之一。锚杆加固围岩可以根据不同围岩的岩层产状和稳定状况灵活进行，如图6-10所示。其作用效果主要有：

视频：锚杆作用

1. 悬吊效果

把隧道洞壁上由于爆破开挖后而松动的岩块，用锚杆固定在深层的坚固稳定的岩体上，防止掉落以起到悬吊效应。对有裂隙、节理发育的围岩中与喷混凝土并用，效果增大。如图6-11所示。

图6-10 锚杆照片

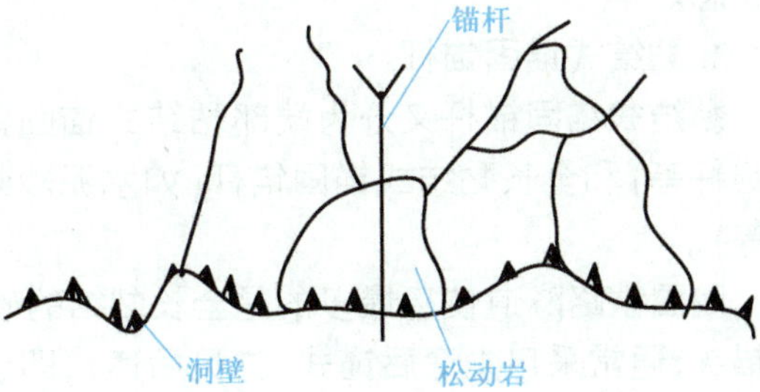

图6-11 锚杆悬吊效应示意图

2. 组合效应

锚杆可将隧道周边的层状岩体或节理发育的岩体串联在一起，因锚杆的叠合效果可使层里面传递剪力，形成组合梁效应以阻止岩层的滑移和坍塌。如图6-12所示。

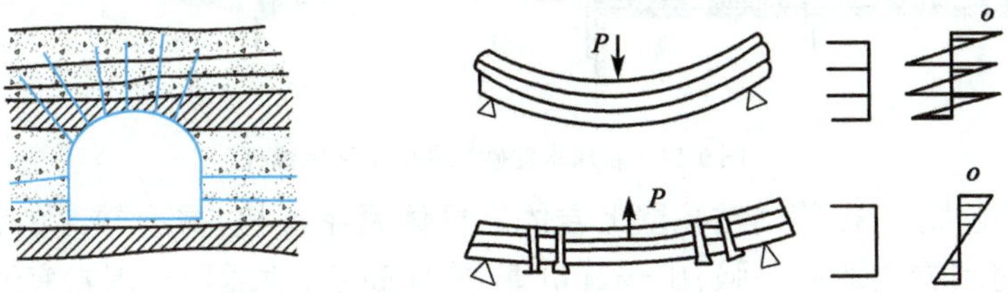

图6-12 锚杆组合效应示意图

3. 加固（内压、拱）效应

按一定间距在隧道周边呈放射状布置的系统锚杆，可使一定厚度范围内有节理、裂隙的破裂岩体或软弱岩体紧压在一起形成连续压缩带。使围岩接近于三向受力状态，增强了围岩的稳定性。这种加固效应在使用预应力锚杆时显得十分明显，如图6-13所示。

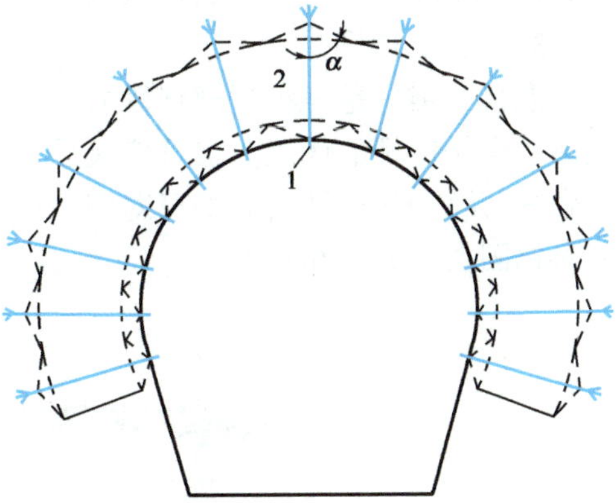

图6-13 锚杆加固效应示意图

1-锚杆；2-加固拱

（二）锚杆种类

要使锚杆发挥效果必须具备两个基本条件：一是锚杆受力后产生变形，且其本身不受破坏；二是锚杆与围岩间要保持适当的锚固力。

锚杆种类繁多，我国较为普遍采用的锚杆，按

其与被支护的锚固方式不同,可大致分为如下几种:

微课:锚杆分类

1. 机械式锚固锚杆

这种锚杆是通过其端部锚头锚固在围岩中,杆的另一端则由垫板同岩面接触,拧紧螺母使垫板紧压在岩面上,此时锚杆即进入工作状态,对围岩产生预加压应力,以增强围岩的稳定性和阻止围岩的变形。

这种锚杆的结构构造简单,容易加工,施工安装方便,施作后能立即提供支护抗力,并能对围岩施加不大的预应力,故适合于坚硬裂隙岩体中的局部支护和系统支护。但由于爆破振动可能引起锚头滑动,因此,当开挖面向前掘进后,应有计划地将螺母重复拧紧,使其始终处于工作状态。

2. 黏结式锚固锚杆

黏结式锚固锚杆又分为端部黏结式锚固锚杆(如快硬水泥卷端部锚固锚杆、树脂端部锚固锚杆等)和全长黏结式锚固锚杆(如水泥砂浆全长黏结式锚固锚杆、树脂全长黏结式锚固锚杆等)。

我国铁路隧道使用最多的是全长黏结的砂浆钢筋锚杆,如图 6-14 所示。这种锚杆一般不带锚头,通常采用先灌后锚式(详见后述),即通过风动灌浆器向锚杆孔灌注水泥砂浆(最好为早强水泥砂浆),然后插入锚杆使之与围岩黏结在一起,让杆体牵制围岩的变形,以达到增强围岩稳定性和减少围岩变形的目的。

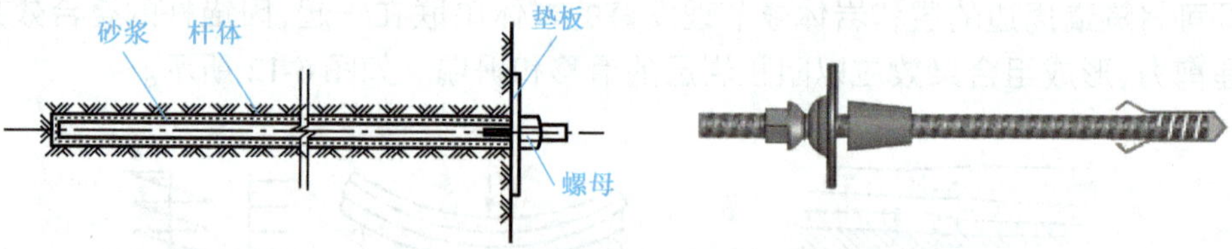

图 6-14　普通水泥砂浆和中空注浆锚杆

砂浆锚杆的特点是:在整个钻孔壁上岩体与杆体紧密连接,具有较高的锚固力,抗冲击和抗振动性能好,对围岩的适应性强,由于其价廉、施作简单,故适用于围岩变形量不大的各类地下工程的永久系统支护。

但如砂浆的强度不足和充填不饱满,则限制围岩变形的能力大大削弱。砂浆的早期强度不足,则不能限制开挖后围岩的最初变形而减弱砂浆锚杆的应有作用。

3. 混合式锚杆

混合式锚杆是一种端部锚固方式与全长黏结锚固方式相结合的锚杆,既可以施加预应力,又具有全长锚杆的优点。锚杆安装后,采用风动扳手拧转杆体提供初始张拉力,使得机械涨壳头张开,并与岩壁紧固,立即可对围岩形成锚固力,再对孔内进行注浆,使杆体与岩壁全长黏结提供锚固力。如图 6-15 所示。

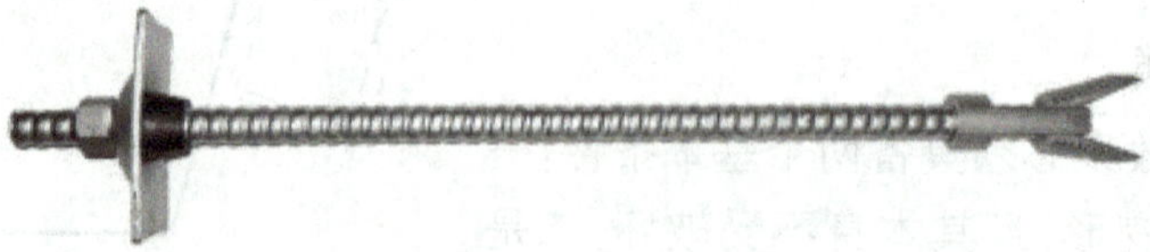

图 6-15　混合式锚杆——涨壳中空砂浆锚杆

目前隧道施工采用大型机械化配套进行全断面/超短台阶开挖，采用带有涨壳头的低预应力中空注浆锚杆，达到了预期效果。

4. 摩擦式锚固锚杆

当隧道通过软弱围岩、破碎带、断层带、有水地段时，机械式锚杆锚固容易失效，全长黏结式砂浆锚杆施工不便，且不能及早提供支护能力，而采用摩擦式锚杆则可立即提供抗力，其最大的特点是能对围岩施加三向预应力，韧性好。有缝管锚杆、楔管锚杆和水胀锚杆等类型。

以开缝管式摩擦锚杆为例，它由前端冠部制成锥体的开缝钢管杆体、挡环及托板组成。其工作原理是：由于开缝式锚杆的外径一般比软质围岩钻孔直径大 1 ~2mm，当开缝式锚杆被强行打入围岩钻孔后，管体受到挤压，围岩钻孔壁产生弹性抗力，使钻孔与锚杆体之间产生轴向摩擦阻力，阻止围岩的松动、变形，如图 6-16 所示。

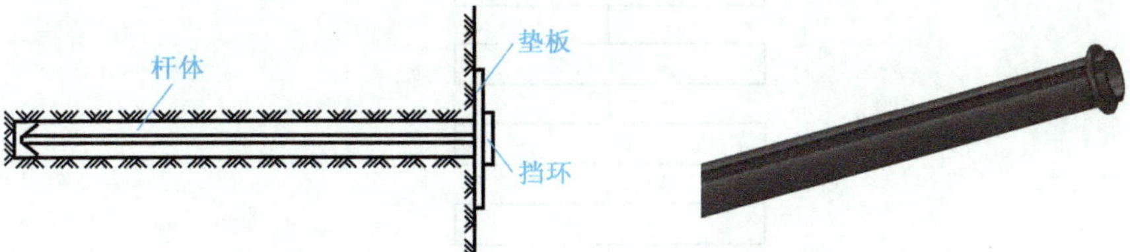

图 6-16　缝管式摩擦锚杆

(三)锚杆布置

锚杆的布置分为局部布置和系统布置。

1. 局部布置

局部布置主要用在坚硬而裂隙发育或有潜在龟裂及节理的围岩。重点加固不稳块体，隧道拱顶受拉破坏区为重点加固区域。

锚杆局部布置的原则为：拱腰以上部位锚杆方向应有利于锚杆的受拉；拱腰以下及边墙部位锚杆宜逆向不稳定岩块滑动方向。

局部加固的锚杆，必须保证不稳定块体与稳定岩体的有效联结，为此，可见现场测定或采用赤平极射投影和实体比例投影作图法确定不稳定块体的形状、重量和出露位置，据此确定锚杆间距和锚入稳定岩体的长度。

2. 系统布置

在破碎和软弱围岩中，一般采用系统布置的锚杆，对围岩起到整个加固作用。对于局部很破碎、软弱围岩部位或可能出现过大变形的部位，应加设长锚杆。锚杆系统布置原则有：

(1)在隧道横断面上，锚杆宜垂直隧道周边轮廓布置，对水平成层岩层，应尽可能与层面垂直布置，或使其与层面成较大角度，对于倾斜成层的岩层，其失稳原因主要是层面滑动，锚杆与层面呈斜交布置。

(2)在岩面上锚杆宜成菱形排列，纵、横间距为 0.8 ~1.5m，其密度为 0.6 ~3.6 根/m^2。

(3)为了使系统布置的锚杆形成连续均匀的压缩带，其间距不宜大于锚杆长度的 1/2，一般情况下，锚杆的间距按照环、纵布置，如在在Ⅲ级围岩中，锚杆环、纵间距宜为 1.2m ×1.5m，围岩稳定性越差，锚杆间距越小。

(四)锚杆施工

由于钢筋砂浆锚杆具有材料来源广泛、杆体加工制作容易、具有良好的物理力学性能好、施工工艺简单、成本低等优点,目前在我国地下工程中得到广泛应用,其施工工艺流程如图6-17所示。

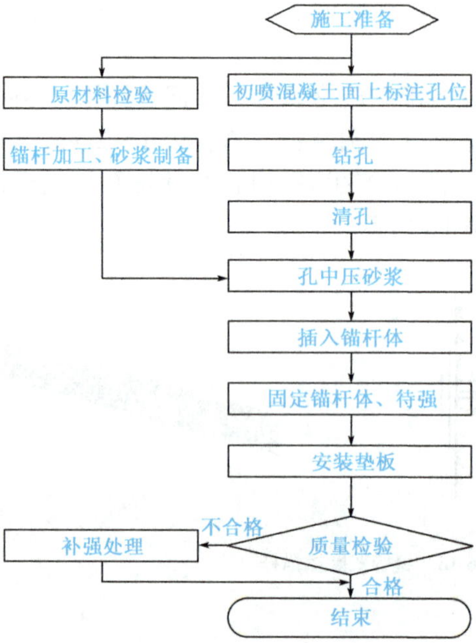

图6-17　砂浆(早强药包)锚杆施工工艺流程

微课:砂浆锚杆施工

1. 砂浆锚杆

(1)材料及配合比

钢筋:锚杆杆体宜用HRB335、HRB400级带肋钢筋,杆径直径不宜小于ϕ22mm,使用前应平直、除锈、除油。

水泥:选用不低于32.5号的普通硅酸盐水泥。

砂:宜用中细砂,粒径不应大于2mm,使用前严格过筛。

速凝剂:速凝剂使用前应做速凝效果试验,一般要求初凝不大于5min。

砂浆配合比:水泥砂浆强度等级不应低于M20,灰沙比宜为1∶1~1∶1.5(质量比),水灰比为0.5~0.55。

(2)灌浆设备

灌注水泥砂浆通常采用牛角形灌浆器,它由伞形阀门、牛角形罐体、注浆管等组成。罐体上部设有进风管和排气管,近风端装有气压表。

(3)钻孔

按锚杆支护的设计要求来确定钻杆孔位、间距、与岩面交角、孔深及孔径等,用凿岩机进行钻孔。锚杆与岩面、层面或裂隙面的交角,一般以90°为宜。孔径应大于锚杆直径15~20mm,以保证锚杆与孔壁之间充填一定数量的砂浆。

(4)注浆及安装锚杆

注浆前应用高压风将孔眼吹净。注浆时,对下倾的孔将注浆管插入距孔底300~500mm、其余孔注浆管应插入孔底并拔出 50～100mm，在注浆的同时，将注浆管徐徐向外拔出，待注浆管口距钻孔口 20～30cm 时，停止注浆，然后将锚杆插入至孔底部将砂浆挤满钻孔。

(5)安装垫板

锚杆必须安装垫板，垫板与混凝土面密贴。垫板一般用 6mm×10mm 的钢板或铸铁制成，规格 150mm×150mm 或 200mm×200mm。

(6)强度要求

锚杆安装后，在注浆体强度达到 70% 设计强度前，不得敲击、碰撞或牵拉。

(7)锚杆质量检查

锚杆质量检查，包括长度、间距、角度、方向、抗拔力等。其中主要是做抗拔力试验，对于重要工程可增做灌浆密度试验。如抗拔力不符合设计要求时，一般可用加密锚杆予以补强。

2. 中空注浆锚杆

中空注浆锚杆是近年来在隧道施工中广泛使用的锚杆支护形式，主要有普通中空注浆锚杆、组合式中空注浆锚杆及自进式中空注浆锚杆三种。锚杆目前常用的型号有 ϕ20、ϕ22mm、ϕ25mm，长度一般为 2～3.5m。

中空注浆锚杆施工钻孔使用风动凿岩机钻孔，钻孔前根据设计要求定出孔位，钻孔保持直线并与所在部位岩层结构面尽量垂直，钻孔直径 ϕ42mm，钻孔深度大于锚杆设计长度 10cm。空锚杆施工工艺流程图如图 6-18 所示。

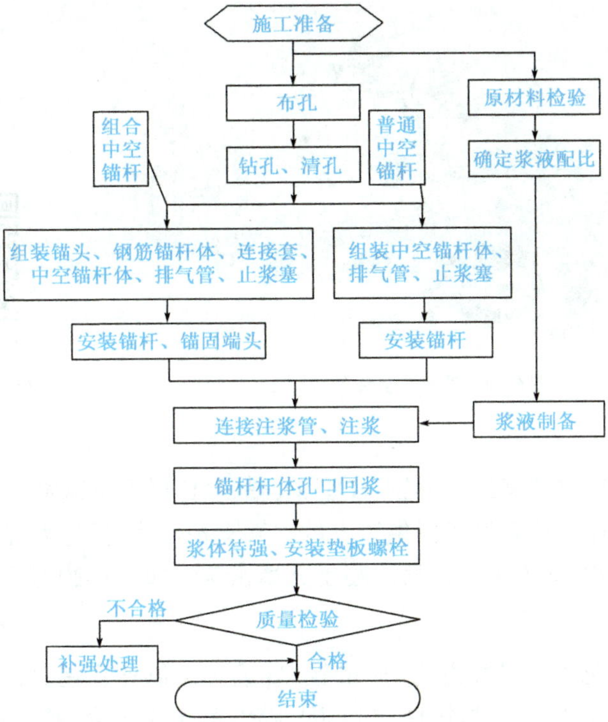

图 6-18　中空锚杆施工工艺流程

施工工艺说明：

(1)钻孔：按设计位置沿拱部开挖轮廓上标出锚杆位置；用锚杆钻机或风枪钻孔，钻至设计深度后，用水或高压风清孔，经检查后进行锚杆安设。

(2)锚杆安装：中空锚杆按设计要求定做，使用前先检查锚杆孔中有无异物堵塞，如有异物清理干净。锚杆由人工安设，应保持锚杆的外露长度10～15cm，然后安装孔口帽(止浆塞)。

(3)注浆准备：为了保证连续不间断注浆，注浆前认真检查注浆泵的状况是否良好；检查制浆的原材料是否备齐，质量是否合格。

(4)注浆作业：将锚杆、注浆管及注浆泵用快速接头连接好。开动注浆泵注浆，待排气管或中空注浆锚杆空腔出浆时方可停止注浆。浆液严格按配合比配制，注浆过程中若出现堵管现象，及时清理锚杆、注浆软管和注浆泵。为保证注浆效果，严格控制注浆压力，橡胶止浆塞打入孔口不小于30cm，而且要待排完气之后立即封闭止浆塞以外的钻孔。

四、钢架支撑

在初期支护中，当围岩软弱破碎严重，自稳性差，开挖后又要求早期支护具有较大的刚度，以阻止围岩的过度变形和承受部分松弛荷载，可采用钢架、喷混凝土、锚杆作为联合支护。

钢架的最大特点是：架设后立即受力，且其强度和刚度均较大，可承受开挖时引起的松动压力，但是钢架的重量较大，在现场施工时采用专用设备进行安装，如图6-19所示。钢架可分为型钢钢架和格栅钢架两种类型。

图6-19　拱架安装台车

视频：钢拱架安装机

(一)型钢钢架

工程上采用的型钢钢架有工字形钢、H型钢、槽钢、U形钢及钢管等材料，需要在工地使用专用设备集中加工制作。钢架可以提供较大的早期支护刚度，但与喷混凝土结合不良，黏结力较小，与围岩的接触面之间不易保证喷混凝土充填密实。如图6-20所示。

(二)格栅钢架

格栅钢架，又称"花拱"，其特点为：质量轻，现场加工制作容易，安装架设方便，对隧道断面变化的适应性好；可以很好地与锚杆、钢筋网、喷混凝土相结合，构成联合支护，增强支护的有效性，且受力条件好；易与超前锚杆、小导管形成整体，进一步增强支护作用。但其制作起来耗工、费时，整体质量受较多的环节影响。

钢架的纵向间距应根据所支护的围岩而定，一般为0.75～1.2m，两榀钢架之间设置直径为20～22mm的纵向钢拉杆，钢架结构构造如图6-21所示。

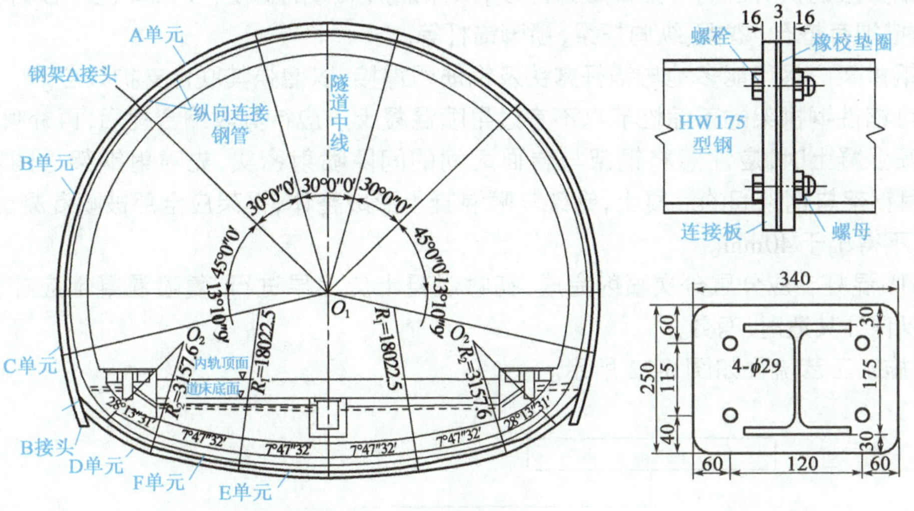

a)钢架布置图　　b)接头布置图

图 6-20　钢架构造

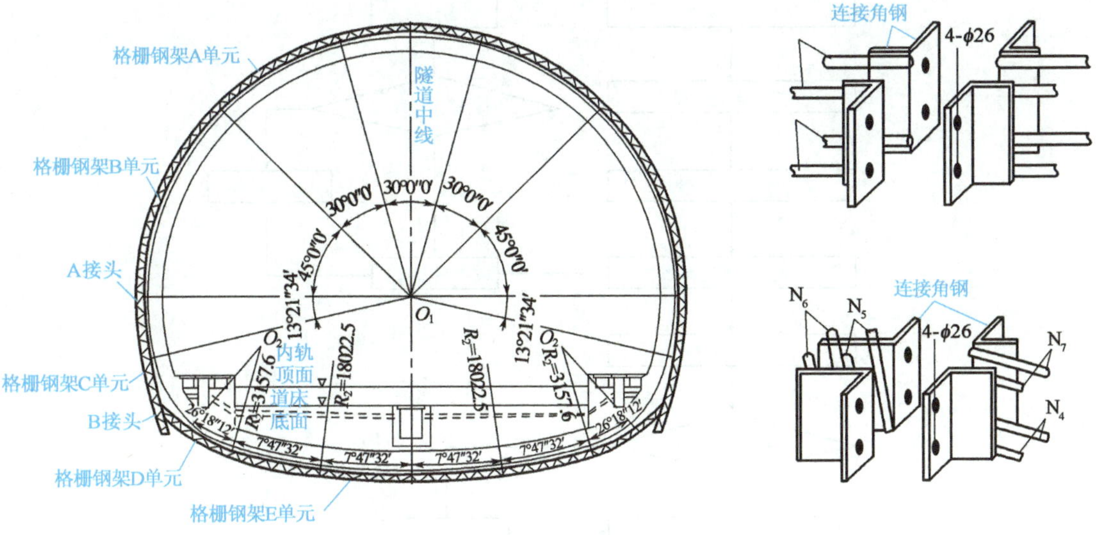

a)格栅钢架布置　　b)接头布置

图 6-21　格栅钢架构造

(三)施工要点

(1)钢架的截面高度应与喷混凝土厚度相适应,一般常用为 16~20cm,且要有一定保护层。钢拱架通常是在初喷之后架设的,初喷混凝土厚度约 4cm。

(2)安装前应清除底脚下的虚渣及杂物。

(3)各节钢架间应以螺栓连接,连接板应密贴。

(4)沿钢架外缘每隔 2m 用钢楔或混凝土预制块楔紧。

(5)钢架底脚应置于牢固的基础上。钢架应尽量密贴围岩并与锚杆焊接牢固,钢架之间应按设计纵向连接。

微课:钢支撑施工要点

(6)钢拱架的拱脚应有一定的埋置深度，以保证拱架脚的稳定(少沉降、少挤入)。一般可以采取的措施有垫石、垫板、纵向托梁、锁脚锚杆等。

(7)钢拱架应尽可能多地与锚杆露头及钢筋网焊接，以增强其联合支护效应。

(8)可缩性钢拱架的可缩性节点不宜过早喷混凝土。应待其收缩合拢后，再补喷。

(9)喷混凝土时，应注意将钢架与岩面之间的间隙喷射密实，先喷射钢架与围岩间的空隙，再喷射钢架与钢架间的混凝土，钢架与喷混凝土形成整体，钢架应全部被喷混凝土覆盖，保护层厚度不得小于40mm。

(10)喷混凝土应分层分次喷射完成，初喷混凝土应尽早进行，复喷混凝土应在量测指导下进行，以保证其适时、有效。

钢架施工工艺流程如图6-22所示。

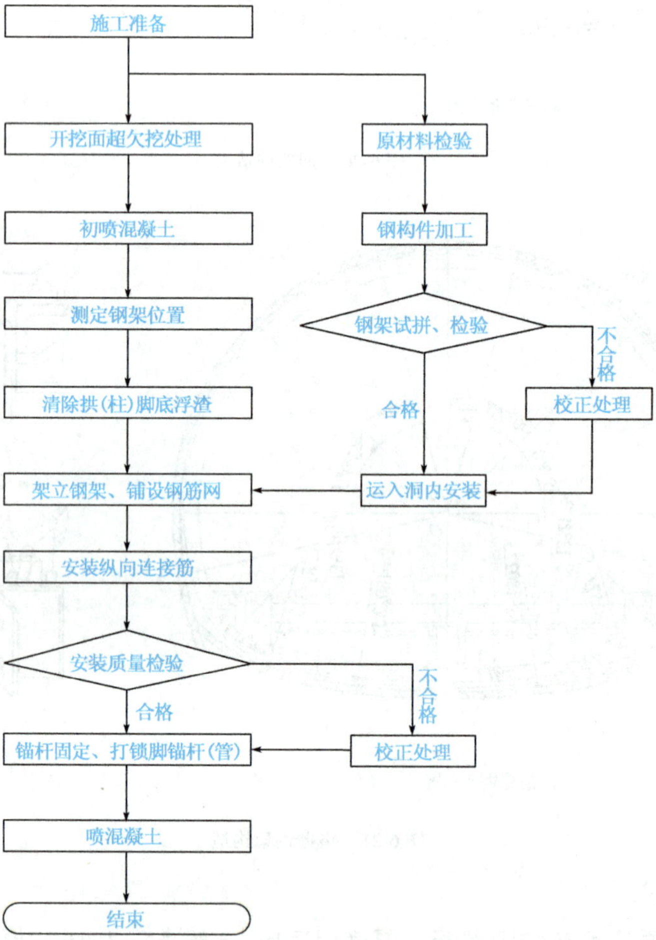

图6-22　钢架施工工艺流程

五、初期支护施工流程

初期支护施工流程如图6-23所示。

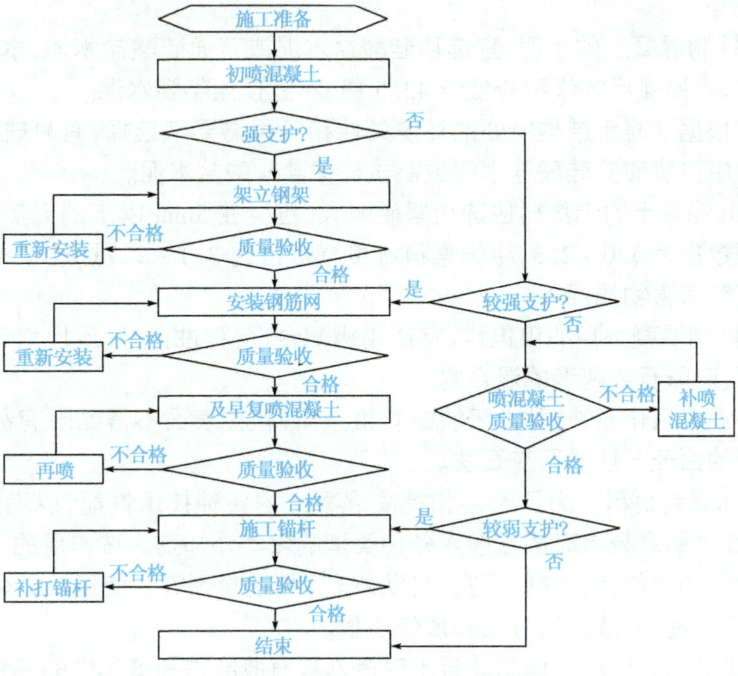

图 6-23　初期支护施工流程

任务二　二次衬砌混凝土施工

教学课件：二次衬砌混凝土施工

目前隧道支护通常采用复合式衬砌，其由初期支护和二次衬砌组成，初期支护帮助围岩达成施工期间的初步稳定，二次衬砌则是提供安全储备或承受后期围岩压力。初期支护按主要承载结构设计，二次衬砌按安全储备，或按承受后期围岩压力设计，并均应满足构造要求。因此，对提供安全储备的二次衬砌，应在围岩或围岩加初期支护稳定后施作；对于要求承载的二次衬砌，则应根据量测数据及时施作。

视频：二次衬砌钢筋定位卡具施工工艺

目前隧道二次衬砌施工大多采用模板台车完成拱墙一次浇筑，墙、拱整体浇筑由下至上的修筑，如果衬砌有仰拱则仰拱超前拱墙衬砌，衬砌在浇筑前设计要求做好防水处理。二次衬砌混凝土应采用具有自动计量装置的拌合站集中拌和、混凝土输送罐车运输、轨道自动行走液压起臂整体模板衬砌台车、混凝土输送泵车灌注的方法进行。由于隧道施工条件和施工环境的限制，隧道内的混凝土施工比露天的混凝土施工有一定的难度，也有其特点。拱部混凝土浇筑和捣固，衬砌背后空洞的回填都是重点。隧道二次衬砌要做到“内实外美”，其使用性、可靠性及耐久性都要满足设计要求。严格按照施工工艺施工，是混凝土衬砌质量的重要保证，需要仔细研究混凝土的运输、浇筑、捣固、养生等各个作业环节。

一、混凝土材料及模板选择

1. 模筑混凝土材料与级配

模筑混凝土的材料与级配，应符合隧道衬砌的强度和耐久性要求，同时必须重视其抗冻、抗渗和抗侵蚀性等。

(1)水泥。拌制混凝土的水泥,宜选用硅酸盐水泥或普通硅酸盐水泥,水泥混合材料宜采用矿渣或粉煤灰,水泥强度等级不应低于42.5级,不宜使用早强水泥。

水泥品种应根据混凝土结构所处的环境条件和工程需要来选择,有耐硫酸盐侵蚀要求的混凝土也可选用中抗硫酸盐硅酸盐水泥或高抗硫酸盐硅酸盐水泥。

(2)砂。拌制混凝土的细集料应选用坚硬耐久、粒径在5mm以下的天然砂或机制砂。中级细集料细度模数应为3.0~2.3,粗细集料细度模数应为3.1~3.7。砂中不应有黏土团块、炭煤、石灰、杂草等有害物质混入。

(3)石料。拌制混凝土用的粗集料,宜选用级配合理、粒性良好、质地均匀坚固、线膨胀系数小的洁净碎石、碎卵石或两者的混合物。

石料中不得混有风化石块、黏土团块或有机杂质,颗粒表面不得黏附有黏土包裹层,并严禁混入受过煅烧的白云石块或石灰石块。

(4)外加剂和混合材料。为了改善和提高混凝土的各种技术性能,以满足施工工艺和工程质量要求,可在拌制混凝土时适当掺入各种类型的化学外加剂。按作用的不同,外加剂可分为早强剂、减水剂、加气剂、防冻剂、密实剂(防水剂)和缓凝剂等。使用前必须经过试验,确定其性质、有效物质含量、溶液配制方法和最佳掺量。

根据施工实际情况,也可在拌制混凝土时掺入具有胶凝性和填充性的混合材料,以改善混凝土的技术性能,满足施工工艺要求和节省水泥。混合材料包括硅藻土、硅藻石、火山灰、凝灰岩、粉煤灰、粒化高炉矿渣等,混合材料在使用前应进行材质鉴定和掺入量试验,测定不同掺加量对混凝土性能的影响,确定最佳掺入量。

(5)水。普通混凝土用水的要求与喷混凝土相同。凡能供饮用的水,均可拌制混凝土。

2.模板台车

混凝土浇筑时必须采用模板。隧道内常用模板类型为整体移动式模板台车和拼装式拱架模板。

(1)整体移动式模板台车。主要适用于全断面一次开挖成形或大断面开挖成形的隧道衬砌施工中。它采用大块曲模板、机械或液压脱模、背负式振捣设备集装成整体,并在轨道上走行,有的还设有自行设备,从而缩短立模时间,墙拱连续灌筑,加快衬砌施工速度。

整体移动式模板台车生产能力大,可配合混凝土输送泵联合作业,是一种先进的模板设备。模板台车长度一般为9~12m。如图6-24所示。

图6-24　衬砌模板台车

动画:台车定位安装

（2）拼装式拱架模板。拼装式拱架模板的拱架可采用型钢制作或现场用钢筋加工成桁架式拱架。为便于安装和运输，常将整榀拱架分解为 2～4 节，进行现场组装；为减少安装和拆卸工作量，可以做成简易移动式拱架，即将几榀拱架连成整体，并安设简易滑移轨道。

拼装式拱架模板的一次模筑长度，应与围岩地质条件、施工进度要求、分离生产能力以及开挖后围岩的动态等情况相适应。一般分段长度为 2～9m，松软地段最长不超过 6m。

拼装式拱架模板灵活性大，适应性强，尤其适用于曲线地段。因其安装架设较费时费力，故生产能力较模板台车低。在中小型隧道及分部开挖时，使用较多。

二、模筑衬砌施工准备工作

在浇筑衬砌混凝土之前，要进行隧道中线和水平测量、检查开挖断面、放线定位、浇筑地点的清理和立模等。

1. 断面检查

根据隧道中线和水平测量，检查开挖断面是否符合设计要求，欠挖部分按规范要求进行凿除，并做好断面检查记录。如图 6-25 所示。

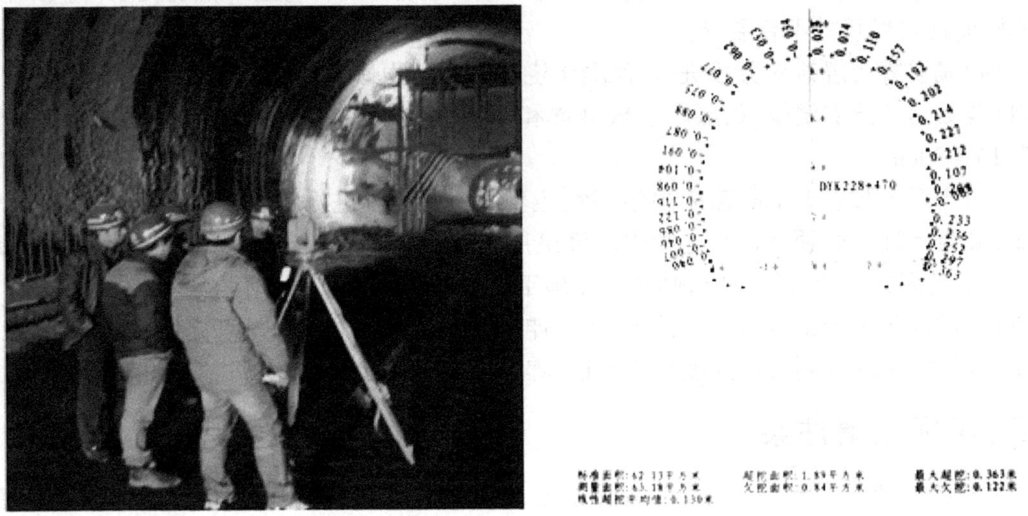

a)　　b)

图 6-25　断面扫描检查及结果

2. 放线定位

根据隧道中线、高程及断面设计尺寸，测量确定衬砌立模位置，并放线定位。放线定位时，为了保证衬砌不侵入建筑限界，须预留误差量和预留沉落量，并注意曲线地段的加宽。预留误差量是考虑到放线测量和拱架模板就位等可能存在误差，为保证隧道衬砌净空尺寸一般将衬砌内轮廓尺寸扩大 5cm。预留沉落量是考虑到未凝混凝土的荷载作用会使拱架模板变形和下沉，后期围岩压力作用和衬砌自重也会使衬砌变形和下沉，故须预留沉落量，这部分数值可根据实测数据确定或参照经验确定。预留误差量和预留沉落量应在拱架模板定位放线时一并考虑确定，并按此架设拱架模板和确定模板的加工尺寸。

3. 清除浮渣，整平墙脚基面

墙脚地基应挖至设计高程，并在灌筑前清除虚渣、排除积水、找平支承面。

4. 拱架模板整备

使用拼装式拱架模板时，立模前应在洞外样台上将拱架和模板进行试拼，检查其尺寸、形状，不符合要求的应予以修整。配齐配件，模板表面要涂抹防锈剂。洞内重复使用时亦应注意检查修整，并注意曲线加宽后的衬砌及模板尺寸。

使用整体移动式模板台车时，在洞外组装并调试好各机构的工作状态，检查好各部尺寸，保证进洞后投入正常使用。每次脱模后应予检修。

5. 立模

根据放线位置，架设安装拱架模板或模板台车就位，安装和就位后，应做好各项检查，包括位置、尺寸、方向、高程、坡度、稳定性等。

三、混凝土浇筑施工

衬砌混凝土生产一般采用全自动计量的拌合站、搅拌输送车运输、混凝土泵入模的机械化作业。衬砌混凝土的浇筑应注意以下几点：

(1)保证捣固密实，使衬砌具有良好的抗渗防水性能，尤其应处理好施工缝。

(2)整体模筑时，应注意对称浇筑，两侧同时或交替进行，以防止未凝混凝土对拱架模板产生偏压而使衬砌尺寸不合要求。

(3)衬砌混凝土浇筑应分段进行，混凝土浇筑时的自由倾落高度不宜超过2m。

(4)混凝土应分层浇筑，每层厚度根据拌和能力、运输条件、浇筑速度、捣固能力等决定，一般为15～30cm。

(5)拱脚及墙脚以上1m范围内的超挖，应用同级混凝土进行回填灌筑。

(6)混凝土浇筑必须保证其连续性。浇筑层之间的间隔，应能使混凝土在前一层初凝前浇筑完毕。若因故不能连续灌筑，则应按照施工接缝进行处理，使衬砌具有较好的整体性。

(7)衬砌的分段施工缝应与设计沉降缝、伸缩缝及设备洞位置统一考虑，合理确定位置。

(8)浇筑完成后达到规定强度方能拆模，养护时间不得少于14d。

四、拱顶回填注浆

由于超挖回填不密实和混凝土坍落度的影响，往往在衬砌背后与防水板或喷层之间留有空隙、不密贴，这种情况在拱顶背后一定范围内较为明显，因此在多数情况下需要进行充填压浆使之密贴，以改善衬砌结构受力工作状态（图6-26），拱顶回填注浆应采用微膨胀性水泥砂浆。目前二次衬砌施工可采用待模注浆工艺，在台车上预埋径向注浆管，对二衬混凝土施工完2h后及时通过该注浆管进行注浆，不仅起到空洞充填的作用，且能起到弥补或修复二衬混凝土的缺陷的作用，提高衬砌混凝土整体质量，如图6-27所示。

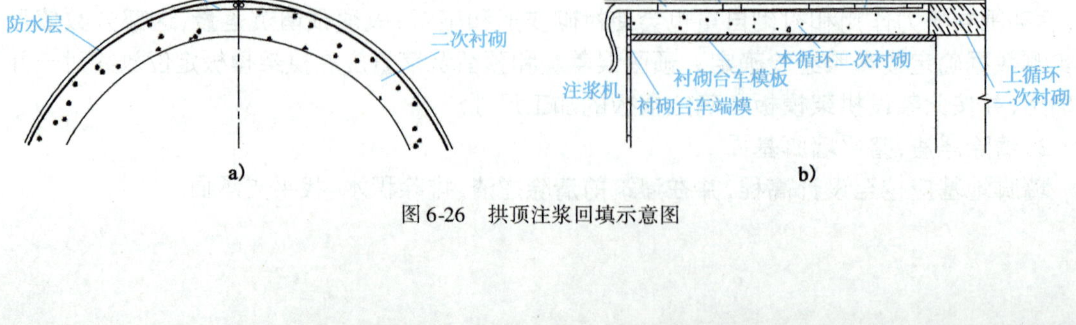

图6-26　拱顶注浆回填示意图

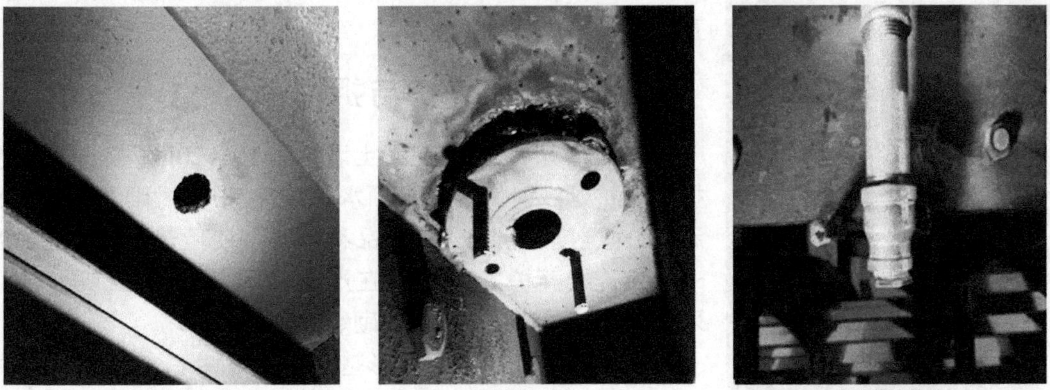

a)台车顶模钻孔　　b)固定法兰　　c)注浆连接管

图 6-27　衬砌台车拱顶注浆布置

五、仰拱和底板

若设计无仰拱，则底板通常是在开挖完毕且拱墙修筑好后进行，以避免与开挖和拱墙衬砌作业相互干扰。若设计有仰拱，说明侧压和底压较大，仰拱应超前施工。但仰拱和底板施工占用洞内运输道路，对前方开挖和衬砌作业的出渣、进料造成干扰。因此，应对仰拱和底板的施作时间、分块施工顺序和与运输的干扰问题进行合理安排。

仰拱和底板施工可以使用机械化程度较高的仰拱台车栈桥，仰拱台车栈桥上可通过各种施工运输车辆，如图 6-28 所示。仰拱施工期间，不会影响隧道开挖所需配套设备（如风管、电缆等）的正常工作，完全实现了仰拱与开挖运输平行作业的施工模式；设计浮动装置，保证混凝土养护期间，运输车辆通过栈桥不会影响仰拱混凝土品质。

视频：仰拱施工

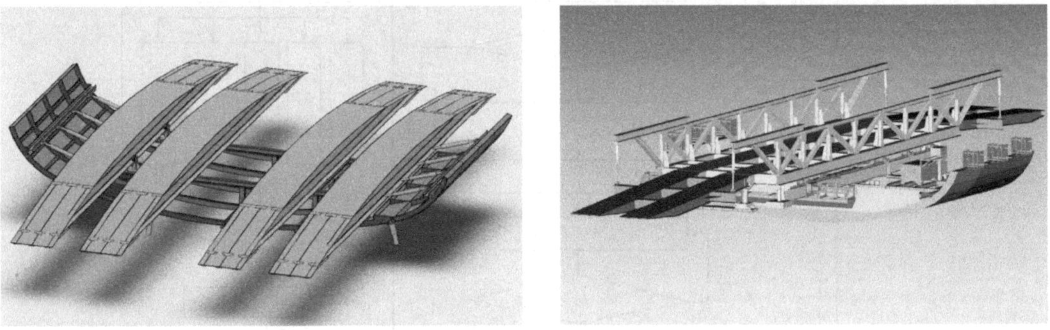

a)　　b)

图 6-28　仰拱施工的底模及栈桥

仰拱和底板施工时应符合下列要求：基底开挖应圆顺、平整。不得欠挖；灌筑仰拱和底板前应将隧道底部的虚渣、杂物及积水等清除干净；仰拱宜超前拱墙模筑衬砌，其超前距离宜保持 3 倍以上衬砌循环作业长度；仰拱施作应各段一次成型，避免分部灌注；仰拱填充应在仰拱混凝土终凝后施作；仰拱施工缝和变形缝应做防水处理；采用板式无砟轨道的隧道，底板应与无砟轨道底座统一施工；仰拱（含填充）或底板混凝土达到 5MPa 后行

视频：隧道仰拱及填充作业

图 6-29　仰拱施工

人方可通行，达到设计强度 50% 且不破坏混凝土时，车辆方可直接通行。如图 6-29 所示。

六、混凝土养护与拆模

一般情况下，衬砌混凝土灌筑后 10 ~ 20h 即应开始浇水养护。养护延续时间和每天洒水次数，应根据衬砌灌筑地段的气温、相对湿度和所用水泥的品种确定。使用普通硅酸盐水泥时一般应连续养护 7 ~ 14d。在严寒地区冬季灌筑混凝土时，应采取防寒措施，防止冻坏衬砌。

在围岩及初期支护变形基本稳定条件下施作的二次衬砌，可在混凝土强度达到 8MPa 以上拆模。初期支护未稳定提前施作的二次衬砌的混凝土应在强度达到设计强度 100% 以后拆模。

微课：衬砌施工机械设备

二次衬砌施工工艺流程，如图 6-30 所示。

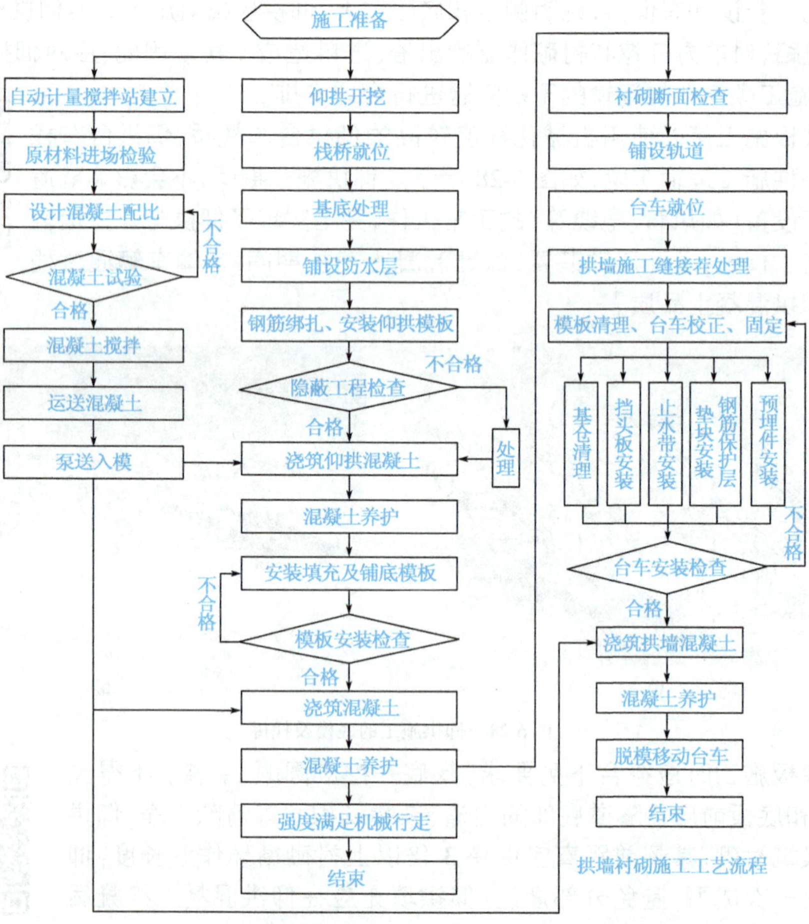

图 6-30　二次衬砌施工工艺流程

任务三 预支护技术

教学课件:预支护技术

隧道在浅埋软岩地段、自稳性差的软弱破碎围岩、严重偏压、岩溶泥流地段砂土层、断层破碎带以及大面积淋水或涌水等地段施工时,常会发生开挖面(掌子面)围岩失稳,产生坍塌等现象,这不仅使围岩条件更加恶化,甚至会影响到后方施作支护部分的稳定或者波及地表沉陷。不仅会给施工带来极大困难,而且造成人力、物力、财力的大量消耗,并影响施工安全,延误工期。为了避免这种情况,可在隧道开挖前采用如管棚、围岩注浆、小导管注浆、锁脚锚杆(管)及各种超前支护方式的辅助施工方法,对地层进行预加固或止水,来加强隧道围岩的稳定。

一、超前锚杆

1. 构造组成

超前锚杆是沿开挖轮廓线,以稍大的外插角,向开挖面前方安装锚杆,形成对前方围岩的预锚固,在提前形成的围岩锚固圈的保护下进行开挖等作业,如图 6-31 所示。

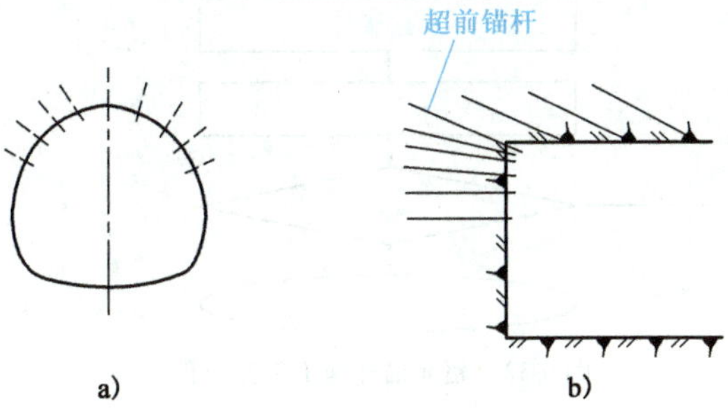

图 6-31 超前锚杆

2. 性能特点及适用条件

这类超前支护的柔性较大,整体刚度较小。虽然它们都可以与系统锚杆焊接以增强其整体性,但对于围岩应力较大时,其后期支护刚度就有些不足。因此此类超前支护主要适用于应力不太大、地下水较少的软弱破碎围岩的隧道工程中,如土砂质地层、弱膨胀性地层、流变性较小的地层、裂隙发育的岩体、断层破碎带等、浅埋无显著偏压的隧道。也适用于采用中小型机械施工。

3. 设计及施工要点

微课:超前锚杆施工要点

(1)此类超前锚杆的超前量、环向间距、外插角等参数,应视围岩地质条件、施工断面大小、开挖循环进尺和施工条件而定。一般,超前长度为循环进尺的 3 ~5 倍,宜采用长 3 ~5m、环向间距采用 0.3 ~1.0m;外插角宜用 10° ~30°;搭接长度宜为超前长度的 40% ~60%,即大致形成双层或双排锚杆。

(2)超前锚杆宜用早强砂浆全黏结式锚杆,锚杆材料可用不小于 $\phi22$ 的螺纹钢筋。

(3)超前锚杆的安装误差,一般要求孔位偏差不超过 10cm,外插角不超过 1° ~2°,锚入长度不小于设计长度的 96%。

(4)开挖时应注意保留前方有一定长度的锚固区,以使超前锚杆的前端有一个稳定的支点。其尾端应尽可能地多与系统锚杆及钢筋网焊接。若掌子面出现滑坍现象,则应及时喷射混凝土封闭开挖面,并尽快打入下一排锚杆,然后才能继续开挖。

(5)开挖后应及时喷射混凝土,并尽快封闭环形初期支护。

(6)开挖过程中应密切注意观察锚杆变形及喷射混凝土层的开裂、起鼓等情况,以掌握围岩动态,及时调整开挖及支护参数。如遇地下水,则可钻孔引排。

超前锚杆施工工艺如图6-32所示。

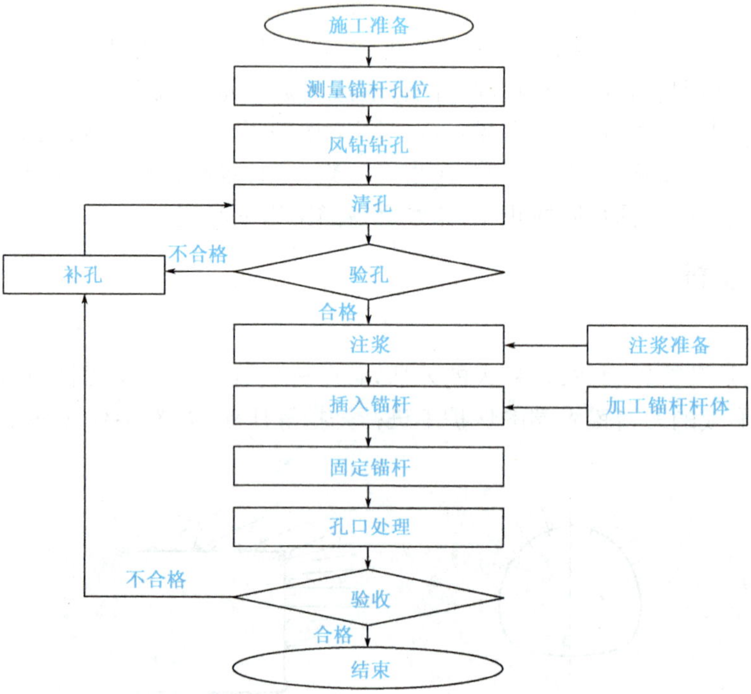

图6-32 超前锚杆施工工艺流程

二、管棚

1.构造组成

管棚是利用钢拱架与沿开挖轮廓线,以较小的外插角、向开挖面前方打入钢管或钢插板构成的棚架来形成对开挖面前方围岩的预支护(图6-33)。

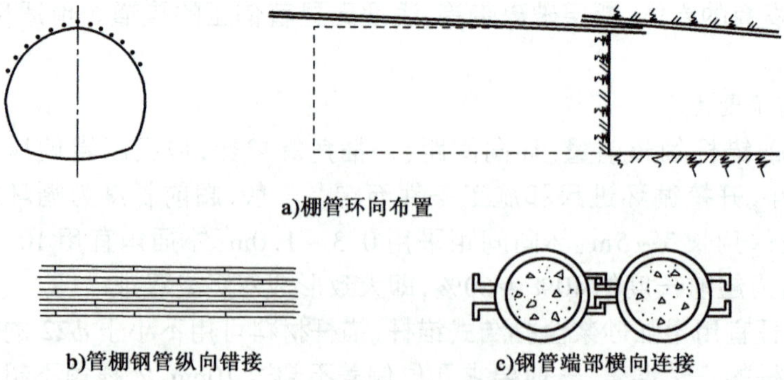

a)棚管环向布置

b)管棚钢管纵向错接

c)钢管端部横向连接

图6-33 管棚支护

管棚分类:管棚按照长度可以分为长管棚和短管棚。长度小于10m的小钢管称为短管棚;长度为10~45m且较粗的钢管称为长管棚;管棚按照在隧道中的位置可以分为洞口管棚和洞身管棚,如图6-34、图6-35所示。

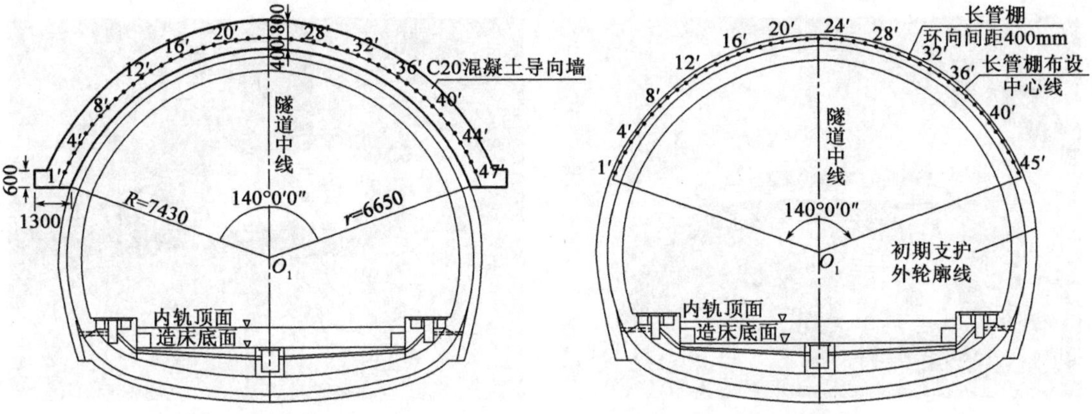

a）洞口管棚　　　　b）洞身管棚

图 6-34　管棚分类（尺寸单位：mm）

a）洞口管棚　　　　b）洞身管棚

图 6-35　管棚施工现场

2. 性能特点及适用条件

管棚因采用钢管或钢插板作纵向预支撑，又采用钢架作环向支撑，其整体刚度加大，对围岩变形的限制能力较强，且能提前承受早期围岩压力。因此管棚主要适用于围岩压力来得快来得大，用于对围岩变形及地表下沉有较严格限制要求的软弱破碎围岩隧道工程中。如土砂质地层、强膨胀性地层、强流变性地层、裂隙发育的岩体、断层破碎带、浅埋有显著偏压等围岩的隧道中。此外，在一般无胶结的土及砂质围岩中，可采用插板封闭较为有效；在地下水较多时，则可利用钢管注浆堵水和加固围岩。

短管棚一次超前量少，基本上与开挖作业交替进行，占用循环时间较多，但钻孔安装或顶入安装较容易。

长管棚一次超前量多，虽然增加了单次钻孔或打入长钢管的作业时间，但减少了安装钢管的次数，减少了与开挖作业之间的干扰。在长钢管的有效超前区段内，基本上可以进行连续开挖，也更适于采用大中型机械进行大断面开挖。钻孔设备如图 6-36 所示。

微课：管棚布置　　微课：管棚施工

3. 设计、施工要点

（1）管棚支护结构一般按松弛荷载理论进行设计。

a)　　　　　　　　　　　　　　　　b)

图 6-36　多功能钻机

(2)管棚的各项技术参数要视围岩地质条件和施工条件而定。长管棚长度不宜小于10m,一般为10~45m;管径70~180mm,孔径比管径大20~30mm,环向间距为0.2~0.8m;外插角1°~2°;两组管棚间的纵向搭接长度不小于1.5m;钢拱架常采用工字钢拱架或格栅钢架。

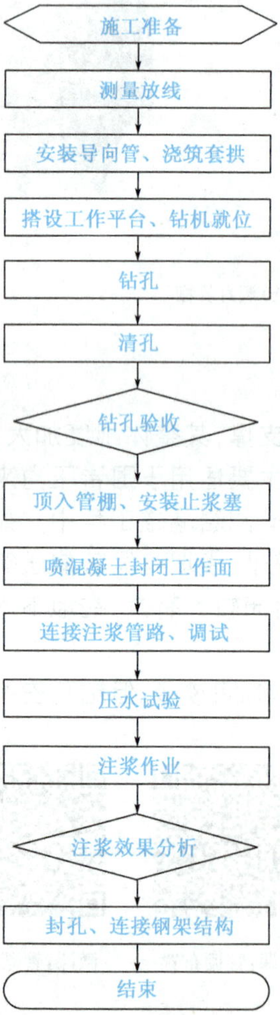

图 6-37　管棚引孔顶入法施工工艺流程

(3)钢架应安装稳固,其垂直度允许误差为±2°,中线及高程允许误差为±5cm;钢管应从工字钢腹板圆孔穿过,或穿过花钢拱架;钻孔方向应用侧斜仪检查控制,钢管不得侵入开挖轮廓线。钻孔平面误差不大于15cm,角度误差不大于0.5°。

(4)第一节钢管前端要加工成尖锥状,以利于导向插入。要打一眼,装一管,由上而下顺序进行。

(5)长钢管应用3~6m的管节逐段接长,打入一节,再接续后一节,连接头应采用厚壁管箍,上满丝扣,丝扣长度不小于15cm;为保证受力的均匀性,钢管接头应纵向错开,一般按编号,偶数第一节用3(4.5)m,奇数第一节用6(9)m,以后各节均采用6(9)m。

(6)当需增加管棚刚度时,可在安装好的钢管内注入水泥砂浆,一般在第一节管的前段管壁交错钻10~15mm孔若干,以利排气和出浆,或在管内安装出气导管,浆注满后方可停止压注。

(7)水泥砂浆应用牛角泵或其他能满足要求的设备灌注。砂浆标号可用C20~C30,并适当加大灰砂比。

(8)钻孔时如出现卡钻或坍孔,应注浆后再钻,有些土质地层则可直接将钢管顶入。

动画:超前管棚工艺施工流程

管棚施工工艺流程如图6-37所示。

三、超前小导管注浆

1. 构造组成

超前小导管注浆是在开挖前,先用喷射砼将开挖面和5m

范围内的坑道封闭，然后沿坑道周边向前方围岩打入带孔小导管，并通过小导管向围岩压注起胶结作用的浆液，待浆液硬化后，坑道周围岩体就形成了一个有一定厚度的加固圈。在此加固圈的保护下即可安全地进行开挖等作业（图6-38）。若小导管前端焊一个简易钻头，则可钻孔、插管一次完成，称为自进式注浆锚杆。

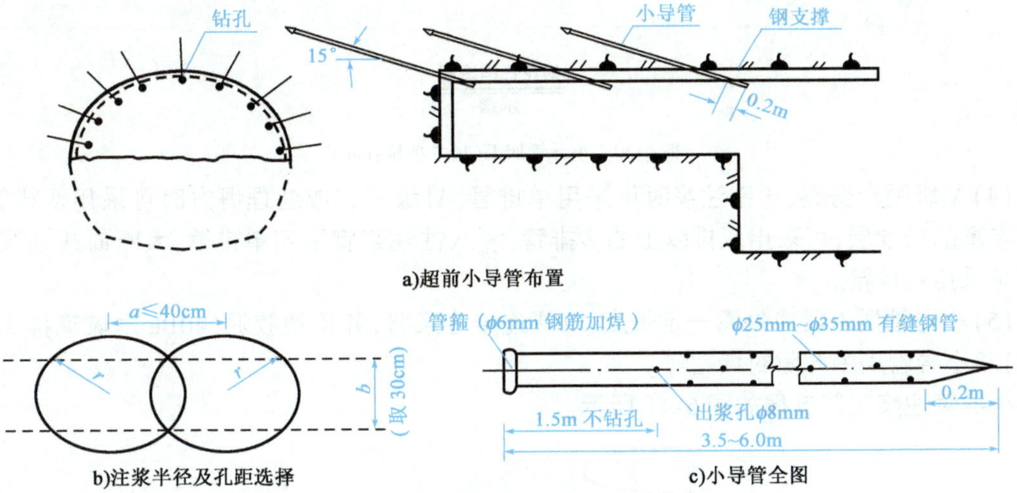

图6-38　超前小导管预加固围岩

2. 性能特点及适用条件

浆液被压注到岩体裂隙中并硬化后，不仅将岩块或颗粒胶结为整体起到加固作用，而填塞了裂隙，阻隔了地下水向坑道渗流的通道，起到了堵水作用。因此，超前小导管注浆不仅适用于一般软弱破碎围岩，也适用于地下水丰富的软弱破碎围岩。小导管施工如图6-39所示。

图6-39　小导管施工

3. 小导管布置和安装

（1）小导管钻孔安装前，应对开挖面及5m范围内的坑道喷射5～10cm厚的混凝土封闭。

（2）小导管一般采用ϕ32mm的焊接钢管或ϕ40mm的无缝钢管制作，长度为3～6m，前端作成尖锥形，前段管壁上每隔10～20cm交错钻眼，眼孔直径宜为6～8mm，如图6-40所示。

微课：小导管布置

（3）钻孔直径应较管径大20mm以上，环向间距应按地层条件而定。渗透系数大的，间距亦应加大，一般采用 20 ~ 50cm；外插角应控制在 10° ~ 30°，一般采用 15°。

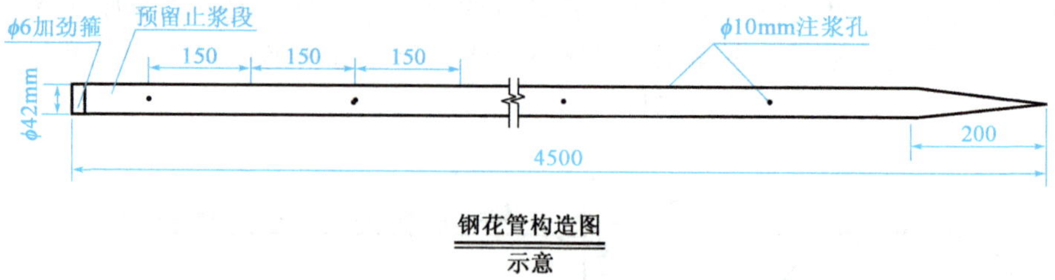

图 6-40 小导管加工(尺寸单位：mm)

(4) Ⅴ级围岩劈裂、压密注浆时可采用单排管；Ⅵ级围岩或处理坍方时可采用双排管；地下水丰富的松软层，可采用双排以上的多排管；渗入性注浆宜采用单排管；大断面或注浆效果差时可采用双排管。

(5) 小导管插入后应外露一定长度，以便连接注浆管，并用塑胶泥(40Be 水玻璃拌 525 号水泥)将小导管周围孔隙封堵密实。

小导管注浆工艺流程如图 6-41 所示。

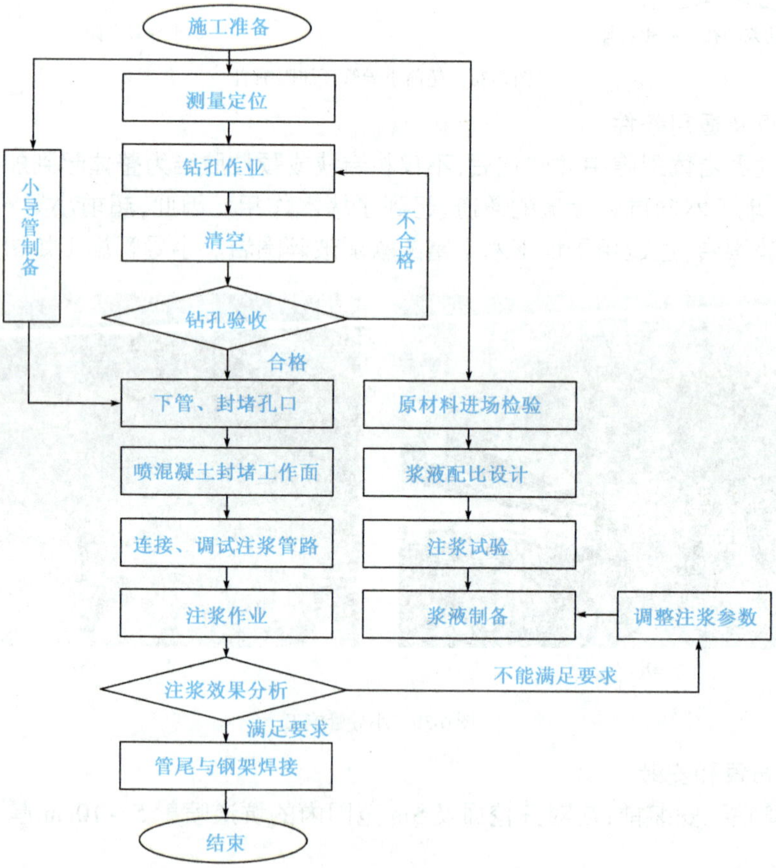

图 6-41 小导管注浆工艺流程

4. 注浆材料

(1) 注浆材料种类及适用条件

①在断层破碎带及砂卵石地层(裂隙宽度或颗粒粒径大于 1mm，渗透系数 $k \geqslant 5 \times 10^{-4}$m/s)

等强渗透性地层中,应采用料源广且价格便宜的注浆材料。一般情况下,对于无水的松散地层,宜优先选用单液水泥浆;对于有水的强渗透地层,则宜选用双液水泥—水玻璃浆,以控制注浆范围。

②断层泥带,当裂隙宽度(或粒径)小于1mm,或渗透系数 $k \geqslant 10^{-5}$m/s 时,注浆材料宜优先选用水玻璃类或木胺类浆液。

③中、细、粉砂层、细小裂隙岩层及断层泥地段等弱渗透地层中,宜选用渗透性好、低毒及遇水膨胀的化学浆液,如聚氨酯类。

④对于不透水的黏土层,则宜采用高压劈裂注浆。

(2)注浆材料的配比

注浆材料的配比应根据地层情况和胶凝时间要求,并经过试验而定。

①采用水泥浆液时,水灰比可采用0.8:1~2:1,需缩短凝结时间,则可加入氯盐、三乙醇胺速凝剂。

②采用水泥—水玻璃浆液时,水泥浆的水灰比可采用0.8:1~1.5:1;水玻璃浓度为25°~40°Be,水泥浆与水玻璃的体积比宜为1:1~1:0.3。

5. 注浆

注浆应采用注浆泵注浆(图6-42、图6-43),为加速注浆,可安装分浆器同时多管注浆,浆液随配随用,注浆时注浆顺序应由下至上、浆液先稀后浓。

图6-42　注浆泵

图6-43　注浆台车

注浆施工要点如下:

(1)注浆设备性能良好,工作压力应满足注浆压力要求,并应进行现场试验运转。

(2)小导管注浆的孔口最高压力应严格控制在允许范围内,以防压裂开挖面,注浆压力一般为0.5~1.0MPa,止浆塞应能经受注浆压力。注浆压力与地层条件及注浆范围要求有关,一般要求单管注浆能力扩散到管周0.5~1.0m的半径范围内。

微课:小导管施工

(3)要控制注浆量,即每根导管内已达到规定注浆量时,就可结束;若孔口压力已达到规定压力值,但注入量仍然不足,亦应停止注浆。

(4)注浆结束后,应做一定数量的钻孔检查或用声波探测仪检查注浆效果,如未达到要求,应进行补注浆。

(5)注浆后应视浆液种类,等待4(水泥—水玻璃浆)~8h(水泥浆)方可开挖,开挖长度应按设计循环进尺的规定,以保留下一定长度的止浆墙(亦即超前注浆的最短超前量)。

（6）自进式注浆锚杆又称迈式锚杆（图6-44），它是将超前锚杆与超前小导管注浆相结合的一种先进的超前支护措施。它主要进行了以下几点改进：

一是它在小导管的前端焊接了一个简易的一次性钻头或尖端，从而将钻孔和顶管同时完成，缩短了导管安装时间；尤其适用于钻孔易坍塌的地层。

二是对于可以采用水泥浆的地层，它改用水泥砂浆压注，可进一步降低造价。

三是它的管体采用波纹或变径外形，以增加黏结和锚固力，增强了加固效果。

图6-44　自进式中空注浆锚杆

四、预注浆

上述超前小导管注浆，对围岩加固的范围和加固处理的程度是有限的，作为软弱破碎围岩隧道施工的一项主要辅助措施，它占用时间和循环次数较多。因此，在不便采取其他施工方法（如盾构法）时，深孔预注浆加固围岩就较好地解决了这些问题。预注浆方法是在掌子面前方的围岩中将浆液注入，从而提高了地层的强度、稳定性和抗渗性，形成了较大范围的筒状封闭加固区，然后在其范围内进行开挖作业。

1. 注浆机理及适用条件

注浆机理可以分为两种：

一是对于破碎岩层，砂卵石层，中、细、粉砂层等有一定渗透性的地层，采用中低压力将浆液压注到地层中的空穴、裂缝、孔隙里、凝固后将岩土或土颗粒胶结为整体，称为"渗透注浆"。

二是对颗粒更细的黏土质不透水（浆）地层，采用高压浆液强行挤压孔周，使黏土层劈裂成缝并充塞凝结于其中，从而对黏土层起到了挤压加固和增加高强夹层加固作用，称为"劈裂注浆"。因此深孔预注浆可适用于所有软弱破碎围岩的加固。

深孔预注浆一般可超前开挖面30～50m，可以形成有相当厚度和较长区段的筒状加固区，从而使得堵水的效果更好，也使得注浆作业的次数减少，它更适用于有压地下水及地下水丰富的地层中，也更适用于采用大中型机械化施工，如图6-45所示。

预注浆加固围岩有洞内超前注浆、地表超前注浆及平导超前注浆三种方式。对于浅埋隧道，可以从地表向隧道所在区域打辐射状或平行状钻孔注浆；对于深埋长大隧道，可设置平行导坑，由平行导坑向正洞所在区域钻孔注浆，如图6-45所示。

2. 注浆范围

图6-45中已示意出对围岩进行注浆加固的大致范围，即形成筒状加固区。要确定加固区的大小，即确定围岩塑性破坏区的大小，可以按岩体力学和弹塑性理论计算出开挖坑道后围岩的压力重分布结果，并确定其塑性破坏区的大小，这也就是应加固的区域大小。

3. 注浆数量及注浆材料选择

注浆数量应根据加固区需充填的地层孔隙数量来确定。一般来讲，不可能也无须将全部孔隙充填密实，就可以达到加固和堵水的目的。

为了做好注浆工作，必须事先对被加固围岩进行土力学试验，查清围岩的透水系数、土颗粒组成、孔隙率、饱和度、密度等。必要时还要做现场注浆和抽水试验。注浆材料的选择参见小导管注浆部分。

4. 钻孔布置及注浆压力

图 6-45 中已示出了几种注浆钻孔的布置方式。另外，对于浅埋隧道，还可以采用平行布置方式，即注浆钻孔均呈竖直方向并相互平行分布，但每钻一孔即需移动钻机。

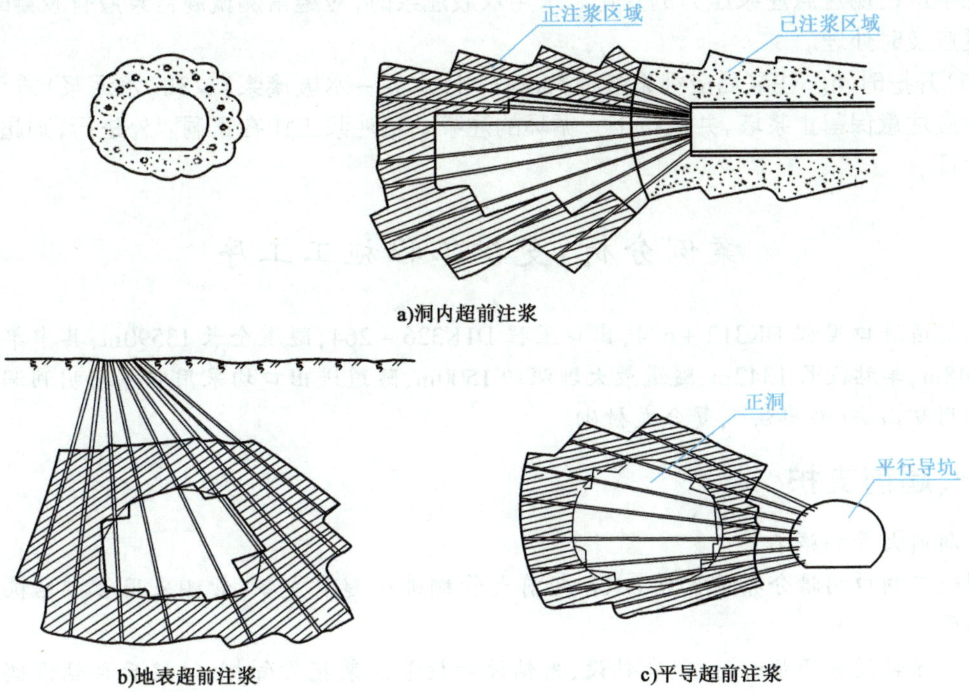

图 6-45　超前深孔围幕注浆

钻孔间距要视地层条件、注浆压力及钻孔能力等来确定。一般情况下，渗透性强的地层，可采用较低的注浆压力和较大的钻孔间距，钻孔量也少，但平均单孔注浆量大。

注浆压力应根据地层条件、机械能力等因素在现场试验确定。

5. 施工要点

(1) 注浆管。一般采用带孔眼的焊接钢管或无缝钢管。注浆管壁上有眼部分的长度应根据注浆孔的位置和注浆区域来确定，其余部分不钻眼，并用止浆塞将其隔开，使浆液只注入到有效区域。止浆塞常用的有两种，一种是橡胶式，另一种是套管式。安装时，将止浆塞固定在注浆管上的设计位置，一起放入钻孔，然后用压缩空气或注浆压力使其膨胀而堵塞注浆管与钻孔之间的间隙，此法主要用于深孔注浆。

另外，若采用全孔注浆，则可以用铅丝、麻刀或木楔等材料在注浆孔口将间隙堵塞。但全孔注浆因浆液流速慢，易造成"死管"问题，尤其是深孔注浆时。

(2) 钻孔。钻孔可用冲击式钻机或旋转式钻机，应根据地层条件及成孔效果来选择。钻孔位置应满足设计要求，孔口位置偏差不超过 5cm，孔底位置偏差不超过孔深的 1%。钻孔应清洗干净，并做好钻孔检查记录。

(3) 注浆顺序。应按先上方后下方，或先内圈后外圈、先无水孔后有水孔、先上游(地下水)后下游顺序进行。应利用止浆阀保持孔内压力，直至浆液完全凝固。

(4) 结束条件。注浆结束条件应根据注浆压力和单孔注浆量两个指标来判断确定。单孔结束条件为:注浆压力达到设计终压;浆液注入量已达到计算值的80%以上。全段结束条件为:所有注浆孔均已符合单孔结束条件,无漏注。注浆结束后必须对注浆效果进行检查,如未达到设计要求,应进行补孔注浆。

(5)注浆检查。除在注浆前进行钻孔质量,材料质量检查,注浆后对注浆效果检查外,注浆过程中应密切注意注浆压力的变化。采用双液注浆时,应经常测试混合浆液有胶凝时间,发现问题应及时处理。

(6)开挖时间。注浆后应视浆液种类,等待4(水泥—水玻璃浆)~8h(水泥浆)方可开挖,但最后应注意保留止浆墙,并进行下一循环的注浆。若注浆工作在正洞以外进行,则超前时间易于保证。

案例分析:支护工程施工工序

某隧道进口里程DK312+674,出口里程D1K326+264,隧道全长13590m,其中单线隧道长12248m,车站段长1342m,隧道最大埋深约1500m,隧道进出口均采用双耳墙明洞洞门。该隧道采用矿山法(新奥法),复合式衬砌。

一、超前支护

1. 超前大管棚施工

隧道在洞口明暗分界位置设ϕ108超前大管棚进行超前支护,管棚采用管棚钻机钻孔并顶进钢管。

大管棚钻设分两步进行,隔孔钻设,先钻设奇数号注浆花管管棚,注浆后再钻设偶数号无孔钢管。为保证钻孔方向准确,在钻进过程中采用光耙测斜仪量测钻孔的偏斜度。钢管接头采用丝扣连接,丝扣长15cm,钢管接头相互错开。钢管按4m、6m不等长加工,根据管棚长度分别选用。为满足管棚注浆需要,奇数号孔为注浆钢花管,偶数号孔为不注浆无孔钢管。

注浆采用水泥单液浆或水泥—水玻璃双液浆,注浆压力根据埋深及裂隙张开程度确定,注浆时在孔口处设止浆塞,浆液配合比由现场试验确定,注浆时从拱顶向下注,如遇窜浆或跑浆,则间隔一孔或几孔进行注浆。

2. 超前小导管施工

超前小导管利用风钻钻孔,采用人工锤击或风动凿岩机冲击振动将小导管直接顶入岩层。顶入长度不小于管长的90%,尾部焊接于钢架腹部,以增强共同支护能力。环导管施工前,首先喷射混凝土3~5cm封闭拱部开挖工作面裂隙,作为止浆墙,后续循环则可利用循环间搭接部分作为止浆墙。然后按设计间距钻设超前小导管孔,清孔后将小导管打入孔内,再用高压风清除管内杂物,连接注浆管,采用塑胶泥封堵孔口。同时配制浆液,调试注浆机,进行压水试验,检查机械设备工作是否正常,管路连接是否正确。注浆管连接好后,将配制好的水泥浆液倒入注浆泵储浆筒内,水泥浆液浓度为0.5:1。

开动注浆泵,通过小导管向周边围岩压注水泥浆。注浆按照由低到高、隔孔预注或群孔注浆的方法进行。单孔注浆时,首先以初压注浆,然后在终压下进行注浆并保持1~2min终压再卸荷,保证注浆量及扩散半径达到设计要求,达到超前加固的目的。注浆过程中,对浆液应不停搅动,避免沉淀分层,影响浆液浓度。注浆完成4h内不得进行爆破作业。

严格控制配合比和浆液凝胶时间,初选配合比后,用胶凝时间控制调节配合比,并测定注浆结实体的强度,选定最佳配合比。注浆过程中,严格控制注浆压力,终压必须达到设计强度要求并稳压,保证浆液的渗透范围,防止出现变形、串浆等异常现象。当出现异常现象时,采取降低注浆压力或采用间隙注浆;改变注浆材料或缩短。

二、初期支护

1. 锚杆

隧道拱部采用带排气装置的 $\phi22$ 组合中空注浆锚杆,边墙采用 $\phi22$ 全长黏结性砂浆锚杆,岩爆地段采用 $\phi25\times7$ 机械涨壳式中空注浆锚杆。锚杆用砂浆强度等级不低于 M20,锚杆体的抗拉力不应小于 150kN,且所有锚杆均应设置垫板,当地下水有侵蚀性时,应采用防腐锚杆。

钻孔采用锚杆台车或风钻,拱部锚杆应采用液压锚杆钻机,自进式锚杆采用钻机带锚杆直接钻进,然后注浆。

普通砂浆锚杆采用螺纹钢筋现场制作,系统锚杆呈梅花形布置。砂浆拌和均匀,随拌随用,注浆时注浆管要插至距孔底 5~10cm 处,随砂浆的注入缓缓匀速拔出,随即迅速将杆体插入,杆体插入孔内长度不得短于设计长度的 95%。灌浆工作连续不中断,保证锚杆、砂浆、围岩间的黏结力。在有水地段,可在附近另行钻孔安装锚杆或改为早强速凝药包式锚杆。

2. 喷混凝土施工

隧道初喷及复喷均采用湿喷工艺施工。

喷混凝土施工前,要对受喷岩面进行处理。一般岩面可用高压水冲洗受喷面上的浮尘、岩屑,当岩面遇水容易潮解、泥化时,采用高压风吹净岩面;若为泥、砂质岩面时可挂设细铁丝网(网格宜不大于 20mm×20mm、线径宜小于 3mm),用环向钢筋和锚钉或钢架固定,使其密贴受喷面,以提高喷混凝土的附着力。喷混凝土前,宜先喷一层水泥砂浆,待终凝后再喷混凝土。

喷混凝土应强化工艺管理,要严格控制风压和水压,降低喷射回弹率。操作时风压要稳定,压力大小要适当,水压一般要比风压高,在喷头水环处形成水雾,使干拌料充分湿润。喷射角度一般要垂直于岩面,在喷墙面是下俯 10°左右为最好。喷射距离以混凝土最小回弹量为宜,一般控制在 0.6~1.5m 较好,确保喷混凝土的回弹量在可控范围内。

为保证质量,喷射作业分片进行,可按照先边墙后拱脚、最后喷射拱顶的顺序施喷。喷前先找平受喷面的凹处,再将喷头沿螺旋形路线缓慢均匀移动,每圈压前面半圈,绕圈直径约 30cm,力求喷出的混凝土层面平顺光滑。

3. 钢架施工

(1)钢架加工技术要求

①钢架加工需考虑材料规格、断面类型、预留沉降量及衬砌净空增大数值等,综合考虑加工钢架。

②型钢钢架采用冷弯成型。格栅钢架应采用胎膜焊接。并以 1:1 大样控制尺寸。

③钢架加工的焊接不得有假焊,焊缝表面不得有裂纹、焊瘤等缺陷。

④每榀钢架加工完成后应放在水泥地面上试拼,周边拼装允许误差为 ±3cm,平面翘曲允许偏差应为 2cm。

(2)钢架安装技术要求

①钢架应在开挖或初喷混凝土后及时架设。

②安装前应清除底脚下的虚渣及杂物,钢架底脚应置于牢固的基础上。钢架安装允许偏

差：钢架间距及其横向位置和高程的允许偏差为±5cm，垂直度为±2°。

③钢架拼装可在作业面进行，各节钢架间以连接板螺栓连接并密贴。

④钢架要尽量密贴围岩并与锚杆焊接牢固，钢架之间按设计纵向焊连。

⑤接头是钢拱架的弱点部位，因此应尽量减少接头数量。开挖下台阶时，在拱脚设纵向托梁是防止钢架（格栅）拱脚下沉、变形的有效措施。

⑥采用分部开挖法施工时，钢架拱脚必须打设锁脚锚杆（或锚管），锚杆长度不小于3.5m，每侧数量为2～3组（每组2根）。下半部开挖后钢架应及时连接落底。

⑦钢架应与喷混凝土形成一体，钢架与围岩间的间隙用喷混凝土充填密实；各种形式的钢架应全部被喷射混凝土覆盖，保护层厚度不得小于4cm。

三、二次衬砌

1. 拱墙衬砌施工

隧道衬砌要遵循“仰拱超前、拱墙整体衬砌”的原则，初期支护完成后，为有效地控制其变形，仰拱尽量紧跟开挖面施工，仰拱填充采用栈桥平台以解决洞内运输问题，并进行全幅一次性施工，仰拱填充面浇筑至水沟底高程。

设计已明确纵向施工缝位置（矮边墙高度）设置在轨顶以下28cm处，衬砌台车按照此标准设置。为确保衬砌净空尺寸符合设计要求，充分考虑二次衬砌模板台车的弹性形变，模板台车的几何尺寸均按照放大5cm设置，确保拆模后，断面仪检测衬砌净空尺寸符合设计要求，确保限界安全。

仰拱施作完成后，利用多功能作业平台人工铺设防水板，绑扎钢筋后，采用液压整体式衬砌台车进行二次衬砌，采用拱墙一次性整体灌注施工，最后完成整体道床施工。混凝土在洞外采用拌合站集中拌制，混凝土搅拌运输车运至洞内，泵送混凝土浇筑，插入式捣固棒配合附着式振捣器捣固密实。

正洞拱墙衬砌采用12m液压模板台车。混凝土均在洞外自动计量的拌合站集中生产，混凝土输送车运输，泵送入模，附着式振动器配合插入式捣固棒捣固。混凝土灌注前按设计要求预留沟、槽、洞室或预埋件。混凝土从模板作业窗多点灌入，由下而上，两侧对称进行，两侧灌注高差不超过1m，严禁单点入仓使用振捣器驱赶混凝土流动。

2. 钢筋绑扎

钢筋按设计要求在洞外工厂化加工预制，运料车运输到现场，在作业台车上人工安装绑扎。根据测量控制点先扎外层环向定位钢筋，用纵向筋将定位钢筋连接后，以纵向筋作为其他环向筋安扎依据，扎完外层后再用相同方法安扎内层钢筋，并及时将内外层钢筋用蹬筋连接，电弧焊点焊，以加强整体刚度。

钢筋安设完成后，按中线高程进行轮廓尺寸检查，合格后于内层钢筋挂设5cm厚砂浆垫块，以确保混凝土灌筑后钢筋保护层厚度。

钢筋绑扎时，严禁损伤防水板，钢筋焊接时，用防火板对防水板进行遮拦，以防烧伤防水板。

3. 仰拱及铺底施工

隧道施工应贯彻仰拱先行的原则，采用仰拱栈桥进行整幅施工，确保施工质量。隧道内仰拱、底板混凝土整体一次浇筑成型，每6m为一段进行跳段开挖及浇筑混凝土，搭设工字钢栈桥保持洞内交通畅通。仰拱钢筋在洞内人工绑扎。

仰拱浇筑完成后方可填充混凝土。仰拱填充混凝土采用混凝土输送泵泵送入模，浇筑混凝土时由仰供中心向两侧对称进行，插入式捣固器振捣，边墙基础采用人工立模浇筑，浇筑完成后及时洒水养护。

正洞无钢筋衬砌段落，需注意综合接地钢筋的延续与断开，接地端子的预埋。

4. 混凝土浇筑

衬砌所需混凝土洞外自动计量，集中拌和，由混凝土搅拌运输车运至洞内，泵送入模，采用附着式和插入式振捣器振捣。模板台车采用带气囊的端模和模板接头加硬橡胶间隙带，防止二衬混凝土灌注段施工接头处漏浆。混凝土灌筑通过灌筑窗口，自下而上，从已灌段接头处向未灌方向，水平分层对称浇灌，边浇边捣，层厚不超过40cm，相邻两层浇注时间不超过1.5h，确保上下层混凝土在初凝前结合好，不形成施工纵缝，垂直自由下落高度控制不超过2m，捣固采用附着式振捣器和插入式振捣器，安排专人负责，保证混凝土衬砌内实外光。

技能训练

某高铁双线铁路隧道，隧道长度为3500m，隧道所通过的围岩级别有Ⅱ、Ⅲ、Ⅳ和Ⅴ级围岩，隧道洞口地段为浅埋，Ⅴ级围岩。隧道开挖后采用复合式衬砌。请完成下列任务：

1. 什么是复合式衬砌？
2. 我国初期支护为什么采用锚喷支护？
3. 什么是锚喷支护？
4. 请阅读书中钢拱架布置图，在地面上放出拱架大样。
5. 砂浆锚杆和中空注浆锚杆区别有哪些？
6. 目前喷射混凝土采用哪种工艺？对材料有什么要求？
7. 作为一名合格的喷射工人，在喷射时应做哪些工作？
8. 编制初期支护工程作业交底书。
9. 隧道二次衬砌需要哪些机械设备？
10. 混凝土施工要点有哪些？
11. 该隧道在哪些地段需要做预支护？为什么？

项目七

监控量测

知识目标：

1. 了解隧道量测的目的和任务；
2. 掌握隧道必测项实施流程；
3. 掌握监控量测数据分析方法和评价施工状态。

能力目标：

1. 熟练操作量测仪器；
2. 具备制订隧道量测方案的能力；
3. 具备数据分析的能力。

素质目标：

1. 培养学生认真负责的工作态度；
2. 培养学生团队合作精神；
3. 培养学生分析问题和解决问题的能力。

任务描述：

某高速铁路双线隧道，隧道进出口里程为DK500+200~DK502+600，全长2400m，隧道地下水丰富，洞口为浅埋，Ⅴ级围岩；洞身地段为深埋，为Ⅱ、Ⅲ、Ⅳ级围岩，隧道采用矿山法(新奥法)施工。按照现代隧道施工要求，隧道开挖后需要及时进行监控量测，试完成下列任务：

1. 隧道监控量测的目的；
2. 隧道必测项目的实施步骤；
3. 量测数据处理分析。

任务实施

任务一　监控量测计划的编制

教学课件：监控量测计划的编制

在隧道的施工过程中，使用各种仪器设备和量测元件，对地表沉降、围岩与支护结构的变形、应力、应变进行量测，据此来判断隧道开挖对地表环境的影响范围和程度、围岩的稳定性和支护的工作状态，这种工作称为现场监控量测。

为了使监控量测能充分发挥技术经济效益，要求隧道设计、施工单位编制切实可行的监控量测计划，并在施工中认真组织实施。量测计划应根据隧道的围岩条件、支护类型和参数、施工方法以及所确定的量测项目的进行编制。同时应考虑量测的费用的经济性，并注意与施工进度相适应。

一、监控量测编制依据

监控量测既是隧道设计文件的重要组成内容，也是隧道施工作业中关键的重要作业环节。

（一）监控量测的目的

（1）确保施工安全及结构的长期稳定性。

（2）验证支护结构效果，确认支护结构参数和施工方法的准确性或为调整支护参数和施工方法提供依据。

（3）确定二次衬砌施作时间。

（4）监控工程对周围环境的影响。

（5）积累量测数据，为信息化设计和施工提供依据。

（二）监控量测的任务

（1）通过对围岩与支护的观察和动态量测，以达到合理安排隧道施工程序、日常施工管理、确保施工安全、修改设计参数和积累资料。

（2）通过对围岩和支护的变位、应力量测，掌握围岩的支护的动态信息并及时反馈，修改支护系统设计，指导施工作业和管理等。

（3）经监测数据的分析处理与必要的计算和判断后，进行预测和反馈，以保证施工安全和隧道围岩及支护衬砌结构的稳定。

（4）对已有的隧道工程的监测结果，可以分析和应用到其他类似工程中，作为指导设计和施工的重要依据。

二、隧道现场量测计划制订

（一）隧道监控、量测计划

隧道现场监控量测计划，即测试方案和实施计划，应根据隧道的工程地质，水文地质、地形条件、支护类型和参数、施工方法及其他有关条件进行制订。

（二）隧道现场量测计划的主要内容

（1）监控量测项目。

（2）人员组织。

(3)元器件及设备。

(4)监控量测断面、测点布置、监控量测频率及监控量测基准。

(5)数据记录格式。

(6)数据处理及预测方法。

(7)信息反馈及对策等。

三、监控量测作业流程

监控量测作业流程如图 7-1 所示。

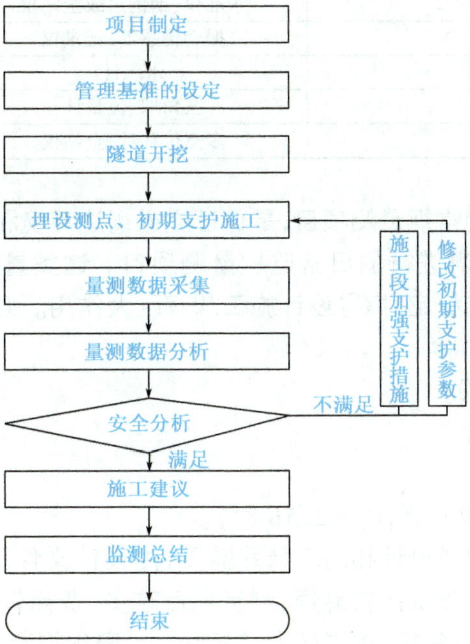

图 7-1　监控量测作业流程图

任务二　隧道监控量测的项目和方法

教学课件:隧道监控量测的项目和方法

一、量测项目

隧道施工的监测旨在收集可反映施工过程中围岩的动态信息,据以判定隧道围岩的稳定性状态以及所设支护结构参数和施工的合理性。因此,测量项目可分为必测项目(表 7-1)和选测项目(表 7-2)两大类。

监控量测必测项目　　表 7-1

序号	监控量测项目	常用量测仪器	测试精度(mm)	备　注
1	洞内、外观察	现场观察、数码相机、罗盘仪	—	—
2	拱顶下沉	水准仪、钢挂尺或全站仪	0.5~1	—
3	周边位移	收敛计、全站仪	0.5~1	—
4	地表沉降	水准仪、铟钢尺或全站仪	0.5~1	隧道浅埋段
5	拱脚下沉	水准仪或全站仪	0.5~1	不良地质和特殊岩土隧道浅埋段
6	拱脚位移	水准仪或全站仪	0.5~1	不良地质和特殊岩土隧道浅埋段

监控量测选测项目　　表 7-2

序号	监控量测项目	常用量测仪器	±测试精度
1	围岩压力	压力盒	≤0.5%F.S.
2	钢架内力	钢筋计、应变计	拉伸≤0.5%F.S. 压缩≤0.1%F.S.
3	喷混凝土内力	混凝土应变计	±0.1%F.S.
4	二次衬砌内力	混凝土应变计、钢筋计	≤0.5%F.S.
5	初期支护与二次衬砌间接触压力	压力计	≤0.5%F.S.
6	锚杆轴力	钢筋计	
7	围岩内部位移	多点位移计	0.1mm
8	隧底隆起	水准仪、铟钢尺或全站仪	0.5～1mm
9	爆破振动	振动传感器、记录仪	1mm/s
10	孔隙水压力	水压计	—
11	水量	三角堰、流量计	—
12	纵向位移	多点位移计、全站仪	—

注：F.S.为元器件满量程。

必测项目是必须进行的常规量测项目，是保证隧道周边环境和围岩的稳定以及施工安全，同时反映设计、施工状态而需进行的日常监控量测项目。这类量测通常测试方法简单、费用少、可靠性高，但对监测围岩稳定、指导设计施工却有巨大作用。必测项目是隧道监测的重点，主要包括：

(1)隧道内、外目测观察。

(2)隧道净空位移测量。

(3)拱顶下沉测量。

(4)地表沉降(浅埋隧道必测，$H_0 \leqslant 2.5B$ 时)。

动画：周边位移量测

选测项目是为了满足隧道设计和施工特殊需要，由设计文件规定的在局部地段进行的监控量测项目。这类量测项目测试比较麻烦，测量项目较多，费用较高。因此，在必测项目不能满足要求的情况下，选测项目包括：围岩压力；钢架内力；喷射混凝土内力；二次衬砌内力；初期支护与二次衬砌间接触压力；锚杆轴力；围岩内部位移；隧底隆起；爆破振动；孔隙水压力等内容。

二、隧道必测项目量测方法

隧道内监控量测项目很多，本书重点介绍隧道必测项目，它是对隧道周边围岩稳定性进行判定、对设计(施工)参数的可靠性进行验证为目的的日常管理量测。

(一)洞内外状态观察

洞内观察是隧道施工监控量测中重要方面之一。洞内观察工作主要是弥补隧道开挖前地质勘探工作不能准确提供地质资料而带来的不足，观察内容包括开挖后没有支护的围岩和开挖后已经支护段初次支护体系。通过洞内观察可以获得与围岩稳定状态有关的直观信息，并可以预测开挖面前方的地质条件，提供判断围岩是否稳定的地质依据。同时将洞外边仰坡以及地表观测纳入观测内容之中。开挖工作面观察后应立即绘制开挖工作面地质素描图，填写工作面状态记录表及围岩级别判别卡(表7-3)。在观察中如发现地质条件恶化，应立即通知施工负责人采取应急措施。

动画：洞内外状态观察

视频：地质罗盘测试岩层产状

表 7-3

施工阶段围岩级别素描卡

编号：　　　　　　　　　　×××隧道

<table>
<tr><td colspan="3">开挖工作面里程</td><td colspan="5"></td><td colspan="2">埋深(m)</td><td colspan="7"></td></tr>
<tr><td rowspan="2">地层岩性</td><td rowspan="2" colspan="2"></td><td rowspan="2">围岩级别</td><td>设计</td><td colspan="2"></td><td rowspan="2" colspan="2">饱和极限抗压强度 R_b (MPa)</td><td>极硬岩</td><td>硬岩</td><td>较软岩</td><td>软岩</td><td>极软岩</td><td>取样编号</td><td>试验编号</td></tr>
<tr><td>实际施工</td><td colspan="2"></td><td>>60</td><td>30～60</td><td>15～30</td><td>5～15</td><td><5</td><td></td><td></td></tr>
<tr><td rowspan="8">开挖工作面上围岩结构特征</td><td>层理</td><td>产状</td><td></td><td colspan="2">单层厚度(m)</td><td></td><td>层面特征</td><td></td><td colspan="4">与隧轴夹角</td><td colspan="4"></td></tr>
<tr><td rowspan="5">节理裂隙</td><td>组次</td><td>产状</td><td>间距(m)</td><td>长度(m)</td><td>缝宽(mm)</td><td>充填物</td><td>与隧轴夹角</td><td rowspan="5" colspan="8">结构面与隧道轴线关系图</td></tr>
<tr><td>1</td><td></td><td></td><td></td><td></td><td></td><td></td></tr>
<tr><td>2</td><td></td><td></td><td></td><td></td><td></td><td></td></tr>
<tr><td>3</td><td></td><td></td><td></td><td></td><td></td><td></td></tr>
<tr><td>4</td><td></td><td></td><td></td><td></td><td></td><td></td></tr>
<tr><td>断层</td><td>产状</td><td></td><td colspan="2">破碎带宽度(m)</td><td></td><td>破碎带特征</td><td></td><td>与隧轴夹角</td><td colspan="2"></td><td colspan="2">纵波速度(m/s)</td><td colspan="2"></td></tr>
<tr><td rowspan="9">侧壁围岩结构特征</td><td colspan="8">左侧壁</td><td colspan="8">右侧壁</td></tr>
<tr><td>层理</td><td>产状</td><td></td><td>单层厚度(m)</td><td></td><td>层面特征</td><td></td><td>与隧轴夹角</td><td>层理</td><td>产状</td><td></td><td>单层厚度(m)</td><td></td><td>层面特征</td><td></td><td>与隧轴夹角</td></tr>
<tr><td rowspan="5">节理裂隙</td><td>组次</td><td>产状</td><td>间距(m)</td><td>长度(m)</td><td>缝宽(mm)</td><td>充填物</td><td>与隧轴夹角</td><td rowspan="5">节理裂隙</td><td>组次</td><td>产状</td><td>间距(m)</td><td>长度(m)</td><td>缝宽(mm)</td><td>充填物</td><td>与隧轴夹角</td></tr>
<tr><td>1</td><td></td><td></td><td></td><td></td><td></td><td></td><td>1</td><td></td><td></td><td></td><td></td><td></td><td></td></tr>
<tr><td>2</td><td></td><td></td><td></td><td></td><td></td><td></td><td>2</td><td></td><td></td><td></td><td></td><td></td><td></td></tr>
<tr><td>3</td><td></td><td></td><td></td><td></td><td></td><td></td><td>3</td><td></td><td></td><td></td><td></td><td></td><td></td></tr>
<tr><td>4</td><td></td><td></td><td></td><td></td><td></td><td></td><td>4</td><td></td><td></td><td></td><td></td><td></td><td></td></tr>
<tr><td>断层</td><td>产状</td><td></td><td>单层厚度(m)</td><td></td><td>破碎带特征</td><td></td><td>与隧轴夹角</td><td>断层</td><td>产状</td><td></td><td>单层厚度(m)</td><td></td><td>破碎带特征</td><td></td><td>与隧轴夹角</td></tr>
<tr><td colspan="16"></td></tr>
<tr><td rowspan="2">地下水</td><td rowspan="2">涌水位置</td><td rowspan="2"></td><td rowspan="2" colspan="2">涌水量 [l/(min · 10m)]</td><td>无水</td><td>滴水</td><td>线状</td><td>股状</td><td colspan="2">含泥沙情况</td><td colspan="2">侵蚀类型</td><td colspan="2">取水样编号</td><td>试验编号</td></tr>
<tr><td><10</td><td>10～25</td><td>25～125</td><td>>125</td><td colspan="2"></td><td colspan="2"></td><td colspan="2"></td><td></td></tr>
</table>

续上表

<table>
<tr><td rowspan="2">稳定性</td><td>洞周</td><td>稳定</td><td colspan="2">拱部掉块</td><td>边墙掉块</td><td>拱部坍塌</td><td>边墙坍塌</td><td colspan="2">塌方 > $10m^3$</td><td>塌方 < $10m^3$</td></tr>
<tr><td>开挖工作面</td><td colspan="3">稳定</td><td colspan="2">拱部坍塌</td><td>开挖工作面挤出</td><td colspan="2">开挖后至掉块或坍塌的时间</td><td></td></tr>
<tr><td colspan="7">侧壁锚索</td><td colspan="2">开挖工作面素描</td><td colspan="2">工程措施及有关参数</td></tr>
<tr><td colspan="4">左侧壁</td><td colspan="3">右侧壁</td><td colspan="2">开挖工作面</td><td colspan="2"></td></tr>
<tr><td colspan="4"></td><td colspan="3"></td><td colspan="2"></td><td colspan="2"></td></tr>
<tr><td colspan="7">施工方签字：　　年　月　日</td><td colspan="4">监理签字：　　年　月　日</td></tr>
</table>

目测观察中围岩的破坏形态分析:

1. 危险性不大的破坏

构筑仰拱后,在拱肩部出现的剪切破坏,一般都进展缓慢,危险性不大,特别是当拱肩的剪切破坏面上有锚杆穿过时,因锚杆的抵抗作用,更不会发生急剧破坏。

2. 危险性较大的破坏

在没有构筑仰拱的情况下,当隧道净空变形速度收敛很慢且净空变位量很大时,拱顶喷混凝土因受弯曲压缩而产生的裂隙常常进展急剧,时常伴有混凝土碎片飞散,是一种危险性较大的破坏。

3. 塌方征兆的破坏

拱顶喷混凝土层出现堆成的、可能向下滑落的剪切破坏的现象时,或侧墙发生向内侧滑动的剪切破坏,并伴有底鼓现象时,这两种情况都会引起塌方事故的破坏形态。

利用目测结果修改设计、指导施工:

(1) 开挖后利用目测到的地质情况与开挖前勘察结果有很大不同时,则应根据目测的情况重新修改设计方案。

变更后的围岩级别、地下水情况以及围岩稳定性状态等,由设计单位和监理组确认,报主管部门审批后,对原设计进行修改,以便选择可行的施工方法与合理地调整有关设计参数。

(2) 当发现开挖面自稳时间小于 1h 的情况时,可采取下列措施:采用预留核心土法;采用超前支护。

(3) 开挖后没有支护前,发现顶板剥落现象时,可采取下列措施:开挖后尽快施作喷混凝土层,缩短掘进作业时间;对开挖工作面前方拱顶用锚杆进行预支护后再开挖;增加钢拱架加强支护;缩短一次掘进长度。

(4) 发现有喷混凝土与岩面黏结不好的悬空现象时,可采取下列措施:开挖后及时喷射混凝土;在喷射混凝土层中加设钢筋网;增长锚杆或增加数量。

(二) 净空变化量测

隧道净空变化是指隧道周边上两点间相对位置的变化。隧道开挖后,围岩向坑道方向的位移是围岩动态的最显著表现,最能反映出围岩(或围岩加支护)的稳定性。因此坑道周边位移量测是最直接、最有意义、最经济和最常用的量测项目。隧道内壁两点连线方向的相对位移称为周边收敛,收敛值为两次量测的距离之差,可以反映洞室的工作状态和受力性状,进而指导现场设计和施工。

微课:隧道周边收敛

1. 量测断面布置

净空变化量测断面间距按表 7-4 布置。

必测项目量测断面间距 表 7-4

围岩级别	断面间距(m)
Ⅴ~Ⅵ	5~10
Ⅳ	10~30
Ⅲ	30~50

注:1. 洞口及浅埋地段断面间距取小值。

2. 各选测项目量测断面的数量,宜在每级围岩内选有代表性的 1~2 个。

3. 软岩隧道的观测断面适当加密。

2. 测点布置

水平相对净空变化量测线的布置应根据施工方法、地质条件、量测断面所在位置、隧道埋置深度等条件确定,隧道每一个开挖断面都应布置测线。

(1)采用全断面开挖方式时:净空变化量测可设一条水平测线,见图 7-2a)。

(2)当采用台阶开挖方式时:净空变化量测在拱腰和边墙部位各设一条水平测线,见图 7-2b)。

(3)当采用 CD 法或 CRD 法施工时,净空变化量测每分部一条水平测线,见图 7-2c)。

(4)当采用侧壁导坑法施工时,净空变化量测在左右侧壁导各设一条水平测线;在开挖中部核土部分时,在隧道两侧边墙设一水平测线,见图 7-2d)。

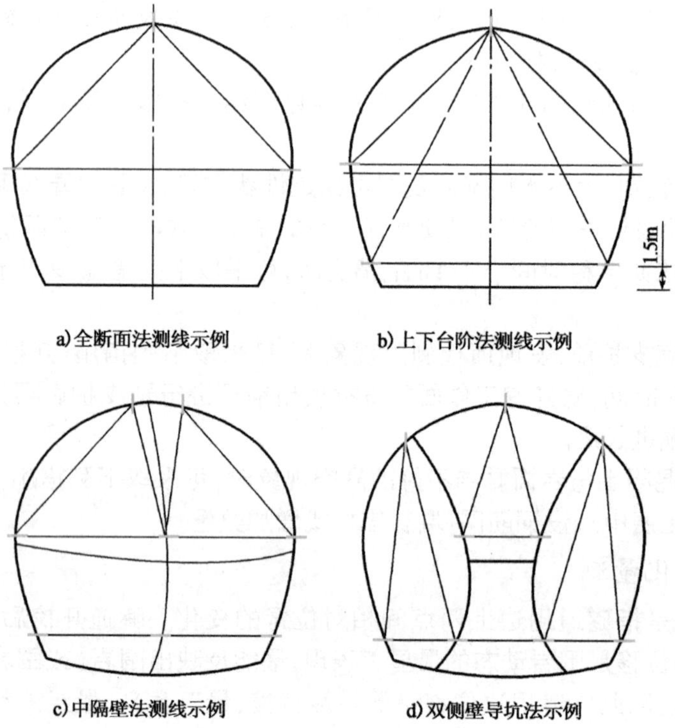

a)全断面法测线示例　b)上下台阶法测线示例

c)中隔壁法测线示例　d)双侧壁导坑法示例

图 7-2　拱顶下沉量测及净空变化量测测线布置示意图

3. 量测方法

在开挖后的洞壁上及时安设测点,用电子数显收敛计(图 7-3)进行量测,即通过布设于洞室周边上两固定点,每次测出两点的净长 L,求出两次量测的增量(或减量)ΔL,即为此处净空变化值(图 7-4)。读数时应该读 3 次,然后取其平均值,具体记录表格见表 7-5。

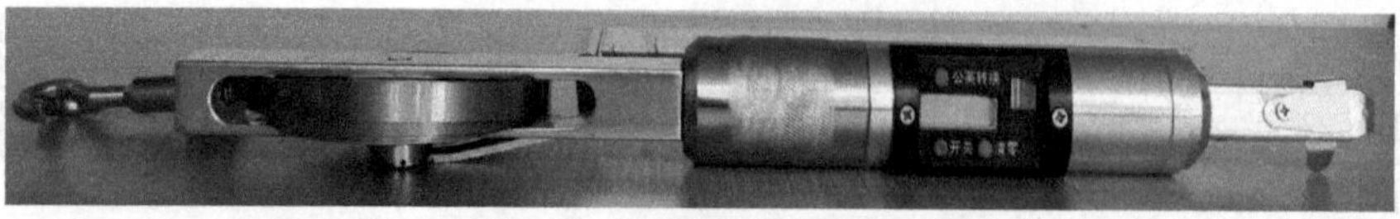

图 7-3　电子数显收敛计

视频:收敛计的使用

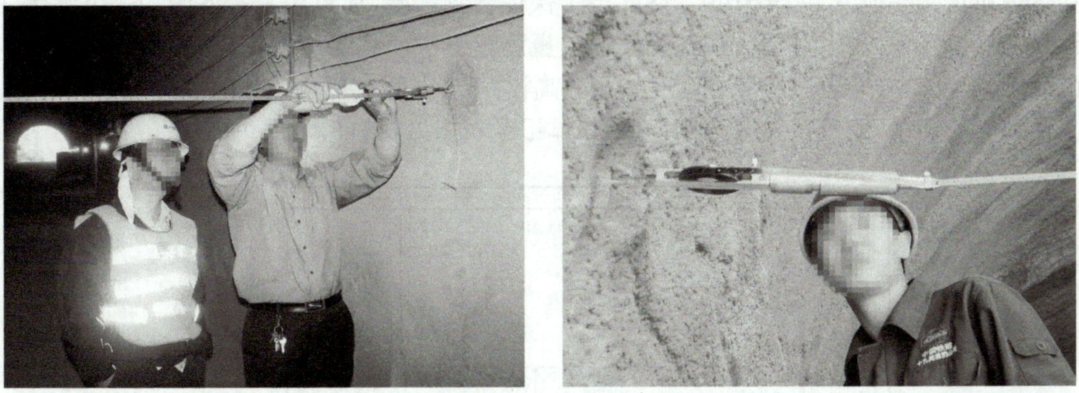

图 7-4　收敛计量测

隧道净空变化量测记录表　　表 7-5

<table>
<tr><td colspan="2">桩号</td><td colspan="3"></td><td colspan="2">施工方法</td><td colspan="2"></td><td>施工部位</td><td colspan="2"></td><td>埋设日期</td><td colspan="4"></td></tr>
<tr><td rowspan="3">侧线编号</td><td colspan="4">量测时间</td><td colspan="4">观测值</td><td rowspan="2">平均值</td><td rowspan="2">温度修订值</td><td rowspan="2">修订后观测值</td><td rowspan="2">相对初次变化值</td><td rowspan="2">相对上次变化值</td><td rowspan="2">时间间隔</td><td rowspan="2">变化速率</td><td rowspan="3">备注</td></tr>
<tr><td rowspan="2">年</td><td rowspan="2">月</td><td rowspan="2">日</td><td rowspan="2">时</td><td>温度</td><td>第一次</td><td>第二次</td><td>第三次</td></tr>
<tr><td>℃</td><td>mm</td><td>mm</td><td>mm</td><td>mm</td><td>mm</td><td>mm</td><td>mm</td><td>mm</td><td>d</td><td>mm/d</td></tr>
<tr><td></td><td></td><td></td><td></td><td></td><td></td><td></td><td></td><td></td><td></td><td></td><td></td><td></td><td></td><td></td><td></td><td></td></tr>
<tr><td></td><td></td><td></td><td></td><td></td><td></td><td></td><td></td><td></td><td></td><td></td><td></td><td></td><td></td><td></td><td></td><td></td></tr>
<tr><td></td><td></td><td></td><td></td><td></td><td></td><td></td><td></td><td></td><td></td><td></td><td></td><td></td><td></td><td></td><td></td><td></td></tr>
</table>

测读者：　　　　　　　　计算者：　　　　　　　　复核者：

(三)拱顶下沉量测

拱顶下沉是隧道拱顶测点的绝对沉降量。拱顶下沉的量测目的是监视隧道拱顶的绝对下沉量，掌握断面的变行动态，判断支护结构的稳定性。

微课：拱顶下沉量测

1. 量测断面布置

拱顶下沉测点和净空变化测点应布置在同一里程断面上。量测断面间距按表 7-4 布置。

2. 测点布置

拱顶下沉测点原则上布置在拱顶轴线附近，当跨度较大或拱部采用分部开挖时，应在拱部增设测点。

(1)采用全断面开挖方式时：拱顶下沉测点设在拱顶轴线附近，见图 7-2a)。

(2)采用台阶开挖方式时：拱顶下沉测点设在拱顶轴线附近，见图 7-2b)。

(3)采用 CD 法或 CRD 法施工时，拱顶轴线左右两侧各设一拱顶下沉测点，见图 7-2c)。

(4)采用侧壁导坑法施工时，在左右侧壁导坑拱顶各设一拱顶下沉测点；在开挖中部核土部分时，在拱顶设一拱顶下沉测点；见图 7-2d)。

3. 量测方法

拱顶下沉量测大多数采用精密水准仪和铟钢挂尺等。拱顶下沉监控量测测点的埋设，一般在隧道拱顶轴线处设 1 个带钩的测桩（为了保证量测精度，常常在左右各增加一个测点，即埋设三个测点），吊挂钢钢挂尺，用精密水准仪量测隧道拱顶绝对下沉量，见图 7-5。拱顶下沉量的确定比较简单，即通过测点不同时刻相对高程 h，求出两次量测的差值 Δh，即该点的下沉值。读数时应该读三次，然后取其平均值，具体记录表格见表 7-6。

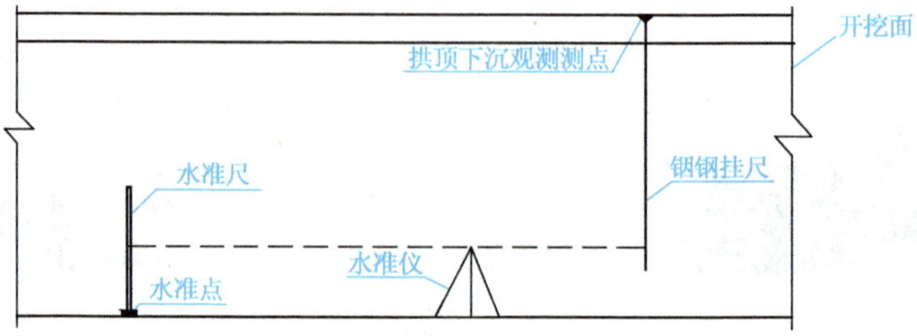

图 7-5　拱顶下沉量测示意图

拱顶下沉量测记录表　　表 7-6

桩号					施工方法				施工部位			埋设日期			
测线编号	量测时间				第一次	第二次	第三次	平均值	温度修正值	修正后测点高程	相对初次下沉值（Δu）	相对上次下沉值	时间间隔	下沉速度	备注
	年	月	日	时	m	m	m	m	mm	m	mm	mm	d	mm/d	

测读者：　　　　计算者：　　　　复核者：

近年来，有用全站仪进行隧道净空变化量测和拱顶下沉量测，其方法包括自由设站和固定设站两种。与传统的接触量测的主要区别在于，非接触量测的测点多采用一种反射膜片作为测点靶标，以取代价格昂贵的圆棱镜反射器。具有回复反射性能的膜片形如塑料胶片，其正面由均匀分布的微型棱镜和透明塑料薄膜构成，反面涂有压敏不干胶，它可以牢固地黏附在构件表面上。这种反射膜片，大小可以任意剪裁，价格低廉。反射模片贴在隧道测点处的预埋件上，在开挖面附近的反射模片，应采取一定的措施对其进行保护，以免施工时反射模片表面被覆盖或污染，同时施工单位应和监控量测一单位加强协调工作，保证预埋件不被碰歪和碰掉（图 7-6）。通过对比不同时刻测点的三维坐标，可获得该测点在该时段的三维位移变化量（相对于某一初始状态）。在三维位移矢量监控量测时，必须保证后视基准点位置固定不动并定期校核,以保证测量精度。与传统接触式监控量测方法相比,该方法能够获取测点更全面的三维位移数据,有利于结合现行的数值计算方法进行监控量测信息的反馈,同时具有快速、省力、数据处理自动化程度高等特点。

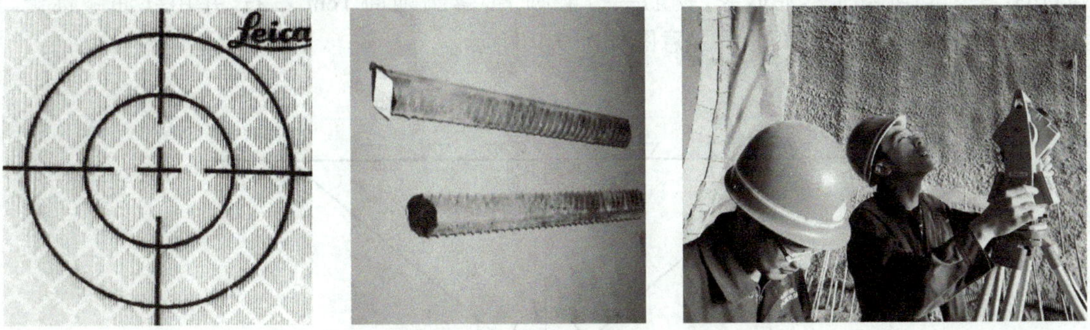

图 7-6　反射膜片及其预埋件

(四)地表下沉量测

浅埋隧道通常位于软弱、破碎、自稳时间极短的围岩中,施工方法不妥极易发生冒顶塌方或地表有害下沉,当地表有建筑物时会危及其安全。浅埋隧道开挖时可能会引起底层沉陷而波及地表,因此,地表下沉量测对浅埋隧道的施工是十分重要的。

1. 测点布置

浅埋隧道地表沉降测点应在隧道开挖前布设。地表沉降测点和隧道内测点应布置在同一断面里程(图 7-7)。当地表有建筑物时,应在建筑物周围增设地表下沉观测点。在隧道纵向(隧道中线方向)至少布置一个纵向断面。在横断面上至少应布置 11 个测点,在隧道中线附近测点应布置密一些,远离隧道中线应疏一些。

微课:地表下沉量测

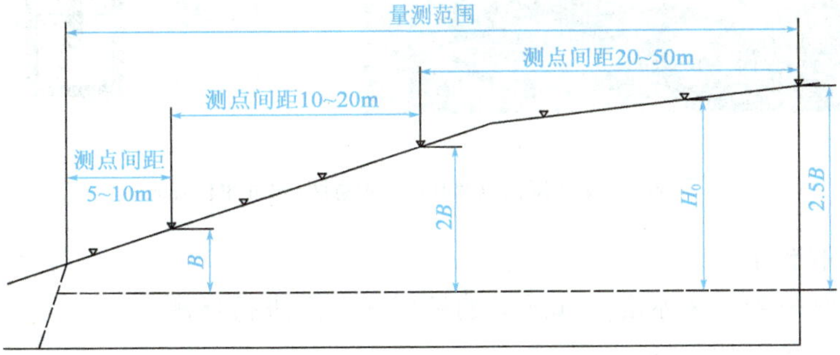

图 7-7　地表沉降纵向测点布置示意图

一般条件下,地表沉降测点纵向间距应按表 7-7 的要求布置。

地表沉降测点纵向间距　　表 7-7

隧道埋深与开挖宽度	纵向测点间距(m)
$2B < H_0 < 2.5B$	20 ~ 50
$B < H_0 \leqslant 2B$	10 ~ 20
$H_0 \leqslant B$	5 ~ 10

注:H_0 为隧道埋深,B 为隧道开挖宽度。

地表沉降测点横向间距为 2 ~ 5m。在隧道中线附近测点应适当加密，隧道中线两侧量测范围不应小于 H_0+B，地表有控制性建（构）筑物时. 量测范围应适当加宽。其测点布置如图 7-8所示。测点埋设时，在地表钻（或挖）20 ~ 50cm 深的孔，竖直放入 ϕ22mm 左右的钢筋，钢筋和孔壁之间可填充水泥砂浆，钢筋头打磨圆滑，露出地面 1cm 左右，并用红油漆标记，作为测点。地表沉降测点及其埋设示意图如图 7-9 所示。

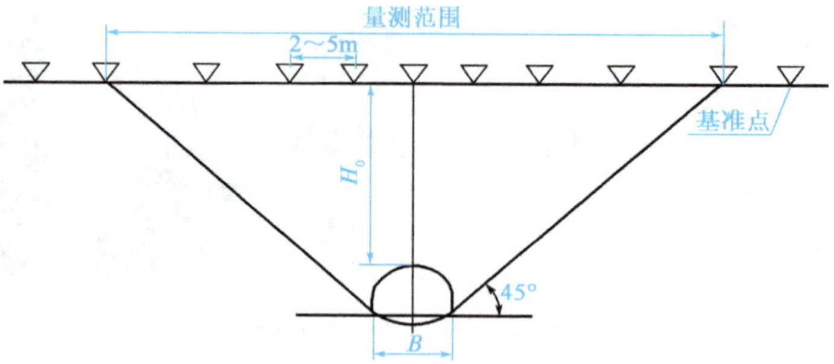

图 7-8　地表沉降横向测点布置图

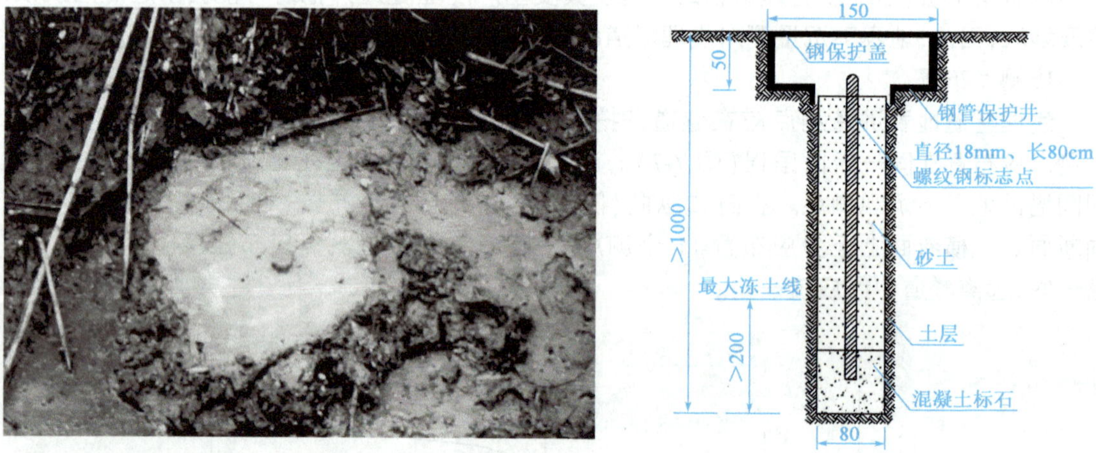

图 7-9　地表沉降测点及其埋设示意图（尺寸单位：mm）

2. 量测仪器的选用

地表沉降通常采用精密水准仪和配套的精密水准尺进行量测。

3. 监控量测的方法和实施

首先沿隧道轴线方向每隔 100 ~ 150m 埋设一个水准工作基点构成水准网，工作基点埋设在稳定的基岩面上并与隧道开挖线保持一定距离，以免受隧道施工影响工作基点的稳定，采用现浇混凝土方式埋设，工作基点按照《二等水准测量规范》联测，每 3 个月复测一次，检测出现异常时必须先复查工作基点，特殊情况加密复测频率。

对每个断面上的监测点也按照《二等水准测量规范》进行观测，依次对每条断面上的监测点进行闭合或符合水准路线测量。地表下沉量测应在开挖工作面前方 H_0+h（隧道埋置深度 + 隧道高度）处开始，直至衬砌结构封闭，下沉基本停止时为止。量测频率应与拱顶下沉和净空变化的量测频率相同，初始读数应在开挖后 12h 内完成，具体记录表格见表 7-8。

隧道地表下沉量测记录表 表 7-8

观测次数	观测日期	实测高程(m)	下沉量(mm)	累计下沉量(mm)

测读者: 计算者: 复核者:

(五)选测项目简介

1. 混凝土内力

混凝土应力量测包括喷射混凝土和二次衬砌模筑混凝土应力量测,其目的是:了解混凝土层的变形特性和混凝土的应力状态;掌握喷层所受应力的大小,判断喷射混凝土层的稳定状况;判断支护结构长期使用的可靠性和安全程度;检验二次衬砌设计的合理性;积累资料。

常用的仪器是混凝土应变计。

2. 围岩压力

隧道开挖后,围岩要向净空方向变形,而支护结构要阻止这种变形,这样就会产生围岩作用于支护结构上的围岩压力。围岩压力量测,通常情况下是指围岩与支护或喷层与二次衬砌混凝土间的接触压力的测试。其方法是在围岩与支护、两次支护之间埋设各种压力盒等传感器。了解围岩压力的量值及分布状态;判断围岩和支护的稳定性,分析二次衬砌的稳定性和安全度。

常用的仪器是压力盒。

3. 围岩内部位移

为了探明支护系统上承受的荷载,进一步研究支架与围岩相互作用之间的关系,不仅需要量测支护空间产生的相对位移(或空间断面的变形),而且还需要对围岩深部岩体位移进行监测,其目的为:确定围岩位移随深度变化的关系;找出围岩的移动范围,深入研究支架与围岩相互作用的关系;判断开挖后围岩的松动区、强度下降区以及弹性区的范围;判断锚杆长度是否适宜,以便确定合理的锚杆长度。

常用的仪器是多点位移计。

三、量测频率

各项量测项目的量测频率应根据位移速度和量测断面距开挖面距离,分别按表 7-9 和表 7-10确定。两者取大值作为实施的量测频率。

按距开挖面距离确定监控量测频率 表 7-9

量测断面距开挖面距离(m)	量 测 频 率	量测断面距开挖面距离(m)	量 测 频 率
(0~1)*B*	2 次/d	(2~5)*B*	1 次/2~3d
(1~2)*B*	1 次/d	>5*B*	1 次/7d

注:*B* 为隧道开挖宽度。

按位移速度确定监控量测频率

表 7-10

位移速度(mm/d)	量 测 频 率	位移速度(mm/d)	量 测 频 率
≥5	2 次/d	0.2 ~ 0.5	1 次/3d
1 ~ 5	1 次/d	<0.2	1 次/7d
0.5 ~ 1	1 次/2 ~ 3d		

四、监控量测控制基准

监控量测控制基准包括隧道内位移、地表沉降、爆破振动等,应根据地质条件、隧道施工安全性、隧道结构的长期稳定性,以及周围建(构)筑物特点和重要性等因素制定。

隧道初期支护极限相对位移可参照表 7-11 和表 7-12 选用。

跨度 $B \leqslant 7m$ 隧道初期支护极限相对位移

表 7-11

围 岩 级 别	隧道埋深 h(m)		
	$h \leqslant 50$	$50 < h \leqslant 300$	$300 < h \leqslant 500$
拱脚水平相对净空变化(%)			
Ⅱ	—	—	0.20 ~ 0.60
Ⅲ	0.10 ~ 0.50	0.40 ~ 0.70	0.60 ~ 1.50
Ⅳ	0.20 ~ 0.70	0.50 ~ 2.60	2.40 ~ 3.50
Ⅴ	0.30 ~ 1.00	0.80 ~ 3.50	3.00 ~ 5.00
拱顶相对下沉(%)			
Ⅱ	—	0.01 ~ 0.05	0.04 ~ 0.08
Ⅲ	0.01 ~ 0.04	0.03 ~ 0.11	0.10 ~ 0.25
Ⅳ	0.03 ~ 0.07	0.06 ~ 0.15	0.10 ~ 0.60
Ⅴ	0.06 ~ 0.12	0.10 ~ 0.60	0.50 ~ 1.20

注:1. 本表适用于复合式衬砌的初期支护,硬质围岩隧道取表中较小值,软质围岩隧道取表中较大值。表列数值可在施工中通过实测资料积累作适当修正。

2. 拱脚水平相对净空变化指两拱脚测点间净空水平变化值与其距离之比,拱顶相对下沉指拱顶下沉值减去隧道下沉值后与原拱顶至隧底高度之比。

3. 墙腰水平相对净空变化极限值可按拱脚水平相对净空变化极限值乘以 1.2 ~ 1.3 后采用。

跨度 $7m < B \leqslant 12m$ 隧道初期支护极限相对位移

表 7-12

围 岩 级 别	隧道埋深 h(m)		
	$h \leqslant 50$	$50 < h \leqslant 300$	$300 < h \leqslant 500$
拱脚水平相对净空变化(%)			
Ⅱ	—	0.01 ~ 0.03	0.01 ~ 0.08
Ⅲ	0.03 ~ 0.10	0.08 ~ 0.40	0.30 ~ 0.60
Ⅳ	0.10 ~ 0.30	0.20 ~ 0.80	0.70 ~ 1.20
Ⅴ	0.20 ~ 0.50	0.40 ~ 2.00	1.80 ~ 3.00
拱顶相对下沉(%)			
Ⅱ	—	0.03 ~ 0.06	0.05 ~ 0.12
Ⅲ	0.03 ~ 0.06	0.04 ~ 0.15	0.12 ~ 0.30
Ⅳ	0.06 ~ 0.10	0.08 ~ 0.40	0.30 ~ 0.80
Ⅴ	0.08 ~ 0.16	0.14 ~ 1.10	0.80 ~ 1.40

注:同表 7-11 的表注。

位移控制基准应根据测点距开挖面的距离，由初期支护极限相对位移按表 7-13 要求确定。

位移控制基准 表 7-13

类　别	距开挖面 1B(U_{1B})	距开挖面 2B(U_{2B})	距开挖面较远
允许值	65% U_0	90% U_0	100% U_0

注：B 为隧道开挖宽度，U_0 为极限相对位移值。

根据位移控制基准，可按表 7-14 分为三个管理等级。

位移管理等级 表 7-14

管理等级	距开挖面 1B	距开挖面 2B
Ⅲ	$U < U_{1B}/3$	$U < U_{2B}/3$
Ⅱ	$U_{1B}/3 \leqslant U \leqslant 2U_{2B}/3$	$U_{2B}/3 \leqslant U \leqslant 2U_{2B}/3$
Ⅰ	$U > 2U_{1B}/3$	$U > 2U_{2B}/3$

注：U 为实测位移值。

五、量测数据的处理与应用

1. 量测数据处理的目的

由于现场量测所得的原始数据，不可避免具有一定得离散性，其中包含着测量误差甚至测点错误。不经过整理和数学处理的量测数据难以直接利用。数学处理的目的是：

(1) 将同一量测断面的各种量测数据进行分析对比、相互印证，以确认量测结果的可靠性。

(2) 探求围岩变形或支护系统的受力随时间变化规律、空间分布规律，判断围岩和支护系统稳定的状态。

2. 量测数据处理的内容和方法

量测数据的整理尽量采用计算机管理，可用 Excel 软件进行管理。其主要内容包括：

(1) 绘制位移、应力、应变随时间变化的曲线。

(2) 绘制位移速率、应力速率、应变速率随时间变化的曲线。

(3) 绘制位移、应力、应变随开挖面推进变化的曲线。

(4) 绘制位移、应力、应变随围岩深度变化的曲线。

(5) 绘制接触压力、支护结构应力在隧道横断面上分布图。

如果位移曲线正常，说明围岩处于稳定状态，支护系统是有效、可靠的，如果位移出现反常的急骤增长现象(出现了反弯点)，表明围岩和支护已呈不稳定状态，应立即采取相应的工程措施(图 7-10)。

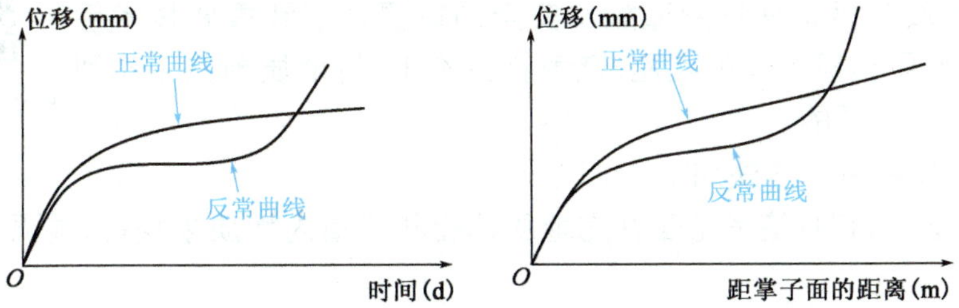

图 7-10　时间—位移曲线和距离—位移曲线

3. 量测数据的应用

（1）初期支护阶段围岩稳定性的判定和施工管理

①按变形管理等级指导施工，见表 7-15。

工程安全性评价及工程对策 表 7-15

管理等级	距开挖面 1*B*	距开挖面 2*B*	工程对策
Ⅲ	$U<U_{1B}/3$	$U<U_{2B}/3$	可正常施工
Ⅱ	$U_{1B}/3\leqslant U\leqslant 2U_{1B}/3$	$U_{2B}/3\leqslant U\leqslant 2U_{2B}/3$	综合评价设计施工措施，加强监控量测，必要时采取相应工程对策
Ⅰ	$U>2U_{1B}/3$	$U>2U_{2B}/3$	暂停施工，采取相应工程对策

注：*B*-隧道最大开挖宽度；*U*-实测位移值；U_{1B}、U_{2B}-位移控制基准值。

②根据位移速率进行施工管理：

a. 当位移速率大于 1mm/d 时，表明围岩处于急剧变形阶段，应密切关注围岩动态。

b. 当位移速率为 1～0.2mm/d 时，表明围岩处于缓慢变形阶段。

c. 当位移速率小于 0.2mm/d 时，表明围岩已达到基本稳定，可进行二次衬砌作业。

③根据位移与时间的曲线进行施工管理：

a. 每次量测后应及时整理数据，绘制位移时间曲线。

b. 当位移速率很快变小，曲线很快平缓，如图 7-11a 线所示，表明围岩稳定性好，可适当减弱支护。

c. 当位移速率逐渐变小，即 $d^2u/dt^2<0$，曲线趋于平缓，如图 7-11b 线所示，表明围岩变形趋于稳定，可正常施工。

d. 当位移速率不变，即 $d^2u/dt^2=0$，曲线直线上升，如图 7-11c 线所示，表明围岩变形急剧增长，无稳定趋势，应及时加强支护，必要时暂停掘进。

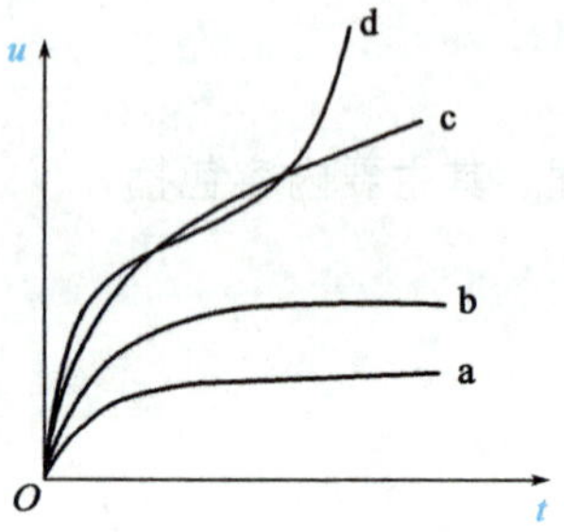

图 7-11 位移时间曲线

e. 当位移速率逐步增大，即 $d^2u/dt^2>0$，曲线出现反弯点，如图 7-11d线所示，表明围岩已处于不稳定状态，应停止掘进，及时采取加固措施。

（2）二次衬砌的施作条件

①各测试项目的位移速率明显收敛，围岩基本稳定。

②已产生的各项位移已达预计总量的 80%～90%。

③周边位移速率小于 0.1～0.2mm/d 或拱顶下沉速率小于 0.07～0.15mm/d。

任务三 超前地质预报

教学课件：超前地质预报

隧道超前地质预报是保证隧道施工安全的重要环节和重要技术手段，为确保超前地质预报工作的实施，避免盲目施工，将地质预报工作纳入工序管理是十分必要的。

超前地质预报的基本方法如下：

（1）地质调查法，包括隧道地表补充地质调查和隧道内地质素描等，前面已述，这里不再重复。

（2）超前钻探法：①超前地质钻探，单孔、多孔；冲击钻、回转取芯钻；②加深炮孔探测。

(3)地球物理探测法,如弹性波反射法(地震波反射法、水平声波剖面法、陆地声纳法、负视速度法等);电磁波反射法;红外探测等多种方法。

现将常用方法介绍如下。

一、地质雷达法

地质雷达(Ground Penetrating Radar,GPR)法是一种利用电磁波在不同介质中产生透射、反射的特性来进行超前地质预报的方法。电磁波通过天线发射,遇到不同阻抗界面时,将产生反射波和透射波。接收机利用分时采样原理和数据组合方式,把天线接收的信号转化为数字信号,主机系统再将数字信号转化为模拟信号或彩色线迹信号,并以时间剖面的形式显示出来。探测距离一般小于30m,在潮湿含水层中小于10m。该方法主要是配合地震反射法,通过测定与岩溶含水性有关介电常数的变化来探测充水地质体,如含水的断层、岩性界面和溶洞等。试验表明,采用地质雷达对隧底、边墙、隧顶外围岩的不良地质探测效果最好,在超前平导中应用可对正洞起到超前预报的作用,其探测原理如图7-12所示。

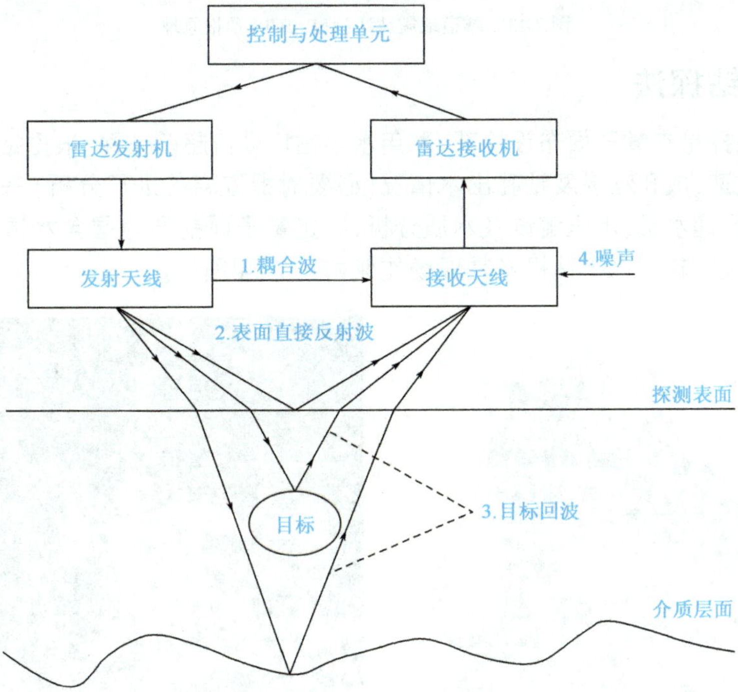

图7-12　地质雷达法预报原理

二、隧道地震波法

TSP(Tunnel Seismic Prediction)/TGP(Tunnel Geologic Prediction)法是基于地震波的反射原理,利用地震波在不均匀地质构造中产生的反射波特性来预报隧道施工前方的地质条件和岩石特性变化的一种方法。TSP/TGP法一般过程为,在洞内指定的震源点用少量炸药激发,产生的地震波在岩石中以球面波的形式向前传播,当地震波遇到岩石物性界面(即波阻抗界面,如断层、岩石破碎带、岩性突变等)时,一部分地震信号反射回来,另一部分地震信号透射进入前方介质,反射的地震信号将被两个三维高灵敏度的地震检波器接收。通过对接收信号的运动学和动力学特征进行分析，可推断断层和岩石破碎带等不良地质体的位置、规模、产状及岩石动力参数。TSP202、TSP203（进口系列）及 TGP12、TGP206（国产系列）超前预报系统是目前较广泛使用的地震探测仪器，它们具有适用范围广、预报距离长、时间短、对施工干扰小、费用少等优点。地震波法预报原理如图 7-13 所示。

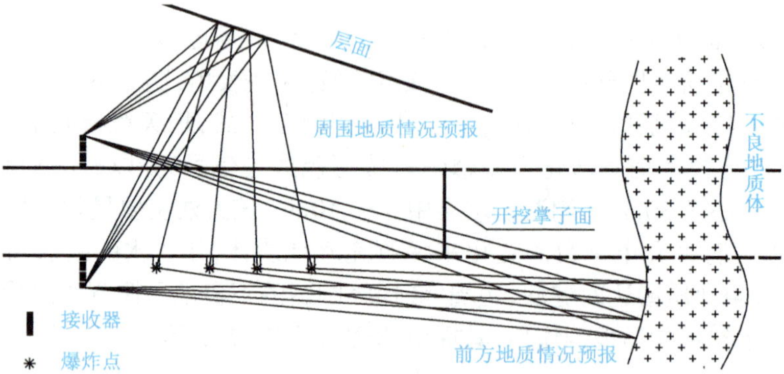

图 7-13　隧道地震波法（TSP/TGP）预报原理

三、超前钻探法

超前地质钻探是在掌子面布设探孔，采用水平钻机进行超前钻探，根据钻机在钻进过程中的推力、扭矩、钻速、成孔难易及钻孔出水情况（必要时提取岩芯进行分析）来确定前方的地层和岩性，同时进行涌水量、水压测试及水质分析，判定掌子面前方地层含水情况及性质的一种超前地质预报方法，超前水平钻机及其现场作业如图 7-14 所示。

a）超前水平钻机　　b）现场作业

图 7-14　超前水平钻机及其现场作业

其优点是方法简单、直观（钻孔少时存在一孔之见）；探测距离可长可短（5～80m）。缺点是施作困难，费时较多，费用较大。

适应于各种地质条件下隧道的超前地质预报，一般不常用。但在富水软弱断层破碎带、岩溶发育区、煤层瓦斯发育区、重大物探异常区等地质复杂地段必须采用。

四、红外探测法

红外探测法是由分子振动和转动形成的，构成地质体的分子每时每刻都在不停地振动和转动，它所产生的能量在不间断地由内向外传播，从而形成红外波段的电磁辐射，并形成红外辐射场。场有能量、动量、方向和信息。地质体由内向外发射红外辐射时，必然会把地质信息传递出来。当隧道前方和外围介质相对均匀时，经探测所获得的辐射曲线，具有正常场特征。

鉴于超前地质预报技术发展水平，目前还未有一种能解决所有问题的预报手段，因此超前地质预报应以地质调查为基础，针对不同地段地质情况和预报目的，采用一种或几种方法相互补充和印证，进行综合超前地质预报，以提高预报准确率。

案例分析：×××隧道监控量测

一、工程概况

×××隧道全长2096m，线路里程起讫点DK1418+006~DK1420+102，隧道进出口内轨顶面设计高程分别为95.978m和77.843m，洞身最大埋深约195.7m，最小埋深3m（位于进口附近）。该隧道地质条件复杂，洞身穿越多种地质构造，施工难度大，设计勘测隧道最大涌水量为2487.1m^3/d、正常涌水量1386.41m^3/d；最大埋深195.7m。隧道穿越Ⅴ级围岩532m，占隧道总长度的25.4%，Ⅳ级围岩1354m，占隧道总长度的64.6%、Ⅲ级围岩210m，占隧道总长度的10%。

二、监控量测项目

针对高铁隧道施工标准高、质量要求严的要求，根据《铁路隧道监控量测技术规程》（Q/CR 9218—2015）的要求，该隧道采用的监控量测方案是：超前地质预报；隧道洞口地段地表下沉量测；隧道周边水平位移量测和拱顶下沉量测。

（一）超前地质预报

结合本工程地质条件，该隧道的超前地质预测预报工作遵照“长期预报与短期预报相结合、物探手段与钻孔直接预测相结合、区域性地质预报与掌子面地质预报相结合”的“三结合”原则，全面正规、贯穿全程。做到“有疑必探、先探后掘”，充分发挥多种手段综合预报的优势，通过各种方法相互对照、相互补充，相互配合，提高物探成果解译水平，提高地质预报精度。

该隧道在进口里程DK1418+059布置检测线见图7-15。在地质雷达图像上，隧道中线点为2个连续标记；起、终点分别为3个连续标记；中间标记分别为一个标记。

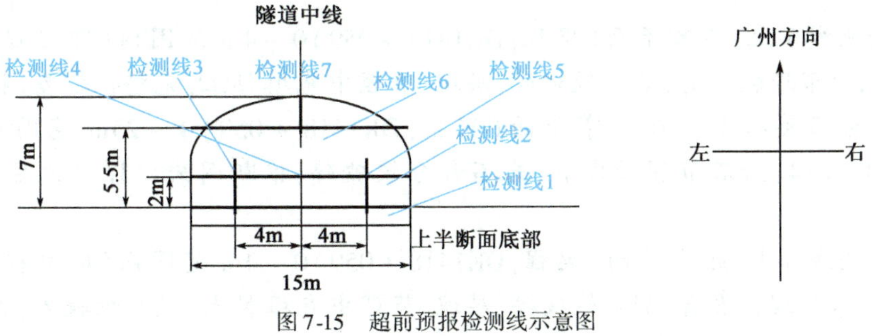

图7-15 超前预报检测线示意图

隧道进口掌子面地质超前预报结果如图7-16所示。

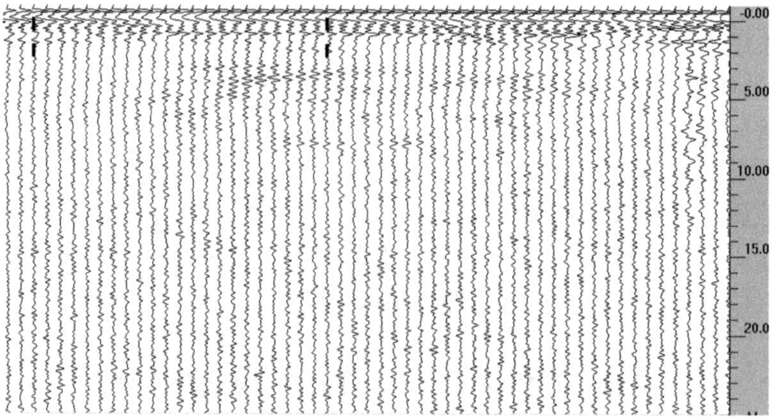

图7-16　地质超前预报检测线1雷达图像

根据地质雷达图像进行软件技术处理并分析推断：

(1)在检测线1上，距掌子面(里程：DK1418+059)0~4m范围内(即里程为DK1418+059~063)，围岩节理较发育，岩石较破碎，层理、节理中充填黏土，完整性较差，推断岩石以Ⅴ级为主，主要为石英砂岩。在距掌子面(里程：DK1418+059)4~25m范围内，即里程为DK1418+063~084，岩石节理较发育，岩石部分较破碎，推断围岩以Ⅳ级为主，主要为石英砂岩。

(2)在检测线2上，距掌子面(里程：DK1418+059)0~4m范围内(即里程为DK1418+059~063)，围岩节理较发育，岩石较破碎，层理、节理中充填黏土，完整性较差，推断岩石以Ⅴ级为主，主要为石英砂岩。在距掌子面(里程：DK1418+059)4~25m范围内，即里程为DK1418+063~084，岩石节理较发育，岩石部分较破碎，推断围岩以Ⅳ级为主，主要为石英砂岩。

(3)在检测线3上，距掌子面(里程：DK1418+059)0~4m范围内(即里程为DK1418+059~063)，围岩节理较发育，岩石较破碎，层理、节理中充填黏土，完整性较差，推断岩石以Ⅴ级为主，主要为石英砂岩。在距掌子面(里程：DK1418+059)4~25m范围内，即里程为DK1418+063~084，岩石节理较发育，岩石部分较破碎，推断围岩以Ⅳ级为主，主要为石英砂岩。

(4)在检测线4上，距掌子面(里程：DK1418+059)0~4m范围内(即里程为DK1418+059~063)，围岩节理较发育，岩石较破碎，层理、节理中充填黏土，完整性较差，推断岩石以Ⅴ级为主，主要为石英砂岩。在距掌子面(里程：DK1418+059)4~25m范围内，即里程为DK1418+063~084，岩石节理较发育，岩石部分较破碎，推断围岩以Ⅳ级为主，主要为石英砂岩。

(5)在检测线5上，距掌子面(里程：DK1418+059)0~4m范围内(即里程为DK1418+059~063)，围岩节理较发育，岩石较破碎，层理、节理中充填黏土，完整性较差，推断岩石以Ⅴ级为主，主要为石英砂岩。在距掌子面(里程：DK1418+059)4~25m范围内，即里程为DK1418+063~084，岩石节理较发育，岩石部分较破碎，推断围岩以Ⅳ级为主，主要为石英砂岩。

(6)在检测线6上，距掌子面(里程：DK1418+059)0~4m范围内(即里程为DK1418+059~063)，围岩节理较发育，岩石较破碎，层理、节理中充填黏土，完整性较差，推断岩石以Ⅴ

级为主,主要为石英砂岩。在距掌子面(里程:DK1418+059)4~25m范围内,即里程为DK1418+063~084,岩石节理较发育,岩石部分较破碎,推断围岩以Ⅳ级为主,主要为石英砂岩。

(7)在检测线7上,距掌子面(里程:DK1418+059)0~4m范围内(即里程为DK1418+059~063),围岩节理较发育,岩石较破碎,层理、节理中充填黏土,完整性较差,推断岩石以Ⅴ级为主,主要为石英砂岩。在距掌子面(里程:DK1418+059)4~25m范围内,即里程为DK1418+063~084,岩石节理较发育,岩石部分较破碎,推断围岩以Ⅳ级为主,主要为石英砂岩。

综合各检测线分析、推断的结果,绘制上半断面掌子面(里程:DK1418+059)地质超前预报示意图如图7-17所示。

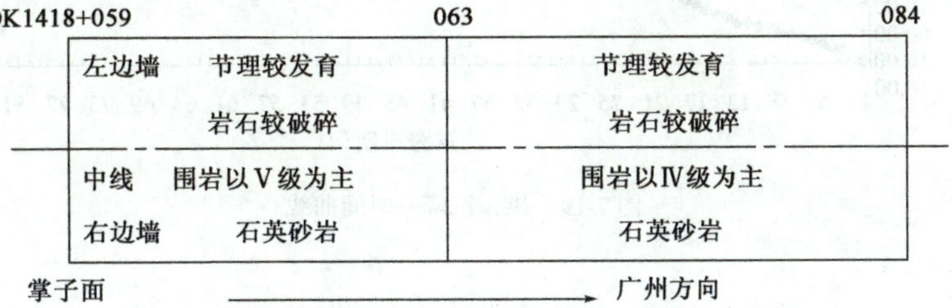

图7-17 上半断面掌子面地质超前预报示意图

该隧道进口在里程为DK1418+059~063的范围内,围岩节理较发育,岩石较破碎,层理、节理中充填黏土,完整性较差,推断岩石以Ⅴ级为主,主要为石英砂岩。在里程为DK1418+063~084范围内,岩石节理较发育,岩石部分较破碎,推断围岩以Ⅳ级为主,主要为石英砂岩。通过对地质雷达提供的图像进行分析后建议施工单位在开挖中,应尽量控制循环进尺,严格控制装药量,并及时进行初期支护,使结构及早闭合,并注意隧道渗水或漏水的预防,确保隧道施工安全。

(二)隧道周边净空变化和拱顶下沉量测

洞身地段的深埋段,主要进行隧道必测项目的量测,内容是隧道周边水平位移和拱顶下沉量测,布设的断面间距Ⅴ级每20m布设断面,Ⅳ围岩10~30m布设断面,拱顶下沉和周边位移量测共用同一量测断面。其测点布置如图7-18所示。

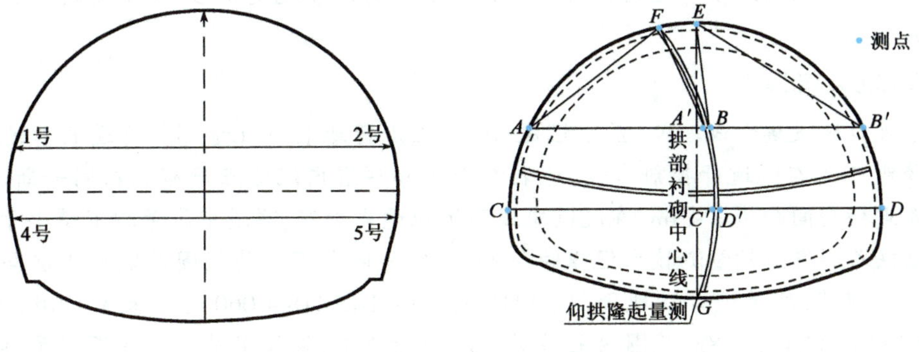

a) b)

图7-18 测点布置图

隧道周边收敛量测共布设20个断面。隧道所布设的断面总体收敛不大，均在设计和施工规范要求的范围内，所有断面测试变化速率在规范允许的范围内，未出现异常情况。这说明隧道的初期支护参数基本正确，施工方法可行。监测一个月左右，各断面拱顶下沉速率均小于0.1～0.2mm/d，断面已适合二次衬砌的施作。

取Ⅳ级围岩一个断面进行分析，断面拱顶和周边测试点如图7-18a）所示。

DK1419+720，图7-19为拱顶沉降—时间测试图，图7-20为净空位移—时间测试图。

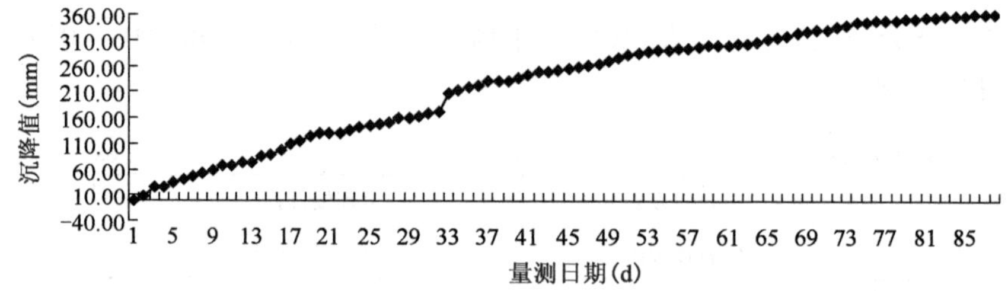

图7-19　拱顶沉降—时间曲线

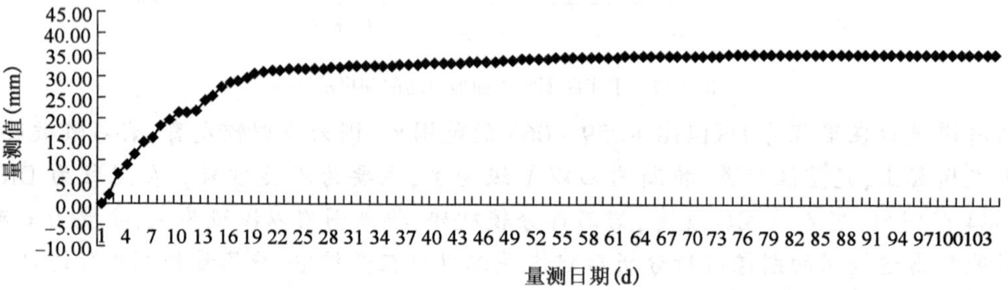

图7-20　净空位移—时间曲线

在开挖后20天左右，收敛速率时大时小，主要是由于采用台阶法施工，下部断面的施工影响到上部断面台阶的稳定，对围岩的扰动次数增加，爆破环节中也对围岩产生了扰动，致使位移持续增加，最后收敛量达33.5mm左右，说明初期支护起到作用且能满足实际要求，反映出围岩-支护系统趋于稳定。但在4号和5号收敛曲线中，最后收敛量为5mm左右，说明在施工过程中，下部断面围岩变形值比较小，主要是因为下部施工时上部断面已经闭合，初期支护对控制围岩净空收敛起到了一定的作用。特别是下半断面开挖支护后，整个隧道开挖周边受力明显改善。

（三）地表沉降

隧道进口地段属于浅埋段（最小埋深3m），应进行地表下沉量测。隧道洞口地表下沉量测的沉降观测点在隧道开挖前布设，地表沉降点和隧道内沉降点应布置在同一断面里程内。地表沉降点横向间距为2～5m，在隧道中线附近应适当加密，隧道中线量测不得小于H_0+B。

根据铁路隧道监控量测技术规程的要求，为研究地表下沉的范围及地表下沉与施工方法选择的变形规律，隧道进口浅埋段（DK1418+006～DK1418+060），埋深3～40m，DK1418+006～DK1418+024段，18m范围内采用明挖法进行施工，该段不进行地表下沉量测。在隧道进口段设置了两个地表下沉观测断面（DK1418+024和DK1418+060），其埋置深度在$B<H<2B$。同一断面量测点应取11个，间距3～5m。断面布置形式如图7-21所示，经过了一个月的观察，得到了地表沉降曲线如图7-22所示。

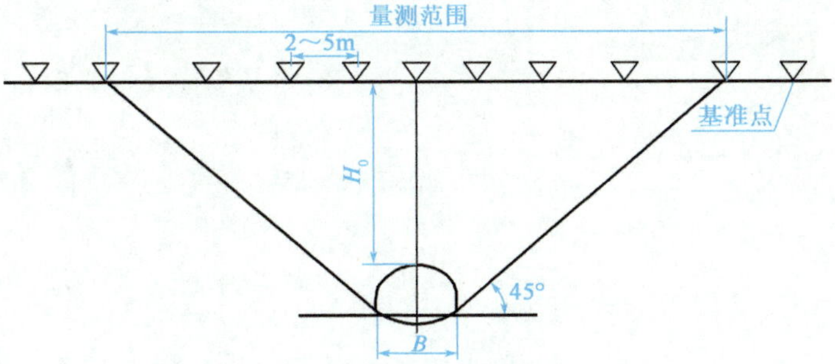

图 7-21 地表下沉量测断面点位布置图

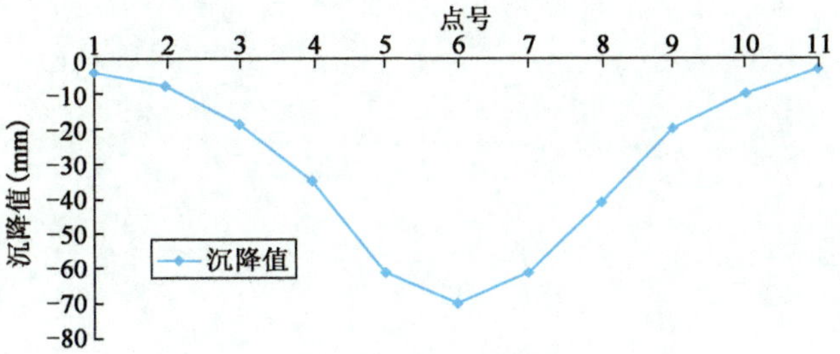

图 7-22 DK1418 +024 地表最终沉降曲线图

从图中可以得知,隧道进出口浅埋围岩较破碎,开挖后地表有一定的沉降,最大沉降量仅为70mm,沉降量并不大。主要是由于隧道进出口为Ⅴ级围岩,为了确保隧道施工安全,在洞口地段采用了 ϕ108mm 的大管棚辅助施工,由于管棚的刚度大,能够承担较大的围岩应力,一旦施作能够立即承受荷载,还能较好地控制围岩变形,因此在进出口浅埋段地表下沉值较小。在初期支护及仰拱施工完成后,地表下沉速率明显减少,因此需要在施工过程中及时施作初期支护,仰拱先行,再做拱墙衬砌使结构及早闭合。

通过对隧道的施工动态监测及数据回归分析,对围岩及支护结构的状态有了充分的了解,用科学的态度去掌握隧道的施工,为确定二次衬砌施工时机提供了可靠的科学依据,为安全施工提供了有力的保障。

技能训练

某铁路隧道,隧道起讫里程为 DK500 + 000 ~ DK500 + 990,所通过围岩为Ⅳ和Ⅴ级,整座隧洞都处于浅埋地段。为了更好地监控围岩动态,确保隧道安全,按照施工要求,对隧道进行了监测,在请完成下列任务:

1. 为什么要做监控量测?
2. 隧道监控量测需要哪些项目?
3. 简述监控量测实施步骤。
4. 在实训基地内进行洞内外状态观察,并填写地质素描卡。
5. 该隧道需要进行地表沉降观测吗? 为什么?
6. 若隧道进行地表沉降观测,请绘制测点布置图?
7. 请利用收敛计完成隧道周边收敛量测,并填入书中表格,进行数据分析和处理。
8. 该隧道需要做超前地质预报吗? 为什么?

图[illegible]

从[illegible]故障[illegible]700m[illegible]

[illegible]

技能训练

某[illegible]

1. [illegible]
2. [illegible]
3. [illegible]
4. [illegible]
5. [illegible]
6. [illegible]
7. [illegible]
8. [illegible]

项目八

隧道防排水技术

知识目标：

1. 掌握隧道防排水的原则和工程措施；
2. 了解隧道防排水类型；
3. 了解隧道防排水材料；
4. 掌握隧道防水层施工的工艺流程；
5. 掌握隧道变形缝、施工缝的防水；
6. 掌握隧道排水设施的施工工艺。

能力目标：

1. 初步具备确定一般隧道工程的防排水措施；
2. 初步具备组织现场隧道防排水施工的能力。

素质目标：

1. 培养学生精益求精的工匠精神；
2. 培养学生良好的职业道德；
3. 培养学生分析问题和解决问题的能力。

任务描述：

某公路隧道位于东部沿海地区，是一座单向三车道隧道，隧道所在区域为亚热带海洋性季风气候，终年温暖湿润，雨量充沛。该隧道地下水丰富，稍有疏漏就可能造成隧道漏水问题。为了确保隧道不渗漏，对隧道制定了相应的防水要求。试完成下列任务：

1. 确定隧道防排水原则；
2. 确定隧道防排水设施组成；
3. 确定隧道防排水设施施工工艺；
4. 确定隧道渗漏处理方法。

任务实施

任务一　概　　述

教学课件：概述

微课：防排水基本知识

隧道和地下工程处于岩土层中，当隧道穿过或靠近含水地层，时刻受到地下水的渗透作用，如衬砌的防排水设施不完善，地下水就会浸入隧道，发生隧道渗漏水病害。为了改善道渗漏水状况，提高隧道防排水技术水平，有关部门都针对本行业内隧道防水状况，提出了相应的防排水要求。

一、防排水原则

隧道防排水应遵循"防、排、截、堵相结合，因地制宜，综合治理"的原则，采取切实可靠的设计、施工措施，保障结构物和设备的正常使用和行车安全。对地表水和地下水应做妥善处理，洞内外应形成一个完整的防排水系统。

"防"是指隧道衬砌应具有一定的防水能力，防止地下水渗入。

"排"是指衬砌背后空隙及围岩不积水，减少衬砌背后的渗水压力和渗水量。

"截"是指在洞外和衬砌外侧采用工程措施，拦截引导流向隧道的水源。如增设洞顶截水沟、防渗漏铺砌填补工程和修建泄水洞等。地表水应截流、汇集排除、防止积水下渗。隧道衬砌背后的地下水宜引排，减少衬砌的渗水压力和渗水量。

"堵"是指在隧道内对衬砌表面可见的渗漏处所，封堵归槽引排。如衬砌圬工内压浆、喷浆、喷涂乳化沥青和抹面封闭等内贴式防水层。堵水应归槽，使地下水按预定路径排走。

具体地说，对铁路隧道防排水的基本要求如下：

(1)衬砌不渗水，安装设备的孔眼不渗水；

(2)道床排水畅通，不浸水；

(3)在有冻害地段的隧道，衬砌背后不积水、排水沟不冻结。

对公路隧道防排水的基本要求如下：

(1)高速公路、一级公路、二级公路隧道防排水应满足下列要求：

①拱部、边墙、路面、设备箱洞不渗水；

②有冻害地段的隧道衬砌背后不积水，排水沟不冻结；

③车行横通道、人行横通道等服务通道拱部不滴水，边墙不淌水。

(2)三级公路、四级公路隧道应做到：

①拱部、边墙不滴水，路面不积水，设备箱洞不渗水；

②有冻害地段的隧道衬砌背后不积水，排水沟不冻结。

(3)当采取防排水工程措施时，应注意保护自然环境。当隧道内渗漏水引起地表水减少，影响居民生产、生活用水时，应对围岩采取堵水措施，减少地下水的渗漏。

二、隧道防水类型分类

隧道可分为防水型隧道和排水型隧道两类。

1.防水型隧道(承受水压)

通过采取各种措施，如防水层、止水带等，将水封堵在隧道衬砌之外。不排水的全封闭防水型隧道在静水头不超过30m的地方广泛应用。如武广客运专线浏阳河隧道就是采用全防水类型。经过大量的工程实践，人们认识到 60m 水头是防水型隧道的上线，虽然超过 60m 水头从技术上来讲防水问题仍然可以解决，但是对隧道防水材料和结构的要求都将大大提高。在防水型隧道中也要设置排水系统，为隧道渗漏水预留排水通道。实践已经证明，即使是精心设计和施工的隧道，也可能会产生渗漏。防水型隧道在支护结构设计和防水板材料选用时，必须考虑水压作用。

2. 排水型隧道

排水型隧道包括控制排水型，在高水位以及不允许过量排放地下水处修建时，应采取"以堵为主，限量排放"，即"控制排放"的原则。地下水允许排放量是根据隧道周围的具体情况确定的。如挪威 Oslofjord 跨海通道，对于海底隧道段，按排水设备能力和经济考虑，确定允许排放量；渝怀铁路圆梁山隧道高水压富水区设计时，地下水允许排放量为 $5m^3/(m \cdot d)$；在排水对地面生态环境影响不大的地区，一般可不必控制排水，而是利用衬砌背后的盲沟等排水设备，让水流入隧道内排水沟排出洞外，但必须保证初期支护和二次衬砌的排水系统畅通。任何排水系统的堵塞，都将导致隧道承受水压。

当地面生态和社会环境敏感，要求严格限制排水以免对其造成影响，特别是在隧道地区居民分布密集或存在地下水供水水源，大量排水会对环境等造成重大影响的场合，可以优先设计防水型隧道。

当隧道穿过岩溶发育带、断层破碎带，预计围岩中地下水水量丰富，采用以排为主可能影响生态环境时，应根据实际情况采用"以堵为主，限量排放"的原则，达到堵水有效、防水可靠、经济合理的目的。在岩溶地下水发育地段，则采用"以疏为主，以堵为辅"的原则，应强调尽量维系岩溶暗河的既有通路，不要随意封堵溶洞、暗河。

在一座隧道的不同区段，也可能存在以排为主的排水型，同时又有全周防水型的防水体系。在这种隧道的设计中，必须充分考虑到防水型和排水型之间设计合理的过渡措施。不同防排水类型隧道的特点对比见表 8-1。

不同防排水类型隧道特点对比 表 8-1

比较项目	措施		
	防水型隧道	排水型隧道	
		控制排水	不控制排水
地下水流失	基本无流失	部分流失	地下水流失
水压力	全水压	部分水压	无水压
建造费用	随水头增加而明显增加	随水头的增大而增加	低
维护成本	少	随时间的增长而增加	随时间的增长而增加

任务二 隧道防排水措施

一、隧道结构防排水布置图

隧道结构防排水布置图如图 8-1 所示。

二、隧道结构防排水施工工艺流程

防排水施工工艺流程如图 8-2 所示。

教学课件：隧道防排水措施

动画：结构防排水施工工艺流程

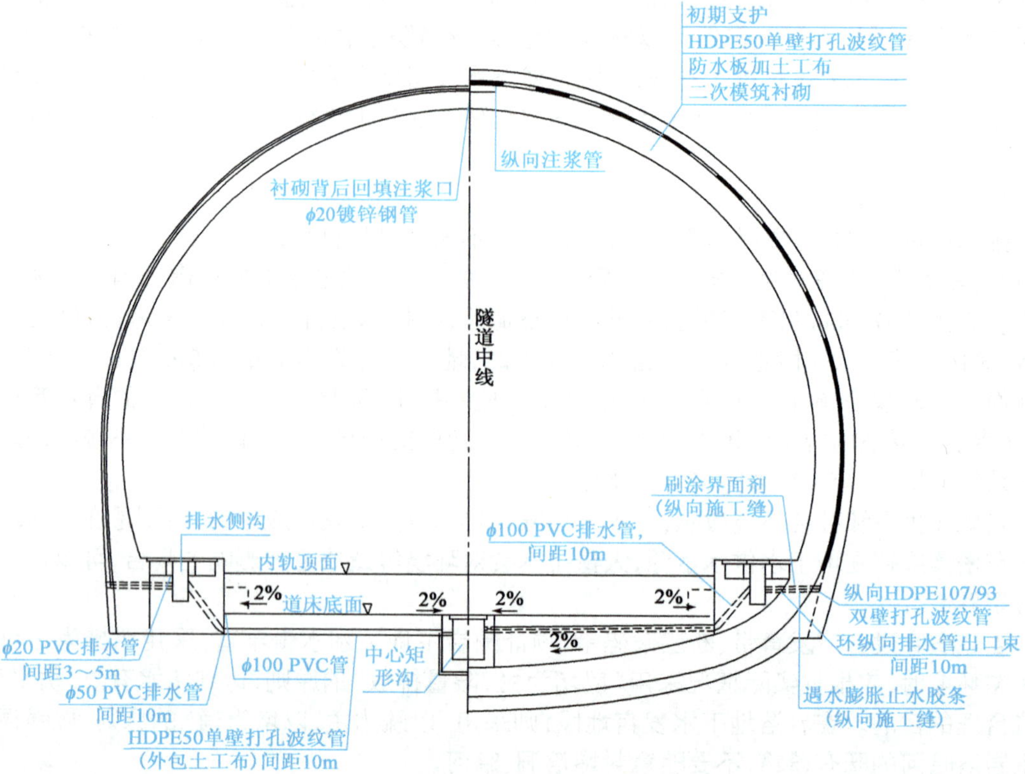

图8-1 某双线隧道洞内防排水布置图(非施工缝)

三、防水工程措施

隧道防水工程应以混凝土结构自防水和防水板防水为主体,以接缝防水为重点,必要时采用注浆加强防水。防水措施包括初期支护喷射混凝土防渗、防水层、施工缝、变形缝防水、衬砌自防水、衬砌背后回填注浆等。

(一)喷射混凝土防渗

喷射混凝土作为防水层是被国际隧协(International Tunnelling Association,简称ITA)所提倡的。国际隧协工作组对喷射混凝土作为防水层做了大量的研究,并指出其影响因素很多,例如对于暴露于有侵蚀性的物质地下水环境中,必须采取特殊措施,如添加硅粉或钢纤维、采用低水化热水泥等,才能提高喷射混凝土的防渗性能。喷射混凝土作为隧道防水层与防水板同样重要,如果忽略了这个问题,就会导致隧道渗漏。

为提高喷射混凝土的防渗性能,应做到如下几点:

(1)对喷射混凝土的围岩基面进行处理。喷射前对围岩基面进行处理是十分必要的,从防水角度将,对松散危石波、渗漏水的处理特别重要。松散危石的节理、已经张开的裂隙是喷层背后主要的积水空间,使结构承受的水压力加大;围岩渗漏水直接影响喷射混凝土的喷射质量,对大股涌水宜采用注浆堵水,对小股水或裂隙渗漏水宜采用注浆或导管引排后再喷射混凝土,大面积潮湿的岩面宜采用黏结性强的混凝土,如添加外加剂、掺合料以改善混凝土的性能。

(2)对喷射混凝土背后空隙进行注浆。在软弱围岩段,支护要采用钢架,再加上锚杆、钢筋网、纵向连接筋等,使喷混凝土层内部及其围岩接触面密布,加大了喷射难度,不可避免地在内部及靠围岩侧形成阴影,造成喷射混凝土内部及其与围岩接触面不密实,形成空隙,因而对支护及其背后注浆是十分必要的,是提高支护抗渗能力的重要保证。

(3)对突出的锚杆进行处理。突出于围岩面的锚杆端部,可事先进行切割;对喷后突出的钢筋头,对其切割后再补喷或用砂浆覆盖。

(4)对于喷射混凝土的湿润养护,减少裂纹。若喷射混凝土发生裂纹时,应视裂纹情况,采用补喷混凝土、灌浆等方式将裂缝封闭。

(5)调整混凝土配合比或掺加外加剂等,提高混凝土的抗渗能力。通过试验确定喷射混凝土的最佳配合比或采用掺加抗渗外加剂这两种途径均可提高混凝土的抗渗能力。当围岩变形大时,可采用纤维喷射混凝土以提高支护层防裂能力。

综上所述,喷射混凝土支护层作为复合式衬砌的最外层支护及第一道防水屏障,其施作质量和防水效果受围岩开挖、施作工艺及结构形式影响很大,不做任何处理的喷射混凝土的防水能力是非常有限的。

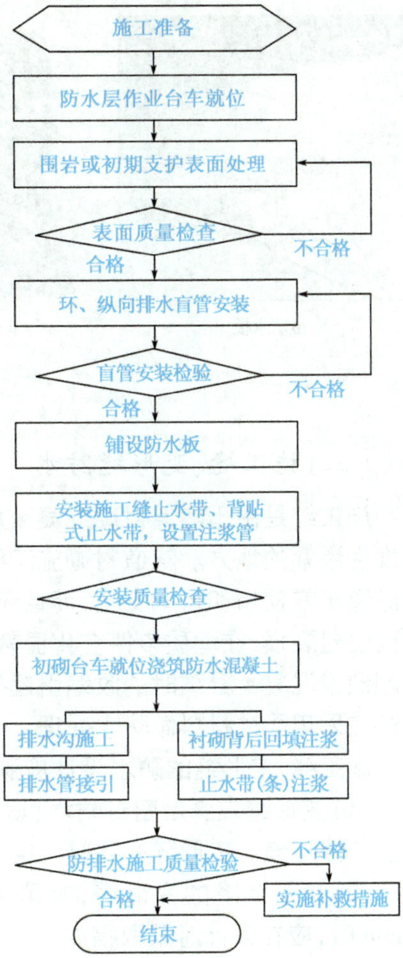

图8-2　结构防排水施工工艺流程图

(二)防水层防水

山岭隧道复合式衬砌中的防水层是隧道防排水技术的核心,是保证隧道防水功能的重要措施。防水层通常由防、排水板与缓冲垫层等组成。缓冲垫层直接安设在基层上作为防止静力穿刺的保护层,也提供一定的排水能力。防水层为不透水表面光滑的高分子防水卷材,它不仅起到将地层渗水拒于二次衬砌之外的防水作用,而且对初期支护与二次衬砌还起到隔离与润滑作用,使初期支护喷射混凝土对二次衬砌模筑混凝土的约束应力减少,从而避免二次衬砌产生裂缝,提高了二次衬砌的防水抗渗能力。

国内用于隧道复合式衬砌中的防水层多为各类塑料防水板,包括PVC(聚氯乙烯)、ECB(乙烯、醋酸乙烯与沥青混合物)、EVA(乙烯—醋酸乙烯共聚物)、LDPE(低密度乙烯)及HDPE(高密度乙烯)类或其他性能相近的材料。排水板本身就是一种很好的防水材料,通过采用可靠的连接方式,使塑料排水板成为一种很好的辅助防水材料。用作缓冲层的一般为不小于4mm的聚乙烯(PE)质量介于300~400g/m^2的无纺布。防水层材料如图8-3所示。

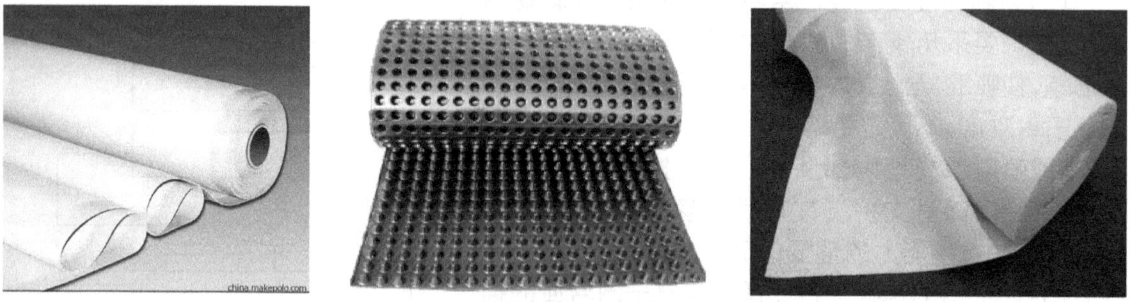

a)防水板　　b)排水板　　c)土工布

图 8-3　防水层材料

(三)施工缝、变形缝防水

施工缝是由于隧道衬砌混凝土施工所产生的接缝，是防水薄弱环节之一，也是隧道中最容易发生渗漏的地方。隧道衬砌施工缝处理不好，不仅造成衬砌混凝土裂缝及洞内漏水，严重影响隧道正常使用和行车安全，而且还会降低结构的强度和耐久性。为防止由于衬砌不均匀下沉而引起裂损、在地质条件变化显著、衬砌受力不均匀地段，应设置沉降缝，为防止由于温度变化剧烈或混凝土凝结时的收缩引起衬砌开裂，应设置伸缩缝。这两种结构统称为变形缝。变形缝应采用柔性材料做防水处理。

施工缝、变形缝的防水设计应满足以下要求：

(1)变形缝应满足密封防水、适应变形、施工方便、检修容易等要求。严寒地区洞口段应设多条伸缩缝。变形缝处混凝土结构的厚度不得小于 30cm。

(2)用于沉降的变形缝，其最大允许沉降量差值不应大于 30mm。当计算沉降量大于 30mm 时，应在设计时采取措施。

(3)用于沉降的变形缝宽度 20 ~ 30mm，用于伸缩的变形缝的宽度宜小于此值。

(4)变形缝的材料包括橡胶止水带、钢边止水带、遇水膨胀橡胶条和嵌缝材料，均须满足一定的性能指标要求。其中，嵌缝材料的最大拉伸强度不应小于 0.2MPa，最大伸长率应大于 300%。

常见施工缝防水构造见图 8-4。

常见的变形缝的几种复合式衬砌防水构造形式见图 8-5、图 8-6。

(四)防水混凝土

隧道二次衬砌混凝土既是外力的承载结构，也是防水的最后一道防线，因此要求衬砌既要有足够的强度，还要有一定的抗渗性。隧道衬砌应采用防水混凝土，防水等级为一、二级的隧道工程模筑混凝土抗渗等级不低于 P8；地下水发育地段的隧道及寒冷地区隧道抗冻设防段衬砌混凝土抗渗等级不应低于 P10。防水混凝土是以水泥、砂、石为原料，通过规定的级配比，并掺入少量的外加剂，通过调整配合比、抑制或减少空隙率、改变空隙特征、增加各原材料界面间的密实性等方法，配制成的具有一定抗渗能力的防水混凝土。

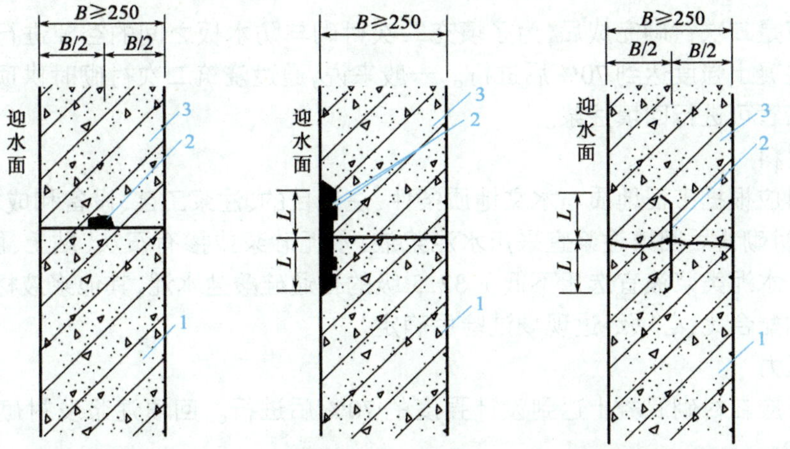

a)施工缝防水基本构造(一)
1-先浇混凝土；2-遇水膨胀止水条；3-后浇混凝土

b)施工缝防水基本构造(二)
外贴止水带$L \geqslant 150$mm；
外涂防水涂料$L=200$mm；
外抹防水砂浆$L=200$mm；
1-先浇混凝土；2-外贴防水层；3-后浇混凝土

c)施工缝防水基本构造(三)
钢板止水带$L \geqslant 100$mm；
橡胶止水带$L \geqslant 125$mm；
钢边橡胶止水带$L \geqslant 120$mm
1-先浇混凝土；2-中埋止水带；3-后浇混凝土

图 8-4　施工缝的防水基本构造(尺寸单位:mm)

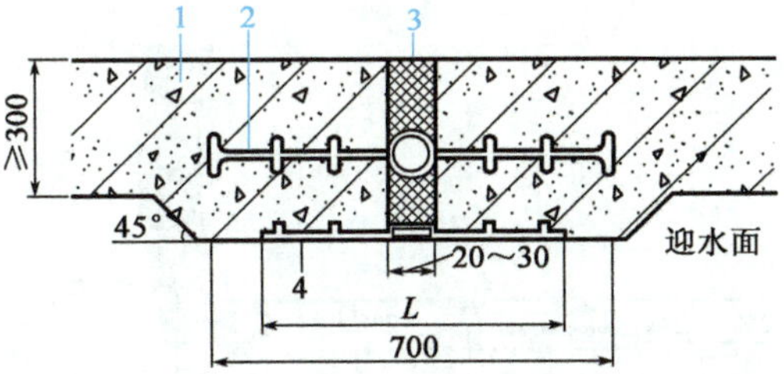

图 8-5　中埋式止水带与外贴式防水层复合防水构造(尺寸单位:mm)

外贴式止水带 $L \geqslant 300$mm；外贴式防水卷材 $L \geqslant 400$mm；外涂防水涂层 $L \geqslant 400$mm。1-混凝土结构；2-中埋式止水带；3-填缝材料；4-外贴防水层

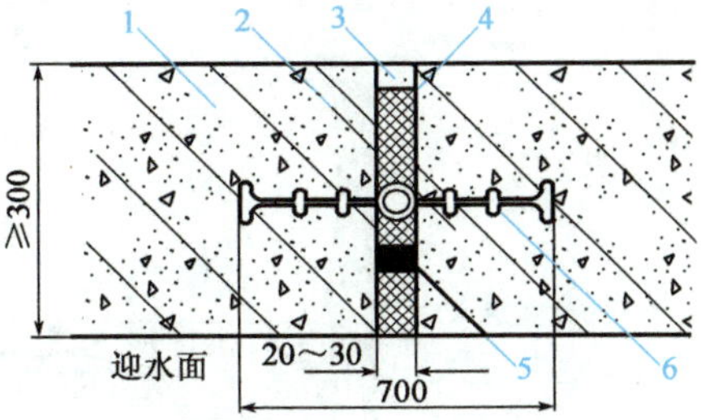

图 8-6　中埋式止水带与遇水膨胀橡胶条、嵌缝材料复合防水构造(尺寸单位:mm)

1-混凝土结构；2-填缝材料；3-嵌缝材料；4-背衬材料；5-遇水膨胀橡胶条；6-中埋式止水带

防水混凝土施工过程中的质量控制要求：

(1)严格按照设计配合比进行配料，不得随意增减。

(2)防水混凝土必须用搅拌机进行搅拌。掺外加剂时，严格按外加剂的技术要求确定搅拌时间，加强对水灰比的监测，尤其在高温天气时更应加强。

(3)浇筑时要清除模板内杂物，浇筑高度不应超过 2m，并分层浇筑，每层厚度不大于 250mm。必须使用振捣器进行振捣，振捣时间为 10～30s，振捣器的插入间距不宜大于振捣器作用半径的 1.5 倍，并置入下层混凝土内深度 50～100mm 为宜。

(4)可通过掺入外加剂(如减水剂、缓凝剂或粉煤灰)控制大体积混凝土的收缩裂缝。

(五)衬砌背后回填注浆

回填注浆是二次衬砌完成后,为了填充二次衬砌与防水板之间的空隙进行注浆。回填注浆应在衬砌混凝土强度达到70%后进行。一般来说,通过浇筑二次衬砌时拱顶按一定间距预埋的垂向注浆管可进行回填注浆。

1. 注浆材料

注浆材料应根据工程地质与水文地质条件、注浆目的、注浆工艺、设备和成本等因素,按下列规定选用:衬砌背后回填注浆宜采用水泥浆液、水泥砂浆或掺有石灰、黏土、膨润土、粉煤灰的水泥浆液。水泥类浆液宜选用不低于32.5级的普通硅酸盐水泥,其他浆液材料应符合有关规定。浆液的配合比,必须经过现场试验后确定。

2. 注浆压力

回填注浆应在衬砌混凝土达到设计强度的70%后进行。回填注浆及衬砌内注浆的压力应小于0.5MPa。

3. 注浆结束条件

单孔注浆结束的条件为衬砌后注浆达到设计终压。

四、洞内排水工程措施

在排水型隧道中必须做好衬砌背后的排水系统,使水能通畅排出。隧道排水系统主要包括衬砌背后环向排水盲管、纵向排水盲管、衬砌泄水孔、洞内横向排水盲管、洞内侧沟及中心水沟这一体系。如图8-7所示。

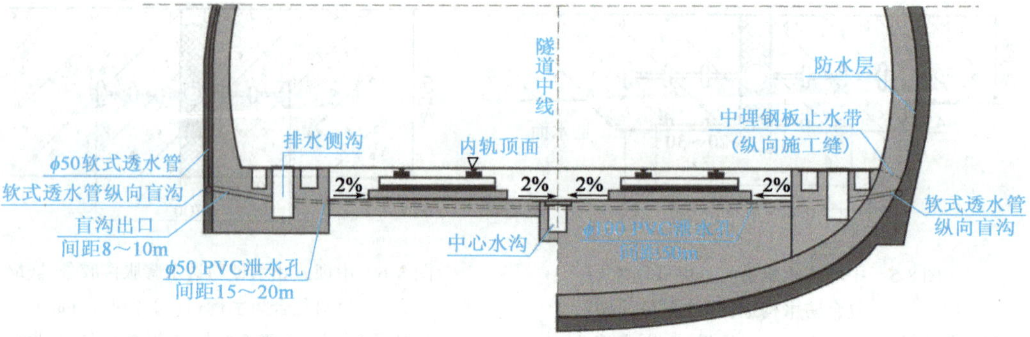

图8-7 隧道横向排水系统断面图

(一)排水盲管

环向排水盲管的作用是在岩面和初期支护喷射混凝土之间、初期支护喷射混凝土与防水板之间提供过水通道,并使之渗到纵向排水管。环向盲管选择小于ϕ50mm的打孔波纹管。环向排水管视施工期间地下水的渗漏情况设置,具有很大的灵活性,间距一般为8~12m,当地下水发育时可适当加密至3~5m。

动画:纵环向排水盲沟的安装

纵向排水盲管是沿纵向设置在衬砌底部防水板与初期支护之间的透水盲管,目前常用的纵向排水管选择不小于80mm的打孔波纹管或带孔透水管,纵向盲管宜8~12m分段,盲管应设反滤层。纵向排水管的作用是将环向排水管等排下来的水汇集并通过泄水孔流到侧沟或中央排水管(沟)。

泄水孔位于衬砌基础的下部,布设方向与隧道轴线垂直,是连接纵向排水管与侧沟或中央排水管(沟)的水流通道。泄水孔通常为高强度硬质塑料管,施工中先在纵向盲管上预留接头。接头要牢靠,保证纵向盲管与侧沟水路通畅。横向排水盲管位于仰拱填充层,是保证侧沟与中央排水管(沟)间水路通畅重要结构。

视频:水沟电缆槽移动模架施工

(二)侧沟

隧道内侧沟主要用于汇集地下水,并将地下水引入中央排水管(沟),同时起到沉淀和兼顾部分排水的作用。隧道侧沟与电缆槽同时施工,采用设备施工,双侧水沟双侧电缆槽同时施工,见图8-8。

图8-8 水沟电缆槽移动模架

侧沟设置符合以下要求:

(1)侧沟坡度应与隧道坡度一致。

(2)水沟断面应根据水量大小确定,要保证有足够的过水能力,且便于清理和检查。

(3)单线隧道宜设置双侧水沟,双线及多线隧道应设置双侧或中心水沟。

(4)洞内水沟均应设置盖板。

(5)道床积水应通过纵横向排水管引入排水沟;电缆槽应设置泄水孔接入侧沟。

(三)中央排水管(沟)

中央排水管(沟)是主要排水管,同时汇集道床顶部积水,疏干底板下积水。中央排水管(沟)采用带孔预制混凝土管段拼接而成,纵向间隔一定距离设置检查井。中央排水管(沟)布置见图8-9。

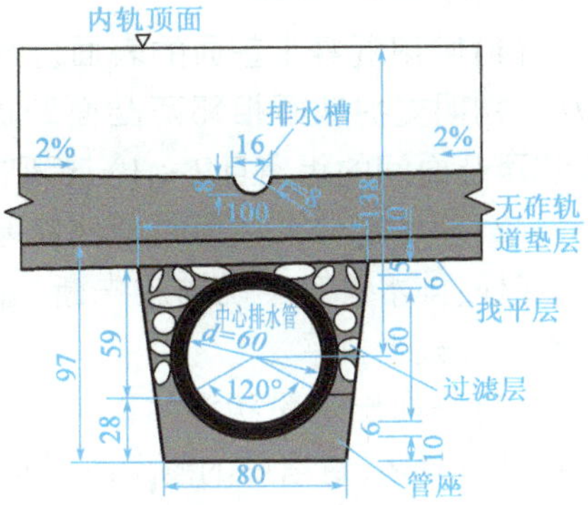

图8-9 中央排水管(沟)布置(尺寸单位:cm)

五、截水设施

详见项目一中任务二截水设施相关内容。

任务三 防排水施工工艺

教学课件:防排水施工工艺

动画:塑料防水层施工

一、隧道防水施工流程

隧道防水层施工工艺流程见图8-10。

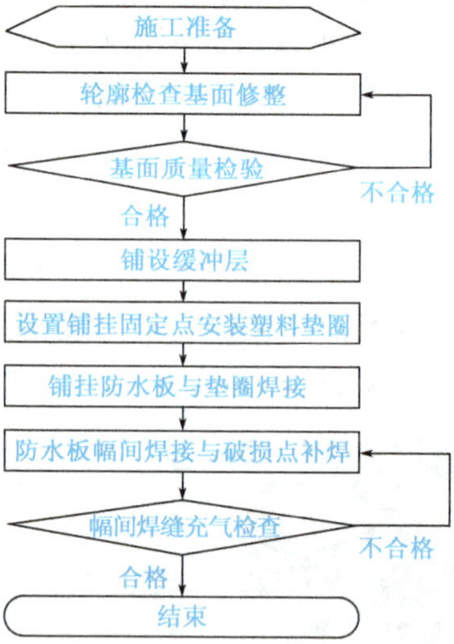

图 8-10　隧道防水层施工工艺流程

二、防水板施工

围岩如有淋水,应先采用注浆措施将大的淋水或集中出水点封堵,然后在围岩表面设排水管或排水板竖向盲沟将局部引排。初期支护如有淋水,在初期支护与二次衬砌之间设置竖向排水。竖向排水在拱脚处用硬聚乙烯排水管穿过二次衬砌排入侧沟中。在初期支护与二次衬砌之间铺设土工布、防水板、变形缝、施工缝采用中埋式橡胶止水带或其他止水措施。

(一)基面处理

(1)喷射混凝土基面的表面应平整,无空鼓、裂缝等,其平整度应符合 $D/L \leqslant 1/10$ 的要求(D 为初期支护基面相邻两凸面凹进去的深度;L 为基层相邻两凸面间的距离且 $L \leqslant 1$),否则应进行基面处理。

(2)拱墙部分自拱顶向两侧将基面外露的钢筋头、铁丝、锚杆、排水管等尖锐物应先断、遮盖或铆平后,并用砂浆或喷混凝土找平。

动画:基面处理　　微课:基面处理

(3)基面出现股状涌水时,宜采用局部注浆、围截注浆法进行封堵,封堵后的剩余水量可用排水盲管或排水板集中将水引入洞内排水沟排出。

基面处理如图 8-11 所示。

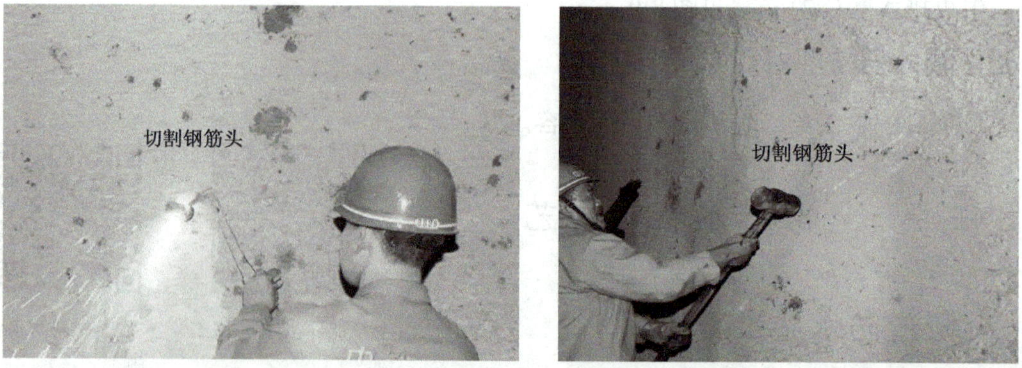

图　8-11

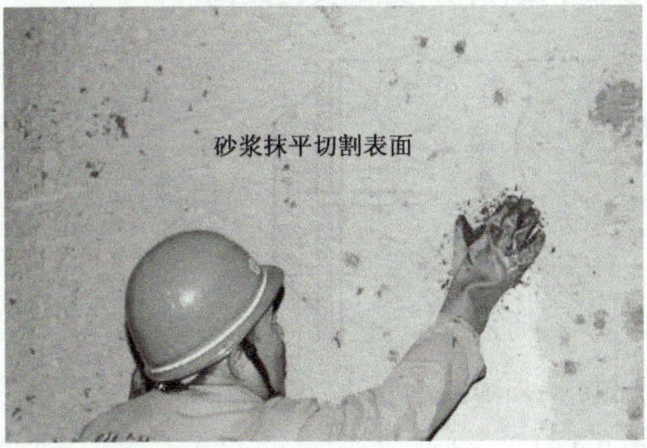

图 8-11 基面处理

(二)缓冲垫层的铺设

常用的缓冲垫层有土工布和聚乙烯泡沫塑料,铺设过程如下:

用带热塑性圆垫圈的射钉将土工布平整顺直地固定在基层上,土工布搭接宽度 50mm,可用热风焊枪点焊,每幅防水板布置适当排数垫圈,每排垫圈距防水板边缘 40cm 左右,垫圈间距:侧壁 80cm,2 ~ 3 个垫圈/m^2,顶部 40cm,3 ~ 4 个垫圈/m^2。如图 8-12、图 8-13 所示。

微课:防水板铺设

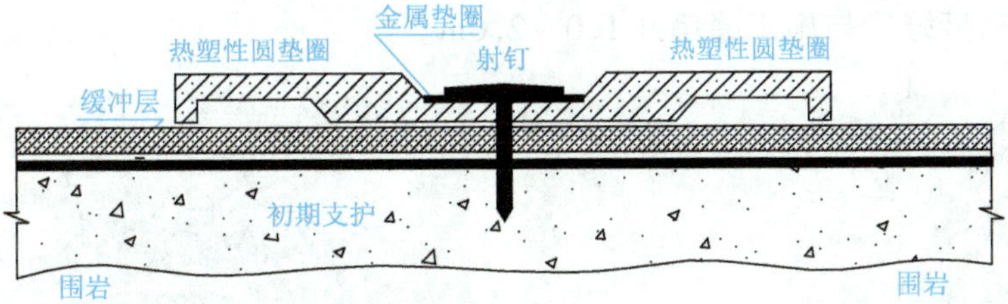

图 8-12 金属垫圈固定土工布示意图

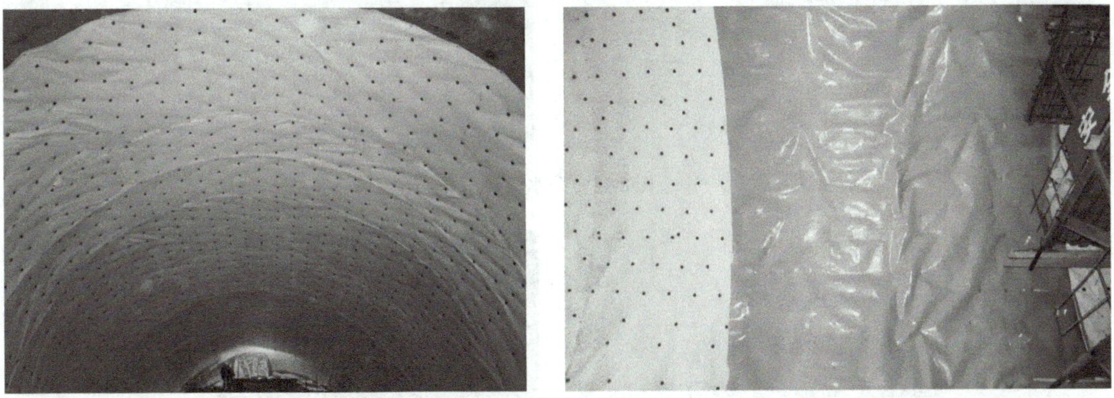

图 8-13 缓冲层及防水板铺设

(三)防水板铺设

防水板铺设多采用无钉铺设法,无钉铺设法是先将喷射混凝土表面上用明钉铺设法固定缓冲层,然后将防水板热焊或黏合在缓冲层垫圈上,使防水板无穿透钉孔,如图 8-14 所示。防水板铺设要点如下:

(1)防水板铺设应超前衬砌施工，应与开挖工作面保持一定的安全距离。

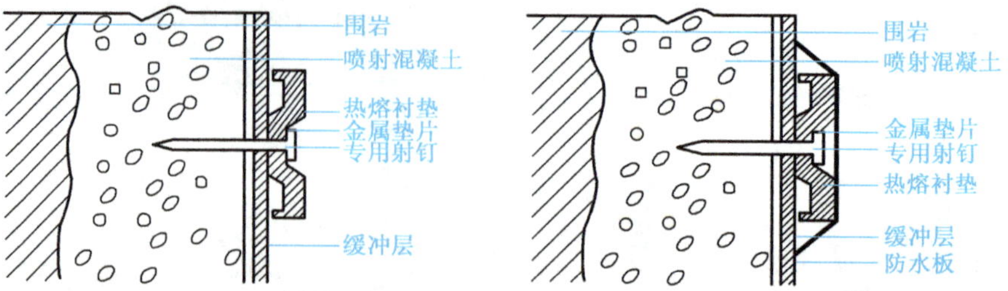

图 8-14　无钉铺设防水板示意图

(2)防水板应采用防水板作业台车铺设(图 8-15)。

(3)防水板采用环向铺设，与热塑性垫圈连接应采用超声波焊接(图 8-16)。

(4)防水板的固定应松紧适度并根据基面的圆顺程度留足余量(实铺长度与弧长的比值为 10:8)，检查时要保证防水板全部面积均能抵到围岩。

视频：防水板钢筋定位台车

视频：隧道防水板自动铺设作业机械化施工

(5)防水板搭接长度不应小于 15cm，分段铺设的防水板边缘部位应预留至少 60cm 的搭接余量。防水板搭接处采用双缝焊接，且均匀连续，不得有假焊、漏焊、焊焦、焊穿等现象。

(6)防水板搭接缝应与施工缝错开 1.0～2.0m。

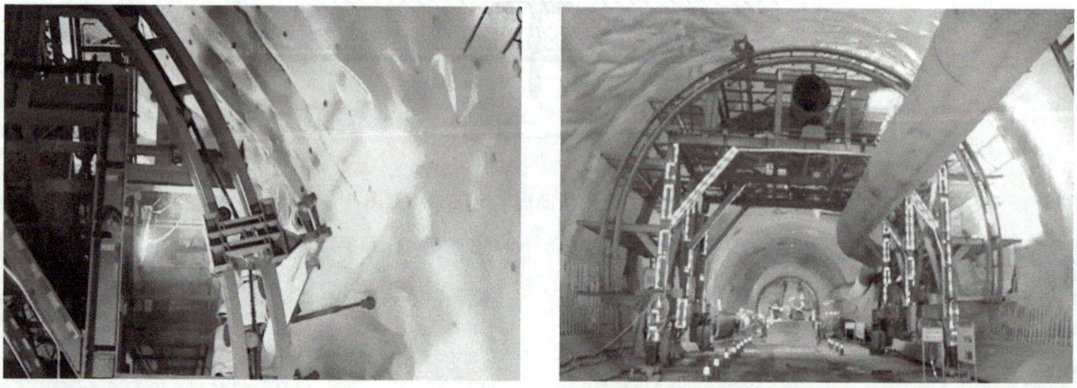
图 8-15　防水板台车

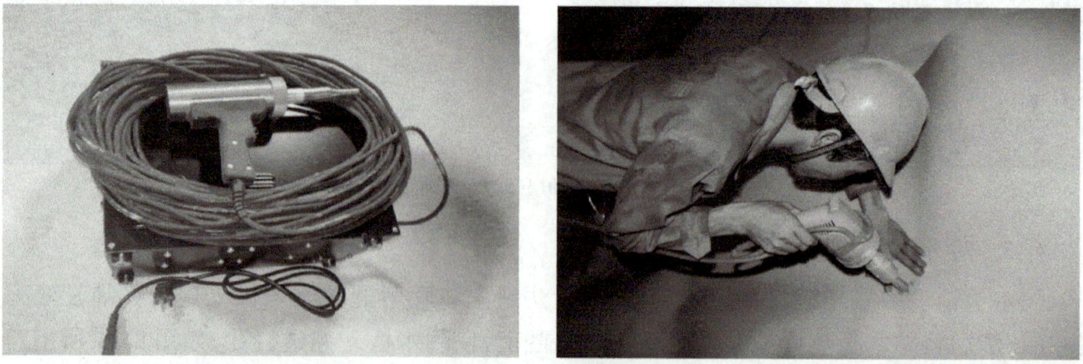
图 8-16　防水板焊接

（四）防水板搭接

微课：防水板焊接

防水板通畅采用自动爬焊机双缝焊接，防水板焊接在热融垫片表面焊接前将防水板铺设平整、舒缓，并将焊接部位的灰尘、油污、水滴擦拭干净，焊缝接头处不得有气泡、褶皱及空隙，而且接头处要牢靠，强度不得小于同一种材料；防水板焊接时，要严格掌握焊接速度和焊接时间，防止过焊或焊穿防水材料；防水板之间搭接宽度为150mm，双缝焊接的每条缝宽15mm，两条焊缝间留不小于1.5cm宽的空腔作为充气检查用。如图8-17和图8-18所示。焊缝处不允许有漏焊、假焊，凡烤焦、焊穿处必须用同种材料片焊贴覆盖。防水板搭接要求呈鱼鳞片状，以利排水。

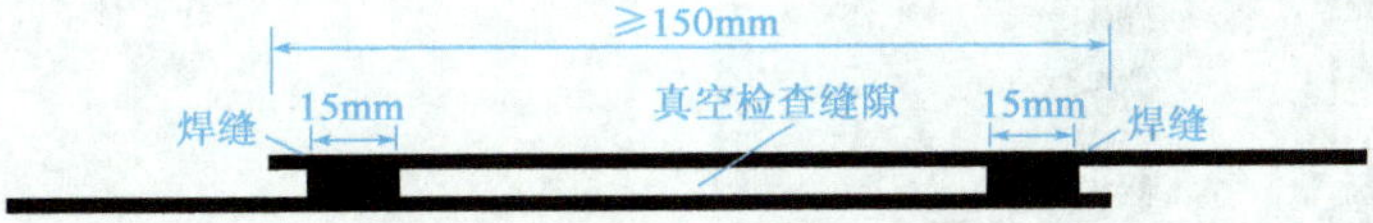

图8-17　防水板间搭接双缝焊

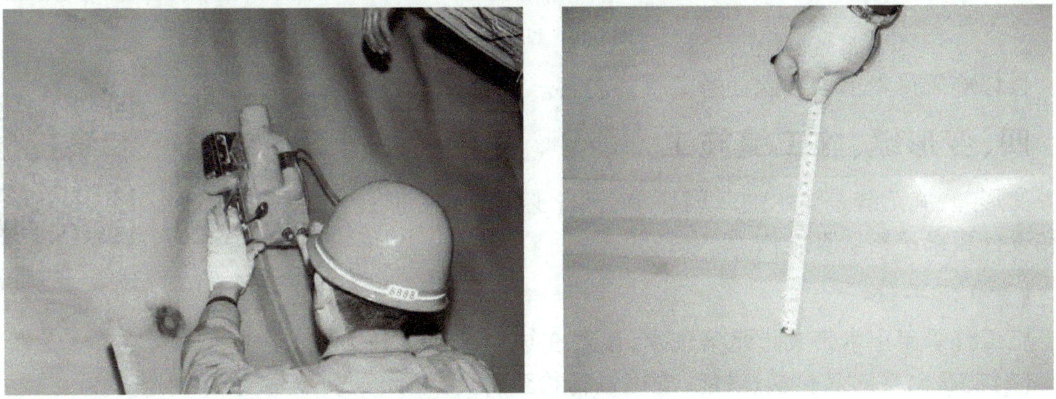

图8-18　自动爬焊机和焊缝检查

（五）质量检查

（1）在洞外检查防水板及土工布的颜色、厚度、合格证是否符合要求。

（2）防水板焊接质量检测。防水板的搭接缝焊接质量检查应按充气法检查，将5号注射针与压力表相接，用打气筒进行充气，当压力表达到0.25MPa时停止充气，保持15min，压力下降在10%以内，说明焊缝合格；如压力下降过快，说明有未焊好之处，用肥皂水涂在焊缝上，有气泡的地方重新补焊，直到不漏气为止，见图8-19。

（六）混凝土施工时防水板保护

（1）底板防水层可用细石混凝土保护。

（2）衬砌结构钢筋绑扎时不得划伤或戳穿防水板，钢筋头采用塑料帽保护。焊接钢筋时，用非燃物隔离。

（3）浇筑混凝土时，振动棒不得接触防水层。

（4）二次衬砌灌注混凝土时，不得损坏防水板。

三、防水混凝土施工

隧道衬砌混凝土既是外力的承载结构，也是防水的最后一道防线，因此要求衬砌既要有足够的强度，还要有一定的抗渗性。衬砌采用防水混凝土。为了能够更好地满足设计要求，施工中要加强管理，对混凝土施工进行全过程控制。

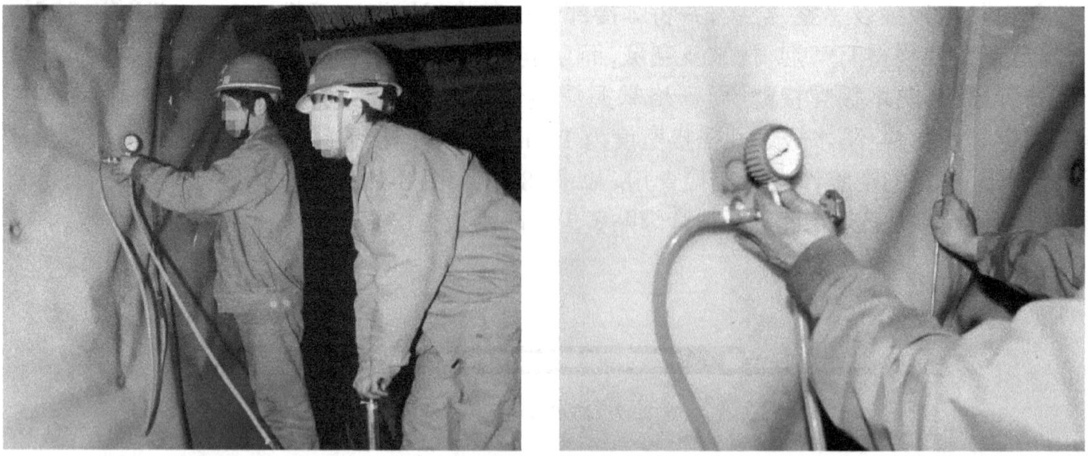

图 8-19　焊缝质量检查

具体施工见本书项目六任务二相关内容。

四、变形缝、施工缝施工

微课：三缝防水布置图　微课：三缝防水施工

变形缝、施工缝是防水的薄弱环节，因此必须按规范规定和设计要求严格认真施作。

（一）施工缝

施工缝采用止水带或止水条防水，设置在结构厚度的 1/2 处。

（1）施工时要对其材质、性能、规格进行检查，符合设计要求，无裂纹和气泡。

（2）先施工结构中预埋的一半止水带，应用止水带钢筋夹固定或通过止水带边孔的钢丝固定在结构钢筋骨架上，并用两块挡头板牢牢固定住，避免混凝土灌注过程中止水带移位。止水带不得打孔或用钢钉固定。

（3）拆模时和进行施工缝凿毛处理时，应仔细保护止水带，以防被破坏。后施工的结构在灌注前，必须对止水带进行清洗。

（二）变形缝

变形缝是由于考虑结构不均匀受力和混凝土结构胀缩而设置允许变形的缝隙，它是防水处理的难点，也是结构自防水中的关键环节。

变形缝设计为缝宽 20 ~ 30mm，防水材料可选用橡塑钢片止水带、双组分聚硫橡胶、四油两布双组分聚氨酯、聚苯板、EVA 防水砂浆等，结构中间埋入钢边橡胶止水带（图 8-20），止水带两侧分别用聚苯乙烯泡沫板填充。

具体操作方法：用特制钢筋箍加紧橡塑钢片止水带，使其准确居中，在封口处开宽 90mm、深 35mm 的槽，具体与缝交接处放双组分聚硫橡胶，其余部分填聚苯板。在嵌双组分聚硫橡胶前，将缝两边基面的表面松动物及浮渣等凿除，清扫干净并用砂浆找平，使其与变形缝两侧黏结牢固。槽体的槽帮涂四油两布双组分聚氨酯，槽体填充 EVA 防水砂浆。

（三）变形缝、施工缝的质量保证措施

（1）保证施工缝粘贴止水条处混凝土表面光滑、平整、干净，施工缝凿毛时不被破坏。

a) 钢边止水带　　b) 中埋止水带　　c) 背贴止水带

图 8-20　止水带类型

(2) 止水条的安装确保“密贴、牢固、混凝土浇筑前无膨胀失效”，使用氯丁胶粘贴并加钢钉固定，接头用氯丁胶斜面粘贴紧密。

(3) 止水带的安装确保“居中、平顺、牢固、无裂口脱胶”，并在浇筑混凝土的过程中注意随时检查，防止止水带移位、卷曲。塑料止水带接头采取焊接。

(4) 各种贯通的施工缝、变形缝的止水条、止水带的安装确保形成全封闭的防水网。

(5) 灌注混凝土前，先将混凝土基面充分凿毛并清洗干净。采用手工凿毛时，对施工缝的清洗必须彻底，必要时还要用钢刷刷干净。

(6) 混凝土浇筑时，确保新旧混凝土结合良好，使混凝土结合处有 20～30mm 厚的水泥砂浆。水平施工缝可先铺设厚 20～30mm 的混凝土等强度的防水砂浆。

(四) 背贴式橡胶止水带的施工

(1) 背贴式橡胶止水带（图 8-21）设置在衬砌结构施工缝、变形缝的外侧，施工时按设计要求先在需要安装止水带的位置放出安装线。

(2) 施工缝处设计有防水板的，如止水带材质与防水板相同，则采用热焊机将止水带固定在防水板上；如设计为橡胶止水带时，则采用黏结法将其与防水板黏结。

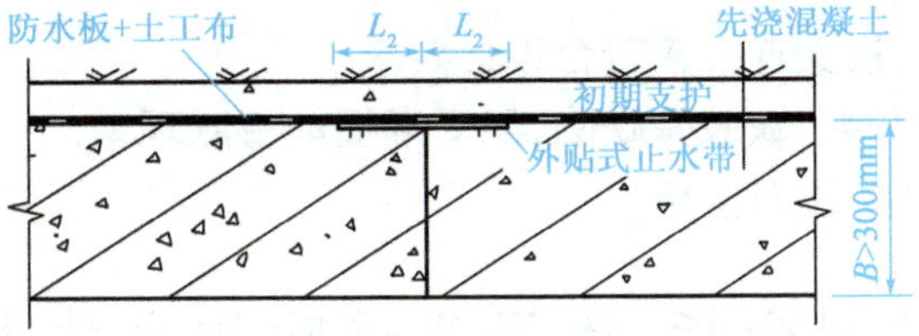

图 8-21　背贴式橡胶止水带施工

(五) 中埋式橡胶止水带施工

中埋式橡胶止水带（图 8-22）施工时，将加工的 ϕ10mm 钢筋卡由待模筑混凝土一侧向另一侧穿入，卡紧止水带一半，另一半止水带平结在挡头板上，待模筑混凝土凝固后弯曲 ϕ10mm

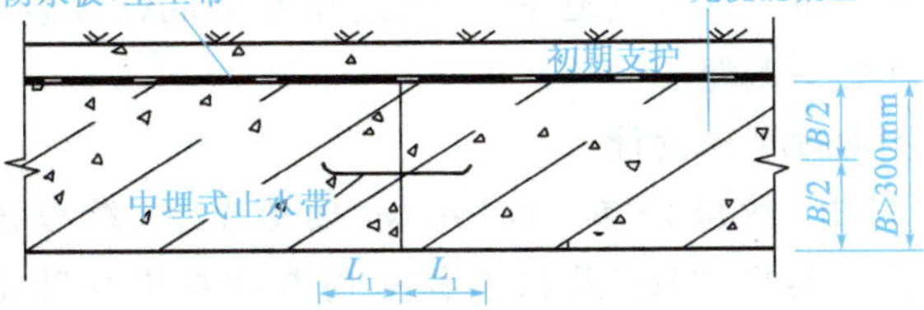

图 8-22　中埋式橡胶止水带施工

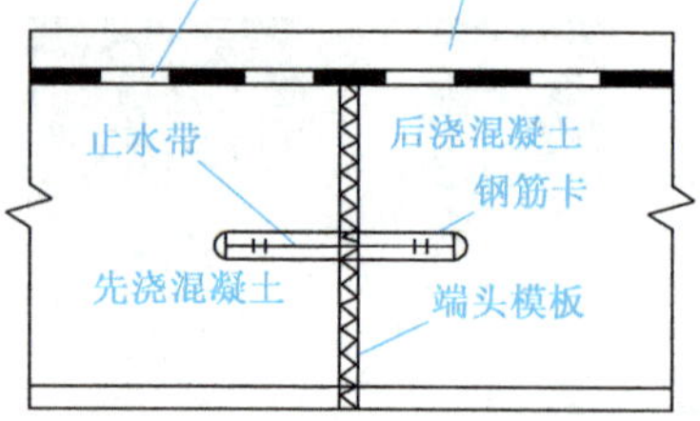

图 8-23　中埋式止水带施工

钢筋卡套上止水带，模筑下一循环混凝土，见图 8-23。

(1)止水带安装的横向位置，用钢卷尺量测内模到止水带的距离，与设计位置相比，允许偏差 ±5cm。

(2)止水带安装的纵向位置，通常止水带以施工缝或伸缩缝为中心两边对称，用钢卷尺检查，要求止水带偏离中线的允许偏差 ±3cm。

(3)用角尺检查止水带与衬砌端头模板是否正交，不正交时会降低止水带的有效长度。

(4)检查接头处上下止水带的压茬方向，此方向应以排水通畅、将水外引为正确方向，即接茬部位下部止水带压住上部止水带。

(5)用手轻撕接头来检查接头强度，观察接头强度和表面打毛情况。接头外观应平整、光洁，抗拉伸强度不低于母材，不合格时应重新焊接。

(六)遇水膨胀橡胶止水条施工

(1)选用的遇水橡胶止水条应具有缓胀性能，其 7d 的膨胀率不大于最终膨胀率的 60%。

(2)遇水止水条应牢固地安装在缝表面或预留槽内(图 8-24)。先将预留槽清洗干净，然后涂一层胶黏剂，将止水条嵌入槽内，并用钢钉固定。止水条连接应采用搭接方法，搭接长度大于 50mm，搭接头要用水泥钉钉牢。止水条应沿施工缝回路方向形成闭合回路，不得有断点。

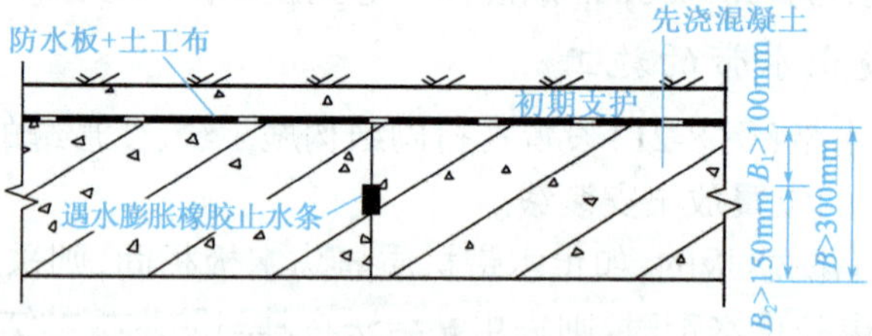

图 8-24　施工缝止水条设置图

(3)止水条安装位置、接头连接应符合设计要求。

(4)止水条表面没有开裂、缺胶等缺陷，无受潮提前膨胀现象。

(5)止水条与槽底密贴，没有空隙。

案例分析：溪涌隧道防排水技术

1. 工程概况

溪涌隧道位于深圳东部沿海地区，是一座单向三车道隧道，左线隧道 ZK10 +470 ~ ZK11 +370，长 900m，右线隧道 YK10 +400 ~ YK11 +360，长 960m，隧道净宽 13.25m，净高 7.8m。该隧道建设要求标准高，难度大，是盐坝高速公路重点工程之一。由于深圳属亚热带海洋性季风气候，终年温暖湿润，雨量充沛。该隧道地下水丰富，稍有疏漏就可能造成隧道漏水问题，因此隧道的防排水问题就成为重要课题。

2. 溪涌隧道复合式衬砌防排水设计

根据溪涌隧道特点，提出“防排并重、防排结合、因地制宜、综合治理”的原则，把“防”和“排”放在同等重要的位置。其中，“防”是指工程结构本身或附加防水层等防水措施，使工程具有防止地下水渗入的能力；“排”是指围护结构将渗透水引向排水沟，在用机械或自然方式排出。其防排水结构如图 8-25 所示。

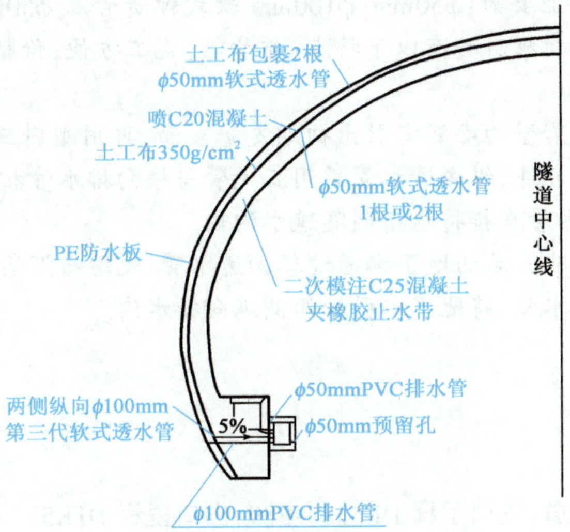

图 8-25　溪涌隧道防排水设计

注：

1. 土工布包裹两根环向 ϕ50mm 软式透水管；
2. 洞室开挖后可视围岩情况增设环向排水管；
3. 两侧拱脚横向引水管间距应与环向排水管相对应，电缆槽泄水管设置间距为 20m；
4. 施工缝设置橡胶止水带，间距根据实际情况确定；
5. 路面底设 8cm 碎石垫层，每隔 10～20m 在水沟壁预留 ϕ50mm 孔。

溪涌隧道的防水措施，复合式衬砌有内外三层防线：

(1) 在隧道爆破开挖后，以锚喷支护为初期支护，做初步防水。

(2) 经监控量测确认初期支护基本稳定后，在喷射混凝土基面铺设防水层。

(3) 立模灌注的二次衬砌混凝土。

3. 溪涌隧道防水材料的选择

(1) 防水板材料的选择

国内常采用的 PVC、EVA、PE 板等主要性能指标进行对比，决定选用 PE 防水板，无钉铺设防水层，板间接缝采取热合焊缝技术，是防水效果最佳。

(2) 垫层材料的选择

施工过程中，为防止喷射混凝土刺破防水层，用垫层作为缓冲层，在防水中起到防护、过滤和一定的排水作用。溪涌隧道选用的缓冲层为无纺布。

4. 无钉铺设防水层的施工工艺及质量检查

详见本项目任务三。

5. 施工缝处理

施工缝是导致渗漏的薄弱环节，在施工时应尽量减少施工缝。溪涌隧道衬砌模板台车长 9m，在一组衬砌中不可避免产生一道环向施工缝。在施工中采用的是橡胶止水带。具体工艺见本项目任务三。

6. 设置排水系统，减少静水压力

若只采用防水措施，即喷射混凝土、防水板和二次衬砌将地下水隔离在防水板外侧，那么衬砌背后的静水压力得不到释放而作用在衬砌结构上，以致地下水通过薄弱环节渗出，形成隧道的渗漏水，隧底翻浆。因此要减轻隧道的静水压力，必须设置排水系统。

溪涌隧道排水材料主要为：ϕ50mm、ϕ100mm 软式弹簧管及 ϕ50mm、ϕ100mmPVC 管，8cm 的碎石透水层。使用管材材料具有以下特点：质量轻，施工方便；价格低，管路接头容易，接头有专用的三通管。

用环向透水管把围岩壁的渗漏水引出初期支护表面，再用塑料三通管与将要固定在初期支护表面的纵向透水管相连，纵向透水管再用三通管与横向排水管相连，这时就完成了围岩壁的渗漏水，通过横向排水管直接将水排到隧道水沟内。

初期支护与二次衬砌背后的地下水通过环向透水管、无纺布汇集到纵向透水管内后，通过塑料三通连接到横向排水管，将地下水引入两侧纵向排水沟。

技能训练

某高速铁路单线隧道，进口里程 DK538 +389，出口里程 D1K557 +055，隧道全长 18770m，最大埋深约 1023m，进、出口均接桥梁工程。该隧道属于长江水系，水系较发育，隧道建成后满足隧道防水要求，不渗不漏。请完成以下任务：

1. 结合防排水布置图写出隧道防排水措施。
2. 结合施工图纸写出隧道防排水原则。
3. 写出隧道防水板施工流程。
4. 编制隧道防水板作业指导书。
5. 在虚拟仿真软件上，完成防水板铺设。
6. 在隧道基地内，铺设纵环向盲管，并与衬砌上泄水孔相连。

项目九

辅助坑道

知识目标：

1. 了解各种辅助坑道的类型与适用情况；
2. 掌握辅助坑道设计及施工要点。

能力目标：

1. 能够选择辅助坑道的类型；
2. 初步具备编制辅助坑道施工方案的能力；
3. 初步具备从事辅助坑道设计及施工的能力。

素质目标：

1. 培养学生不怕吃苦精神；
2. 培养学生一丝不苟工作作风；
3. 培养学生安全质量意识。

任务描述：

某高速铁路双线隧道，隧道全长7680m，隧道穿越黄土地区，所通过围岩级别是Ⅳ和Ⅴ级围岩，为了加快隧道施工工期，隧道采用了3个斜井作为辅助坑道，其中3号斜井作为以后的应急通道。试完成下列任务：

1. 确定辅助坑道类型；
2. 选择辅助坑道技术参数；
3. 辅助坑道施工。

任务实施

长大隧道施工时，因受工期或其他因素控制，常常要利用辅助坑道来增辟工作面，将隧道分割成几段，形成“长隧短做”，以加快施工速度、改善施工条件、缩短隧道施工工期。辅助坑道的形式主要有横洞、平行导坑、斜井、竖井等。

设置辅助坑道一般会使隧道工程造价有所提高，其具体的形式应根据隧道的长度、施工期限、地形、地质、水文等条件，结合施工和运营期间通风、排水、防灾和弃渣的需要，通过技术经济比较确定。辅助坑道的断面尺寸应根据运输要求、地质条件、支护类型、设备外形尺寸、人行安全及管路布置等因素确定，一般不宜过大。在无特殊要求时，辅助坑道的支护一般只要求保证施工期间的稳定和安全即可。

任务一 横 洞

教学课件：横洞

横洞是在隧道侧面修筑的与之相交的坑道。傍山、沿河隧道需要设置辅助坑道时，宜优先考虑采用横洞，见图9-1。横洞的位置应考虑施工需要和施工主攻方向。

一、横洞技术条件

横洞布置如图9-2所示。横洞与隧道中心线连接处的平面交角，根据地形及隧道施工组织设计安排而定，一般不宜小于40°。横洞的长度不超过隧道长度的1/10～1/7。横洞洞身的纵剖面在与隧道交接处，一般应与隧道开挖底部高程相同。为了便于排水及出渣运输，横洞洞身应有向洞外不小于0.3%的下坡。

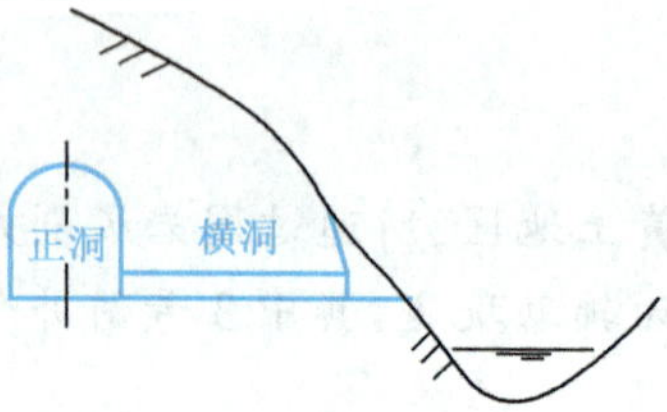

图9-1 横洞

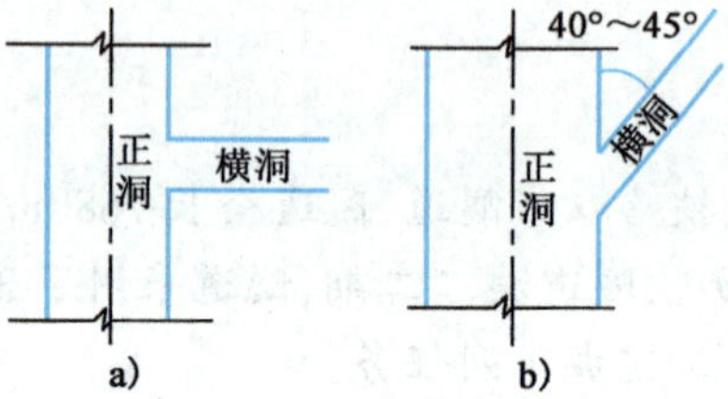

图9-2 横洞平面布置图

横洞的断面有单道断面、双道断面及部分双道断面三种。部分双道断面为在横洞中适当地段设置错车道而设。一般较短的横洞，且负担隧道施工长度不大时，可用单道断面。而较长的且要负担相当长的隧道施工段落的横洞，可以用双道断面或部分双道断面。

为便于车辆运输，横洞与隧道相交处可用不小于7倍轴距的圆曲线相连，运输方式可采用无轨运输或有轨运输。

横洞施工宜及早进洞，尽量少作洞口土石方，进洞前应根据地质情况，妥善加固边仰坡。横洞施工方法，应根据其断面大小及地质情况综合确定。横洞洞身宜根据地质条件及是否利用作为永久通风洞而进行局部或全部衬砌。

二、横洞施工技术要点

(1)不留做运营通风口的横洞洞口应采用浆砌片石进行封闭，封闭长度度宜为3～5m。

(2)横洞应根据围岩级别、断面大小合理选用开挖方法,当横洞开挖工作面与正洞的距离小于10m时,应调整爆破参数、降低循环进尺,减小爆破对正洞围岩的扰动。

(3)横洞排水系统应与正洞统筹考虑。

一般情况下,横洞较短,比较经济,因此在地形条件允许时,宜优先考虑采用横洞来增辟工作面。

在考虑把横洞作为运营时的通风口时,横洞断面大小应按通风要求及施工需要一并考虑,并宜修筑永久衬砌。

有时在隧道洞口处桥隧相连影响施工,或地质条件差,地形条件不利、路堑开挖量大尚未完工而需进洞等情况下,可利用横洞进入正洞以避免施工干扰和达到提前进洞的目的。

任务二 平行导坑

教学课件:平行导坑

对于长大越岭隧道,由于地形限制,或因通风、排水的需要,不宜选用横洞、竖井、斜井等辅助坑道时,为加快施工速度,可采用平行导坑方案。平行导坑常设于正线隧道的一侧,与正洞平行修建,其底面高程略低于正洞,并每隔一定间距设置横通道与正洞相连。见图9-3。

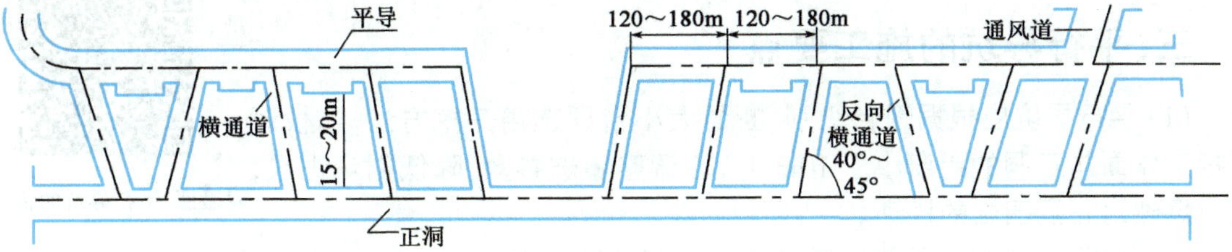

图9-3 平行导坑布置示意图

一、平行导坑的作用

(1)提前探明隧道施工前方地质情况。平行导坑超前掘进,可以进行地质勘察,充分掌握前方地质情况。

(2)加快正洞施工速度。平行导坑通过横通道与正洞联络,为正洞施工开辟工作面,加快了正洞施工速度。

(3)施工排水。平行导坑领先于正洞,其底面高程又低于正洞隧底,大部分地下水可以流入平行导坑排走,使正洞的施工环境得到改善。同时,正洞的地下水可分段经横通道的侧沟流入平行导坑内,集中排出洞外。

(4)施工通风。平行导坑、正洞及横通道组成一个完善的巷道式通风系统,该系统通风量大,通风阻力小,机械能量消耗小,通风效果好,特别适用于有瓦斯渗出的隧道内通风。

(5)作为主要运输巷道及布设管线路巷道。通过平行导坑出渣进料,可以减少正洞施工与运输之间的干扰,提高运输效率和施工效率。

(6)安全通道。在有坍方堵塞情况时,平行导坑可以作为救援、疏散、避难通道。

此外,平行导坑与正洞之间可以构成闭合测量导线网,以提高测量精度。平行导坑还可作为施工的安全通道。

平行导坑的设置,将使隧道工程的造价提高15%～25%,因此,设置平行导坑应从技术经济等方面综合考虑。

二、平行导坑布置

(1)平行导坑宜设在地下水来源或出渣运输方便的一侧,对于预留第二线的隧道,应设在二线位置上;位于软弱围岩和特殊地质地段的平导断面、衬砌宜结合二线综合考虑。

(2)与隧道的净距应按地质条件、隧道断面尺寸及施工方法等因素确定。一般为10~25m。

(3)平导纵坡一般与正洞一致,其坑底高程应根据其功能、运输方式、地下水富水程度等确定,一般宜低于隧道水沟底面不少于2m,兼作排水通道的平行导坑应根据水力计算确定。

(4)有轨运输错车道的有效长度宜为1~1.5倍施工车辆。

(5)平行导坑与正洞之间应设置横通道,并应符合下列要求:

①应尽量避免通过断层、岩层破碎带等不良地质地段。

②与隧道中线的交角宜为40°。

③间距应根据施工及进度需要、运营期间功能要求、设备洞室等综合考虑,宜为300~500m。

(6)横洞和平行导坑应设置排水沟,其排水能力应满足正洞施工及其自身排水的要求。当作为运营期间救援通道或紧急出口时,排水沟应设盖板。

(7)为了便于调车和出渣进料,每隔600~800m设置一个反向横通道。

三、平行导坑的施工要点

微课:平行导坑的施工

(1)平行导坑应根据围岩级别、断面大小合理选用开挖方法,当横洞开挖工作面与正洞的距离小于10m时,应调整爆破参数,降低循环进尺,减小爆破对正洞围岩的扰动。

(2)横洞、平行导坑的排水系统应与正洞统筹考虑。

(3)平行导坑横通道的设置宜按设计布置,施工中可根据地质情况和实际施工组织需要进行调整,并履行变更程序。

(4)平行导坑的施工,应配备较强的设备及专业工班快速掘进,平行导坑掘进应超前于正洞,超前距离不宜小于相邻横通道的间距,一般应超前正洞2个横通道的距离;但也不宜超前太远,否则平行导坑内通风困难。

(5)平行导坑内应单独安设风水管路,采用高效配套的有轨运输。

(6)平行导坑与横通道的交叉口,应在平行导坑掘进时一次挖成,以减少对平行导坑掘进的正常干扰。

(7)平行导坑宜优先使用喷锚支护;平行导坑与横通道的交叉口处,跨度较大,围岩压力亦较大,支护应予以加强。

(8)平行导坑一般可不修筑衬砌。当作为永久通风道或泄水洞时应作衬砌。平形导坑内地质复杂、渗漏严重、空间大、暴露时间长的地段也应衬砌。衬砌一般采用直边墙、曲拱的形式,采用浆砌片石或混凝土等材料。

(9)平行导坑一般采用单车道有轨运输。

任务三 斜 井

教学课件:斜井

斜井是在隧道侧面上方开挖的与之相连的倾斜坑道。当隧道较长而其埋深不大,或隧道穿过地段的地表面有低洼地形可以利用时,可考虑设置斜井。斜井的位置、倾斜度、断面尺寸及井口、井底车场的布置,必须依照隧道施工组织设计中对这个斜井及负担隧道施工的长度与进度的要求,斜井和隧道施工的机械设备条件等因素来综合研究后决定。对斜井本身及隧道施工地段的地下水情况应特别注意考虑。

一、斜井的设计

(一)斜井的剖面

斜井由井口、井身及井底车场组成,其剖面见图9-4。

斜井长度一般不超过200m,以降低工程造价及保证运输效能。井身倾角一般以不大于25°为宜,且井身不设变坡。

斜井井底与隧道连接处,采用平坡,称为井底车场。井底车场与井身间用半径12~25m的竖曲线相连。井底车场的长度应根据调车作业的需要确定,其高程与隧道底部高程相同。

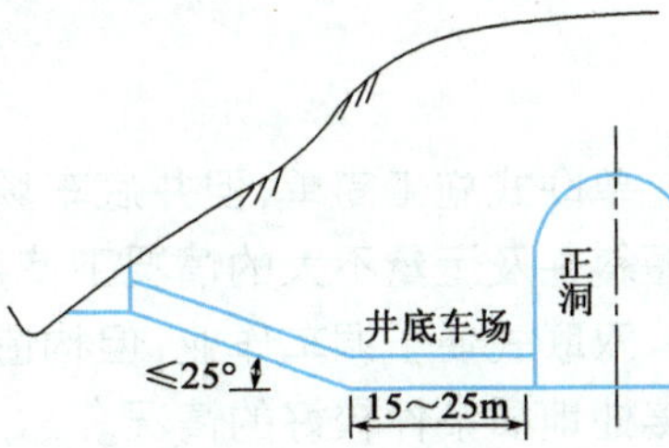

图9-4　斜井剖面图

斜井井口位置应考虑场地条件和防洪要求,井口应高出洪水频率为1/100的水位至少0.5m,且有可靠的防洪措施。井口外场地应能满足调车作业、材料堆放及设置有关机械设备的要求,最小宽度一般不小于20m,并应有向井口外不小于3%的泄水坡度,以避免车辆溜滑或地表水流入井内。

(二)斜井的横断面尺寸

斜井横断面尺寸应根据设备尺寸、车辆尺寸、管线路安装、人行道及安全间隙而定,同时考虑正洞施工的设备、材料通过斜井运入的需要尺寸。

根据斜井本身掘进速度及其所负担正洞运输量的要求,斜井井身断面可用单道、双道或三轨双道。一般用单道或三轨双道,在斜井中部设置四轨双道错车断面,以节约轨料及开挖量。

在斜井需作为永久通风道时,则其断面大小应满足通风要求。

斜井中必须设置宽度不小于0.7m的人行道。

(三)斜井与正洞的平面连接

斜井与隧道中线的平面交角一般设为40°~45°。

根据地质条件及运输量的不同,斜井井身与正洞相连接的地段,可设计成单联式或双联式。如图9-5、图9-6所示。

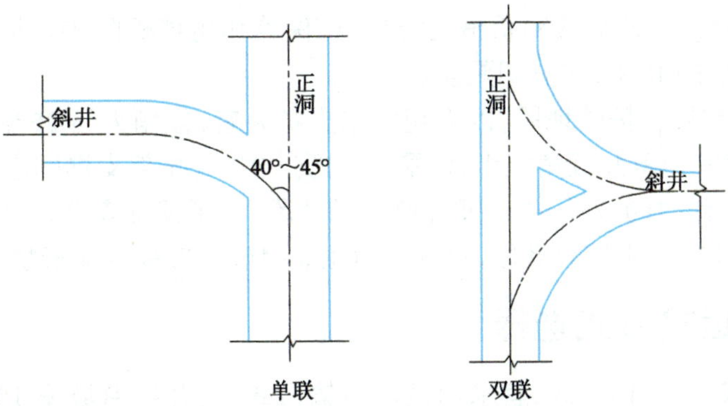

图9-5　斜井与正洞的连接方式

图 9-6　某斜井连接处施工图

单联式施工简单，但井底车场地段调车作业拥挤，易造成堵塞，且易发生安全事故，故仅宜于短斜井及运量不大的情况下使用。

双联式便于调车作业，但构造复杂，三角区地段施工困难，故适用于运输量大，斜井与正洞连接处地质条件较好的情况。

根据《铁路隧道设计规范》（TB 10003—2016），斜井设置应符合下列规定：

（1）斜井运输方式应根据提升量、斜井长度、坡度及井口地形选择。

（2）井底车场与隧道中线连接处的平面交角不宜小于40°。

（3）斜井井口场坪应设计为向洞外不小于3‰的下坡，井底应设缓坡段。井口和井底变坡点应设置竖曲线，竖曲线半径宜采用12～20m。

（4）斜井应设置宽度不小于0.7m的人行道，倾角大于15°时应设置台阶。

（5）无轨运输斜井，每隔300～500m宜设置一处安全防撞设施。

（6）有轨运输的斜井井身纵断面不宜变坡，井身每隔300m～500m应设一个躲避洞。

微课：斜井施工

二、斜井的施工要点

斜井开挖采用钻爆作业，应符合下列要求：

（1）钻眼方向宜与斜井的倾角一致，眼底应比井底高程略低（加深10%～20%），每个循环进尺应检测其高程并控制井身的斜度，每隔10～20m应复核其中线、高程。

（2）采用耙斗装渣机扒渣，一般每20m移动一次，距工作面安全距离不小于6m，每次移动后均应检查机身与固定装置是否牢靠。装渣时，除司机外，其他人员均应退至安全地点，工作中要注意保护电线路。装渣后应对机械进行检查，保养和用挡板防护。检查钢丝绳时如发现一个捻距断丝总面积的10%，应立即更换。

（3）斜井施工，需要支护的地段，以采用喷锚支护为宜，倾角大于25°的斜井，也可采用构件支撑，其支柱斜度宜为斜井倾角之半，但最大不超过9°，各排架支撑间应用三道纵撑支稳。

（4）斜井一般不作衬砌，对于井口及井底车场地段，为了保证安全，可做一定长度的衬砌。当井身通过不良地质或渗水严重地段，也须做衬砌。衬砌一般采用弧形拱圈及直边墙的形式。

三、斜井的运输方式选择

（1）斜井综合坡率 $i \leqslant 13\%$ 时，宜采用汽车运输方式；斜井综合坡率 $13\% < i \leqslant 27\%$ 时，可

选用轨道矿车提升或皮带运输方式;斜井综合坡率 $27\% < i \leq 47\%$ 时,可采用轨道矿车提升;斜井综合坡率 $47\% < i \leq 70\%$ 时,可采用大型箕斗提升。

(2)斜井井口、软弱围岩段、井底调车场、作业洞室应加强支护。斜井坡率≥47%,井身模筑衬砌墙基应做成台阶形式。

(3)斜井施工前应根据设计涌水量进行排水方案设计,主要内容应包括:抽排水设备规格及型号、管径及数量、水仓及集水井的设置等。有涌、突水可能的隧道,设备配置应考虑备用,电设置双回路,并有备用电源。

四、斜井提升运输设备及主要安全措施

(一)斜井提升运输设备

斜井运输一般采用卷扬机牵引斗车的有轨运输,主要设备有提升绞车、天轮架及天轮、提升用的钢丝绳、地滚、连接设备及装渣或装料的车辆、轨道及道岔等。用箕斗提升时还有箕斗卸渣架。

单联式斜井多用单道,并在斜井与隧道相交地段用曲轨及道岔与隧道将连接。当采用双联式斜井时,则多用三轨双道,而在斜井与隧道相交的分岔地段分别以曲轨及道岔连接,分叉线则各为单道,重、空车分别占用一个分叉来进行调车作业。

为提高运输效率,可在井底调车场加设储渣仓,并尽量不在斜井口处进行摘挂作业。

斜井坡度较小时亦可采用皮带输送或无轨运输。

(二)斜井运输安全措施

(1)运输提升速度不应超过如表 9-1 所示数值。

斜井内升降最大速度　　表 9-1

斜井长度(m)	最大速度(m/s)		
	升降人员	串车升降物料	箕斗升降物料
≤300	3.5	3.5	5
>300	5	5	7

(2)提升绞车应有深度指示器及防过卷装置,并应在钢丝绳上设明显的深度装置。

(3)以井口为中心,在井口及井底之间及井口与绞车房之间,用音响和色灯信号联系,并安装直通电话,以便随时掌握井上井下的运输情况。

(4)设置井口挡车器和井身挡车器,防止车辆溜滑。

井口挡车器(图 9-7),设在井口摘挂钩地段与井口之间,采用 8~15kg 钢轨弯制。其一段由于配重的作用使挡车器的另一端高出轨面以阻挡车辆下滑。当提升车辆由井内拉出时,挡车器上端受轮轴的碰撞而沿固定轴旋转倒下,使斗车通过。当需要车辆下入井内时,用脚踩下设在一侧的脚踏板,使挡车器的上端低于轨面,让车辆通过。

井身挡车器设于井底变坡点附近,见图 9-8。用 $\phi25\sim30$mm 的钢丝绳,在轨道下面穿过,围成直径 1.6~1.8m 的圆环,此钢丝绳环的顶部沿滑轮下垂至高处轨面 600~700mm 处,以阻挡跑车。当需让车辆通过时,可牵引提绳使钢丝绳垂直于轨道,车辆由环内通过。

(5)斜井中运行的车辆,应设置断绳保险装置,以防止跑车。

(6)在井身的一侧每隔 30~50m,设避人洞一个(宽 1.0m、高 1.8m、深 1.0~1.2m),供工作人员躲避之用。

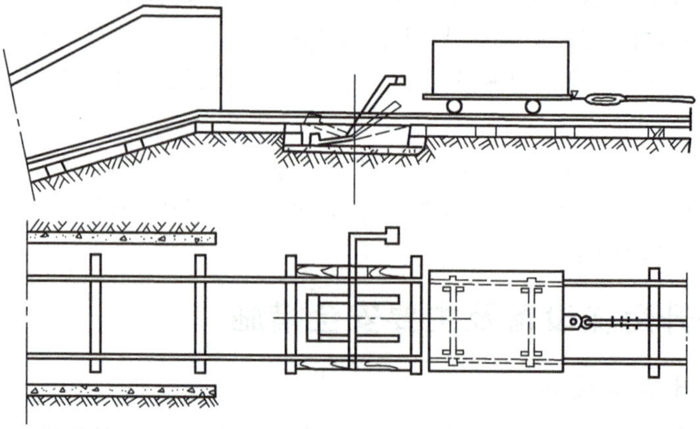

图 9-7　井口挡车器

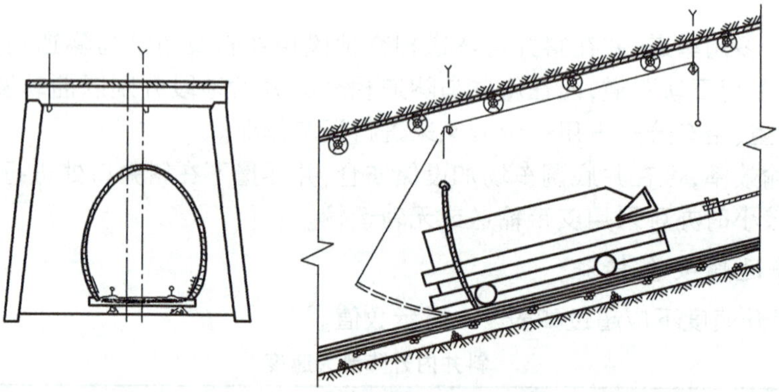

图 9-8　井身挡车器

任务四　竖　　井

教学课件：竖井

竖井是在隧道上方修筑的与隧道相连的竖向坑道。

隧道覆盖层较薄或在中间适当位置覆盖层不厚，施工中又需增加工作面时，可采用竖井方案。竖井深度一般不超过 150m。

一、竖井的设计要点

（一）竖井的位置选择

竖井应设在较低处或沟谷的两侧，防止洪水危害。

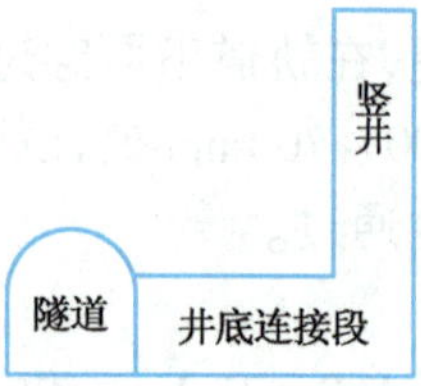

图 9-9　竖井

竖井可设在隧道一侧，与隧道净距 15～25m（图 9-9）；也可设置在隧道正上方。竖井设置在隧道一侧时，施工安全、干扰少，但通风效果差；竖井设在隧道正上方时，通风效果好，不需另设水平通道，但施工干扰大，施工不安全。

竖井与隧道正洞的连接可采用单向垂直通道双联式或双向环形通道双联式。竖井承担正洞施工段落短、出渣量较少时，可采用单向垂直通道双联式；竖井承担正洞施工段落长，且要求时，可采用双向环形通道双联式竖井，见图 9-10、图 9-11。

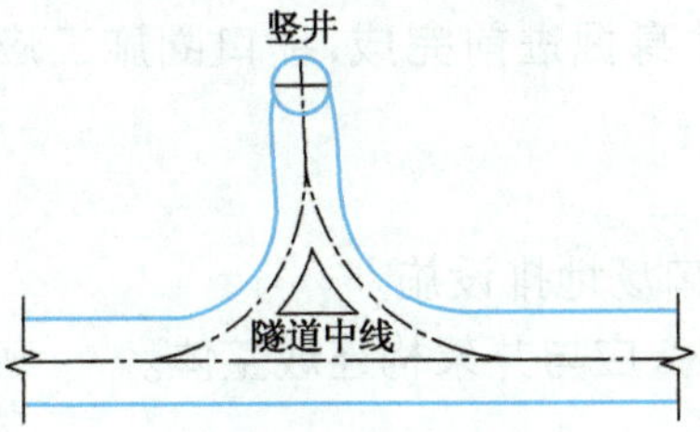

图 9-10　单向垂直通道双联式示意图

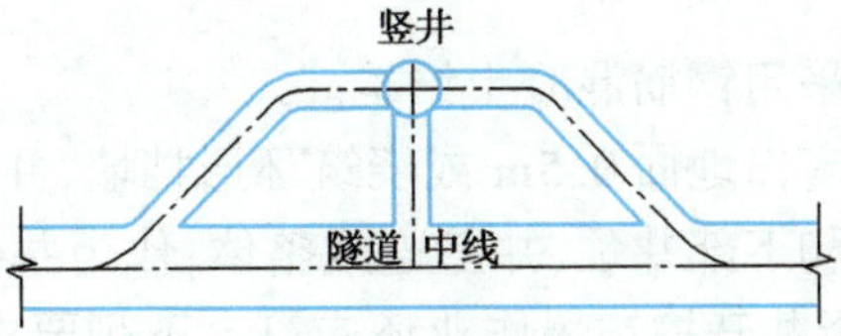

图 9-11　双向环形通道双联式示意图

（二）竖井的断面

竖井断面可采用圆形和矩形。圆形断面受力条件好，能承受较大的围岩侧压力，但断面利用率低，开挖、支撑及衬砌比较困难。矩形断面施工较为方便，但受力条件差。故竖井的断面应根据地质条件、施工等因素综合选择。

竖井断面尺寸应根据斗车尺寸、通风排水设施与安全梯的布置以及安全间隙等因素确定，直径为 4 ~ 6m。

（三）竖井的构造

竖井由井口圈、井筒、壁座、井筒与隧道间的连接段、井下集水坑等部分组成，见图 9-12。

井口段常处于松软土壤中，从地面往下 1 ~ 2m（严寒地区至冻结线以下 0.25m）应设置钢筋混凝土锁口圈，以承受土压、井口建筑物的压力、机具设备的荷重及施工时挂钩悬吊的荷重。

壁座是为防止井壁下滑而设置的，视地质情况及衬砌结构确定壁座间距，一般为 30 ~ 40m。

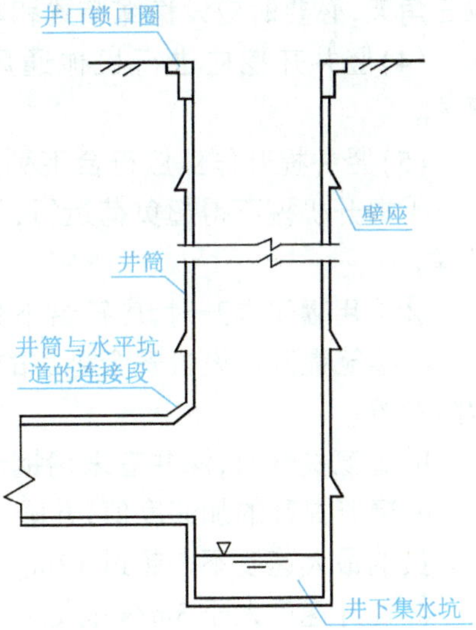

图 9-12　竖井的构造

二、竖井的开挖与支护

竖井开挖一般采用钻眼爆破的方法，以人力装渣。按照平面布置的要求，在布置抽水管路附近设加深的掏槽炮眼以便爆出集水坑。

向下掘进时，每掘进一定深度（一般为 2m）应根据地质条件对竖井井壁进行支护。支护可采用临时木框架，也可灌注混凝土护壁。为了确保安全，井口应在开挖前设置混凝土锁口圈。

施工中，在井口、井底须有必要的安全措施及通信信号设备。

围岩较破碎时需修筑永久衬砌，开挖面与衬砌之间的距离不宜超过 30m，衬砌厚度由设计计算确定，并不小于 20cm。

此外，在有条件和必要时，可设置投料孔（一种小断面简单易行竖井），用于向洞内投放砂、石材料及混凝土等。此种投料孔常用钻井的方法施作，并与斜井或竖井配合使用，以减少进料对斜井或竖井运输的压力，从而提高斜井或竖井的生产能力。

三、竖井的施工要点

(1)井口应设置防雨设施，井口的锁口圈应在井身掘进前完成，锁口圈施工应符合下列要求：

①应采用钢筋混凝土结构。

②应高出地面0.5m或浇筑环形挡墙，并做好井口场地排设施。

③应和下部井颈、井壁连成整体，作为井架基础时，应与井架构连成整体。

(2)竖井开挖钻爆作业还应符合下列要求：

①井身开挖宜采用直眼掏槽，岩层倾斜较大且裂隙明显，可用楔形掏槽或其他形式掏槽，有地下水时可采用立式梯台超前掏槽法。

②眼前应将开挖工作面的石渣清除干净并排除积水，炮眼钻完后，应将孔口临时堵塞。

③每次爆破后应检测断面，不得有欠挖。每掘进5～10m应核对一次中线，及时纠正偏斜。

(3)竖井装渣宜用抓岩机，出渣可采用井架吊桶或罐笼，井架可采用龙门架、帐幕式井架或三角架，必要时应设稳绳装置和其他安全措施。

(4)竖井开挖应进行机械通风，降低有害气体浓度，作业环球应符合健康及安全标准要求。

(5)竖井提升作业应符合下列要求：

①提升机械不得超负荷运行，并应有深度指示器、防过卷过速保护装置、限速器和松绳信号等。

②采用罐笼提升时，应符合下列要求：

a. 罐笼提升应设置安全可靠的防坠器。凡兼作升降人员的单绳提升罐笼，必须设置安全保险装置。

b. 罐笼提升时，深井宜采用钢丝绳罐道，浅井宜采用单侧布置的刚性罐道。

c. 罐笼提升的加速度值，升降人员时，不得大于$0.75m/s^2$；升降物料时，不大于$1m/s^2$。升降人员的最大速度不得超过12m。

d. 提升速度大于3m/s的提升系统，应设防撞梁和托罐装置，防撞梁不得兼作他用。

e. 钢丝绳罐道每根罐道绳的最小刚性系数不得小于0.5N/m，各罐道绳张紧力之差不得小于平均张紧力的5%，并应符合内侧张紧力大、外侧张紧力小的要求。

f. 钢丝绳罐道应在井口和井底进出车处安设承接装置一段刚性罐道吊桶提升所用的钩头连接装置应牢固，不得自动脱钩，应有转换器。吊桶沿稳绳升降时最大加速度值不应大于0.5m/s；吊桶在无稳绳段升降的最大加速度值不应大于$0.3m/s^2$。

(6)竖井作业应建立简单、可靠、联锁严密的信号系统。井口与绞车房之间应采用声光兼备的信号装置，并设直通电话。每一台提升绞车信号系统应独立。

任务五　隧道竣工后辅助坑道的处理

教学课件：隧道竣工后辅助坑道的处理

辅助坑道在隧道主体工程竣工后，应按下列规定进行处理：

(1)对排水系统进行整理，水流应通畅。

(2)为运营服务的辅助坑道，洞(井)口及与正洞连接处应设置安全防护设施;不予利用的洞(井)口应封闭,但应留设排水通道。

(3)作为紧急出口或避难所使用的,辅助坑道的洞(井)口宜设置临时待避场地,并具有接受外部救援的条件。

(4)对于隧道建成后,不再利用的辅助坑道,一般应按下列办法封闭处理:

①横洞、平行导坑、斜井的洞口用50号浆砌片石封闭,无衬砌时封闭厚度为3~5m,有衬砌时封闭厚度不小于2m。竖井井口用钢筋混凝土盖板封闭。

②与隧道接头处用50号浆砌片石加固,其厚度不小于2m。

③横洞、平行导坑的横通道、竖井、斜井的连接通道在靠近隧道15~20m范围内,如无衬砌应用弃渣回填。竖井设在隧道顶部时,回填高度不小于10m。

④横洞、平行导坑已作衬砌地段,或围岩稳定、施工时无临时支撑地段可不做处理,其他地段根据地质情况分段局部回填。

⑤坑道回填前,应结合排水需要先做好暗沟,留好检查通道。

(5)作为运营通风风道的辅助坑道,在弯曲、变径、分叉等断面变化处采用不同断面突变连接时,应设过渡段以保证风道平顺过渡;风道内应做防排水措施设计。

(6)辅助坑道与正洞、横通道、通风道交叉口段应尽可能避开不良地质或特殊地质区域,交叉口段支护设计应考虑结构空效应并适当加强,并应进行开挖步骤和监控量测设计。交叉口段的施工缝、沉降缝应做防水措施设计。

案例分析:某客运专线隧道辅助坑道设计

某隧道全长7851m,为加快隧道掘进速度,保证工期,缓解施工通风压力,隧道设置横洞1座,长244m;斜井3座,其中1号斜井长589m、2号斜井长963m、3号斜井长391m。横洞及斜井均采用无轨单车道运输,净空断面尺寸为4.8m(宽)×4.65m(高)。各辅助坑道的位置见图9-13。

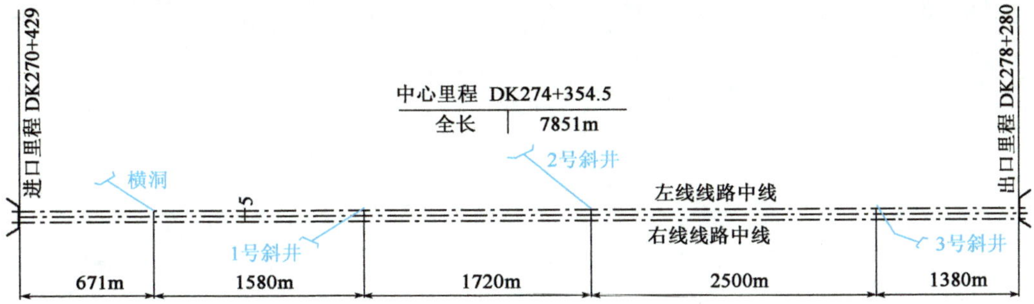

图9-13 隧道辅助坑道平面示意

1号斜井竣工后作为运营阶段旅客紧急出口,并应设置应急照明及标识,斜井井身均为模筑混凝土衬砌。辅助坑道设置见表9-2。

隧道辅助坑道设置 表9-2

辅助坑道	横 洞	1号斜井	2号斜井	3号斜井
与隧道相交里程	DK271+100左侧	DK272+680右侧	DK274+400左侧	DK276+900右侧
平面夹角(°)	45(郑州方向)	52(郑州方向)	53(郑州方向)	72(西安方向)

续上表

坡度(%)	3	10	3.2	8.9
长度(m)	244	589	963	391

隧道总工期33.8个月(包括施作无砟轨道时间),分6个工区:进口工区、横洞工区、1号斜井工区、2号斜井工区、3号斜井工区、出口工区,承担正洞开挖及衬砌分别为581m、922m、1636m、1965m、1756m、991m。通过设置辅助坑道,将隧道分为5段,进行长隧短作,实现工期目标。

技能训练

1. 说明辅助坑道的作用、类型及各自的适用条件。
2. 说明各种辅助坑道的布设要点。
3. 斜井与竖井提升运输的设备有哪些?如何保障运输的安全?
4. 隧道竣工后,辅助坑道如何处理?

项目十

施工风水电供应和施工通风

知识目标：

1. 掌握隧道施工通风方式选择；
2. 熟悉空压机生产能力确定和风管选择；
3. 掌握隧道通风方式和综合防尘措施；
4. 掌握施工排水方案的选择；
5. 了解施工供电与照明的要求。

能力目标：

1. 认识隧道空压机的类型；
2. 具备确定隧道通风方式与综合防尘的能力；
3. 具备确定隧道施工排水方案的能力；
4. 具备确定高压风管管径的能力。

素质目标：

1. 培养学生精益求精的工匠精神；
2. 培养学生良好的职业道德；
3. 培养学生分析问题和解决问题的能力。

任务描述：

某普通铁路单线隧道，进口里程 DK312 + 674，出口里程 D1K326 + 264，隧道全长 13590m，其中单线隧道长 12248m，车站段长 1342m，隧道最大埋深约 1500m。为了保证隧道开挖、支护、装渣运输工作的正常进行，在施工准备阶段，为洞内的各种机械设备提供了动力，满足隧道施工需要。试完成下列任务：

1. 确定隧道供风方式和设备；
2. 确定隧道供水方式和设备；
3. 确定隧道供电与照明；
4. 确定隧道通风方式和设备。

任务实施

隧道施工的风水电供应内容包括：压缩空气供应；施工供水与排水；施工供电与照明等。

任务一　通风与防尘

教学课件：通风与防尘

一、隧道通风及防尘的必要性

在隧道施工过程中，不可避免地会产生一些有害物质，并排放到隧道空气中，对隧道空气造成污染，严重损害隧道内工作人员的身心健康。其原因是：爆破时，炸药分解释放出一氧化碳、二氧化碳；隧道内施工人员呼吸消耗氧气，释放出二氧化碳；隧道穿越煤层或某些地层，还会释放出瓦斯、硫化氢；钻眼、爆破和装渣过程中则会产生二氧化硫、一氧化氮、二氧化氮以及大量烟尘。此外，随着导坑不断向山体深部延伸，温度、湿度不断增加，对人体亦产生有害影响。

隧道施工通风和防尘的目的，就是为了置换和净化隧道内的空气，降低有害气体浓度，降低粉尘含量，保证隧道施工人员的健康与安全，提高生产效率。因此，要求隧道施工过程中，作业环境应达到以下标准：

（1）空气中氧气含量，体积浓度不得小于20%。

（2）粉尘容许浓度，每立方米中含有10%以上的游离二氧化硅的粉尘不等大于2mg；含有10%以下上的游离二氧化硅的粉尘不等大于4mg。

（3）瓦斯隧道装药爆破时，爆破地点20m内，风流中瓦斯浓度必须小于1.0%；总回风风道内瓦斯浓度应小于0.75%；开挖面瓦斯浓度大于1.5%时，人员必须撤至安全地点。

（4）有害气体最高容许浓度：一氧化碳不得大于30mg/m^3，在特殊情况下施工人员必须进入工作面时为100mg/m^3，但工作时间不得大于30min；二氧化碳为0.5%；氮氧化物（换算成NO_2）为5mg/m^3。

（5）隧道内气温不得大于28℃。

（6）隧道内噪声不大于90dB。

瓦斯隧道装药爆破时，爆破地点20m内，风流中瓦斯浓度必须小于1.0%；总回风风道内瓦斯浓度应小于0.75%；开挖面瓦斯浓度大于1.5%时，人员必须撤至安全地点。

二、通风方式

隧道施工通风的方式按照动力的来源分为自然通风和机械通风。自然通风利用的是自然风压，而机械通风利用的则是通风机产生的风压。实施机械通风，必须有通风机和风道。

微课：隧道通风方式

当隧道独头掘进小于150m时，一般采用自然通风；独头掘进长度超过1000m时，应进行施工通风专项设计。机械施工通风方式可根据独头通风长度、断面大小、施工方法、有害气体浓度等采用风管式通风（压入式、吸出式、混合式）或巷道式通风。

（一）风管式通风

风管式通风是用软管做风道，根据隧道内空气流向的不同，又可分为压入式（送风式）、吸出式（排风式）、混合式三种。

1. 压入式

如图 10-1 所示，通风机和局部扇风机把新鲜空气经风管压入工作面，污浊空气沿隧道流出，它是一般隧道施工常用的方法。

压入式通风的优点是：冲淡和排出炮烟的作用比较强；工作面回风不通过风机和通风管，对设备污染小，在有瓦斯涌出的工作面采用这种通风方式比较安全；可以采用柔性风管；工作面的污浊空气沿隧洞流出，沿途一并带走隧道内的粉尘及有毒、有害气体，对改善工作面对而环境有利。其缺点是：在长距离掘进排出炮烟需要的时间长，通风排烟量较大，回风流污染整条隧洞。其进风管口宜在洞口 30m 以外。

2. 吸出式通风

如图 10-2 所示，通风机或局部风扇经风筒把工作面的污浊空气抽出，新鲜风流沿隧洞流入。

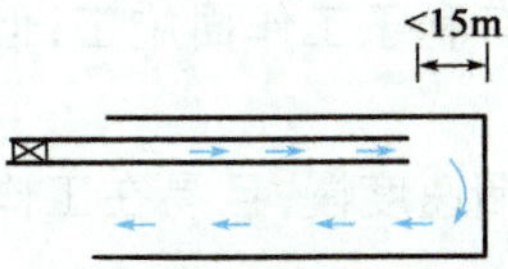

图 10-1　压入式通风示意图

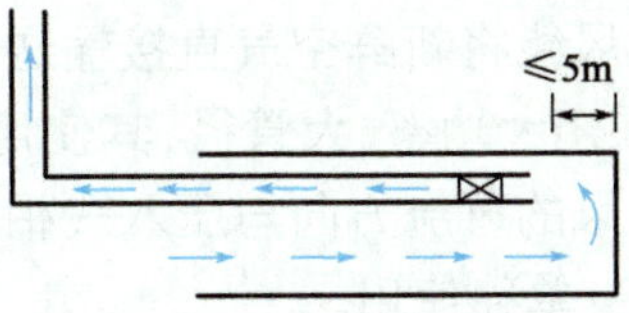

图 10-2　吸出式通风示意图

吸出式通风在有效吸程排烟效果较好，排出炮烟所需的风量小，污浊空气不会污染整条隧洞，在工作面会形成炮烟停滞区。但吸入式通风的有效吸程短，只有当风筒口离工作面很近时才可以获得满意的结果。其出风管口应做成烟囱式。当风机或风筒距工作面很近时，往往造成工作面设备布置较困难，工程中较少单独采用。

3. 混合式通风

如图 10-3 所示，混合式通风方式综合了前两种通风方式的优点，适合于大断面长距离隧道通风，在机械化作业时更为有利。采用喷锚支护的隧道，喷浆地点的粉尘浓度很高，采用混合式通风，降尘效果十分明显。

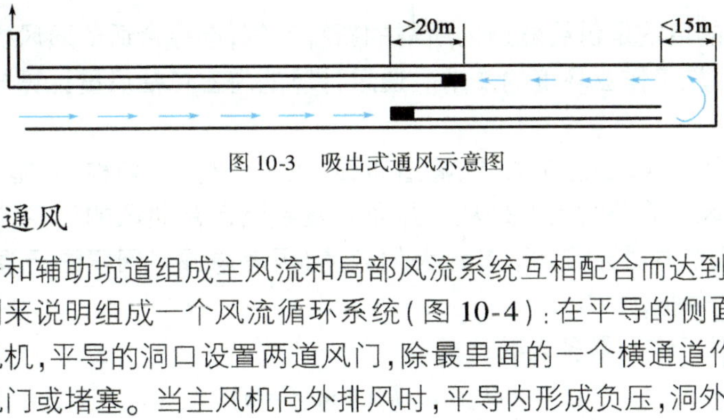

图 10-3　吸出式通风示意图

（二）巷道式通风

利用隧道本身和辅助坑道组成主风流和局部风流系统互相配合而达到通风目的。以有平行导坑的隧道为例来说明组成一个风流循环系统（图 10-4）：在平导的侧面开挖一个通风洞，通风洞口安装通风机，平导的洞口设置两道风门，除最里面的一个横通道作风流通道外，其余的横通道全部设风门或堵塞。当主风机向外排风时，平导内形成负压，洞外新鲜空气就向洞内补充，由于平导口及横通道全部风门关闭或堵塞，新鲜空气只能由正洞进入，直至最前端横通道带动污浊空气经平导进入通风洞排出洞外，形成循环风流。另外，对平导和正洞导坑前面的独头巷道，再辅以局部的风管式通风。

这种通风方式断面小、阻力小，可供较大的风量，是目前解决长大隧道施工通风比较有效的方法。

（三）通风方式的选择

通风方式应针对污染源的特性，尽量避免成洞地段的二次污染，且应有利于快速施工。因而在选择时应注意以下几个问题：

(1)自然通风因其影响因素较多，通风效果不稳定且不易控制，故除短隧道外，应尽量避免采用。

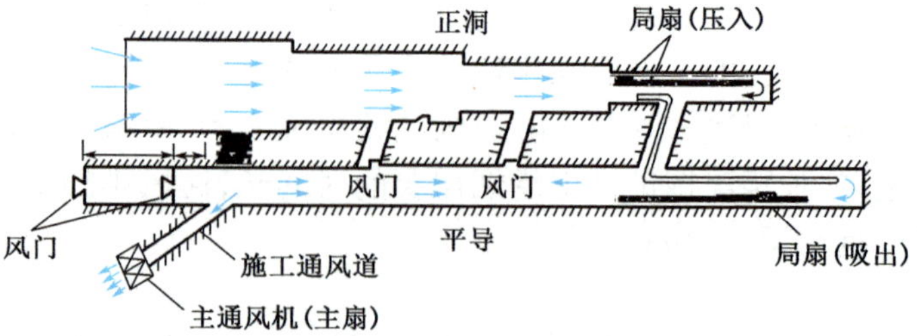

图 10-4　巷道式通风示意图

(2)压入式通风能将新鲜空气直接输送至工作面，有利于工作面施工，但受污染空气将流经整个隧洞。若采用大功率、大管径，其使用范围较广。

(3)吸出式通风的风流方向与压入式相反，但其排烟速度慢，且易在工作面容易形成炮烟停滞区，故一般很少单独使用。

(4)混合式通风集压入式和吸出式的优点于一身，但管理、风机等设施增多，在管径较小时，可采用，若有大管径、大功率风机时，其经济性不如压入式。

(5)利用平行导坑作巷道通风，是解决长大隧道通风的方案之一，其通风效果主要取决于通风管理的好坏。若无平行导坑，如断面较大，可采用风墙式通风。

(6)选择通风方式时，一定要选用合适的设备，即通风机和风管，同时要解决好风管的连接，尽量减小漏风率。

(7)做好施工中的通风管理，对设备要定期检查、及时维修，加强环境监测，使通风效果更加经济合理。

(四)通风计算

施工通风计算的目的是供给隧道内所需的新鲜空气，选择合适的通风机，以便布置合理的通风管道，从而满足施工作业环境的要求。通风计算的内容包括风量计算与风压计算。

1. 风量计算

隧道施工的通风计算，因施工方法、隧道断面、爆破器材、炸药种类、施工设备等不同而变化。目前所用的通风计算公式大都是从矿井通风及铁路运营通风的计算公式类比，或者直接引用，一般按以下几个方面计算并取其最大的数值，再考虑漏风因素进行调整，并加备用系数后，作为选择风机的依据。

(1)按洞内同时工作的最多人数计算：

$$Q = qmk \quad (\mathrm{m^3/min}) \tag{10-1}$$

式中：q——每人每分钟呼吸所需新鲜空气量，取 $3.0\mathrm{m^3/min}$，瓦斯隧道取 $4.0\mathrm{m^3/min}$；

m——洞内同时工作的最多人数；

k——风量备用系数。

(2)按同时爆破的最多炸药量计算：

$$Q = \frac{2.25}{t}\sqrt[3]{\frac{AbS^2L^2K}{p^2}} \quad (\mathrm{m^3/min}) \tag{10-2}$$

式中：t——通风时间，min；

A——爆破耗药量,kg;

b——1kg 炸药有害气体生成量,L;

S——巷道断面积,m^2;

L——巷道新航渡或者临界长度;

K——考虑淋水使炮烟浓度降低的系数;

p——巷道计算长度范围内漏风系数。

(3)按洞内允许最小风速计算:

$$Q = 60VA \quad (m^3/min) \tag{10-3}$$

式中:V——工作面最小风速,m/s;

A——巷道断面积,m^2。

隧道施工的风速,全断面开挖时不应小于0.15m/s,分部开挖的坑道内不应小于0.25m/s,并均不应大于6m/s。瓦斯隧道施工风速不宜小于1m/s。

(4)按内燃机作业废气稀释的需要计算:

若采用有轨运输,施工设备均按电动设备配置,此项舍去。

若采用无轨运输,洞内内燃设备配置较多,废气排放量较大,供风量应足够将内燃设备所排放的废气全面稀释和排出,使有害气体降至允许浓度以下,可按下式计算:

$$Q = K\sum_{i=1}^{N} T_i N_i \quad (m^3/min) \tag{10-4}$$

式中:K——功率通风计算系数,我国暂行规定为 $3.0m^3/(min \cdot kW)$;

N_i——各台柴油机械设备的功率,kW;

T_i——利用率系数。

(5)按瓦斯绝对涌出量计算所需风量(仅对瓦斯隧道):

$$Q = \frac{Q_{CH_4}K}{B_{允} - B_0} \quad (m^3/min) \tag{10-5}$$

式中:Q_{CH_4}——工作面瓦斯涌出量,m^3/min;

K——瓦斯涌出的不均衡系数,取1.6;

$B_{允}$——工作面允许的瓦斯浓度,取0.5%;

B_0——送入工作面风流中的瓦斯浓度。

以上计算结果取最大值作为控制设计通风量。

2. 漏风计算

通风机的供风量除满足计算的需风量以外,还应考虑漏失的风量。一般考虑漏风系数来计算,即

$$Q_{供} = pQ \tag{10-6}$$

式中:Q——前述计算结果的最大值成为计算风量,m^3/min;

p——漏风系数,管道通风时,根据风管材料不同分别由表10-1~表10-3查得,巷道式通风则常采用表10-1。

胶皮风管漏风系数 表10-1

风管延长米(m)	50	100	150	200	250	300	400	500
漏风系数 p	1.04	10.8	1.11	1.14	1.16	1.19	1.25	1.3

金属风管漏风系数 表 10-2

风管长（m）	风管每节 3m 及下列直径（m）时漏风系数 p			风管每节 4m 及下列直径（m）时漏风系数 p		
	0.5	0.7	0.8	0.5	0.7	0.8
100	1.02	1.01	1.01	1.02	1.01	1.008
	1.09	1.04	1.03	1.06	1.03	1.02
200	1.08	1.05	1.05	1.06	1.02	1.02
	1.27	1.16	1.16	1.19	1.11	1.06
300	1.16	1.09	1.06	1.1	1.06	1.04
	1.51	1.29	1.18	1.37	1.22	1.12
400	1.25	1.15	1.1	1.16	1.1	1.06
	1.82	1.46	1.32	1.61	1.34	1.23
500	1.36	1.21	1.14	1.25	1.14	1.08
	2.25	1.62	1.45	1.88	1.51	1.32
600	1.49	1.28	1.19	1.27	1.18	1.12
	2.76	1.93	1.57	2.22	1.66	1.45
700	1.63	1.36	1.27	1.48	1.28	1.16
	3.44	2.2	1.79	2.6	1.85	1.56
800	—	1.45	1.33	—	1.3	1.22
		2.63	2.05		2.13	1.74
900	—	1.54	1.36	—	1.39	1.25
		2.89	2.25		2.28	1.87
1000	—	1.65	1.05	—	1.46	1.28
		3.42	2.52		2.62	2.07

注：表中同格内上行值为风管接头用橡皮或油封衬垫密封，螺栓完全拧紧；下行值为风管接头用马粪纸或麻绳密封，螺栓完全拧紧。

聚乙烯塑料风管漏风系数 p 表 10-3

风管直径（m）	风管延长米（m）									
	100	200	300	400	500	600	700	800	900	1000
0.5	1.019	1.045	1.091	1.145	1.157	1.23	1.28	—	—	—
0.6	1.014	1.036	1.071	1.112	1.13	1.18	1.201	1.33	—	—
0.7	1.01	1.028	1.053	1.08	1.108	1.145	1.188	1.237	1.288	1.345
0.8	1.008	1.022	1.04	1.067	1.09	1.126	1.153	1.195	1.229	1.251

对于长距离大风量供风，目前一般采用 PVC 塑料软管，管路直径大于 1m。由于采用长管节（20～50m），从而大大减少了接头漏风，漏风以管壁为主。如选用优质管路，在良好管理的条件下，每 100m 漏风率一般不超过 2%～3%，其漏风系数可由送风距离及每 100m 漏风率计算而得。

若处于高山地区，由于大气压强降低，供风量尚需进行风量修正：

$$Q_{高} = 100\frac{Q_{正}}{P_{高}} \tag{10-7}$$

式中：$Q_{高}$——高山地区修正后的供风量，m^3/min；

$P_{高}$——高山地区大气压，kPa；

$Q_{正}$——正常条件下的供风量，即上式(10-6)中的$Q_{供}$。

海拔高度与大气压强$P_{高}$的关系见表10-4。

海拔高度与大气压强$P_{高}$的关系 表10-4

海拔高度(m)	1500	2000	2500	3000	3500	4000	4500	5000
大气压强(kPa)	82.9	77.9	73.2	68.8	64.6	60.8	57	53.6

3.风压计算

在通风过程中，要克服沿途所受阻力，保证将所需风量送到洞内，并达到规定的风速，则必须要有一定的风压。因此，风压计算的目的就是要确定通风机本身应具备多大的压力才能满足通风需要。

气流所受到的阻力有摩擦阻力和局部阻力(包括断面变化处阻力、分流阻力、拐弯阻力)及正面阻力，其计算可用以下公式表示：

$$h_{机} \geq h_{总阻}$$

$$h_{总阻} = \sum h_{摩} + \sum h_{局} + \sum h_{正} \qquad (10\text{-}8)$$

式中：$h_{机}$——通风机的风压；

$h_{总阻}$——风流送到的总阻力；

$h_{摩}$——气流经过各种断面的管(巷)道时产生的摩擦阻力；

$h_{局}$——气流经过断面变化、拐弯、分叉等处分别产生的阻力；

$h_{正}$——巷道通风时受运输车辆阻塞而产生的阻力。

4.风机及风管布置

通风机有轴流式和离心式两类。在隧道施工通风中主要采用轴流式通风机(图10-5)。选择时，按$Q_{机} \geq 1.1Q_{供}$(1.1是风量储备系数；$Q_{供}$则为前述计算结果)，$h \geq p\sum h$(p为漏风系数，$\sum h = \sum h_{摩} + \sum h_{局} + \sum h_{正}$)，在通风机性能表中选择风机。此外，根据具体情况，还可以选用具有吸尘、防爆和低噪声等性能的风机。

图10-5 风机及风管布置

5.风机及风管布置

设置通风机时，其安装基础要充分承受机体自重和运行时产生的振动，或者水平架设到台架上。吸入口注意不要吸入液体和固体，而且要安装喇叭口，以提高吸入、排出的效率。通风机应装有保险装置，当发生故障时应能自动停机；通风机应有适当的备用数量。

主风机安装应符合通风设计的要求，洞内辅助风机应安装在新鲜风流中；压入式通风主机应架设在距洞口大于30m、一定高度的支架上；洞内风机应设在一定高度支架上。

通风管的安装应平顺，接头严密，每100m平均漏风率不应大于2%。弯管半径不得小于通风管直径的3倍。放置在隧道内的风管，应设在不妨碍出渣运输作业、衬砌作业的空间处，同时要牢固地安装，以免受到振动、冲击而发生移动、掉落。在衬砌模板台车附近，不要使风管急剧弯曲，以减少风压损失。通风管破损时，必须及时修理或更换。但采用软风管时，靠近风机部分应改用加强型风管。风管一般均用夹具等安装在支撑构件上，若不使用支撑，只有喷混凝土和锚杆时，可在锚杆上装特殊夹具挂承力索，而后通过吊钩安装风管。风管的连接应紧密，以减少漏风，一般硬管用密封带或垫圈，软管则用紧固件连接。风管可挂设在隧道拱顶中央、隧道中部或靠近边墙墙角等处，一般在拱顶中央处通风效果较好。

(五)通风管理

通风效果的好坏，与通风设备安装质量、维护管理的好坏，都有十分重要的关系。地下坑道空间狭窄，风管受到炮崩、车刮，导致漏风增加。巷道式通风则往往因风门安装不严或启闭无人管理而形成风流短路。这些都影响施工的安全与进度。因此，对通风应加强管理，制定切实的通风管理制度，固定专人看管，巡回检查和保养维修。

通风管理主要包括通风技术管理、通风管路管理、通风机管理、通风监测管理及通风应急处理等。

(1)通风技术管理

通风技术管理包括通风方案的实施，方案的局部调整，过渡方案的设计，通风系统测试与评价、自动监测系统的维护以及洞内作业环境评价等。这些都由专业技术人员来完成。

(2)通风管路管理

通风管路的管理包括风管的安装与拆卸、维护和更换以及修补等工作。

(3)通风机管理

通风机管理包括风机的安装与移动、风机的运行、风机的维修等。

(4)通风监测管理

通风监测管理包括自动检测系统和人工监测系统的管理。

(5)通风应急处理

在隧道施工通风方面可能出现风机烧坏、风管爆裂或滑坡、风管拉链断开、管路掉落和检测系统故障等紧急情况。

①风机故障应急处理

当发生风机烧坏时，首先通知作业面工人，并根据洞内环境监测结果决定是否停工，同时尽快查明原因，启动备用风机。并对烧坏的风机进行维修。

②风管爆裂或被划破时的应急处理

在通风状态下，发生风管爆裂或被划破现象时，应首先通知作业面工人，并根据洞内环境监测结果决定是否停工，同时通知风机司机把风机变为低速运转或停止运转，用细铁丝对爆裂风管进行快速缝合，尽快恢复正常通风；待允许停风时，可将爆裂或被划破的风管更换为新风管。在停风状态下，发生风管被划破现象时，可直接将被划破的风管更换为新风管。

③风管拉链断开时的应急处理

在通风状态下，发生风管拉链断开现象时，应首先通知作业面工人，并根据洞内环境监测结果决定是否停工，同时通知风机司机关掉风机，用细铁丝对断开的两节风管进行快速缝合连接，连接好后，尽快恢复正常通风；待停风允许时，再将拉链损坏的风管更换为新风管。在停风状态下，发生风管拉链断开现象时，可直接将拉链损坏的风管更换为新风管。

④管路掉落时的应急处理

当发生管路掉落现象时，应首先通知作业面工人，并根据洞内环境监测结果决定是否停工,同时通知风机司机把风机变为低速运转或停止运转,车辆暂停通行,并尽快将掉落管路牵线吊起,固定牢固。完成后,恢复正常。

三、综合防尘

在隧道施工中,有害气体的危害比较明显,故一般为人们所重视;而粉尘对人体的危害不能立即反映出来,因而往往被忽视。

粉尘的产生主要来自凿岩作业,其约占洞内空气含尘量来源的85%;其次是由爆破产生的,约占10%;装渣运输只占5%。目前,推进湿式钻眼是防尘工作的主要措施。但要使坑道内含尘量降到$2mg/m^3$的标准,只靠湿式凿岩还是不够的,必须采取综合措施。

1. 湿式凿岩

湿式凿岩,就是在钻眼过沉重利用高压水湿润粉尘,使其成为岩浆流出炮眼,这就防止了岩粉的飞扬。根据现场测定,这种方法可以降低粉尘量80%。

(1)钻孔

在钻孔过程中,用水湿润炮眼,是减少粉尘产生的有效措施,是一种普遍做法。通常情况下,呼吸性粉尘可减少95%以上。使用的水要尽可能清洁,因为在钻孔过程中雾化的水分蒸发很快,如果是脏水,许多粉尘微粒会留在空气中。风动凿岩机应先送水后送风。

(2)爆破

①爆炸周围区域(边墙、底板及拱顶)应事先彻底喷洒。这种预防措施,可以防止附着的粉尘飞扬,回到空气中。

②抑尘用水,特别是爆破用水,应尽可能干净,因为肮脏的水分蒸发会释放粉尘。

③水压爆破。水压爆破使用充水的塑料薄膜袋代替或部分代替炮泥填塞炮眼,爆破时水袋被爆裂并形成细小水雾,减少或抑制粉尘产生的措施。与一般爆破相比,水压爆破产生的粉尘可降低60%,且对抑制呼吸性粉尘有较好的效果。另外,水压爆破还可以降低炮烟(约70%)、减少有毒有害气体(37%~46%)和降温(0.5~1.0℃)等。

对于缺水、易冻害或不适于湿式钻眼地区,可采用干式凿岩孔口捕尘。

2. 机械通风

机械通风是降低洞内粉尘浓度的重要手段。但现场有些工点,往往将炮烟吹散后,就把通风机关闭,实际上未能发挥机械通风在降低粉尘含量方面的效用。因此,必须要求在主要作业(钻眼、装渣等)进行期间,必须经常保持通风。

3. 喷雾洒水

喷雾洒水和冲刷岩壁,不仅可以消除爆破、出渣所产生的粉尘,而且可以吸收或溶解少量有害气体,并能降低坑道温度,使空气变得干净清爽。

4. 个人防护

个人防护主要是指佩戴各种防护器以及减少吸入人体粉尘的一项补救措施。常用的个体防护器有:

(1)自吸式防尘口罩。自吸式防尘口罩是依靠人体的肺部吸气,使含尘空气通过口罩的滤料而得到净化。它分为无换气阀和有换气阀两种。

(2)送风式防尘口罩。送风式防尘口罩是用微型通风机将含尘空气送至滤料进行净化,净化后的空气在通风蛇形管送至口罩内供呼吸之用。

(3)压气呼吸器。压气呼吸器为一种隔绝式个体防护用具。它是将井下压风管道中的压缩空气过滤、消毒和减压后，再经过导管进入口罩内供呼吸使用。其优点是，免除了粉尘危害，使人呼吸舒畅；缺点是工作地点需有高压风管道，并且每人拖着一根管子，行动不方便。

实践证明，严格执行综合防尘措施，可以使洞内的粉尘浓度降低到国家规定的标准以内。

任务二　压缩空气供应

教学课件：压缩空气供应

在隧道施工中，由于以压缩空气为动力的风动机具结构简单而轻巧，因此得到广泛的采用，如风钻、注浆机、喷射混凝土设备等都是较通用的风动机具。这些风动机具所需要的压缩空气是由空气压缩机产生的，其功率应能满足最大同时用风量和风压要求。

（一）空压机站的生产能力

空气压缩机有电动的和内燃的，短隧道可采用移动式内燃空气压缩机，长大隧道则以采用固定是大型电动空气压缩机为好。当施工初期电力缺乏时，也可采用内燃空气压缩机过渡。隧道施工一般把空气压缩机集中安设在洞口空压机站内负责压缩空气的供应，并通过高压风管输送给风动机具。压缩空气站的生产能力 Q（m^3/min），视同时工作的风动机具耗风量 $\sum q$ 和管路的漏风 $q_{漏}$ 而定，并考虑一定的备用系数 $K_{备}$。

$$Q = (1 + K_{备})(\sum qK + q_{漏})k_m \tag{10-9}$$

式中：$K_{备}$——空压机的备用系数，一般采用75%～90%；

$\sum q$——风动机具所需风量，m^3/min（可查阅风动机具性能表）；

$q_{漏}$——管路及附件的漏耗损失，m^3/min，其值为：$q_{漏} = \alpha \sum L$；

α——每公里漏风量，平均为1.5～2.0m^3/min；

L——管路总长，km；

K——同时工作系数，见表10-5；

k_m——空压机所处海拔高度对空压机生产能力的影响系数，见表10-6。

同时工作系数　　表10-5

机具类型	凿岩机		装渣机		锻钎机	
同时工作台数	1～10	11～30	1～2	3～4	1～2	3～4
同时工作系数 K	1.00～0.85	0.85～0.75	1.0～0.75	0.70～0.50	1.0～0.75	0.65～0.50

海拔高度影响系数　　表10-6

海拔高度（m）	0	305	610	914	1219	1524	1829	2134	2438	2743	3048	3658	4572
k_m	1.00	1.03	1.07	1.10	1.14	1.17	1.20	1.23	1.26	1.29	1.32	1.37	1.43

根据计算确定了空压机站的生产能力后，可选择合适的空压机和适当容量的风量。当一台空压机的排气量不满足供风量时，可选择多台空压机组成空压机组。此时，为便于操作和维修，宜采用同类型的空压机，考虑到在施工中风量负荷的不均匀，为避免空压机的回风空转，可选择一台较小排气量（一般为其他空压机容量的一半）的空压机进行组合（图10-6）。

风动机具都需要在一定的风压和风量供应的条件下，才能正常工作。因此，除了考虑足够的风量供应之外，还必须保证给风动机具以必要的工作风压，所以要尽量避免压缩空气在管路输送过程中产生风压损失。主要措施是：接头要严密，不漏风；主管路采用大直径高压风管

(ϕ200mm 或更大一点)；合理的管路布置。

图 10-6　空压机装配中

(二)高压风管道的设置

微课：高压风管确定

1. 管径选择

高压风管道的选择，应满足工作风压不小于 0.5MPa 的要求。空压机生产的压缩空气的压力一般为 0.7～0.8MPa，为保证工作风压，钢管终端的风压不得小于 0.6MPa，通过胶皮管输送至风动机具的工作风压不小于 0.5MPa。

压缩空气在输送过程中，由于管壁摩擦、接头、阀门等产生阻力，其压力会减小，一般称为压力损失。根据达西公式，钢管的风压损失 ΔP 可按下式进行计算：

$$\Delta P = \lambda \frac{L}{d} \cdot \frac{V^2}{2g} \cdot \gamma \times 10^{-6} \tag{10-10}$$

式中：λ——摩阻系数，见表 10-7；

L——送风管路长度，m(包括配件当量长度，见表 10-8)；

d——送风管内经，m；

g——重力加速度，采用 9.81m/s^2；

γ——压缩空气的重度，大气压强下，温度为 0℃时，空气重度为 12.9N/m^3，温度为 t 时，其重度则为 $\gamma_t = 12.9 \times 273/(273+t)$ N/m^3，此时，压力为 P 的压缩空气的重度 $\gamma = \gamma_t(P+0.1)/0.1$N/m^3，$P$ 为空压机生产的压缩空气的压力，由空压机性能可知，单位为 MPa；

V——压缩空气在风管中的速度，m/s，根据风量和风管面积可求得。

$$V = \frac{Q_{标} \times 0.1}{15\pi d^2(P+0.1)} \quad (\text{m/s}) \tag{10-11}$$

以上计算的压力损失值过大，需选用较大管径的风管，从而减少压力损失值，使钢管末端风压不得小于 0.6MPa。

风管摩阻系数 λ 值　　表 10-7

风管内径(mm)	λ	风管内径(mm)	λ
50	0.0371	150	0.0264
75	0.0324	200	0.0245
100	0.0298	250	0.0234
125	0.0282	300	0.0221

配件折合成管路长度　　表10-8

配件名称	钢管内径(mm)						
	25	50	75	100	150	200	300
球心阀	6.0	15.0	25.0	35.0	60.0	85.0	
闸门阀	0.3	0.7	1.1	1.5	2.5	3.5	6.0
丁字管	2.0	4.0	7.0	10.0	17.0	24.0	40.0
异径管	0.5	1.0	1.7	2.5	4.0	6.0	10.0
45°弯头	0.2	0.4	0.7	1.0	1.7	2.4	4.0
90°弯头	0.9	1.8	3.2	4.5	7.7	10.8	18.0
135°弯头	1.4	2.8	4.9	7.0	12.0	16.8	28.0
逆止阀		3.2		7.5	12.5	18.0	30.0

胶皮风管是连接钢管与风动机具的，由于其压力损失较大，一般应尽量缩短其使用的长度，从而保证压缩空气的工作压力不小于0.5。胶皮风管的压力损失值见表10-9。

压缩空气通过胶皮风管的压力损失(MPa)　　表10-9

通过风量(m^3/min)	胶管内径(mm)	胶管长度(m)					
		5	10	15	20	25	30
2.5	19	0.008	0.018	0.020	0.035	0.040	0.055
	25	0.004	0.008	0.013	0.017	0.021	0.030
3.0	19	0.010	0.020	0.030	0.050	0.060	0.075
	25	0.006	0.012	0.018	0.024	0.040	0.045
4.0	19	0.020	0.040	0.055	0.080	0.100	0.110
	25	0.010	0.025	0.040	0.050	0.060	0.075
10.0	50	0.002	0.004	0.006	0.007	0.010	0.015
20.0		0.010	0.020	0.035	0.050	0.055	0.065

2. 管道安装注意事项

(1)管道敷设要求平顺、接头密封、防止漏风，凡有创伤、凹陷等现象的钢管不能使用。

(2)在洞外地段，风管长度超过500m、温度变化较大时，宜安装伸缩器；靠近空压机150m以内，风管的法兰盘接头宜用耐热材料制成垫片，如石棉衬垫等。

(3)压风管道在总输出管道上，必须安装总闸阀以便控制和维修管道；主管上每隔300～500m应分装闸阀；按施工要求，在适当地段(一般每隔60m)加设一个三通接头备用；管道前端至开挖面距离宜保持在30m左右，并用高压软管接分风器；分部开挖法通往各工作面的软管长度不宜大于50m，与分风器联结的胶皮软管长度不宜大于10m。

(4)主管长度大于1000m时，应在管道最低处设置油水分离器，定期放出管中聚集的油水，以保证管内清洁与干燥。

(5)管道安装前应进行检查，钢管内不得留有残杂物和其他脏物；各种闸阀在安装前应拆开清洗，并进行水压强度试验，合格者方能使用。

(6)管道在洞内应敷设在电缆、电线的另一侧，并与运输轨道有一定距离，管道高度一般不应超过运输轨道的轨面，若管径较大而超过轨面，应适当增大距离。如与水沟同侧时不应影响水沟排水。

(7)管道使用时,应有专人负责检查、养护。

任务三 施工供水与排水

施工中的供水与排水是同施工安全和创造良好的施工条件密切相关的。坑道内出现地下水会软化围岩,引起落石塌方;坑道底部积水不及时排除则会有碍钻眼、爆破和清底;坑道顶部淋水对工人健康不利,影响施工效率;水量过大时甚至会淹没工作面,迫使停工整顿;而坑道内凿岩、喷雾洒水、灌注衬砌以及洞外空压机冷却和施工人员生活等则均需用水。因此隧道工程既要有给水设施,又要有排水设施,方能确保施工顺利进行。

教学课件:施工供水与排水

微课:施工供水与排水

一、施工供水

1. 水质要求

凡无臭味、不含有害矿物质的洁净天然水都可作施工用水,但仍应做好水质化验工作,以便心中有数。生活用水更要求新鲜清洁。参照国家水质标准,施工用水要求见表10-10,生活用水必须经水质鉴定,符合卫生标准。

施工用水水质要求 表10-10

用水范围	水质项目	允许最大值
混凝土作业	硫酸盐含量(SO_4)	不大于1000mg/L
	pH值	不得小于4
	其他杂质	不含油、糖、酸等
湿式凿岩与防尘	细菌总数	在37℃养护24h,每升水不超过100个
	大肠菌总数	每升水中不超过3个
	浑浊度	不大于5mg/L,特殊情况不大于10mg/L

2. 给水方式

给水的方式主要根据水源情况而定。常用水源有:山上自流水或泉水;河水;钻井取水。

有高位自然水源时,可建水池蓄水利用,采用低位抽水时,抽水站水泵扬程应选取取水点与水池高差的1.5~2倍,并配备用水泵。无条件建高位水池的隧道,则采用增压泵供水。

蓄水一般采用开口水池,其构造简图见图10-7。水池容积根据水源情况为一昼夜用水量的1/10~1/2(用水量大则储水系数小),通常为50~150m^3。

水池位置应选择在基地坚固的山坡上,防止水池变形开裂,并避开隧道顶部,以免漏水渗入隧道,造成山体滑动或洞内塌方。

水池与工作面的相对高度,以水达到工作面是水压不小于0.3MPa(折合水柱30m)为准。因此,水池与它供水的最高工作面之间的高差应为:

$$H \geqslant 1.2(30 + h_{损}) \tag{10-12}$$

整个管路的水头损失$h_{损}$的计算,可查阅有关手册。

水管的直径应根据最大供水量、管路长度、弯头数量、闸阀等条件计算确定。主管直径一般用75~150mm,支管直径用50mm。管道铺设应保证质量,确保不漏水;水管的总输出管路上应安装总闸阀,主管路上每隔300~500m应安装分闸阀;洞内管路应敷设在电缆、电线的相对一侧,不得妨碍运输,与水沟同侧时,不得影响排水;寒冷地区应有防冻措施。

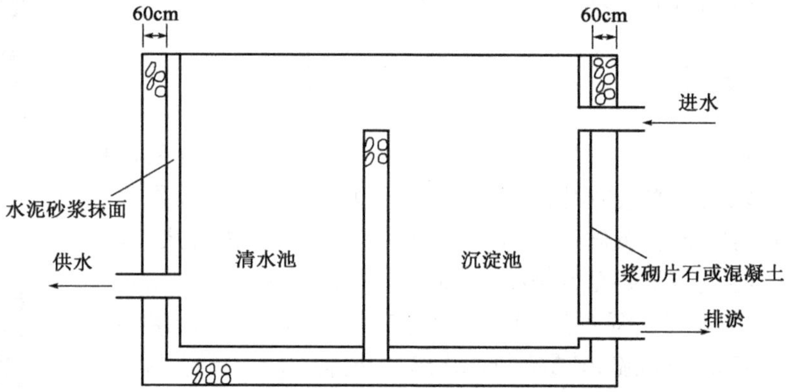

图 10-7　蓄水池构造

其洞内管线布置见图 10-8。

图 10-8　高压风管和水管布置

二、洞内排水

开挖隧道时,经常会有地下水进入坑道,施工防尘有废水排出。这些水都应及时引出洞外。排水方式应根据线路坡度情况和水量大小而定。

1. 顺坡施工的排水

向洞内开挖是上坡,叫顺坡施工。此时只需随导坑的延伸,在一侧挖水沟,使水顺坡自然排出洞外即可。

若设有平行导坑时,则平道应较正洞低 0.2 ~ 0.6m,使正洞的水通过横通道引入平导排出,有利于正洞的正常施工。

2. 反坡施工的排水

向洞内开挖为下坡,叫反坡施工。因此水向工作面汇集,需用机械排水。排水系统的布置有两种方式:

(1)分段开挖反坡水沟。在分段处挖积水坑,每个积水坑处设一抽水机,把水抽至后一段反坡，用最后一个抽水机把水排出洞外，如图10-9所示。

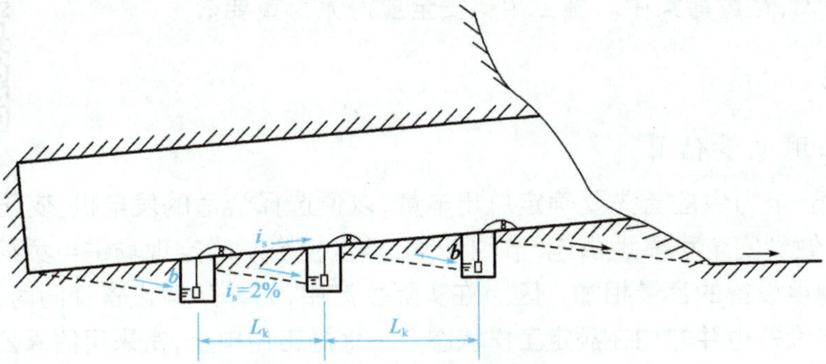

图10-9　分段开挖反坡水沟

集水坑间距L_k用下式计算：

$$L_k = \frac{h_k}{i_s + i_k} \tag{10-13}$$

式中：h_k——水沟最大开挖深度，一般不超过0.7m；

i_s——线路坡度；

i_k——水沟底坡度，不小于0.2%。

这种方式的优点是工作面无积水，抽水机位置固定，亦不需要水管。缺点是用的抽水机多，而且要开挖反坡水沟。一般在隧道较短和坡度较小时采用。

(2)隔开较长距离开挖集水坑。开挖面的积水用小泵抽到最近的集水坑内，再用主抽水机将水排到洞外，如图10-10所示。

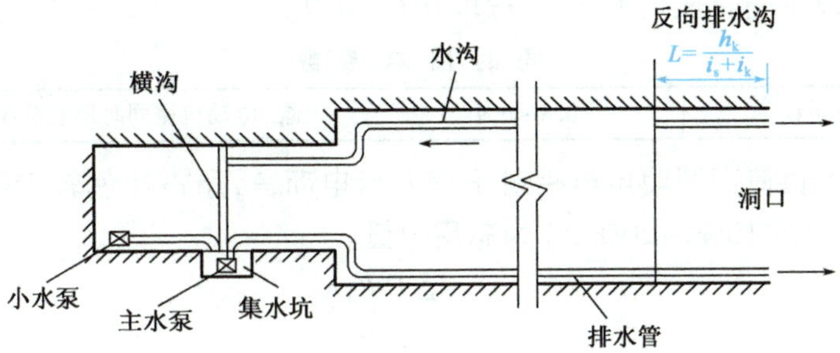

图10-10　隔开较长距离开挖反坡水沟

这种方式的优点是所需抽水机数量少，缺点是要安装水管，抽水机随着坑道的掘进而拆迁前移。在隧道较长、涌水量较大时采用。

反坡施工的隧道，应对地下水涌水量有足够的估计，排水设施要有后备。必要时，应在导坑掌子面上钻较深的探水眼，防止突然遇到地下水囊、暗河等大量涌水进入坑道造成事故。

另外，施工排水的一个特殊方面是要防止洞外突然倒灌洞内。尤其在反坡施工及斜井施工时，洪水倒灌往往造成重大事故。为此，应做好洞口地表排水、截水设施。

任务四　施工供电与照明

教学课件：施工供电与照明

按照国家现行行业标准《施工现场临时用电安全技术规范》(JGJ 46—2005)，施工现场临时用电设备在5台以上，或者设备总用电量在

50kW 及以上时,应编制施工现场临时用电组织设计。隧道施工机械化程度高,耗电量较大,且负荷集中。施工用电安全显得尤为重要。

微课:供电与照明

一、供电

(一)施工用电量估算

在施工现场,电力供应首先要确定总用电量,以便选择合适的发电机、变压器、各类开关设备和线路导线,做到安全可靠地供电,节约开支,减少投资。确定现场供电负荷的大小时,不能简单地将所有用电设备的容量相加。因为在实际生产中,并非所有设备都同时工作,另外,处于工作状态的用电设备也并非均在额定工作状态。工地施工用电量,常采用估算公式进行计算。

(1)同时考虑施工现场的动力和照明。

$$S_{总} = K\left(\frac{\sum P_1 K_1 K_2}{\eta\cos\varphi} + \sum P_2 K_3\right) \tag{10-14}$$

式中:$S_{总}$——施工总用电量,kV·A;

K——备用系数,一般取 1.05～1.10;

$\sum P_1$——整个工地动力设备的额定输出功率总和,kW;

$\sum P_2$——整个工地照明用电量总和,kW;

η——动力设备的平均效率,采用 0.83～0.88,通常取 0.85 进行计算;

$\cos\varphi$——平均功率因数,采用 0.5～0.7;

K_1——动力设备同时使用系数,见表 10-11;

K_2——动力负荷系数,主要考虑不同类型设备带负荷工作时的情况,一般 0.75～1.00;

K_3——照明设备同时使用系数,一般取 0.6～0.9。

同时用电系数 表 10-11

通风机同时用电系数	0.8～0.9	施工电动机械同时用电系数	0.65～0.75

(2)只考虑动力负荷当照明用电相对于动力用电而言,所占比例较少时,为简化计算,可在动力用电量之外再加 10%～20%,作为总用电量。

$$S_{动} = \frac{\sum P_i K_1 K_2}{\eta\cos\varphi}$$

$$S_{总} = (1.1 \sim 1.2) S_{动} \tag{10-15}$$

式中:$S_{动}$——现场动力设备所需的用电量;

其他符号意义同上,但当使用大型用电设备如掘进机时,K_1 可取 1.0 进行计算。

(二)供电方式

隧道施工供电方式有自设发电站和地方电网供电两种。一般应尽量采用地方电网供电,只有在地方供电不能满足施工用电需要或距离地方电网太远时,才自设发电站。此外,自发电还可作为备用,当地方电网供电不稳定时采用,在有些重要施工场所还应设置双回路供电网,以保证供电的稳定性。由于绝大多数情况下采用地方电网供电,故主要介绍变电站的有关内容。

(1)变压器选择一般根据估算的施工总用电量来选择变压器,其容量应等于或略大于施工总用电量,且在使用过程中,一般使变压器承受的用电负荷达到额定容量的 60% 左右为佳。具体可按下述方法确定:

①配属电动机械的单台最大容量占总用电量的 1/5 及以下时,变压器最大容量 S_e 为:

$$S_e = \frac{\sum P_1 K_1}{\eta \cos\varphi} \tag{10-16}$$

②配属电动机械的单台最大容量占总用电量的1/5以上时，变压器最大容量S_e为：

$$S_e = \frac{5\sum P_1 K_1 \mu}{\eta \cos\varphi} \tag{10-17}$$

式中：μ——配属机械中最大一台的容量与总用量的比值。

根据上述计算结果，从变压器产品目录中选择适当型号的配电变压器。

(2)变压器位置的确定。

变压器位置的确定应考虑便于运输、运行和检修，同时应选择安全可靠的地方，因此应满足以下几个方面的因素：一是变压器应选择在高压进线方便处，且应尽量接近高压线。二是变压器必须安设在其供电范围的负荷中心，使其投入运行时的线路损耗最小，且能满足电压要求。一般情况下还应安设在大负荷的附近。当配电电压在380V时，供电半径不应大于700m，一般以500m为宜。高压变电站之间的距离，一般在1000m左右。三是洞内变压器应安设在干燥的避车洞或不用的横通道处，变压器与周围及上下洞壁的距离不得小于30cm，同时按规定要求设置安全防护设施。

(三)供电线路布置及导线选择

(1)线路电压等级隧道供电电压，一般是三相五线380V/220V。长大隧道可用10kV供电，经过变压后对用电设备供电；动力机械的电压标准是380V；成洞地段照明可采用220V，工作地段照明和手持电动工具按规定选用安全电压供电。

(2)导线选择。当供电线路中有电流时，由于导线具有阻抗，会产生电压降，使线路末端电压低于首端电压。线路始末两端电压的差称为线路电压损失，俗称电压降。根据施工规则规定，选用的导线断面应使末端电压降不超过额定电压的10%及国家对经济电流密度的规定。

(3)供电线路应采用三项五线系统(图10-11)，一般采用塑料绝缘铝绞线或橡皮绝缘铝芯线架设；开挖、未衬砌地段以及手提灯应使用铜芯橡皮绝缘电缆。

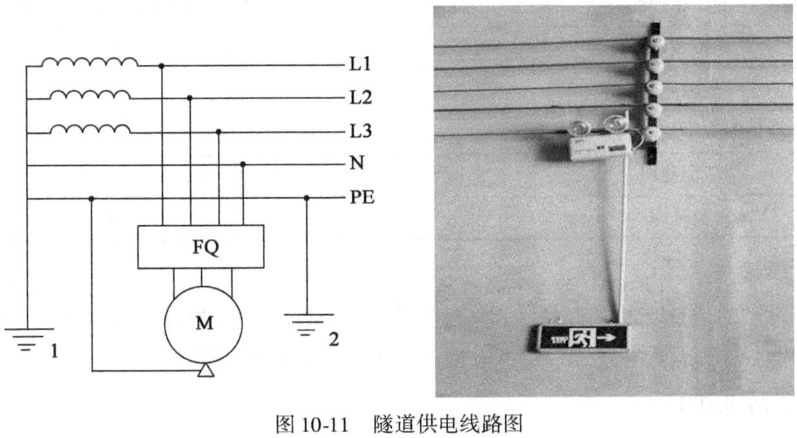

图10-11 隧道供电线路图

L1、L2、L3-相线；N-工作零线；PE-保护零线；1-工作接地；2-重复接地；FQ-漏电保护器；M-发动机

布置线路应注意以下几点：一是输电干线或动力、照明线路安装在同一侧时，必须分层架设。其原则是：高压在上，低压在下；干线在上，支线在下；动力线在上，照明线在下；且应在风、水管路相对的一侧。二是隧道内配电线路分低压进洞和高压进洞两种。一般隧道独头掘进长

度在1000m以下(独头掘进时),采用低压进洞,电压为400V,配电变压器设在洞外;当隧道在1000m以上则采用高压进洞,以保证线路终端电压不致过低。高压进洞电压一般为10kV,配电变压器设在洞内。三是根据隧道作业特点,电线路架设分两次进行。在进洞初期,先用橡套电缆装设临时电路,随着工作面的推进,在成洞地段用胶皮绝缘线架设固定线路,换下电缆供继续前进的工作面使用。四是洞内敷设的高压电缆,在洞外与架空高压线连接时,应安装相同电压等级的一组阀型避雷器及开关设备。架设低压线路进洞,在洞口的电杆上,应安装一组低压阀型避雷器。五是不允许将通电的多余电缆盘绕堆放,以免引起电缆过热发生燃烧和增加线路电压降。六是低压进路导线敷设方法分垂直和水平两种。水平排列占空间较大,影响施工机械通过,故一般采用垂直排列。垂直排列时,采用针式绝缘子固定,线间距为0.2m,下部导线离地面不小于3m,横担间距一般为10m。高压电缆进洞一般采用明敷设。明敷设是将电缆架设在明处,根据不同地段的具体条件,可分别用金属托架、挂钩、木耳子或帆布带等固定。电缆线离地面不小于3.5m,横担间距一般为3~5m。七是线路需分支时,分支至所接设备的连接应使用橡套电缆,且每一分支接线应在接头与所接设备之间,安装开关和熔断器;照明线路则仅在总分支接头处设置开关和熔断器。分支接头处应按规定搭接,并用绝缘胶布包裹。

二、照明

(一)普通光源施工照明

1. 照明安全变压器

作业地段照明必须使用安全变压器,其容量不宜过大,输入电压为220V,输出电压有36V、32V、24V、12V四个等级,以便按工作面的安全因素要求选用照明电压,并应装有按电源电压下降而能调整的插头。

2. 不同地段的照明布置

根据隧道施工规范要求,见表10-12。

不同地段照明标准　　表10-12

施工作业地段	照明标准(lx)
施工作业面	平均照度不小于30
开挖地段和作业地段	10
运输巷道	6
特殊作业地段或不安全因素较多地段	15
成洞地段	4
竖井内	8

3. 事故照明设施

不安全因素较大的地段可加大照度;在主要交通道、竖井、斜井、涌水较大的抽水站、高压变电站等重要地点,应有照明。漏水地段应采用防水灯头和灯罩。

(二)新光源照明

普通光源一般使用的是电灯或荧光灯,优点是价格低,使用方便,但其耗电量较大且亮度较弱。而采用新光源,如低压卤钨灯、高压钠灯、钪钠灯、钠铊铟灯等,其优点:一是大幅度地增加了施工工作面和场地的照度,为施工人员创造了一个明亮的作业环境,可保证操作质量;二是安全性能好;三是节电效果明显;四是使用寿命长,维修方便,减少电工的劳动程度。

三、安全用电

安全用电是保证人身安全和高速度、高质量完成施工任务的重要措施之一。防止触电事故，主要依靠健全的规章制度和完善的技术措施。常用的技术措施有：采用绝缘、屏护遮拦，保证安全距离；采用保护接零；采用安全电压等。

1. 安全作业要求

有关安全作业，除应遵守电工安全作业规程外，重点应注意以下几点：一是线路及接头不许有裸露，要经常检查，发现裸露应立即包扎；二是各种过电流保护装置不应加大其容量，不能用任何金属丝代替熔丝；三是电工人员在操作时必须戴绝缘手套和穿绝缘胶靴；四是在需要触及导电部分时，必须先用测电器检查，确认无电时，才能开始工作，并事先将有关的开关切断封锁，以防误合闸；五是一切电器设备的金属外壳或构架都必须进行妥善接地。

2. 接地

在隧道施工中需要接地的设施有：与电机连接的金属构架、变压器外壳、配电箱外壳、启动器外壳、高压电缆的金属外皮、低压橡套电缆的接地芯线（即连接变压器中性点的中性线）、风水管路、轨道及洞内临时装设的金属支架等。

接地是由高压电缆外皮和低压电缆的接地芯线以及所有明线架设的中性线连接成一个总的接地网路，在网路上分别连接上述需要接地的设施，构成一个具有多处接地装置的接地系统。不用高压供电的隧道，应在400V/230V进线端设置中心接地装置。

四、通信

（1）洞内各工作面与洞外调度应始终保持通信畅通，备做突发事故的应急通信宜选择有线电话。

（2）保护有线电话电线的线管宜用钢管，应布置在不宜被机械、落石损伤的地方，宜顺着风水管路布置。

（3）电话机宜采用防水、防震、防火的防爆电话机，电话机宜安装在距工作面最近的洞室或有防护设施的台架上。

隧道内三管两线布置见图10-12。

图10-12　三管两线布置图

案例分析：×××隧道风水电作业

一、工程概况

某普通铁路单线隧道，进口里程 DK312+674，出口里程 D1K326+264，隧道全长 13590m，其中单线隧道长 12248m，车站段长 1342m，隧道最大埋深约 1500m。隧道采用斜井、横洞作为辅助坑道。

二、隧道通风

根据隧道通风要求及设计要求，进口配置 2×185kW 轴流风机，斜井配置 2×185kW 轴流风机，横洞配置 2×185kW 轴流风机，出口配置 2×185kW 轴流风机，可满足施工要求，前期施工可采用一台，后期增加一台 185kW 轴流风机。通风机设于隧道洞口 30m 外。轴流风机风速高、中、低档可调，在隧道开挖初期可用低速，中期用中速，后期用高速，也可以在每天不同的施工工序中进行改变，具有效率高、节省能量、噪声低、结构紧凑、安装方便等特点。

风管选用 PVC 增强塑纤布拉链式大口径软质风管，减少接头漏风，使用方便，易安装，破损较少，径向变形也小，能有效地减少漏风和系统阻力。通风风管采用 ϕ160cm、ϕ180cm，与正洞交叉口时小里程方向设风箱接力送风，可满足洞内通风要求。另外考虑隧道较长时，每 500m 左右设一台 SSF-NO12 型射流风机，各施工作业面设 1～2 台局扇。

隧道施工均采用软式风管独头压入式通风，由洞外取风经长风管将新鲜空气送至工作面，污风沿隧道排出。

三、风水电作业

(1)高压供风高压风采用洞外电动空压机组成的压风站集中供风方式，高压风管直径采用 ϕ250mm 无缝钢管，进洞后采用托架法安装在边墙上，沿隧道通长布置，高度以不影响仰拱及铺底施工为宜。主管道每隔 300～500m 分装闸阀和三通，以备出现涌水时作为应急排水管使用，管道前段距开挖面 30m，距离主风管头接分风器，用高压软管接至各风动工具。

(2)施工用电。

根据该隧道施工用电的分布、附近电源情况，结合正式设计方案，隧道施工用电计划采用永临结合供电方案，临时工程与正式工程重复部分永临结合一次建成。施工用电由电气化局架设 35kV 变电站引入，进口配备一台 400kW 的发电机、斜井配备一台 320kW、横洞配备一台 320kW，出口配备一台 400kW 放电机作为备用电源。

(3)施工用水。

隧道施工作业区附近均有水源，水量丰富，水质优良，给水管路建设本着经济适用、集约环保的原则，在满足水量、水质要求的基础上，对取水点、整体线路进行合理布局，保证各工点供水能够满足施工的正常进行。

施工用水采用抽取附近水进行解决，在隧道洞口附近的山上设置一座 40m^2 高山水池，布设给水管路，水池采用 3mm 钢板焊制。

供水管路采用钢管，端部包封保护。外露管路冬季采取保温措施，埋入地下的管路在非便道段埋深大于 0.3m，通过便道部分，采用套管过渡，埋深不小于 0.8m。

(4)临时通信。

横洞位于重山区，有线通信条件较差，需要架设临时通信线路；本地区电信信号网络较好，考虑各工区全部采用电信移动电话进行联系，便于保持与各方的随时联络和紧急情况下的及时信息反馈。无信号区域内采用对讲机进行联系，确保通信畅通。

隧道施工配备长距离对讲机，实现洞内工作面和值班室、洞外供风、供水、配电、拌合站等重要场所之间相互通信；同时配备程控电话，实现隧道洞内外通信畅通，以防出现险情时无法传达信息。

其三管两线布置如图 10-13 所示。

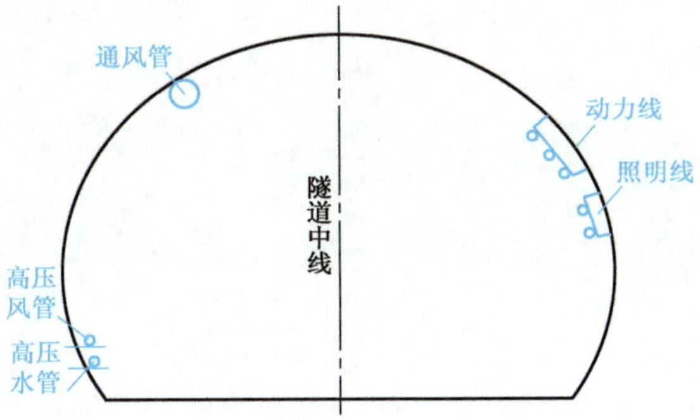

图 10-13　三管两线布置图

技能训练

某高速铁路单线隧道，进口里程 DK538 +389，出口里程 D1K557 +055，隧道全长 18770m，最大埋深约 1023m，进、出口均接桥梁工程。为了配合隧道施工，在施工准备时，配备了空压机、通风机、发电机等设备。请完成以下任务：

1. 该隧道采用通风方式是哪种？请绘制示意图。
2. 计算隧道需要通风机大小、风管直径和材质。
3. 隧道洞口应配置多大空压机？
4. 确定空压机大小匹配要求。
5. 计算高压风管直径。
6. 查找资料，确定隧道一昼夜用水量的大小，选定蓄水池容积。
7. 绘制隧道内供电线路布置图。

项目十一

特殊地质地段隧道施工

知识目标：

1. 了解各种特殊地质地段隧道施工方法；
2. 熟悉特殊地质地段隧道施工原则；
3. 掌握松散地层施工采用的超前支护的类型与施工工艺；
4. 掌握隧道坍方的处理方案。

能力目标：

1. 能认识特殊地质围岩；
2. 具备读懂黄土隧道、瓦斯隧道、岩溶隧道等施工方案的能力；
3. 具备读懂坍方处理方案的能力。

素质目标：

1. 树立安全质量意识；
2. 培养不畏艰险、甘于奉献的精神；
3. 培养学生积极思考，勇于创新的能力。

任务描述：

某高速铁路单线隧道，进口里程 DK312 +674，出口里程 D1K326 +264，隧道全长 13590m，隧道最大埋深约 1500m，是本标段的重难点工程，属Ⅰ级风险隧道，隧址区范围内不良地质为危岩落石、岩溶、岩堆、采空区、顺层偏压，无特殊岩土，易造成岩溶塌陷、围岩失稳等工程地质问题，雨季困难遇到突水、突泥，对隧道施工影响大。在特殊地质地段试完成下列任务：

1. 岩溶地段施工；
2. 隧道坍方处理；
3. 采空区地段施工；
4. 岩堆地段施工。

任务实施

在修建隧道中,常遇到一些不利于施工的特殊地质地段,如膨胀性围岩、黄土、溶洞、断层、松散地层、流沙、岩爆等,在开挖、支护和衬砌过程中如果处理不当,极易引起坍方及衬砌下沉等安全质量方面的严重事故,并影响隧道的顺利掘进。

隧道通过特殊地质和不良地质地段时,应注意以下几点:

(1)特殊地质和不良地质地段隧道施工前,必须根据设计提供的工程及水文地质资料,结合现场实际情况,进行分析研究,制订完整的施工技术方案。

(2)特殊地质和不良地质地段隧道的施工应遵守"先治水、管超前、短进尺、弱爆破、早支护、快封闭、勤量测"的原则。

(3)特殊地质和不良地质地段隧道施工时,必须加强量测工作,并及时反馈量测结果,发现问题,及时处理。

(4)特殊地质和不良地质地段隧道施工前,应采用超前地质预报,加强施工地质工作。施工中应力求稳步前进、严防坍方。

任务一　膨胀性围岩

教学课件:膨胀性围岩

膨胀性围岩系指土中黏土矿物成分主要由亲水性矿物组成,同时具有吸水显著膨胀软化和失水收缩硬裂两种特性,且具有湿胀干缩往复变形的高塑性黏性土。决定膨胀性围岩的亲水矿物主要是蒙脱石黏土矿物。

我国是世界上膨胀性围岩分布面积最广的国家之一。现已发现有膨胀性围岩发育的地区达20余个省、市、自治区,遍及西南、西北、东北、长江与黄河中下游及东南沿海地区。其中主要有:云南、贵州、四川、湖北、安徽、广东、广西、陕西、山西、河南、山东和河北等省区,分布是十分广泛。

一、膨胀性围岩的特性

隧道穿过膨胀性围岩地层,开挖后不久,常常可以看见围岩因开挖而产生变形,或者因浸水而膨胀,或因风化而开裂等现象,使坑道的顶部及两侧向内挤入,底部鼓起,随着时间的增长导致围岩失稳,支护、衬砌变形和破坏。这些现象说明膨胀性围岩性质是极其复杂的。它与一般土质的围岩性质有着根本的区别。

膨胀性围岩的基本特性,主要有以下三个方面:

(1)膨胀性围岩大多具有原始地层的超固结特性,使土体中存储较高的初始应力。当隧道开挖后,引起围岩应力释放,强度降低,产生卸荷膨胀。因此,膨胀性围岩常常具有明显的塑性流变特性,开挖后将产生较大的塑性变形。

(2)膨胀性围岩中发育有各种形态的裂隙,形成土体的多裂隙性。膨胀性围岩实际上是土块与各种裂隙和结构面相互组合形成的膨胀土体。由于膨胀性围岩在天然原始状态下具有高强度特性,隧道开挖后洞壁土体失去边界支撑而产生胀缩,同时因风干脱水使原生隐裂隙张弛,使围岩强度急剧衰减。因此,隧道施工开挖过程中,常有初期围岩变形大、发展速度快等现象。

(3)膨胀性围岩因吸水而膨胀,失水而收缩,土体中干湿循环产生胀缩效应。导致的结果有:一是使土体结构破坏,强度衰减或丧失,围岩压力增大。二是造成围岩应力变化,无论膨胀压力或收缩压力，都将破坏围岩的稳定性，特别是膨胀压力对增大围岩压力起叠加作用。

二、膨胀性围岩对隧道施工的危害

由于膨胀性围岩的特殊工程地质及其围岩压力特性，使膨胀性围岩的隧道围岩具有普遍开裂、内挤、坍塌和膨胀等变形现象。膨胀性围岩变形常具有速度快、破坏性大、延续时间长和整治较困难等特点。施工中常见的几种情况简述如下：

(1)围岩裂缝：隧道开挖后，由于开挖面上土体原始应力释放产生胀裂；另外，因为表层土体风干而脱水，产生收缩裂缝。同时，两种因素都可以使土中原生隐裂隙张开扩大。沿围岩周边产生裂缝，尤其在拱部围岩容易产生张拉裂缝与上述裂缝贯通，形成局部变形区。

(2)坑道下沉：由于坑道下部膨胀性围岩的承载力较低，加之上部围岩压力过大，而产生坑道下沉变形。坑道的下沉，往往造成支撑变形、失效，进而引起土体围岩坍塌等现象。

(3)围岩膨胀突出和坍塌：膨胀性围岩开挖过程中或开挖后，围岩产生膨胀变形，周边岩体向洞内膨胀突出，开挖断面缩小。在岩体丧失支撑或支撑力不够的状态下，由于围岩压力和膨胀压力的综合作用，使岩体产生局部破坏，由裂缝发展到出现溜塌，然后逐渐牵引周围土体连续破坏，形成坍塌。

(4)底鼓：隧道底部开挖后，洞底围岩的上部压力解除，又无支护体约束，由于应力释放，洞底围岩产生卸荷膨胀；加之坑道积水，使洞底围岩产生浸水膨胀，因而造成洞底围岩鼓出变形。

(5)衬砌变形和破坏：在先拱后墙法施工中，拱部衬砌完成后至开挖马口的这段时间，由于围岩和膨胀压力，常常产生拱脚内移，同时发生不均匀下沉，拱脚支撑受力大，发生扭曲、变形或折断。拱顶受挤压下沉，也有向上凸起。拱顶外缘经常出现纵向贯通拉裂缝，而拱顶内缘出现挤裂、脱皮、掉块现象。在拱腰部位出现纵向裂缝，这些裂缝有时可发展到张开、错台。当采用直墙时，边墙常受膨胀测压而开裂，甚至张开、错台，少数曲墙也有出现水平裂缝的情况。当底部未做仰拱或仅做一般铺底时，有时会出现底部鼓起，铺底被破坏。

三、膨胀性围岩的隧道施工要点

1. 加强调查、量测围岩的压力和流变

在膨胀性围岩中开挖隧道，除了认真实施设计文件所提出的技术要求外，在施工过程中应对围岩压力及其流变情况进行充分的调查和量测，分析其变化规律。对地下水亦应探明分布范围及规律，了解水对施工的影响程度，以便根据围岩动态采取相应的施工措施。如原设计难以适应围岩动态情况，也可据此作适当修正。

2. 合理选择施工方法

膨胀性围岩压力是施工效应，是导致隧道变形病害的主要原因。采用合理的施工方法，对隧道稳定性有着十分重要的作用。因此，在施工中应以尽量减少对围岩产生扰动和防止水的浸湿为原则，采用爆破法开挖时，应短进尺、多循环。开挖断面应圆顺，隧道周边宜采用风镐开挖，中间部分采用钻爆法开挖。在开挖过程中尽可能缩短围岩暴露时间并及时衬砌，以尽快恢复洞壁因岩体开挖而解除的部分围岩应力，减少围岩膨胀变形。开挖方法宜不分部或少分部，多采用正台阶法、侧壁导坑法。正台阶法适用于跨度小的隧道，其分部少、相互干扰小，且能较早地使支护(衬砌)闭合。侧壁导坑法适用于跨度较大的隧道，它具有防止上半断面支护(衬砌)下沉的优点，但全断面闭合时间较迟，必须注意防止边墙混凝土受压向隧道内挤。

3. 防止围岩湿度变化

隧道开挖后,膨胀性围岩风干脱水或浸水,都将引起围岩体积变化,产生胀缩效应。因此,隧道开挖后及时喷射混凝土,封闭和支护围岩。在有地下水渗流的隧道,应采取切断水源加强洞壁与坑道防、排水措施,防止施工积水对围岩浸湿等。如局部渗流,可采用注浆堵水阻止地下水进入坑道或浸湿围岩。

4. 合理进行围岩支护

(1)初期支护应做到"先放后抗、先柔后刚",即设置可伸缩钢筋或活动接头,初期支护可分层施作、逐层加强,并尽早初喷混凝土封闭岩面。初期支护的施作原则是"宁加勿拆",即在支护上加支护,尽量控制变形的发展。

喷锚支护作为开挖膨胀性围岩的施工支护,可以加强围岩的自承能力,允许有一定的变形而又不失稳。采用锚喷支护,应紧跟开挖,必要时在喷射混凝土的同时采用钢筋网。也可采用钢纤维混凝土提高喷层的抗拉和抗剪能力。

(2)衬砌结构及早闭合。膨胀性围岩隧道开挖后,围岩向内挤压变形一般是在四周同时发生,所以施工时要求衬砌结构及早封闭。支护体系应及时封闭成环、逐步限制变形。从理论上讲,拱部、边墙及仰拱宜整体完成,衬砌受力条件最好。但受条件的限制往往难以实现。因此,在灌注拱圈部分时,应在上台阶的底部先设置临时混凝土仰拱或喷射混凝土作临时仰拱,以使拱圈在边墙、仰拱未完成前,自身形成临时封闭结构。然后当下部台阶施工时,再拆除临时仰拱,并尽快灌注永久性仰拱。

任务二　黄　土

黄土在我国分布较广。黄河中游的河南西部、山西南部、陕西和甘肃的大部分地区为我国黄土和湿陷性黄土的主要分布区。这些地区的黄土分布厚度大、地层全而连续,发育亦较典型。其他地区如河北、山东、内蒙古和东北各地以及青海、新疆等地亦有所分布。

教学课件:黄土

一、黄土分类及其对隧道施工的影响

黄土是在干燥气候条件下形成的一种具有褐黄、灰黄或黄褐等颜色,并有针状大孔、垂直节理发育的特殊土。

黄土按其形成的年代可分为形成于下更新世 Q_1 的午城黄土和中更新世 Q_2 的离石黄土(称为老黄土)。普遍覆盖在上述黄土上部及河谷阶地地带上更新世 Q_3 的马兰黄土及全新世 Q_4 下部的次生黄土,称之为新黄土。此外,还有新近堆积黄土,为 Q_4 的最新堆积物,多为近几十年形成的。

根据其物理性质不同,按塑性指数(I_P)的大小可分为:黄土质黏砂土($1 < I_P \leqslant 7$),黄土质砂黏土($7 < I_P \leqslant 17$)及黄土质黏土($I_P > 17$)。

黄土地层对隧道施工的影响主要有以下几个方面:

(1)黄土节理(图 11-1):在红棕色或深褐色的古土壤黄土层,常具有各方向的构造节理,有的原生节理呈 X 形,成对出现,并具有一定延续性。在隧道开挖时,土体容易顺着节理张松或剪断。如果这种地层位于坑道顶部,则极易产生"塌顶"。如果位于侧壁,则普遍出现侧壁掉土,若施工时处理不当,常会引起较大的坍塌。

(2)黄土冲沟地段(图 11-2):在黄土冲沟或塬边地段施工时,当隧道在较长范围内沿着冲沟或塬边平行走向,覆盖较薄或偏压很大的情况下,容易发生较大的坍塌或滑坡现象。

图 11-1　黄土节理

图 11-2　黄土冲沟

(3)黄土溶洞与陷穴:黄土溶洞与陷穴,是黄土地区经常见到的不良地质现象,隧道若修建在其上方,则有基础下沉的危害;隧道若修建在其下方,常有发生冒顶的危险;隧道若修建在其邻侧,则有可能承受偏压。

(4)水对黄土隧道施工的影响:在含有地下水的黄土层中修建隧道,由于黄土在干燥时坚固,承压力也较高,施工可顺利进行。当其受水浸湿后,呈不同程度的湿陷性,会突然发生下沉现象,使开挖后的围岩迅速丧失自稳能力,如果支护措施满足不了变化后的情况,极容易造成坍塌。

二、黄土隧道的施工方法

微课:黄土隧道施工

(1)黄土隧道施工,应做好黄土中构造节理的产状与分布状况的调查。对因构造节理切割而形成的不稳定部位,在施工时加强支护措施,防止坍塌,以保证安全施工。

(2)施工中应严格遵循"管超前、短进尺、强支护、早封闭、勤量测"的施工原则,紧凑施工工序,精心组织施工。

(3)开挖方法应根据隧道断面大小、围岩级别、埋深采用台阶法、三台阶弧形导坑法、双侧壁导坑法、CRD 法等。

双线Ⅳ级围岩、单线Ⅴ级围岩宜采用三台阶弧形导坑法;双线Ⅴ级围岩宜采用交叉中隔壁法(CRD);双线Ⅴ级围岩洞口浅埋或偏压段宜采用双侧壁导坑法。开挖方法除考虑围岩级别外,还应结合土层含水率、施工中变形监测综合考虑。

(4)黄土围岩开挖后暴露时间过长,围岩周壁风化至内部,围岩体松弛加快,进而发生坍方。因此,宜采用复合式衬砌,开挖后立即对隧道周边及掌子面进行喷射混凝土封闭,并及时施作锚杆、钢筋网和钢支撑作初期支护,以形成严密的支护体系。必要时可采用超前锚杆、管棚支撑加固围岩。在初期支护基本稳定后,进行永久支护衬砌。衬砌背后回填要密实,尤其是拱顶回填。

(5)严格按设计做好洞顶、洞门及洞口的防排水系统工程,排水沟应进行铺砌,防止地表水下渗。雨季前应做好隧道洞门。妥善处理好陷穴、裂缝,以免地面积水浸蚀洞顶周围,造成土体坍塌。在含有地下水的黄土层中施工时,洞内应施作良好的排水设施。水量较大时,应采用井点降水等法将地下水位降至隧道衬砌底部以下，以改善施工条件加快施工速度。在干燥无水的黄土层中施工，应管理好施工用水，不使废水漫流。

三、黄土隧道施工的注意事项

(1)施工中如发现工作面有失稳现象，应及时用喷射混凝土封闭、加设锚杆、架立钢支撑等加强支护。

实验表明，在黄土隧道中喷射混凝土或砂浆锚杆作为施工临时支护效果良好。

(2)施工时特别注意拱脚与墙脚处断面，如超挖过大，应用浆砌片石回填。如发现该处土体承载力不够，应立即采取相应措施进行加固。

(3)黄土隧道施工，宜先作仰拱，并应一次灌注成型，仰拱距离掌子面宜控制在30m以内。拱墙衬砌应整体灌注，并应及早施作。

(4)施工中如发现不安全因素时，应暂停开挖，加强临时支护，以便采取适应性的工序安排。

案例分析：大断面黄土隧道施工方法

一、工程概况

新建铁路郑州至西安客运专线重点工程××隧道位于黄土丘陵区，隧道全长3368m，双线隧道，线间距5.0m，隧道内净空面积(轨面以上)为$100m^2$，设计行车速度350km/h，下部采用双块式无砟轨道结构。

二、黄土的工程地质特征

隧道洞身主要表现为第四系地层的深厚覆盖。Q_3^{al+pl}砂质黄土，灰黄色，稍湿，稍密~中密，具大孔隙，垂直节理发育；Q_2^{dl+pl}黏质黄土，红褐色，硬塑，垂直节理发育，结构致密，局部含少量礓石以及钙质结核，地下水不发育。主要物理、力学指标如下：天然含水率11%、天然密度$1.7g/cm^3$、天然孔隙比0.85、饱和度40%；基本承载力250~400kPa、黏聚力60kPa、内摩擦角为40°左右。

三、施工方法选择

设计中采取了洞口采用双侧壁导坑、洞身采用CD等施工方法，一般来说，对软岩隧道，这些方法能较好地控制地表下沉。但CD法施工工序较多、开挖面临时支撑多、空间狭小、难以发挥机械开挖作业的作用，因此施工进度缓慢，效率低。而黄土作为一种特殊的围岩，有直立性好、易成型的特点，从本区黄土的物理、力学指标可以看出，本隧道的黄土湿陷性等级低，自稳能力较好，具备了台阶法施工条件。

四、三台阶预留核心土开挖法

由于开挖隧道断面大，因此该黄土隧道采用了三台阶预留核心土开挖，是指在隧道开挖过程中，仰拱以上部分分为三个台阶，共七个开挖作业面。七个不同的位置相互错开同时开挖，然后分步同时支护，形成支护整体，缩短作业循环时间，逐步向纵深推进的作业方法。

施工工序见图11-3，其工序说明如下。

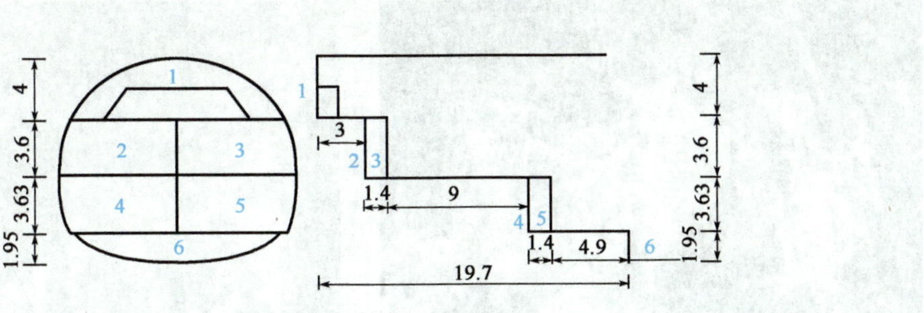

图 11-3 施工工序(尺寸单位:m)

1. 第 1 部施工

(1)利用上一循环架立的钢架施作隧道拱部长 4.5m 的 $\phi50$ 超前小导管。环向间距 40cm,纵向搭接 1.5m;外插角 3°~5°;注 1:1 水泥浆液,注浆压力 0.5~1MPa;设置范围为拱部 140°范围。

(2)人工风镐配合机械弧形开挖 1 部,留核心土。核心土距拱顶 1.5m 左右,两侧距开挖面约 2.0m,核心土长度约 2m,拱脚开挖扩大到 0.8m,以增大拱脚的受力面积,每循环开挖长度 70cm。

(3)初喷 4cm 厚 C25 聚酯纤维混凝土,封闭作业面。

(4)架设 I25a 型钢钢架,纵向采用 $\phi22$ 连接筋连接,钢筋环向间距 1.0m,安装完毕后立即施作 $\phi42$ 锁脚锚管,每侧 4 根,锁脚锚管长 4.0m,锚管端头与拱架牢固焊接。

(5)安装 $\phi8$ 钢筋网,网格间距 20cm×20cm,施作完成后,复喷 C25 纤维混凝土至 35cm 的设计厚度,从而形成较稳定的承载拱。

2. 第 2 部施工

在滞后于 1 部 3m 的距离进行第 2 部施工。人工配合机械开挖、初喷 4cm 厚 C25 聚酯纤维混凝土、接长 I25a 型钢钢架保证钢架底部与围岩接触密贴、施作 $\phi42$ 锁脚小钢管,每侧 4 根、钻设边墙系统锚杆,采用 $L=4.0$m、$\phi22$ 普通砂浆锚杆,锚杆间距为 1.0m×1.0m,尾端均配有垫板、螺母,安装钢筋网片后复喷混凝土至设计厚度。各单元钢架之间采用 $\delta18$ 的钢板通过 4 套 M27 高强螺栓连接。每循环开挖 0.7m。

3. 第 3~6 部施工

在滞后 2 部 1.4m 的距离进行第 3 部施工,工序同第 2 部施工。

在滞后 3 部 9m 的距离进行第 4 部施工,工序同上。

在滞后 4 部 1.4m 的距离进行第 5 部施工,工序同上。

在滞后 5 部 4.9m 的距离进行第 6 部施工,工序同上,每循环开挖 1.4m。至此初期支护封闭成环。

仰拱与隧底填充紧跟,每循环浇筑长度 6m。施工中各开挖步骤步长及每循环进尺距离可根据现场地质情况及围岩量测结果进行适当调整,灵活运用以达到最佳施工效果。

任务三 溶 洞

溶洞是以岩溶水的溶蚀作用为主,间有潜蚀和机械塌陷作用而造成的基本水平方向延伸的通道。溶洞是岩溶现象的一种(图 11-4)。

教学课件:溶洞

图 11-4　溶洞

岩溶是指可溶性岩层，如石灰岩、白云岩、白云质石灰岩、石膏、岩盐等，受水的化学和机械作用产生沟槽、裂缝和空洞以及由于空洞的顶部塌使地表产生陷穴、洼地等类现象和作用。我国石灰岩分布极广，常会遇到溶洞。因此，在这些地区修建隧道，必须予以注意。

微课：溶洞

一、溶洞的类型及对隧道施工的影响

溶洞一般有死、活、干、湿、大、小几种。死、干、小的溶洞比较容易处理，而活、湿、大的溶洞处理方法则较为复杂。

当隧道穿过可溶性岩层时，有的溶洞岩质破碎，容易发生坍塌。有的溶洞位于隧道底部，充填物松软且深，使隧道基底难于处理。有时遇到填满饱含水分的充填物溶槽，当坑道掘进至其边缘时，含水充填物不断涌入坑道，难以遏止，甚至使地表开裂下沉，山体压力剧增。有时遇到大的水囊或暗河，岩溶水或泥沙夹水大量涌入隧道。有的溶洞、暗河迂回交错，分支错综复杂，范围宽广，处理十分困难。

二、隧道遇到溶洞的处理措施

根据溶洞的分布、类型、溶洞周壁岩层及地下水情况，按照以梳为主、堵排结合、因地制宜、综合治理的原则，分别以“疏导、堵填、注浆加固、跨越、宣泄”等措施处理。

(一)疏导

遇到暗河或溶洞有水流时，宜排不宜堵。应在查明水源流向及其与隧道位置关系后，用暗管、涵洞、小桥等设施宣泄水流或开凿引水洞将水排出洞外(图 11-5)。当岩溶水流位置在隧道顶部或高于隧道顶部时，应在适当距离处，开凿引水斜洞(或引水槽)将水位降低到隧底高程以下，再行引排。当隧道设有平行导坑时，可将水引入平行导坑排出。

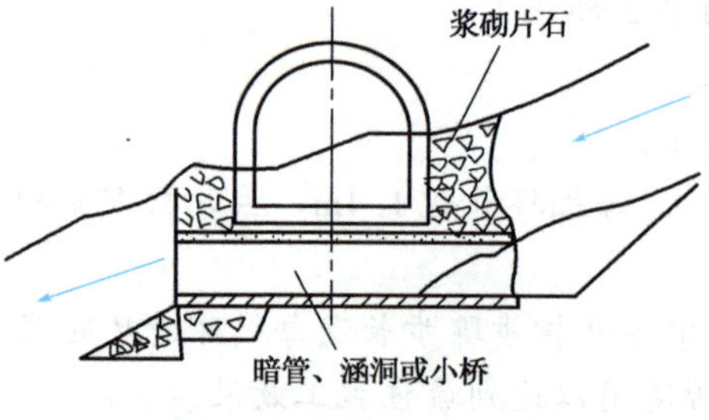

图 11-5　桥涵宣泄水流示意图

(二)宣泄

当岩溶水较大时，应采用泄水洞宣泄岩溶水，降低地下水位，保持隧道干燥，泄水洞应位于地下水来源一侧。

（三）填

对已停止发育、跨径较小、无水的溶洞，可根据其与隧道相交的位置及其充填情况，采用混凝土、浆砌片石或干砌片石予以回填封闭；或加深边墙基础，加固隧道底部（图11-6）。当隧道拱顶部有空溶洞时，可视溶洞的岩石破碎程度在溶洞顶部采用锚杆或钢筋网加固。必要时可考虑注浆加固并加设隧道护拱及拱顶回填进行处理（图11-7）。

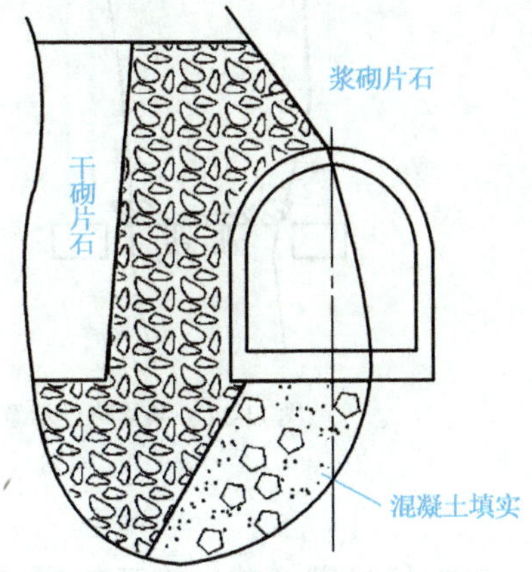

图11-6 溶洞堵填示意图

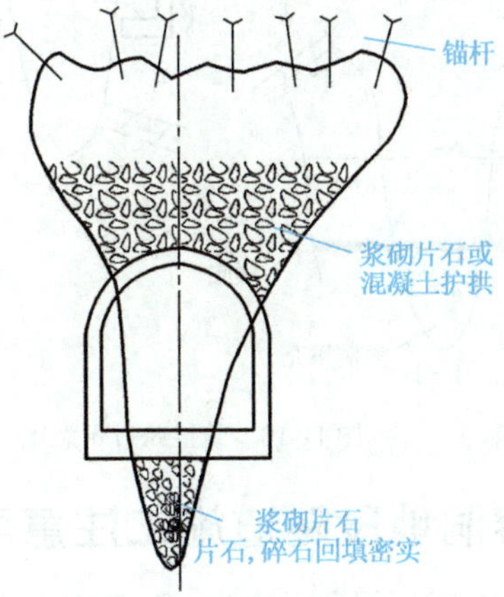

图11-7 锚喷加固与护拱示意图

（四）跨越

当隧道一侧遇到狭长而较深的溶洞，可加深该侧的边墙基础通过（图11-8）。隧道底部遇到较大溶洞并有水流时，可在隧道底部以下砌筑圬工支墙，支承隧道结构，并在支墙内套设涵管引排溶洞水（图11-9）。隧道边墙部位遇到较大、较深的溶洞，不宜加深边墙基础时，可在边墙部位或隧底以下筑拱跨过（图11-10）。当隧道中部及底部遇有深狭的溶洞时，可加强两边边墙基础，并根据情况设置桥台架梁通过（图11-11）。隧道穿过大溶洞，情况较为复杂时，可根据情况，采用墙梁、行车梁等。由设计单位负责特殊设计后施工。

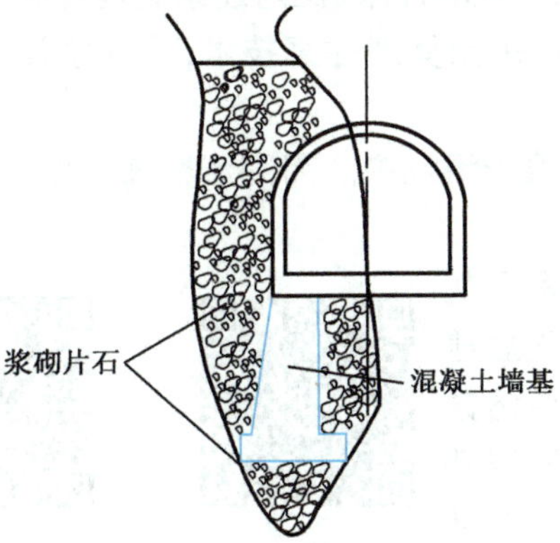

图11-8 加深边墙基础示意图

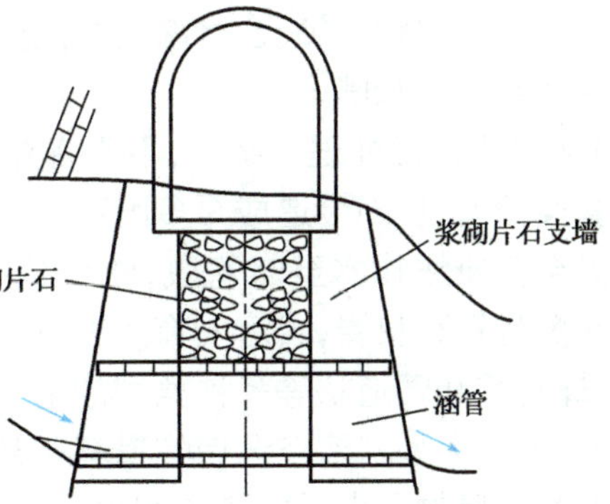

图11-9 支墙内套设涵管示意图

（五）绕

在溶洞地区施工，个别溶洞处理耗时且困难时，可采取迂回导坑绕过溶洞，继续进行隧道前方施工，并同时处理溶洞，以节省时间，加快施工进度。绕行开挖时，应防止洞壁失稳。

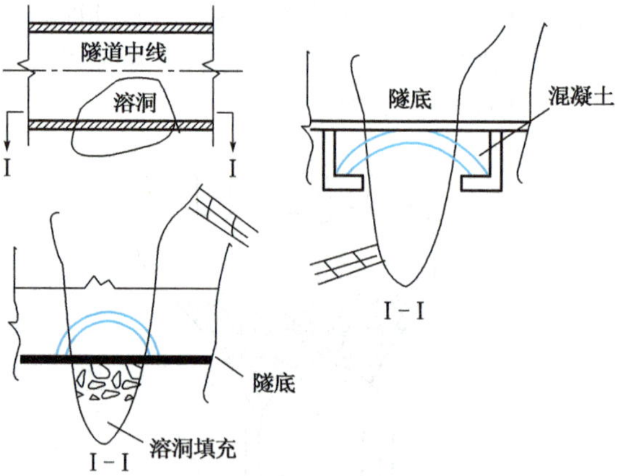

图 11-10　筑拱跨过示意图

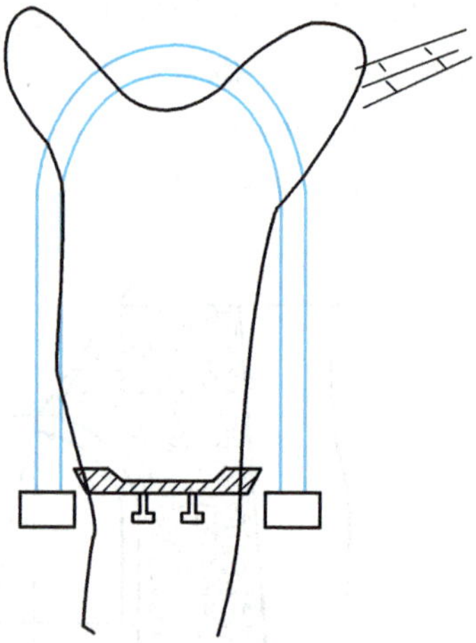

图 11-11　架梁跨过示意图

三、溶洞地段隧道施工注意事项

(1)当施工达到溶洞边缘,各工序应紧密衔接,支护和衬砌赶前。施工前应结合施工现场情况,查明溶洞的分布范围、类型、规模、发育程度、填充物及地下水的情况,及时正确地制定施工方案及安全措施。

(2)施工中注意检查溶洞顶部,及时处理危石。当溶洞较大较高且顶部破碎时,应先喷混凝土加固,再在靠近溶洞顶部附近打入锚杆,并应设置施工防护架或钢筋防护网。

(3)在溶蚀地段的爆破作业应尽量做到多打眼、少装药,并控制爆破药量减少对围岩的扰动。防止在一次爆破后溶洞内的填充物突然大量涌入隧道,或溶洞水突然袭击隧道,造成严重损失。

(4)在溶洞充填体中掘进,如充填物松软,可同超前支护施工。如充填物为极松散的砾石、块石堆积或流塑状黏土及砂黏土等可于开挖前采用地表注浆、洞内注浆或地表和洞内注浆相结合加固。如遇颗粒细、含水率大的流塑状土壤,可采用劈裂注浆技术,注入水泥浆或水泥水玻璃双液浆进行加固。

(5)溶洞未做出处理方案前,不要将弃渣随意倾填于溶洞中。因弃渣覆盖了溶洞,不但不能了解真实情况,反而会造成更多困难。

西安至安康线柞水至赵湾段,断续分布有泥盆系石灰岩及寒武奥陶系石灰岩,岩溶发育。在隧道施工中,先后遇到层状、蜂窝状和管道状等多种类型的溶洞,且易发生溶蚀破碎带大坍塌、大型岩溶空洞使隧道基础悬空或塌陷,局部溶洞内饱和充填物涌出封堵隧道和大股岩溶水长年不断从隧道涌出等病害,给隧道施工带来很大困难,影响了施工进度。在施工中,由于隧道穿越岩溶的部位不同,其对隧道的影响程度也不同,施工中层出现过局部坍塌、突水涌泥现象。为了保证施工安全,采取了局部溶洞回填、变更围岩类别和衬砌类型、加强支护和基底加设托梁,并采取钻孔注浆、加强排水等应急措施。经采取上述工程措施后,消除了隧道隐患,保证了工程安全。

动画:马鹿箐突水

动画:隧道塌方处理

任务四　风　积　沙

风积沙的粉黏粒含量很少，表面活性很低，松散、无聚性、无黏结性的风积沙成型困难，对隧道施工危害极大。由于风积沙可引起围岩失稳坍塌，支护结构变形，甚至倒塌破坏。隧道穿过这类地层，开挖应遵循“先开挖、后支护”的原则，含水隧道应遵循“先治水、后开挖”的原则。

教学课件：风积沙

1. 加强调查，制订方案

施工中应调查风积沙特性、规模，了解地质构成、贯入度、相对密度、粒径分布、塑性指数、地层承载力、滞水层分布、地下水压力和透水系数等，并制订出切实可行的治理方案。

2. 因地制宜，综合治水

隧道通过风积沙地段，处理地下水的问题，是解决隧道流沙、流泥施工难题中的首要关键技术。施工时，因地制宜，采取“防、截、排、堵”的治理方法。

(1) 防。建立地表沟槽倒排系统及仰坡地表局部防渗处理，防止降雨和地表水下渗。

(2) 截。在正洞之外水源一侧，采用深井降水，将储藏丰富构造裂隙水，通过深井抽水排走，减少正洞的静水压力和动水压力，对地下水起到拦截作用。

(3) 排。有条件的隧道在正洞水源下游一侧开挖一条洞底低于正洞仰拱的泄水洞，用以降排正洞的地下水，或采用水平超前钻孔真空负压抽水的办法，排除正洞的地下水。

(4) 堵。采用注浆方法充填裂隙，形成止水帷幕，减少或堵塞渗水通道。

以上几种方法，应根据工程地质、水文地质条件和地下水的性质、类型、存在部位以及工期要求和经济效益等因素综合分析，合理选用。

3. 先护后挖，加强支护

开挖时根据隧道断面大小，宜采用交叉中隔壁法、中隔壁法或者仰拱台阶开挖，先护后挖，紧密支撑，边挖边封闭，遇缝必堵，严防沙粒从支撑缝隙中逸出。也可采用超前注浆，以改善围岩结构，用水泥浆或水泥水玻璃为主的注浆材料注入或用化学药液注浆加固地层，然后开挖。

在施工中应观测支撑和衬砌的实际下沉量的变化，及时调整预留量。架立支撑时应设底梁并纵横、上下连接牢固，以防箱架断裂倾倒。拱架应加强刚度，架立时设置底梁并垫平楔紧，拱脚下垫铺牢固。支撑背面用木板或槽形钢板遮挡，严防流沙从支撑间逸出。在流沙逸出口附近较干燥围岩处，应尽快打入锚杆或施作喷射混凝土，加固围岩，防止逸出扩大。

4. 尽快衬砌，封闭成环

流沙地段，拱部和边墙衬砌混凝土的灌注应尽量缩短时间，尽快与仰拱形成封闭环。这样，即使围岩中出现风积沙也不会对洞身衬砌造成破坏。

任务五　瓦　斯　地　层

瓦斯是地下坑道内有害气体的总称，其成分以沼气(甲烷 CH_4)为主，一般习惯称沼气为瓦斯。

教学课件：瓦斯地层

当隧道穿过煤层、油页岩或含沥青等岩层，或从其附近通过而围岩破碎、节理发育时，可能会遇到瓦斯。如果洞内空气瓦斯浓度已达到爆炸限度与火源接触，就会引起爆炸，对隧道施工会带来很大的危害和损失。所以，在有瓦斯的地层中修建隧道，必须采取相应措施，才能安全顺利施工。

一、瓦斯的性质

(1)瓦斯(沼气)为无色、无臭、无味的气体，与碳化氢或硫化氢混合在一起，产生类似苹果的香味，由于空气中瓦斯浓度增加，氧气相应减少，很容易使人窒息或发生死亡事故。

(2)瓦斯相对密度为0.554，仅占空气一般，所以在隧道内，瓦斯很容易存在于坑道顶部，其扩散速度比空气大1.6倍，很容易透过裂隙发达、结构松散的岩层。

(3)瓦斯不能自燃，但极易燃烧，其燃烧的火焰颜色随瓦斯浓度的增大而变淡，空气中含有少量瓦斯时火焰呈蓝色，浓度达5%左右时火焰呈淡青色。

二、瓦斯的燃烧和爆炸性

当坑道中的瓦斯浓度小于5%，遇到火源时，瓦斯只是在火源附近燃烧而不会爆炸；当瓦斯浓度低于5%时，遇火不爆炸，但能在火焰外围形成燃烧层；当瓦斯浓度为9.5%时，其爆炸威力最大(氧和瓦斯完全反应)；当瓦斯浓度在16%以上时，失去其爆炸性，但在空气中遇火仍会燃烧。瓦斯浓度爆炸界限见表11-1。

瓦斯浓度爆炸界限 表11-1

瓦斯浓度(%)	爆 炸 界 限
5~6	瓦斯爆炸下界限
14~16	瓦斯爆炸上界限
9.5	爆炸最强烈
8.0	最易点燃
低于5.0，大于14~16	不爆炸，与火焰接触部分燃烧

瓦斯燃烧时，遇到障碍而受到压缩，即能转燃烧为爆炸。爆炸时能产生高温，封闭状态的爆炸(即容积为常数)，温度可达2150~2650℃，能向四周自由扩张时的爆炸(即压力为常数)，温度可达1850℃。坑道中发生瓦斯爆炸后，坑道中完全无氧，而充满氮气、二氧化碳及一氧化碳气。这些有害气体很快传布到邻近的坑道和工作面，如不及时躲避，会中毒窒息，甚至死亡。

瓦斯爆炸时，爆炸波运动造成暴风在前，火焰在后，暴风遇到积存瓦斯，使它先后受到压力，然后火焰点燃发生爆炸。第二次瓦斯受到的压力比原来的压力大，因此爆炸后的破坏力也更剧烈。

三、瓦斯放出的类型

从岩层中放出瓦斯，可分为三种类型：

(1)瓦斯的渗出：它是缓慢地、均匀地、不停地从煤层或岩层的暴露面的空隙中渗出，延续时间很久，有时带有一种嘶声。

(2)瓦斯的喷出：比上述渗出强烈，从煤层或岩层裂缝或孔洞中放出，喷出的时间有长有短，通常有较大的响声和压力。

(3)瓦斯的突出：在短时间内，从煤层或岩层中突然猛烈地喷出大量瓦斯，喷出的时间可能从几分钟到几小时，喷出时常有巨大轰响，并夹有煤块或岩石。

以上三种瓦斯放出形式，以第一种放出的瓦斯量为大。

四、防止瓦斯事故的措施

微课：瓦斯的防治

(1)隧道穿过瓦斯溢出地段，应预先确定瓦斯探测方法，并制定瓦斯稀释措施、防爆措施和紧急救援措施等。

(2)隧道通过瓦斯地区的施工方法，宜采用全断面开挖，因其工序简单、面积大、通风好、随掘进随衬砌，能够很快缩短煤层的瓦斯放出时间和缩小围岩暴露面，有利于排除瓦斯。

上、下导坑法开挖，因工序多，岩层暴露的总面积多，成洞时间长，洞内各工序交错分散，易使瓦斯分处积滞浓度不匀。采用这种施工方法，要求工序间距离尽量缩短，尽快衬砌封闭瓦斯地段，并保证混凝土的密实性，以防瓦斯溢出。

(3)加强通风是防止瓦斯最有效的办法。把空气中的瓦斯浓度吹淡到爆炸浓度以下的1/10～1/5，将其排出洞外，有瓦斯的坑道，决不允许用自然通风，必须采用机械通风。通风设备必须防止漏风，并配备备用的通风机，一旦原有通风机发生障碍时，备用机械能立即供风。保证工作面空气内的瓦斯浓度在允许限度内。当通风机发生故障或停止运转时，洞内工作人员应撤离到新鲜空气地区，直至通风恢复正常，才准许进入工作面继续工作。

(4)道内瓦斯浓度限制值符合表11-2规定。

隧道内瓦斯浓度限制值及超限处理措施　　　表11-2

序号	地　点	限值	超限处理措施
1	低瓦斯工区任意处	0.5%	超限处20m范围内立即停工，查明原因，加强通风监测
2	局部瓦斯积聚(体积大于0.5m³)	2.0%	附近20m停工，撤人，断电，进行处理，加强通风
3	开挖工作面风流中	1.0%	停止电钻钻孔
4	煤层爆破后工作面风流中	1.0%	超限时继续通风不得进入
5	局部通风机及电气开关20m范围内	0.5%	超限时应停机并不得启动
6	钻孔排放瓦斯时回风流中	1.5%	超限时撤人，停电，调整风量
7	竣工后洞内任何处	0.5%	超限时查明渗漏点，并向设计单位反映，增加运营通风设备

(5)瓦斯隧道必须加强通风，防止瓦斯积聚。由于停电或检修，使主要通风机停止运转，必须有恢复通风、排除瓦斯和送电的安全措施。恢复正常通风后，所有受到停风影响的地段必须经过监测人员检查，确认无危险后方可恢复工作。所有安装电动机和开关地点的20m范围内，必须检查瓦斯，符合规定后才可启动机器。局部通风机停止运转，在恢复通风前，亦必须检查瓦斯，符合规定方可开动局部风机，恢复正常通风。

(6)如开挖进入煤层，瓦斯排放量较大，使用一般的通风手段难以稀释到安全标准时，可使用超前周边全封闭预注浆。在开挖前沿掌子面拱部、边墙、底部轮廓线轴向辐射状布孔注浆，形成一个全封闭截堵瓦斯的帷幕。特别是对煤层垂直方向和断层地带进行阻截注浆，其效果会更佳。

开挖后要及时进行锚喷支护，并保证其厚度，以免漏气和防止围岩的失稳。

(7)采用防爆设施，具体如下：

①遵守电气设备及其他设备的安全规则，避免发生电火，瓦斯散发区段，使用防爆安全型

的电气设备,洞内运转机械必须有防爆性能,避免运转时产生高温火花。

②凿岩时用湿式钻岩,防止钻头产生火花,洞内操作时,防止金属与坚石撞击、摩擦发生火花。

③爆破作业,瓦斯工区必须采用电力起爆,必须采用煤矿许用电雷管,严禁使用秒或半秒级电雷管;使用煤矿许用毫秒延期电雷管时,最后一段的延期时间不得超过130ms。

④洞内只准用电缆,不准使用皮线。使用防爆灯或蓄电池灯照明。

⑤铲装石渣前必须将石渣浇湿,防止金属器械摩擦和撞击发生火花。

五、严格执行有关制度

(1)瓦斯检查制度:指定专人、定时和经常进行检查,测量风流和瓦斯含量,严格执行瓦斯允许浓度的规定。瓦斯检查手段可采用瓦斯遥测装置、定点报警仪和手持光波干涉仪。随时发现异常情况,应及时报告技术主管负责人,采取措施进行处理。

(2)洞内严禁使用明火,严禁将火柴、打火机、手电筒及其他易燃品带入洞内。

(3)进洞人员必须经过瓦斯知识和防止瓦斯爆炸的安全教育。抢救人员未经专门培训不准在瓦斯爆炸后进洞抢救。

(4)瓦斯检查人员必须挑选工作认真负责、有一定业务能力、经过专门培训、考试合格者,方可进行监测工作。

以上仅介绍了瓦斯隧道施工的几项主要制度,施工时要按照瓦斯防爆的技术安全规则与有关制度严格执行。

任务六　岩　　爆

教学课件:岩爆

微课:岩爆

埋藏较深的隧道工程,在高应力、脆性岩体中,由于施工爆破扰动原岩,岩体受到破坏,使掌子面附近的岩体突然释放出潜能,产生脆性破坏,这是围岩表面产生爆裂声,随之有大小不等的片状岩块弹射剥落出来,这种现象称为岩爆。岩爆有时频繁出现,有时甚至会延续一段时间后才逐渐消失。岩爆不仅直接威胁作业人员与施工设备的安全,而且严重影响施工进度,增加工程造价。

一、隧道内岩爆的特点

(1)岩爆未发生前并无明显的预兆(虽然通过仔细找顶并无空响声)。一般认为不会掉块落石的地方,也会突然发生岩石爆裂声响,石块有时应声而下,有时暂不坠落。这与塌顶和侧壁坍塌现象有明显的区别。

(2)岩爆时,岩块自洞壁围岩母体弹射出来,一般呈中厚边薄的不规则片状,块度大小多呈几厘米长宽的薄片,个别达几十厘米长宽。严重时,上吨重的岩石从拱部弹落,造成岩爆性坍方。

(3)岩爆发生的地点,多在新开挖工作面及其附近,个别的也有距新工作面较远处。岩爆发生的频率随暴露后的时间延长而降低。一般岩爆发生在16天之内,但是也有滞后一个月甚至数月之后还发生岩爆的情况。

二、岩爆产生的主要条件

国内外的专家研究结果表明,地层的岩性条件和地应力的大小是产生岩爆与否的两个决定性因素。从能量的观点来看,岩爆的形成过程是岩体中的能量从储存到释放直至最终使岩体破坏而脱离母岩的过程。因此,岩爆是否能发生及其表现形式主要取决于岩体中是否储存了足够的能量,是否具备释放能量的条件及能量释放的方式等。

三、岩爆的防治措施

岩爆产生的前提条件取决于围岩的应力状态与围岩的岩性条件。在施工中控制和改变这两个因素就可能防止或延缓岩爆的发生。因此,防治岩爆发生的措施有两个:一是强化围岩,二是弱化围岩。

强化围岩的措施很多,如喷射混凝土或钢纤维混凝土,锚杆加固、锚喷支护、锚喷网联合,钢支撑网喷联合,紧跟混凝土衬砌等。这些措施的出发点是给围岩一定的径向约束,使围岩的应力状态较快地从平面转向三维应力状态,以达到延缓或抑制岩爆发生的目的。

弱化围岩的主要措施是注水、超前预裂爆破、排孔法、切缝法等。注水的目的是改变岩石的物理力学性质,降低岩石的脆性和储存能量的能力。后三者的目的是解除能量,使能量向有利的方向转化和释放。据文献介绍,切缝法和排孔法能将能量向深层转移。围岩内的应力,特别是在切缝或排孔附近周边的切向应力显著降低。同时,围岩内所积蓄的躺性应变也得以大幅度的释放,因而,可有效防治岩爆。

四、岩爆地段隧道施工的注意事项

(1)如设有平行导坑,则平导应掘进超前正洞一定距离,以了解地质,分析可能发生岩爆的地段,为正洞施工达到相应地段时加强防治,采取必要措施。

(2)爆破应选用预先释放部分能量的方法,如超前预裂爆破法、切缝法和排孔法等,先期将岩层的原始应力释放一些,以减少岩爆的发生。爆破应严格控制用药量,以尽可能减少爆破对围岩的影响。

(3)根据岩爆发生的频率和规模情况,必要时应考虑缩短爆破循环进尺。初期支护和衬砌要紧跟开挖面,以尽可能减少岩层的暴露时间,防止岩爆的产生。

(4)岩爆引起坍方时,应迅速将人员和机械撤到安全地段;采用摩擦型锚杆进行支护,增大锚固力;采用钢纤维喷射混凝土,抑制开挖面围岩的剥落;采取挂钢筋网或用钢支撑加固;充分作好岩爆现象观察记录;采用声波探测预报岩爆工作。

任务七　高　地　温

教学课件:高地温

微课:高地温

隧道通过高温、高热地段,会给施工带来困难。一般在火山地带的地区修建隧道或地下工程会遇到高温高热的情况,如日本某地的发电厂工程的隧道,其围岩温度高达175℃。更甚者,在高温隧道中发生过施工人员因地层喷出的热水或硫化氢等有害气体而烫伤或中毒。

一、高地温的热源

地热的形成按热源分类,可分为三大类:地球的地幔对流、火山岩浆集中处的热及放射性元素的裂变热成为热源。其中，对隧道工程造成施工影响的，主要是火山的热源和放射性元素的裂变热源。

(1)火山热的热源：由于火山供给的热是地下的岩浆集中处的热能而产生热水，这种热水(泉水)成为热源，又将热供给周围的岩层。当隧道或地下工程穿过这种岩层，就有发生高温、高热的现象。

(2)放射性元素的裂变热的热源：根据日本相关文献介绍，由于地壳内岩石中含有放射性物质，其裂变产生地温，地下增温率以所处的深度不同而异，其平均值为3℃/100m。东京大学院内测定的实例表明，该处地下增温率为2.2℃/100m。假定地表温度为15℃，地下增温率以3℃/100m计，覆盖层厚1000m深处的地温则为45℃。日本某地质调查所对30m深层热水地区调查的结果，在平原地区认为不受火山热源的影响，其地下2000m深处的地下温度为67～136℃。这说明如果覆盖层很厚，即使没有火山热源供给，也有发生高温、高热问题的可能性。

二、高地温地段隧道施工措施

(1)为保证隧道施工人员进行正常的安全生产，我国有关部门对隧道施工作业环境的卫生标准都有规定。如原铁道部规定，隧道内气温不得超过28℃；交通运输部规定，隧道内气温不宜高于30℃。国外的资料介绍，日本规定隧道内温度低于37℃。

(2)为达到规定的标准，在施工中一般采取通风和洒水及通风与洒水相结合的措施。地温较高时，可采用大型通风设备予以降温。地温很高时，在正洞开挖工作面前方一段距离，利用平导超前钻探，如有热水涌出，可在平导内增建降水、排水设施和排水钻孔，以降低正洞的水位。如正洞施工中仍有热水涌出时，可采用水玻璃水泥系药液注浆，以发挥截水及稳定围岩的作用。

(3)高地温地段的衬砌混凝土：在高温(如70℃)的岩体及喷射混凝土上浇筑二次衬砌混凝土时，即使厚度再薄，水化热也不宜逸出。由于混凝土里面和表面的温差，在早龄期有可能存在裂缝。因此，对二次衬砌防止裂缝，应采取下述措施：

①为了防止高温时的强度降低，应选定合适的水灰比，并考虑到对温泉水的耐久性，宜采用高炉矿渣水泥(分离粉碎型水泥)。混凝土配合比和掺合剂应做试验优选。

②在防水板和混凝土衬砌之间设置隔热材料，可隔断从岩体传播来的热量，使混凝土内的温度应力降低。

③把一般衬砌混凝土的浇筑长度适当缩短。

④把防水板和无纺布组合成缓冲材料，由于与喷射混凝土隔离，因此，混凝土衬砌的收缩可不受到约束。

⑤适当设置裂缝诱发缝，一般在两拱脚延长方向设置。

(4)中暑症的防治措施：在高温条件下施工除采取降温措施外，还应注意中暑症的防治工作。中暑症可分为热痉挛症、热虚脱症及热射症三种类型，其症状及处置如下：

①热痉挛：由于出汗过多，体内的水分、盐类丧失而引起。其症状为在作业中和作业后发作性肌肉痉挛和疼痛。对此症应采取充分地摄入水和盐类予以缓解。

②热虚脱：由于虚幻系统失调而引起。其主要症状为血压降低、速脉、小脉、头晕、呕吐、皮肤苍白、体温轻度上升。采取的措施是，循环器官有异常的人员严禁参加施工。对有症状者增加补水次数，并在阴凉处静卧休息。

③热射症：由于体温调节中枢失调，体温上升。症状为：体温高、兴奋、乏力和皮肤干燥等。

采取的措施，对高温不适应者应避免在洞内作重体力劳动。在高温施工地段采用冷水喷雾等方法降温，必要时对患者可采取医疗急救处置。

(5)合理安排高温作业时间：根据坑道内的高温程度、劳动强度和劳动效率，确定劳动工时，以保证施工人员的健康和安全。

(6)加强健康管理：有高血压、心脏病的患者，由于高温作业有引起症状恶化之虞；疲劳、空腹、睡眠不足、酒醉等容易诱发中暑症，对此类人员应禁止参加劳动。在高温作业时，易发生维生素、水分、盐类的缺乏，对此需进行充分的补充。为缓解疲劳，应在适温适湿的环境下休息，或充分地进行卧床休息。

案例分析：×××隧道工程特殊地质地段初步处理方案

×××隧道工程是重庆万州—开县高速公路控制性工程之一，隧道左线长6029.8m，右线长6024.8m，是我国西部地区已建或在建隧道中洞身最长、埋深最深的公路隧道之一。

隧道穿越的铁锋山山脉，属山高谷深、切割较大的构造剥蚀褶皱的中低山地貌。隧道为越岭隧道，隧址区内主要构造为铁锋山背斜。

1. 洞口浅埋段

在隧道右侧150m及洞身K22+330~K22+720段覆盖层为古滑坡堆积体，厚5~12m，宽150~300m，主滑方向约为320°，主要是低液限黏土含块石组成，其中分段已经复活，该段滑体已偏离隧道，对隧道安全无影响。

洞口段衬砌为复合式衬砌，初期支护为锚喷支护，同时辅以钢架支撑，由于洞口段风化裂隙发育，设计中实施了超前支护，施工时应在进洞前首先做好边仰坡的防护和加固，尽量减少对围岩的扰动，做到“锚杆超前，强支撑”。

2. 煤与瓦斯的处理

隧道区煤层属不自燃的煤层，但属于具有煤尘爆炸性危险的煤层。本隧道为低瓦斯隧道，含瓦斯地段隧道衬砌按以下措施进行瓦斯设计：

(1)隧道结构防水层全封闭作为瓦斯隔离层。

(2)二次衬砌模筑混凝土采用气密混凝土，其透气性系数不应大于10^{-11}cm/s。

(3)施工缝进行气密性处理，其透气性系数不应大于10^{-11}cm/s。

同时，在施工中应加强通风及管理，措施如下：

(1)在进出口洞外设置监测中心，在洞内布置远距离瓦斯探头，连续监测洞内瓦斯浓度确保施工安全。

(2)施工通风量风压应保证隧道内任一处瓦斯浓度不大于0.5%；一般情况下应小于0.3%，当达到0.4%时应报警。

(3)施工开挖中，在掘煤地段应测定隧道瓦斯涌出量和瓦斯压力，如发现涌出量和瓦斯压力增大，应及时报告相关单位进行处理。

3. 膏盐段的处理

膏盐具有膨胀性，且地下水对混凝土有中等的腐蚀性。本隧道穿过膏盐地层，采取以下措施处理：

(1)加强初期支护，使初期支护有一定的强度，能对围岩施加径向约束。

(2)二次衬砌采用50cm厚钢筋混凝土，能较好地承受膨胀压力，同时在二次支护与初期支护之间设置一层泡沫混凝土,围岩膨胀时能吸收一定程度的变形;泡沫混凝土具有一定的强度,能适当地约束围岩变形,使围岩不至于过度松弛,从而使衬砌减少所承受的围岩膨胀压力。

(3)增大仰拱矢跨比,仰拱增设长锚杆和格栅钢架支护,增大仰拱抗力。

(4)加强排水,适当加密弹簧排水管或橡塑排水板,纵向排水管移至仰拱以下,同时加密横向盲沟,使地下水位下降,控制石膏吸水膨胀。控制施工中的用水,加强施工排水。

(5)初期支护和二次衬砌采用防腐混凝土,同时防水层全断面封闭。

(6)隔10m设一道沉降缝,以适应不均匀的变形。

(7)尽量减少开挖对围岩的扰动,采用光面爆破、弱爆破。开挖后尽快喷射混凝土封闭围岩。

4. 隧道涌水的处理

隧道的涌水造成了出口段隧道建设停工8个月,对本线工程建设的整体进度造成严重的影响;同时大量的地下水从隧道中流失,会恶化隧道的施工环境、破坏地下水平衡状态,亦会造成区域环境的生态失衡;更严重的可能导致地层连通性增大,进而造成水或岩溶物质填入隧道,导致地表沉降或塌陷。

根据本隧道的涌水地质特点、施工技术实力、工程进度及区域生态要求,提出本涌水段的治水原则及工程处理方案。治水遵循下列原则:堵排结合、以堵为主,限量排放,保护环境。工程处治采用超前小导管加固周边围岩,钻孔引流地下水通过、隧道排堵水,保证隧道开挖及支护顺利通过。本段隧道开挖后,掌子面和围岩的稳定性较差,必须采取加强支护工程结构来保证开挖后的稳定。

任务八　坍　方

教学课件:坍方

隧道开挖时,导致坍方的原因很多种,概括起来可归纳为:一是自然因素,即地质状态、受力状态、地下水变化等;二是人为因素,即不适当的设计,或不适当的施工方法等。由于坍方往往会给施工带来很大困难和很大经济损失。因此,需要尽量注意排除会导致坍方的各种因素,尽可能避免坍方的产生。

一、发生坍方的主要原因

(一)不良地质及水文地质条件

(1)隧道穿过断层及其破碎带,或在薄层岩体的小曲褶、错动发育地段,一经开挖,潜在应力释放快,围岩失稳,小则引起围岩掉块、坍落,大则引起坍方。当通过各种堆积体时,由于结构松散,颗粒间无胶结或胶结差,开挖后引起坍塌。在软弱结构面发育或泥质充填物过多,均易产生较大的坍塌。

(2)隧道穿越地层覆盖层过薄地段,如在沿河傍山、偏压地段、沟谷凹地浅埋和丘陵浅埋地段极易发生坍方。

(3)水是造成坍方的重要原因之一。地下水的软化、浸泡、溶蚀、溶解等作用加剧岩体的失稳和坍落。岩层软硬相间或有软弱夹层的岩体,在地下水的作用下,软弱面的强度大为降低,因而发生滑坍。

(二)隧道设计考虑不周

(1)隧道选定位置时,地质调查不细,未能做详细的分析,或未能查明可能坍方的因素,没能绕开可以避开的不良地质地段。

(2)缺乏较详细的隧道所处位置的地质及水文地质资料，造成施工指导或施工方案的失误。

(三)施工方法和措施选择不当

(1)施工方法与地质条件不相适应；地质条件发生变化，没有及时改变施工方法；工序检举安排不当；施工支护不及时，支撑架立不合要求，或抽换不当"先拆后支"；地层暴露过久，引起围岩松动、风化，导致坍方。

(2)锚喷支护不及时，喷射混凝土的质量厚度不符合要求。

(3)按新奥法施工的隧道，没有按规定进行量测，或信息反馈不及时，决策失误、措施不力。

(4)围岩爆破用药量过多，因震动引起坍塌。

(5)对危石检查不重视、不及时，处理危石措施不当，引起岩层坍塌。

二、预防坍方的施工措施

(1)隧道施工预防坍方，选择安全合理的施工方法和措施至关重要。在掘进到地质不良围岩破碎地段时，应采取"先排水、短开挖、弱爆破、强支护、早衬砌、勤量测"的施工方法。必须制定出切实可行的施工方案及安全措施。

(2)加强坍方的预测。为了保证施工作业安全，及时发现坍方的可能性及征兆，并根据不同情况采取不同的施工方法及控制坍方的措施，需要在施工阶段进行坍方预测。预测坍方常采用的几种方法如下：

①观察法。

a. 在掘进工作面采用探孔对地质情况或水文情况进行探察，同时对掘进工作面应进行地质素描，分析判断掘进前方有无可能发生坍方的超前预测。

b. 定期和不定期地观察洞内围岩的受力及变形状态；检查支护结构是否发生了较大的变形；观察是否岩层的层理、节理裂隙变大，坑道或坑壁松动掉块；喷射混凝土是否发生脱落；地表是否下沉等。

②一般量测法。

按时量测观测点的位移、应力，对测得的数据进行分析研究，及时发现不正常的受力、位移状态及有可能导致坍方的情况。

③微地震学测量法和声学测量法。

前者采用地震测量原理制成的灵敏的专用仪器；后者通过测量岩石的声波分析确定岩石的受力状态，并预测坍方。

通过上述预测坍方的方法，发现征兆高度重视及时分析，采取有力措施处理隐患，防患于未然。

(3)加强初期支护，控制坍方：当开挖出工作面后，应及时有效地完成喷锚支护或喷锚网联合支护，并应考虑采用早强喷射混凝土、早强锚杆和钢支撑支护措施等。这对防止局部坍塌、提高隧道整体稳定性具有重要的作用。

三、隧道坍方的处理

(1)隧道发生坍方后，应及时迅速处理，不得随意拖延时间。处理前，必须仔细观测坍方的范围、形状、数量大小及坍体的地质状况、地下水的分布、活动情况等，分析坍方发生的原因，研究制订处理方案。

(2)坍方发生后，应立即加固未坍地段，防止坍方继续扩大。按照"治坍先治水"的原则制订处理方案，迅速处理坍方。处理坍方前，应采取下列技术措施，加强防排水工作：

①地表沉陷和裂缝，应采用注浆填充和加固，或采用不透水土壤夯填紧密，开挖截水坑，防止地表水下渗进入坍体。

②通顶陷穴口的地表四周应挖沟排水，搭设防雨棚遮盖穴顶；洞内衬砌通过坍方后，陷穴应及时回填，回填应高出原地面，并用黏土或浆砌片石封闭穴口，做好排水。

③坍体内有地下水活动时，采用管、槽引至排水沟排出，无法进行引排时可采用注浆堵水。

(3)隧道坍方应按下列要求处理：

①小坍方，纵向延伸不长、坍穴不高，首先加固坍体两端洞身，并抓紧喷射混凝土或采用锚喷联合支护封闭坍穴顶部和侧部，再进行清渣。在确保安全的前提下，也可在坍渣上架设临时支架，稳定顶部，然后清渣。待灌注衬砌混凝土达到要求强度后临时支架方可拆除。

②大坍方，坍穴高、坍渣数量大，坍渣体完全堵住洞身时，宜采取先护后挖的方法。在查清坍穴规模大小和穴顶位置后，可采用管棚法和注浆固结法稳固危岩体和渣体，待其基本稳定后，按先上部后下部的顺序清除渣体，采取短进尺、弱爆破、早封闭的原则挖坍体，并尽快完成衬砌(图11-12)。

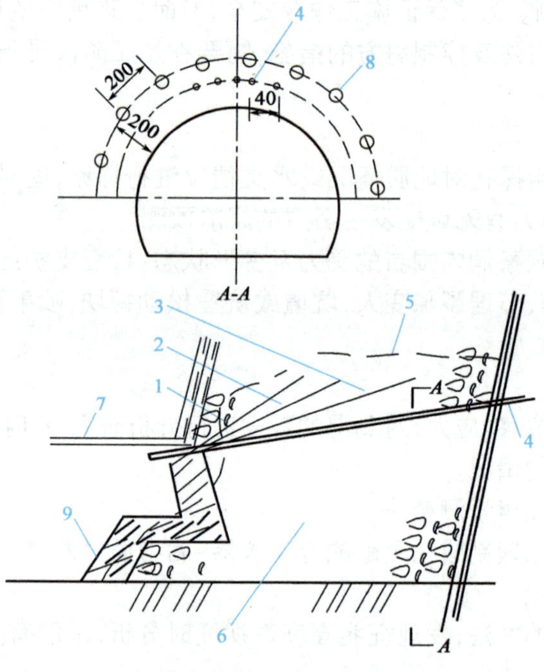

图11-12　大规模坍方处理实例示意图(尺寸单位:mm)

1-第一次注浆;2-第二次注浆;3-第三次注浆;4-管棚;5-坍线;6-坍体;7-初期支护;8-注浆孔;9-混凝土封堵

③坍方冒顶，在清渣前应支护陷穴口，地层极差时，在陷穴口附近地面打设地表锚杆，洞内可采用管棚支护和钢架支撑。

④洞口坍方，一般易坍至地表，可采取暗洞明做的方法。

(4)坍方地段的衬砌，应视坍穴大小和地质情况予以加强。衬砌背后于坍穴洞孔周壁间必须紧密支撑。当坍穴较小时，可用浆砌片石或干砌片石将坍穴填满；当坍穴较大时，可先用浆砌片石回填一定厚度,其以上空间应采用钢支撑等顶住稳定围岩;特大坍穴应做特殊处理。

(5)采用新奥法施工的隧道或有条件的隧道,坍方后要加设量测点,增加量测频率,根据量测信息及时研究对策。浅埋隧道,要进行地表下沉量测。

案例分析:隧道坍方处理

一、工程概况

×××隧道为单线铁路隧道,全长4275m。隧道穿越的地层主要是由页岩、板岩组成,地表有2.0~5.0m的黏土层,围岩级别为Ⅲ~Ⅴ级,其中Ⅳ、Ⅴ级围岩占67.5%,岩层的节理发育,十分破碎,有较大的地下水,最大水量达1000~7000t/d,另外有4条断层,局部有泥岩夹层,厚度较小,一般为0.2~0.6m。

隧道开挖采用正台阶法施工,按新奥法设计;采用锚喷支护,Ⅴ级围岩设有格栅钢架支撑,Ⅳ级围岩设有钢筋,喷射混凝土厚度10~20cm,锚杆长2.0~2.5m。

二、坍方情况

坍方段距洞口986m,坍方宽度8~25m,坍方于1995年5月13日发生,在左右侧拱部首先开始出现局部坍塌、掉块,喷射混凝土呈小块掉下,约15min后出现了大规模的坍方,整个上半断面的初期支护全部坍下来,并一直坍塌至地表形成一个半径约10.0m的圆形凹槽,坍方高度26.0m,坍方数量为8100m^3。

三、坍方原因分析

经过设计、建设、监理和施工单位一起进行现场调查分析,认为隧道坍方主要有以下四个方面的原因:

(1)该坍方地段,主要是板岩,厚度较薄,一般为0.12~0.15m,且节理裂隙十分发育,层理呈压扭性,层间结合力低,且有大量地下水活动,导致围岩的整体稳定性低。

(2)坍方地段正好处于断层破碎带中,从坍体的组成看,几乎呈碎石状,类似于第四纪的松散堆积层,说明该断层为极压性断层。

(3)施工方法不当。当时采用的长台阶法施工,因台阶太长,二次衬砌施作时间太晚。

(4)由于施工单位计划采用衬砌台车施作二次衬砌,而衬砌台车又迟迟未进场,使初期支护维持的时间已达9个月。也就是开挖并施作初期支护后的时间太长,导致围岩及初期支护整体失稳,从而引发大规模的坍方。

四、坍方处理措施

(一)地表处理

坍方发生后,先用雨篷遮盖坍方口,并做好周围的排水设施。

(二)洞内处理

洞内坍方处理采用注浆对整个坍体进行固结的方法,具体为:

(1)设置止浆墙:采用1.0m厚的素混凝土。

(2)支设注浆导管：管径 ϕ7mm，长 3.0m。

(3)循环注浆：其注浆参数为：

注浆配合比：水∶水泥∶砂 = 1∶2∶1.86；注浆压力 0.8 ~ 2.5MPa；注浆长度为每一循环为 4.0m，注浆顺序从下至上，最后注拱部以上的整个坍体。

(4)洞内开挖：采用相当于Ⅲ级围岩的全断面爆破法开挖。

(5)洞内支护：采用锚喷支护为主，局部设超前小导管、超前锚杆以及钢筋网，喷射混凝土厚度 10 ~ 15cm。

(6)二次衬砌：洞内开挖、支护完成以后，二次衬砌采用简易台车紧跟。

技能训练

1. 圆梁山隧道是渝怀铁路上最长的隧道，隧道全长 11.068km，为全线十大关键性控制工程之一。隧道依次穿越毛坝向斜、冷水河浅埋段、桐麻岭背斜，节理、裂隙比较发育，地质构造异常复杂，毛坝向斜、桐麻岭背斜及其伴生或次生断裂构造十分发育，全隧共穿越 13 条断层。请完成以下任务：

(1)哪些地层属于特殊地质？

(2)隧道施工通过这些地段会有什么危害？

(3)隧道通过岩溶地区采取哪些措施？

(4)隧道坍塌后如何处理？

(5)隧道通过断层带采用哪种开挖方法？

2. 某高速铁路双线隧道起迄里程 DK333 + 312 ~ DK340 + 996，长度 7684m，为双线黄土隧道。隧道正洞累计Ⅳ级围岩段长 7300m，Ⅴ级围岩段长 384m。请完成下列任务：

(1)黄土隧道有哪些危害？

(2)两种围岩采用哪种开挖方法？

(3)黄土隧道采用哪种支护类型？

项目十二

隧道掘进机与盾构

知识目标：

1. 了解隧道掘进机与盾构的构造；
2. 熟悉隧道掘进机与盾构的施工技术特点；
3. 理解开敞式掘进机及土压平衡盾构的原理和实施方法；
4. 掌握隧道掘进机与盾构法施工的关键工序及技术措施。

能力目标：

具备隧道掘进机与常见盾构施工和技术管理的能力。

素质目标：

1. 树立学生爱岗敬业精神；
2. 培养一丝不苟的工匠精神；
3. 培养学生积极思考，勇于创新的能力。

任务描述：

西安市轨道交通二号线TJSG-4标土建工程，包括北客站～北苑站、北苑站～运动公园站、运动公园站～行政中心站三个区间，其中北客站～北苑区间长1262m，北～运区间长932m，运～行区间长815m。本标段左右线共投入两台小松盾构机由行政中心站明挖区间北端盾构始发井始发，在运动公园站和北苑站过站，在北客站解体吊出。试完成下列任务：

1. 盾构机选型；
2. 盾构机施工；
3. 分析盾构机与掘进机的不同。

任务实施

任务一　隧道掘进机

教学课件:隧道掘进机

微课:TBM 介绍

一、隧道掘进机概述

隧道掘进机(Tunnel Boring Machine,简称 TBM),是一种主要用于山岭硬质岩石地层的机械化掘进设备。隧道掘进机法是利用掘进机切削破岩,开凿隧道的施工方法。隧道掘进机施工有着钻爆法施工不可比拟的优点。世界上采用隧道掘进机施工的隧道已有 1000 余座,总长度在 4000km 左右。特别是在欧美国家,由于劳动力昂贵,隧道掘进机施工已成为进行施工方案比选时必需的一种方案。当前,在世界范围内隧道掘进机的生产厂家有 30 余家,诸如美国罗宾斯(Robbins)、德国维尔特(Wirth,现被中铁工程装备集团有限公司收购)、德国海瑞克(Herrenknecht)、加拿大洛瓦特(Lovat)等。我国有中铁工程装备集团有限公司、中国铁建重工集团股份有限公司等企业也具备制造隧道掘进机能力。

国外使用隧道掘进机有许多典型应用案例。比如南非莱索托南水北调工程(1990 至今)、瑞士佛莱纳铁路隧道项目(1995—1999)、格鲁吉亚卡杜里水电站引水隧道项目(2002—2003)、西班牙 Guadarrama 高速铁路隧道项目(2002—2007)、瑞士圣哥达基线隧道项目(2003—2016)等。

我国甘肃“引大入秦”总干渠 38 号隧道和山西万家寨引水工程中用掘进机施工引水隧道也获得成功。1997 年年底,在西安至安康铁路秦岭特长隧道首次采用引入德国维尔特(WIRTH)公司 TB880E 型隧道掘进机,如图 12-1 所示。随着科技发展步伐的加快,加之掘进机技术本身的不断发展完善,今后会有更多数量的隧道采用掘进机法施工。

图 12-1　采用 TB880E 修建的秦岭 18.4km 铁路隧道

采用隧道掘进机开挖隧道的优点有:一次成洞;洞壁光滑;施工质量好;速度快;劳动条件好;对围岩的损伤小,几乎不产生松弛,掉块、崩塌的危险小,支护的工作量小;超挖小,节省圬工材料;震动、噪声小,对周围的居民和结构物的影响小等。

隧道掘进机虽然机械化设备较高,作业效率快,安全性高,但也存在一些不足,诸如:

(1)机械的购置费和运输、组装解体等的费用高;

(2)机械的设计制造时间长,初期投资高;

(3)施工途中不能改变开挖直径;

(4)硬岩掘进机械施工方式一经确定,就不可能像钻爆法施工那样自由变更,难以适应复杂的地质变化情况,对断层、破碎带和软弱层掘进困难;

(5)开挖断面的大小、形状变更困难。

二、隧道掘进机的类型

隧道掘进机分为全断面式和悬臂式两大类。全断面掘进机又分开敞式和护盾式两类。护盾式又分单护盾和双护盾。目前使用的主要是全断面掘进机,而最早发展的单臂式掘进机则在煤矿中采用较多。

(一)开敞式掘进机

开敞式掘进机,也称为支撑式掘进机(图12-2),是指利用支撑机构撑紧洞壁以承受向前推进的反作用力及反扭矩的全断面岩石掘进机,适用于岩石整体性较好的隧洞。掘进机支撑板撑紧洞壁以承受刀盘掘进时传来的反作用力、反扭矩;刀盘旋转,推进液压缸推压刀盘,一组盘形滚刀切入岩石,在岩石面上做同心圆轨迹滚动破岩,岩渣靠自重掉入洞底,由铲斗铲起岩渣,靠岩渣自重经溜槽落入皮带机出渣,这样连续掘进成洞。开敞式掘进机有单支撑和双支撑两种形式。

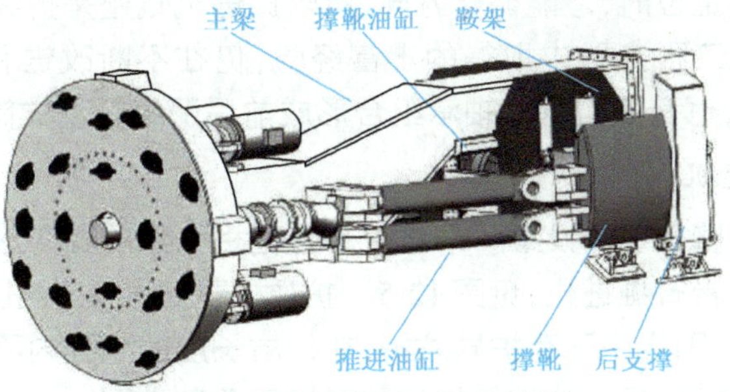

图12-2 开敞式隧道掘进机结构简图

1. 单支撑式掘进机

单水平支撑掘进机在刀盘支架的前部安装主轴承和大内齿圈,它的四周安装了刀盘护盾,利用可调式顶盾、侧盾和下支撑保持与开挖洞面的浮动支承,从而保证了刀盘的稳定。主梁上安装推力千斤顶和支撑系统,如图12-3所示。由于采用了一对水平支撑,因此在掘进过程中,它的方向的调整是随时进行的,掘进的轨迹是曲线。美国罗宾斯公司MB系列属于这种形式,该公司共制造了140余台,掘进长度超过1900km。

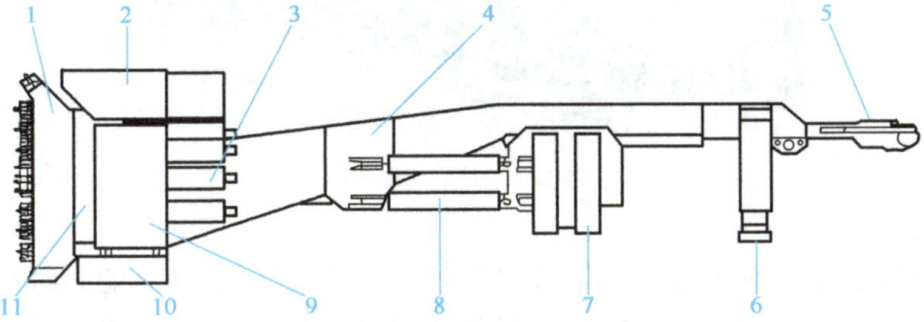

图12-3 单水平支撑掘进机示意图

1-刀盘;2-拱顶护盾;3-驱动组件;4-主梁;5-出渣输送机;6-后下支撑;7-撑靴;8-推进千斤顶;9-侧护盾;10-下支撑;11-刀盘支撑

2. 双支撑式掘进机

双水平支撑掘进机在主机架中间有两对水平支撑，它可以沿着镶着铜滑板的主机架前后移动。主机架的前端与刀盘、轴承、大内齿圈相连接，后端与后下支撑连接，推进千斤顶借助水平支撑推动主机架及刀盘向前，布置在水平支撑后部的驱动装置通过传动轴将扭矩传到刀盘。如图 12-4 所示。

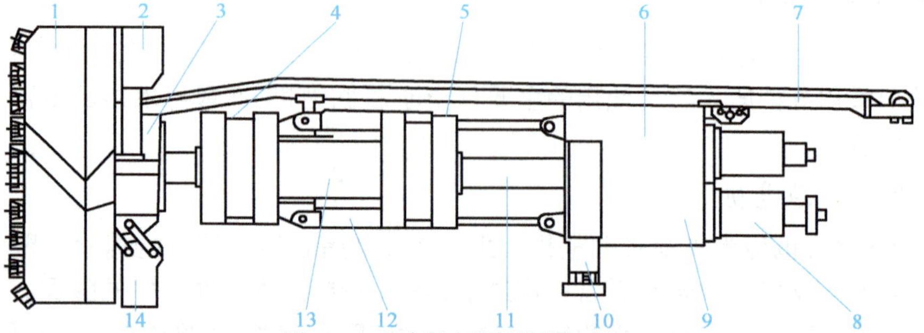

图 12-4　双水平支撑掘进机示意图

1-刀盘；2-顶护盾；3-轴承外壳；4、5-水平支撑（前、后）；6-齿轮箱；7-出渣输送机；8-驱动电机；9-星形变速箱；10-后下支撑；11-扭矩筒；12-推进千斤顶；13-主机架；14-仰拱刮板（前下支撑）

双水平支撑掘进机在掘进中由两对水平支撑撑紧洞壁，因此掘进方向一经定位，只能沿着直线掘进。只有在重新定位时，才能调整方向，所以掘进机轨迹是折线。

开敞式掘进机结合工程实践中取得的丰富经验，仍在不断改进和发展。例如，双水平支撑，有的改为 X 形支撑，也有将刀盘三轴承组合形成前后两给轴承的简支型。

（二）护盾式掘进机

护盾式掘进机是在整机外围设置一个与机器直径相一致的圆筒形保护结构以利于掘进破碎或复杂岩层的全断面岩石掘进机，见图 12-5。护盾式掘进机在掘进中利用尾部已安装的衬砌管片作为推进的支撑，围岩由于有护盾防护，在护盾长度的范围内不暴露。因此护盾掘进机更适用于软岩。护盾式掘进机又分为单护盾和双护盾两种类型。

图 12-5　护盾式掘进机

1. 单护盾掘进机

单护盾掘进机在掘进和安装衬砌管片时是依次顺序进行的，即不能同时作业。掘进中，它依靠后部的推进千斤顶顶推已安装好的衬砌管片得以向前掘进，掘进停止后，利用管片安装机将分成若干块的一环管片安装到隧道上，如图 12-6 所示。单护盾掘进机适用于软岩地层以及自稳时间相对较短的地质条件较差的地层。

2. 双护盾掘进机

双护盾掘进机在软岩及硬岩中都可以使用。当它在自稳条件不良的地层中施工时，其优越性更突出。它与单护盾掘进机的区别在于增加了一个护盾，如图 12-7 所示。在硬岩中施工时利用水平支撑，支撑洞壁传递反力，所以它既可以借助布置在尾部的推进千斤顶顶推安装在后方的成型衬砌管片，也可以在利用水平支撑进行开挖时同时安装衬砌管片，因此双护盾掘进机使用开挖和安装衬砌管片的停机换步时间大大缩短。

图 12-6　单护盾掘进机结构示意图

1-盾；2-液压推进油缸；3-管片；4-刀盘；5-装渣斗；6-皮带输送机

图 12-7　双护盾掘进机结构示意图

1-伸缩护盾；2-刀盘；3-活动支撑鞋；4-辅助推进油缸；5-管片

三、掘进机的基本构造

全断面隧道掘进机是利用回转刀盘又借助推进装置的作用力，从而使得刀盘上的滚刀切割(或破碎)岩面以达到破岩开挖隧道的目的。其基本构造有刀盘开挖系统、支撑与推进系统、后配套三大部分。

(一)刀盘

刀盘是钢结构焊接件，其前端是加强了的双层壁，通过溜渣槽与后隔板相连接，刀盘后隔板是用螺栓与刀盘轴承连接。刀盘上装有若干个盘形滚刀用于挤压切削岩石，同时在前端还装有径向带齿的石渣铲斗用于软岩开挖。刀座是刀盘的一部分，做成凹形，使盘形刀刀圈凸出刀盘，这样可以防止破碎围岩中大块岩石阻塞刀盘。刀盘具有足够的强度和刚度，从而使施加在刀盘上的推力平均分配到全部盘形滚刀上，使它们达到同时压挤岩石至同一深度，并使掘进机处高效率运转状态下。如图 12-8 所示。

刀盘上盘形刀的平面布置，是根据使用盘形刀的类型和合理刀间距来考虑的；它可以承受

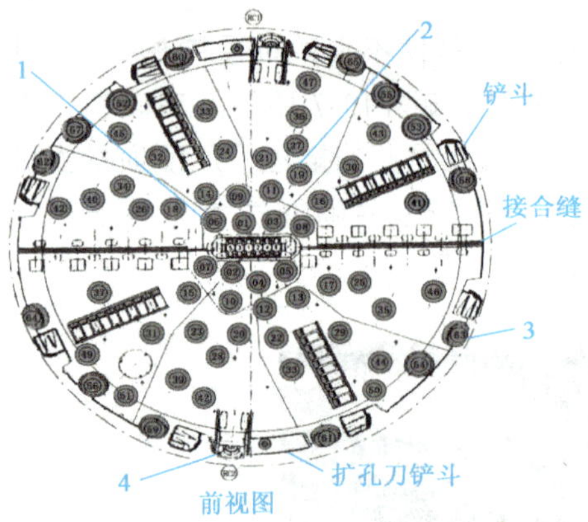

图 12-8　盘形滚刀刀盘布置

1-中心刀;2-正刀;3-边刀;4-扩孔刀

巨大的推力和扭矩。一般而言，在硬岩中刀间距大约是贯入度的 10～20 倍即 65～90mm（秦岭隧道大约是 65mm）。在切削头的边缘有一系列铲斗，破岩后的石渣由铲斗铲起，旋转至顶部导入输送机系统，再运出洞外。

（二）支撑与推进系统

微课:TBM 支撑及推进系统

1. 支撑系统

支撑系统是掘进机的固定部分。当掘进时，它支承着掘进机的重量并将开挖推力和扭矩传递给岩壁形成反力。不同结构形式的掘进机，支撑系统对掘进方向的控制不同。双水平支撑的开敞式掘进机在换步时得用后下支撑来调整机器的方位，一经确定，刀盘只能按预定方向掘进。如图 12-9 所示。

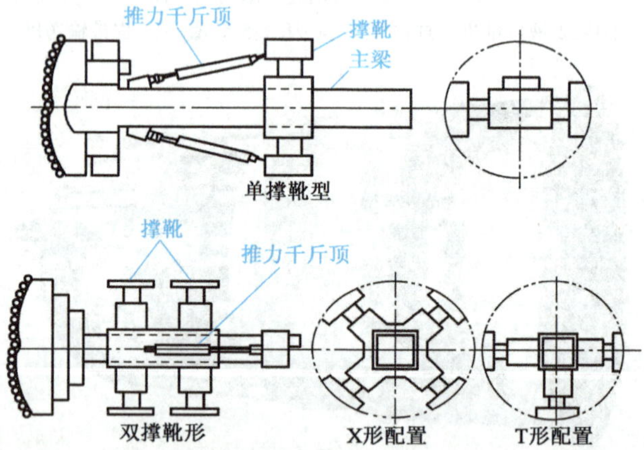

图 12-9　开敞型 TBM 的撑靴形式

一般掘进机能提供的支撑反力就是刀盘额定推力的 3 倍左右（秦岭隧道为 60000kN），足够大的支撑反力是保证在强大推力下掘进时，刀盘有足够的稳定和正确的导向，并有利于刀具减少磨耗。开挖刀盘推进力是按照每把盘形刀所能承受的推力和盘刀数量来决定的，目前较为成熟的是 17 英寸（43.18cm）盘形刀，可承受的推力为 250kN。

支撑靴借助球形铰自动均匀地支撑在洞壁上，避免引起集中荷载对洞壁的破坏。

2. 掘进机的推进方式

隧道掘进机的推进是通过交叉换步实现掘进循环的，开敞式 TBM 循环掘进如图 12-10 所示。

（1）扩张支撑靴，固定掘进机的机体在隧道壁上。

（2）回转刀盘，开动千斤顶前进。

（3）推进一行程后，缩回支撑靴，把支撑靴移置到前方，返回（1）的状态。

双护盾式 TBM 在围岩稳定性较好的地层中掘进时，位于后护盾的撑靴紧撑在洞壁上，为刀盘掘进提供反力，在主推进油缸的作用下，使 TBM 向前推进。此时 TBM 作业循环为：掘进与安装管片→撑靴收回换步→再支撑→再掘进与安装管片，具体见图 12-11。双护盾掘进模式适用于稳定性较好的硬岩地层施工，在此模式下，掘进与安装管片同时进行，施工速度快。

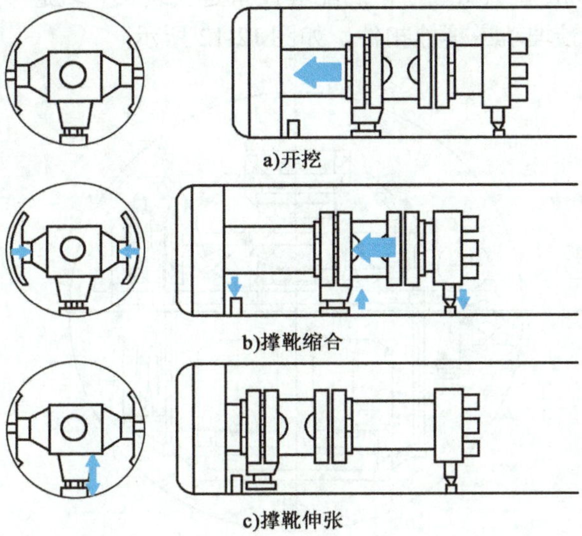

图 12-10 开敞式掘进机循环工作示意图

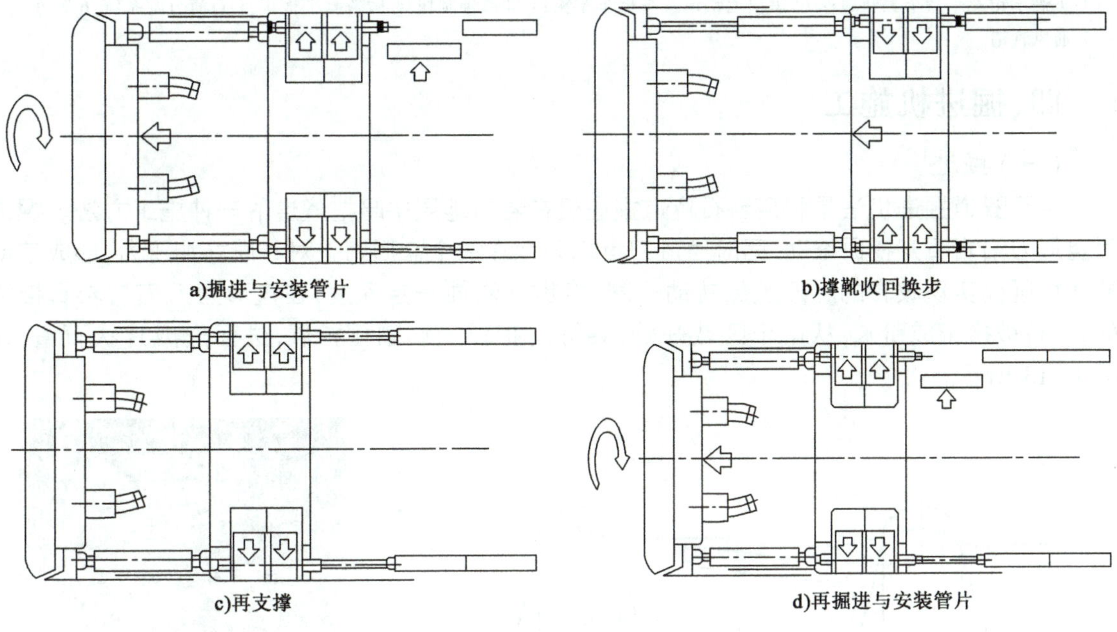

图 12-11 双护盾 TBM 循环工作示意图

(三)后配套设备

掘进机主机与后部配套设备,组成了一个完整的掘进机设备。后配套设备主要是为主机提供供给的设备和石渣运输系统。后配套设备包括液压传动站、变电设备、开关柜、主驾驶室、通信系统、备用发电机、空压机、通风系统、喷射混凝土设备、围岩加固堵水注浆设备以及供水系统。运渣系统则是由后配套设备上的胶带输送机将主机输送机运来的石渣输送到皮带运输机上,运至洞外临时渣场。

微课:TBM 后配套设施

在秦岭隧道的施工中,整个后配套坐落于混凝土预制块上,为轨行式结构。秦岭隧道的混凝土预制块每个长 1.8m、重 1.3t。通常后配套设备是安装在一轨道平台车上。仰拱块上预留排水槽,钢拱架沟槽及预埋轨道螺栓扣件。如图 12-12 所示。

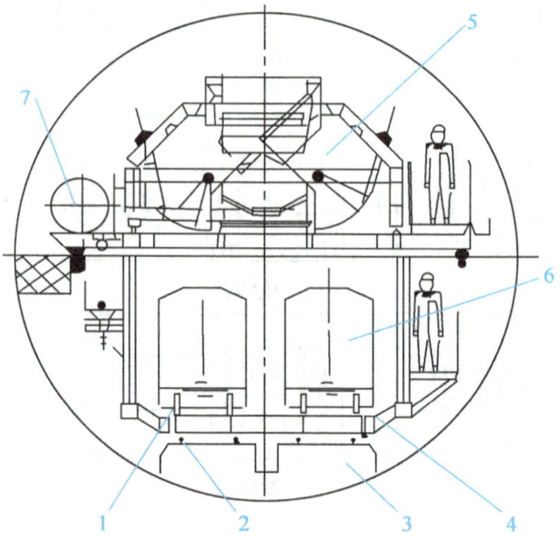

图 12-12 仰拱块及轨道示意图

1-车辆车轮及平台车上轨道;2-仰拱块上轨道及平板车车轮;3-仰拱预制块;4-后备套平板车;5-石渣分配系统;6-矿车;7-通风管道

四、掘进机施工

(一)掘进

岩石隧道掘进机法是利用岩石隧道掘进机在岩石地层中暗挖隧道的一种施工方法。掘进时盘形刀沿岩石开挖面滚动,同时通过刀盘均匀地在每个盘形刀上对岩面施加压力,形成滚动挤压切削而实现破岩的。刀盘每转动一圈,将贯入岩面一定深度,在盘形刀刀刃与岩石接触处,岩石被挤压成粉末,从这个区域开始,裂缝向相邻的切割槽扩展,进而形成片状石渣,如图 12-13 所示。

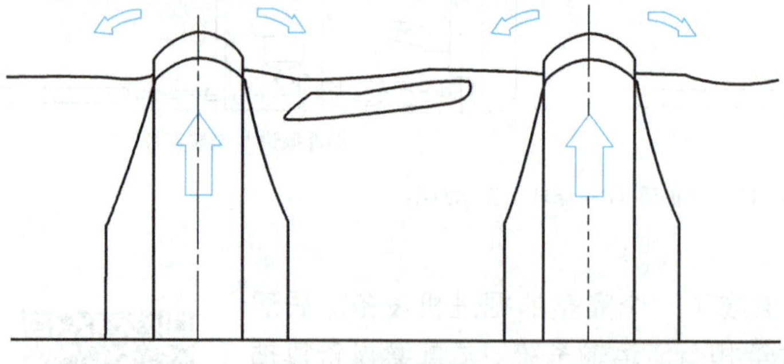

a)滚刀破岩机理

b)滚刀破岩轨迹

图 12-13 掘进机破岩机理

不同的岩石需要不同的盘形刀压入岩石的最低压强值,才能达到较理想的贯入深度。而贯入深度,在坚硬的和裂隙很少的岩石中,一般为 2.5 ~3.5mm/r,在中等坚硬和裂隙较多的岩石中,一般为 5 ~9mm/r。

如前所述盘形刀的刀间距问题。如果刀间距太大，一把盘形刀产生的压力达不到与相邻盘形刀的影响范围相接，则开挖不出片状石渣，从而使开挖效率降低。反之，如果刀间距太小，则会使石渣块太小，从而浪费了设备的功率。

(二)衬砌施工

掘进机施工的隧道，其衬砌结构一般是初期支护和二次衬砌组成。初期支护是隧道开挖中保证掘进期围岩稳定和掘进机顺利掘进所不可缺少的。掘进开挖成洞后，视地质情况采用二次喷射混凝土或二次混凝土作为永久衬砌。

1. 管片式衬砌

使用护盾掘进机，一般采用圆形全周管片式衬砌。如图 12-14 所示。

其优点是：适合软弱围岩，特别是当围岩允许承载力很低，支撑靴不能支撑岩面时，可利用尾部推力千斤顶，顶推已安装的管片获得推力反力；当支撑靴可以支撑岩面时，双护盾掘进机可以使用掘进和换步同进行，提高了循环速度。利用管片安装机安装管片速度快、支护效果好，安全性强，但是它的造价高。为了防水的需要，每块之间要安装止水条，并需在管片外圆和洞壁需压入豆砾石和注浆。

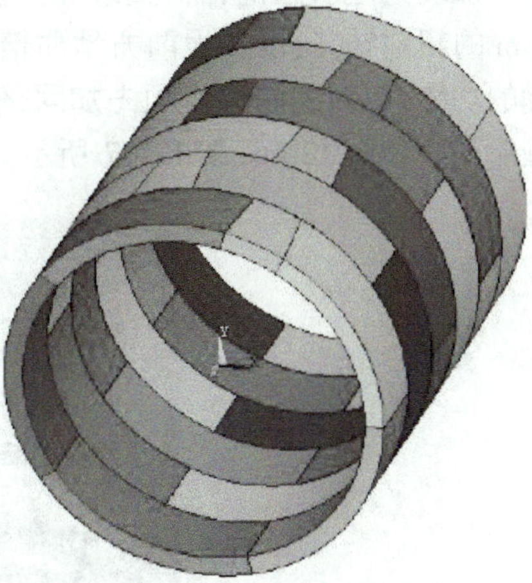

图 12-14　拼装管片衬砌示意图

2. 二次混凝土衬砌

二次混凝土衬砌，根据地地质条件可用喷射混凝土作为永久衬砌，如欧洲多数隧道即以喷射混凝土作为永久支护的；亦可采取二次模筑混凝土衬砌，使用穿行式模板台车，进行永久衬砌。

使用开敞式掘进机，一般是随开挖先施作初期支护，然后进行二次模筑混凝土永久性衬砌以保证掘进机的高速度掘进，而不可能使开挖作业与模混凝土衬砌作业同时进行。此外，在机械上部进行混凝土衬砌作业，会给掘进机设备带来严重的混凝土污染，因此只在刀盘后部进行必要的初期支护如锚杆、喷射混凝土、架钢拱架。如图 12-15 所示。

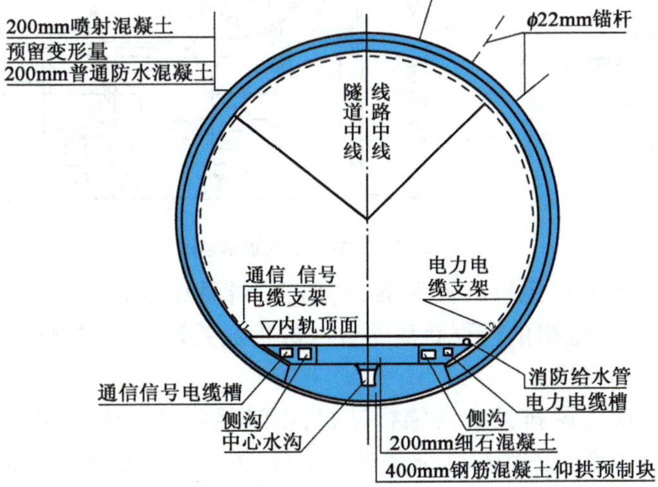

图 12-15　模筑混凝土衬砌

秦岭隧道在施工中基本采用二次衬砌的施作方法，而在地质条件许可的地段，则是采取喷射混凝土作为永久支护。

（三）不良地质地段施工

全断面岩石掘进机最好用于地质条件较好的隧道，通常适用于中硬岩层，岩石单轴抗压强度介于 20 ~ 250MPa，尤以 50 ~ 100MPa 为最佳。但任何一座隧道，不可能不出现一些局部地质较差的地段，因此掘进机必须具备通过不良地质的能力。

为了满足不良地质的要求，掘进机可安装一些设备进行特殊功能作业。

加装的地质超前钻机安装在主机顶部、刀盘后部的平台上，它在主机停机时进行掌子面前 30m 的超前钻孔，以预报前方地质情况，为掘进提供可靠消息。超前钻机还具备注浆和安装管棚的功能，以对围岩进行预先加固，使掘进机具备自我加固前方不良地质地段的能力和自我通过能力。如图 12-16、图 12-17 所示。

图 12-16　超前钻机

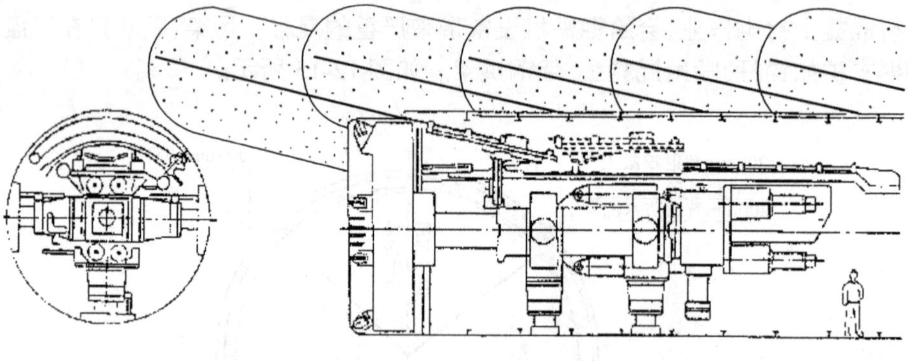

图 12-17　TBM 超前支护示意图

紧靠刀盘的后部安装有钢拱环安装器，利用工字钢拱环形成支护结构，钢拱环的间距要与掘进机的行程距离一致或成倍数关系，在预制仰拱块上要留有安放拱环的沟槽。

隧道掘进机上有前后两排共 4 台锚杆钻机，以满足对围岩进行锚杆支护作业的需要。拱顶部分的锚杆作业是非常必要的，在掘进的同时，锚杆作业应能同时进行。

微课：TBM 支护设备

任务二 盾构法施工

教学课件:盾构法施工

一、盾构机原理及发展

(一)盾构施工的基本原理

盾构,英文名称为 Shield Machine,它是一种具有金属外壳的筒状机械,主要用于软土隧道暗挖施工,在金属外壳的掩护下盾构可以同步完成土体开挖、土渣排运、整机推进和管片安装等作业,将隧道一次开挖成形。盾构施工法简称盾构法,就是用盾构修建隧道的方法,是地下暗挖隧道的一种施工方法。它使用盾构在地下掘进,防止软基开挖土砂崩塌和保持开挖面稳定的同时,在机内安全地进行隧道的开挖作业和衬砌作业,从而构筑成隧道的施工方法。

盾构法是由稳定开挖断面、盾构掘进出渣和隧道衬砌拼装三大要素组成。盾构施工的主要原理是尽可能在不扰动围岩的前提下完成施工,从而最大限度地减少对地面建筑物及地基内埋设物的影响。

(二)盾构法施工的主要技术特点

(1)对周围环境的影响很小。除盾构竖井处需要一定的施工场地以外,隧道的沿线不需要施工场地,无须进行拆迁,因此对城市的商业、交通、居住环境影响很小。可以在深部穿越地上建筑物、河流;在地下穿过各种埋设物和已有隧道而不对其产生不良影响,施工一般不需要采取地下水降水措施,也无噪声、振动等施工污染。

(2)盾构是根据隧道施工对象"量身定做"的。盾构是适合于某一区间隧道的专用设备,必须根据施工隧道的断面大小、埋深条件、围岩的基本条件进行设计、制造或改造。当将盾构转用于其他区间或其他隧道时,必须考虑断面大小、开挖面稳定机理、围岩粒径大小等基本条件是否相同,有差异时要进行针对性的改造,以适应其地质条件。盾构制造必须以工程为依托,与工程地质紧密结合。

(3)对施工精度的要求高。区别于一般的土木工程,盾构施工对精度的要求非常之高,管片的制作精度几乎近似于机械制造的程度。由于断面不能随意调整,对隧道轴线的偏离、管片拼装精度也有很高的要求。

(4)盾构施工是不可以倒退的。盾构施工一旦开始就无法后退。由于管片内径小于盾构外径,如要后退必须拆除已拼装的管片,这是非常危险的。所以,盾构施工的前期工作是非常重要的,一旦遇到障碍物或刀具磨损等问题,只能通过实施辅助施工措施后,打开隔板上设置的出入孔从压力人舱进入土仓进行处理。

(三)盾构施工的发展

世界上最早的盾构起源于英国。1806 年,法国工程师布鲁诺尔(Mare Isambard Brunel)从蛀虫在船板上蛀孔成洞的过程中得到启示,提出了使用盾构掘进隧道的构想,并注册了专利。在 1823 年制作了世界上第一台盾构机(图 12-18),用于修建伦敦泰晤士河隧道。

19 世纪末到 20 世纪中叶,盾构工法相继传入美国、法国、德国、日本、苏联等国,并得以不同程度的发展。20 世纪 60 ~ 80 年代盾构工法继续发展完善,成绩显著。这一时期的特点是开发了多种新型盾构工法,并以泥水式、土压式盾构工法为主。

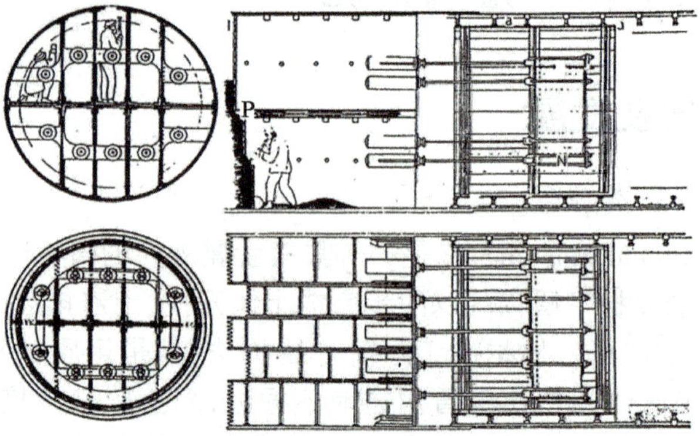

图 12-18　布鲁诺尔设计的手掘式盾构

盾构在我国的起步较晚,1963 年,第一台国产盾构正式问世。2008 年 4 月,中铁隧道集团在引进消化吸收和自主创新的基础上,研制成功了我国第一台具有自主知识产权的复合式土压平衡式盾构。在短短的 60 年中,我国的盾构由无到有,在引进推广的同时坚持自主研发。当前,我国已经掌握了多种类型盾构的设计制造技术,盾构已被广泛应用于国家基础建设的各个领域尤其是地铁工程建设中。目前,我国国内具备大规模制造盾构的厂家有中铁工程装备集团有限公司、中国铁建重工集团股份有限公司、中交天和机械设备制造有限公司、辽宁三三工业有限公司等企业,我国的盾构产业已经具备较大规模。

二、盾构机的构造与分类

(一)盾构机的构造

盾构是一种隧道掘进的专用工程机械,现代盾构集机、电、液、传感、信息技术于一体,主要由盾壳、开挖系统、推进系统、导向系统、管片安装系统、壁后注浆系统、出渣系统及后配套系统等部分组成,如图 12-19 所示。

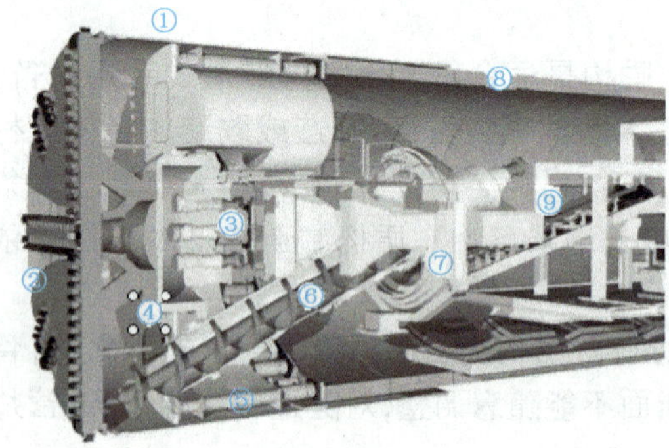

图 12-19　盾构基本构造(以土压平衡式盾构为例)
1-盾壳;2-刀盘;3-刀盘驱动马达;4-土仓;5-推进油缸;6-螺旋输送机;7-管片拼装机;8-衬砌管片;9-皮带输送机

1. 盾壳

盾壳为刀盘后方的圆筒状壳体部分,由金属外壳及其加固部件组成,分为前盾(亦称切口环)、中盾(亦称支撑环)及盾尾三部分。盾壳是一个全封闭的壳体,其主要功能是承受来自地层的水土压力,防止水土侵入盾体内部,保证盾体内作业人员与设备的安全。

(1)前盾

前盾位于盾构的最前端,它是保持开挖面的稳定,并将开挖面的渣土向后输送的通道,见图 12-20。前盾与刀盘共同形成渣土仓(气压仓或泥水仓),以平衡开挖面的土压与水压。施工时前盾最先切入地层,部分前盾设有刃口以减少切入掘进时对地层的扰动。

前盾内设有刀盘、搅拌器、螺旋输送机(或吸泥口)以及供人进出的闸门等。前盾的长度主要取决于盾构正面支承形式、开挖方法及人员活动和挖土机具所需空间等因素。

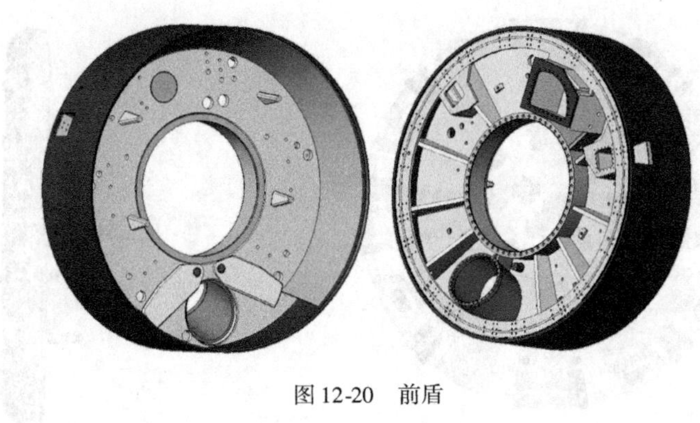

图 12-20　前盾

(2)中盾

中盾紧接于前盾,位于盾构中部,通常为一个刚性很好的圆形结构,见图 12-21。支承环是盾构的主体,承受着作用于盾构上的全部荷载。

中盾内外沿布置推进油缸,内部布设有刀盘驱动装置、排渣装置、管片安装机及人行加压与减压闸室等,中盾的长度应根据上述设备的空间确定,其结构应有足够的刚度。

(3)盾尾

盾尾一般由盾构外壳钢板延伸构成,主要用于掩护隧道管片衬砌的安装工作,见图 12-22。其内部设置管片拼装机,尾部有盾尾密封刷、同步压浆管及密封油膏注入管等。

盾尾的长度应根据管片宽度、形状、拼装方式及盾尾密封刷的道数来确定,有时还需考虑施工过程中更换密封刷所需的空间。

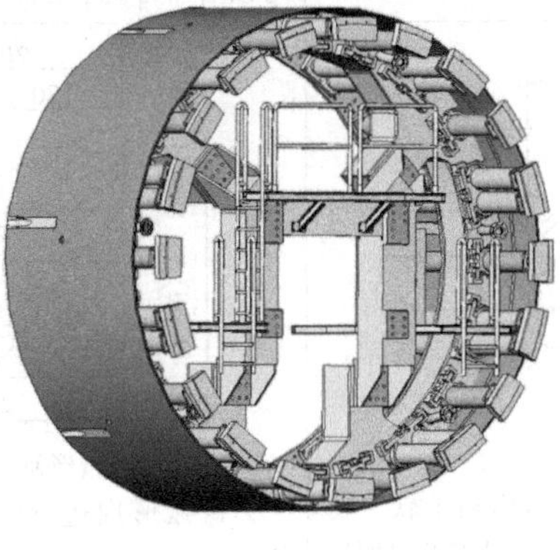

图 12-21　中盾

图 12-22　盾尾

2. 开挖系统

开挖系统设于前盾中,主要由刀盘、刀具、主轴承及其驱动系统等组成。

(1)刀盘与刀具

刀盘安装于盾构的最前端,其正面装有刀具,刀盘与刀具主要用来开挖土体、稳定支撑掌子面及搅拌切削渣土,改善土体的流动性。刀盘的结构形式如图 12-23 所示;刀具的主要类型有切刀、齿刀、滚刀及各种辅助刀(表 12-1)等。刀盘的结构形式、刀具的形状及布置方式等直接影响到盾构的切削效果和掘进速度,应该依据地层条件及施工条件合理配置。

(2)主驱动系统

主驱动与刀盘连接,为刀盘旋转与开挖提供动力。主驱动主要包括法兰盘、主轴承、变速箱、减速机及驱动电机等,见图 12-24。

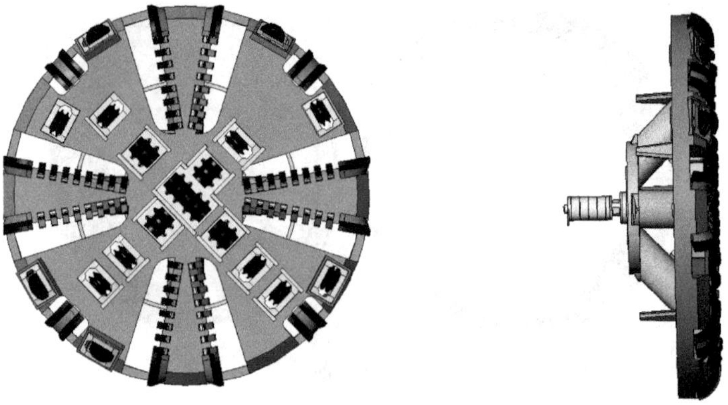

图 12-23　刀盘

常见盾构刀具及适用范围(尺寸单位:mm)　　表 12-1

<table>
<tr>
<td>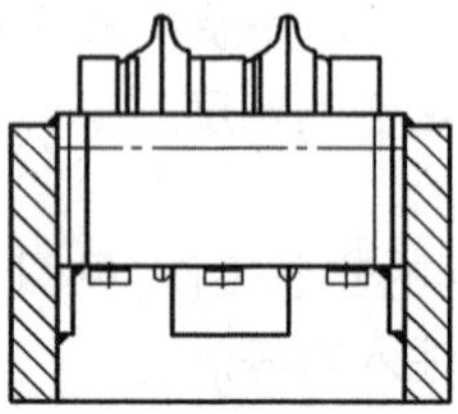
双刃中心刀
用于硬岩掘进,在软土中可以换装齿刀</td>
<td>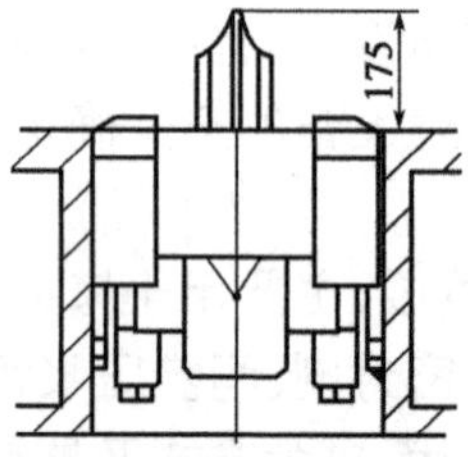

单刃滚刀
用于硬岩掘进,掌子面与刀盘面间渣土空间大,利于流动,可换装齿刀</td>
<td>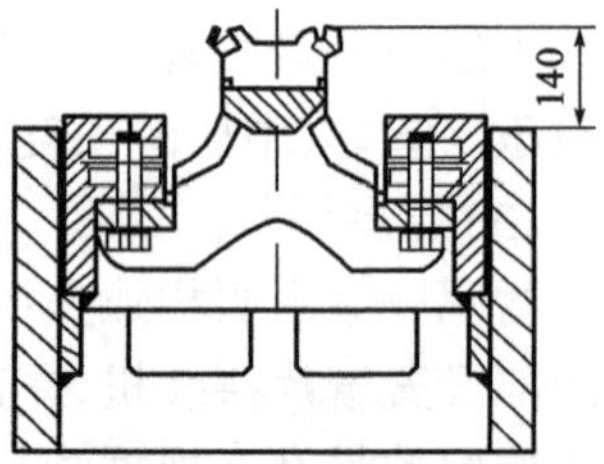

中心齿刀
用于软土掘进,替换滚刀,更换后可以增加刀盘中心部分的开口率</td>
</tr>
<tr>
<td>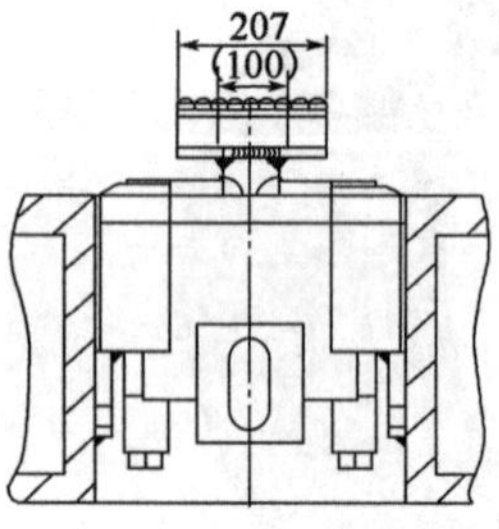

窄齿刀
用于软土掘进。其结构形式有利于渣土流动进入土仓</td>
<td>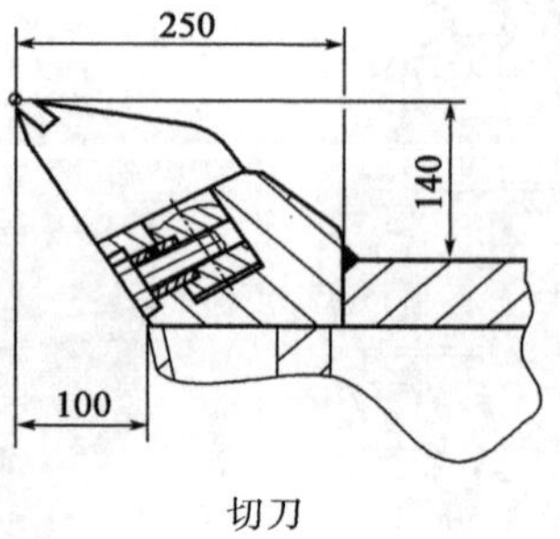

切刀
软土刀具,图示斜面结构利于软土切削中的导渣作用。同时可用作硬岩掘进中的刮渣</td>
<td>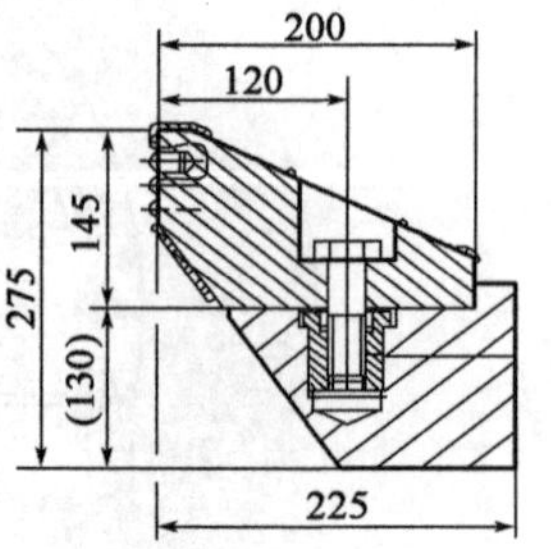

弧形刮刀
刀盘弧形周边软土刀具,斜面结构,利于渣土流动。同时在硬岩掘进下可作刮渣用</td>
</tr>
<tr>
<td colspan="3">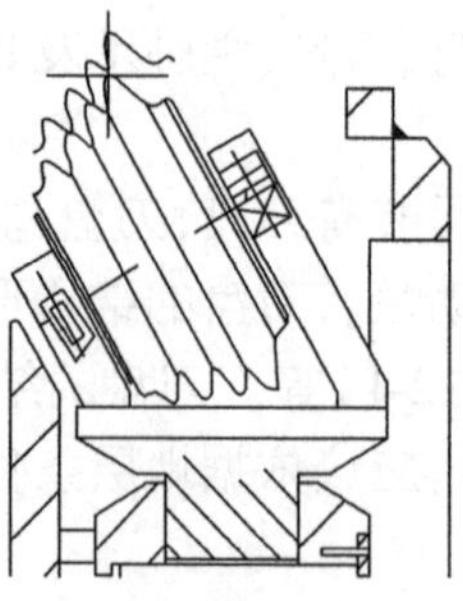
仿形刀
用于局部扩大隧道断面</td>
</tr>
</table>

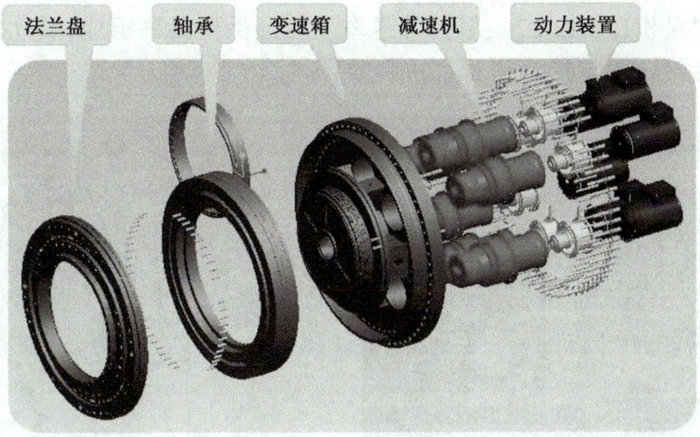

图 12-24　主驱动结构图

3. 推进系统

推进系统主要由液压设备和千斤顶组成,为盾构掘进提供动力(图 12-25)。

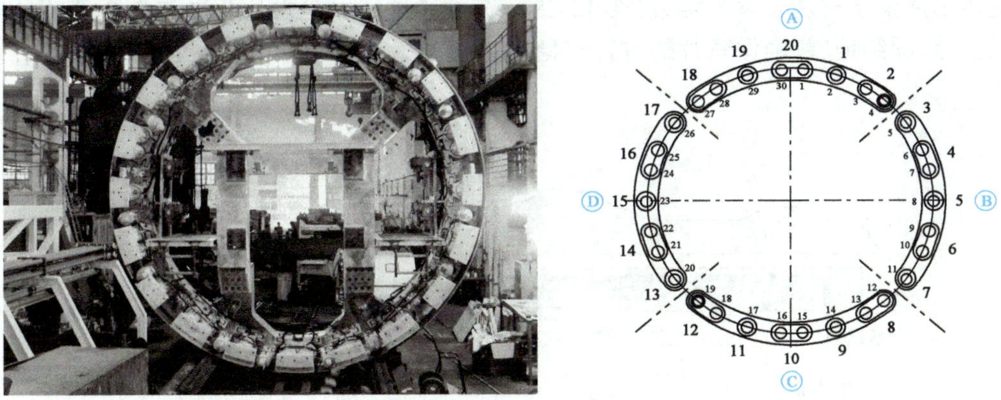

图 12-25　盾构推进系统

4. 导向系统

导向系统用以掌握与控制盾构掘进过程中的各种参数,由经纬仪、ELS 靶、后视棱镜、计算机及数据传输电缆等组成,能连续不断地提供盾构姿态的动态信息,并可将盾构控制在设计隧道线路允许的公差范围内,如图 12-26 所示。目前较先进的导向系统是 VMT 导向系统和 PPS 导向系统。

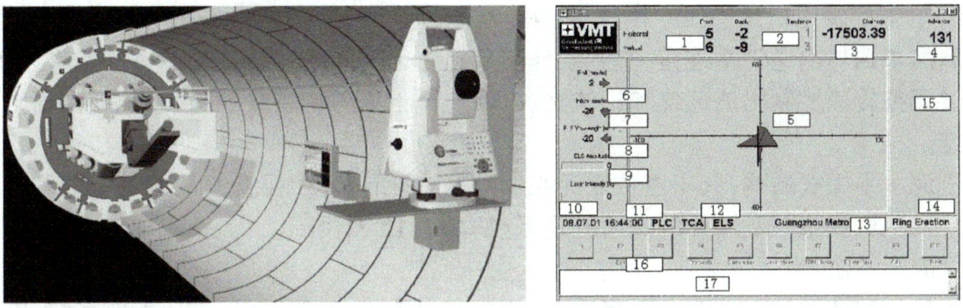

图 12-26　导向系统

5. 管片装运系统

主要由管片拼装机(图 12-27)、管片输送车及真圆保持器等组成，其功能是完成管片的输送，并按照设计轴线、位置与形状将管片拼装成环。

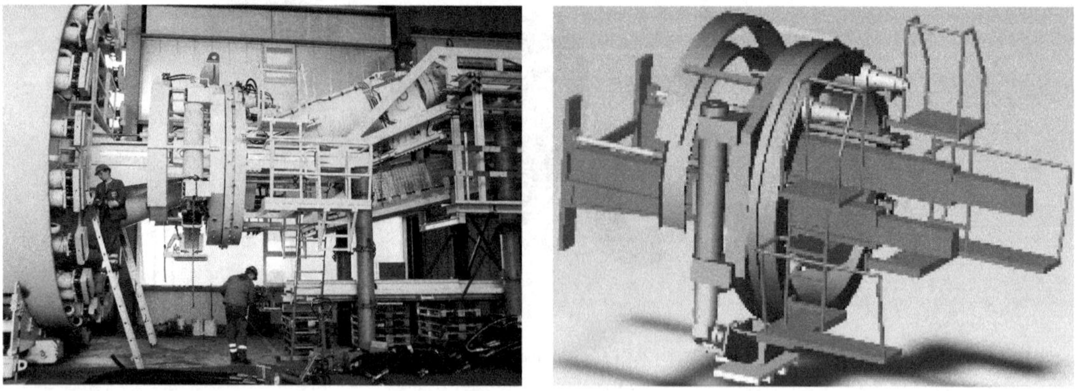

图 12-27　管片拼装机

6. 壁后注浆系统

主要由注浆泵与注浆管等组成(图 12-28)，在管片拼装后向管片背后注入浆液，以填充管片背后空隙，固结地层，确保管片的位置与稳定。

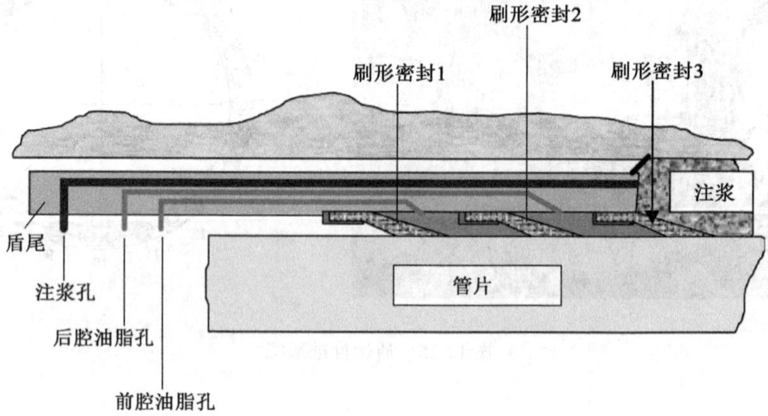

图 12-28　壁后注浆系统

7. 出渣系统

对于土压平衡式盾构，出渣系统主要包括螺旋输送机、输送带及运输小车等(图 12-29、图 12-30)。螺旋输送机是土压平衡式盾构的专用排土装置，其前端与渣土仓底部相连，后端延伸到盾尾末端与输送带相连接，其主要作用是将渣土连续输送给后部的渣土运输设备，同时可以通过调整转速控制出渣速度和出渣量，以保持排土量与切削量的平衡，从而保证土仓内土压的稳定。

对于泥水平衡式盾构，其出渣依靠泥浆循环系统，所以泥水平衡式盾构的出渣系统主要有送泥管、排泥管、泥浆泵及地面的泥浆处理系统，如图 12-31 所示。

8. 后配套系统

盾构机后配套系统包括渣土改良系统、盾尾密封系统、润滑系统、液压控制系统、电气控制系统、工业风系统、水循环系统等,见图 12-32。后配套系统与前述各系统共同保证盾构正常掘进与隧道成型。

图 12-29　皮带输送机出渣

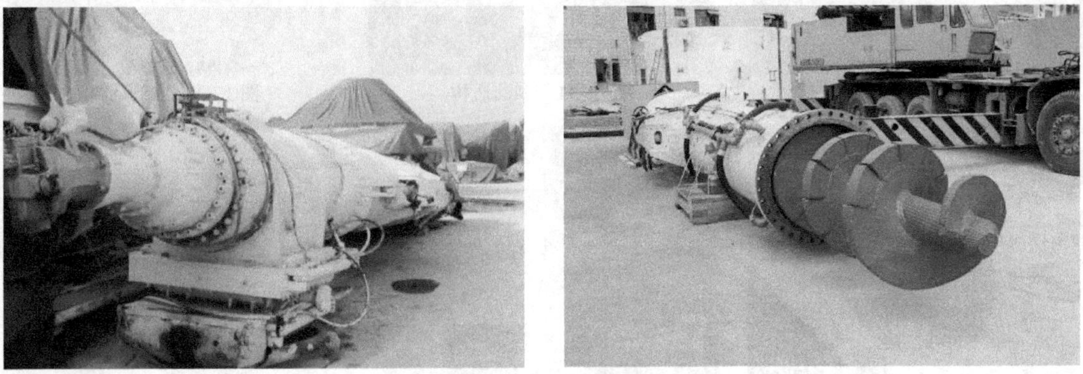

图 12-30　螺旋输送机

图 12-31　泥水平衡盾构及泥水处理系统

(二)盾构机的分类

1. 按断面形状分类

盾构根据其断面形状可分为:单圆盾构、复圆盾构(多圆盾构)、非圆盾构,其中复圆盾构可分为双圆盾构和三圆盾构。非圆盾构可分为椭圆形盾构、矩形盾构、马蹄形盾构、半圆形盾构。复圆盾构和非圆盾构统称为“异形盾构”。如图 12-33 ~ 图 12-37 所示。

图 12-32　盾构机后配套系统

图 12-33　单圆盾构

图 12-34　多圆盾构

图 12-35　矩形盾构

图 12-36　球形盾构

图 12-37　异型盾构

2. 按支撑条件分类

盾构按支护地层的形式分类，主要分为自然支护式、机械支护式、压缩空气支护式、泥浆支护式、土压平衡支护式五种类型，见图 12-38。

三、盾构施工

（一）盾构法施工程序

盾构法施工的概貌，如图 12-39 所示，其主要施工步骤为：

（1）在盾构法隧道的起始端和终端各建一个工作井。

（2）盾构在起始端工作井内安装就位。

（3）依靠盾构千斤顶推力（作用在已拼装好的衬砌环和工作井后壁上）将盾构从起始工作井的墙壁开孔处推出。

（4）盾构在地层中沿着设计轴线推进，在推进的同时不断出土和安装衬砌管片。

微课：盾构机的吊运与安装

（5）及时向衬砌背后的空隙注浆，防止地层移动和固定衬砌环位置。

（6）盾构进入终端工作井并被拆除，如施工需要，也可穿越工作井再向前推进。

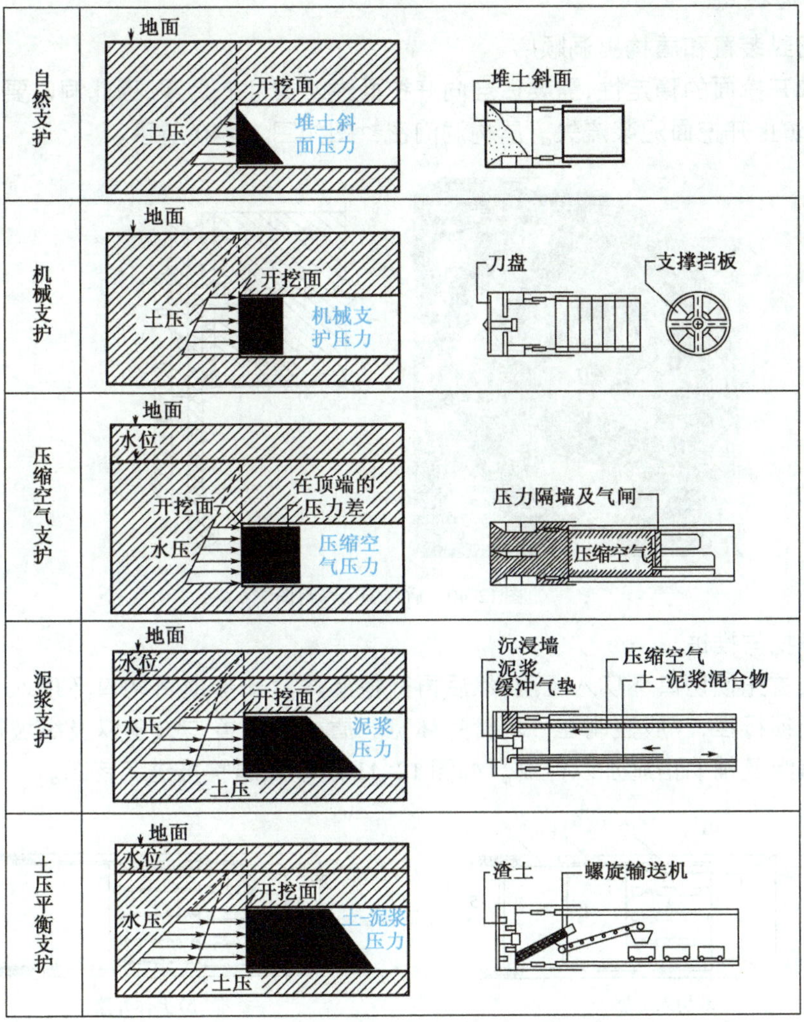

图 12-38 盾构按支护地层的形式分类

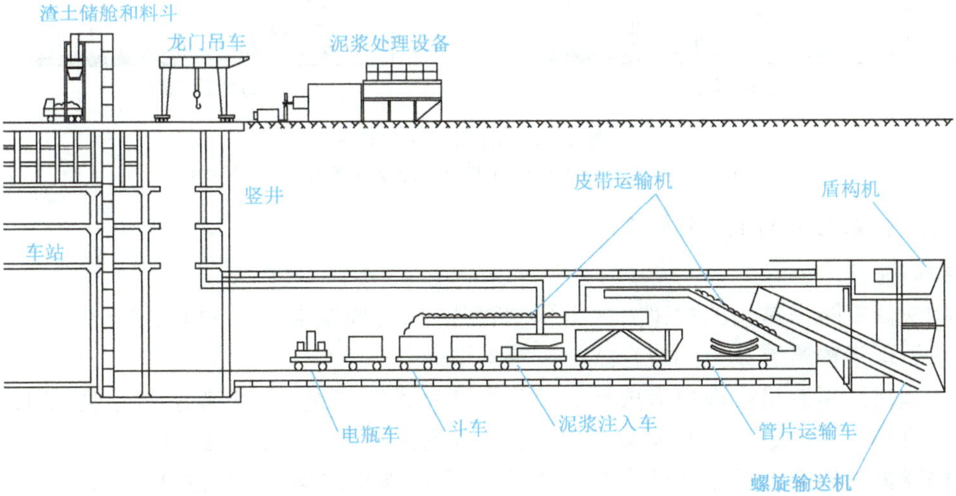

图 12-39 盾构法施工概貌图

(二)盾构掘进

1. 盾构密封装置和盾构出洞顺序

为了增加开挖面的稳定性,需要适当向开挖面注水或注入泥浆,因此洞口要有妥善的密封止水装置,以防止开挖面泥浆流失。盾构洞门密封图如图12-40所示。

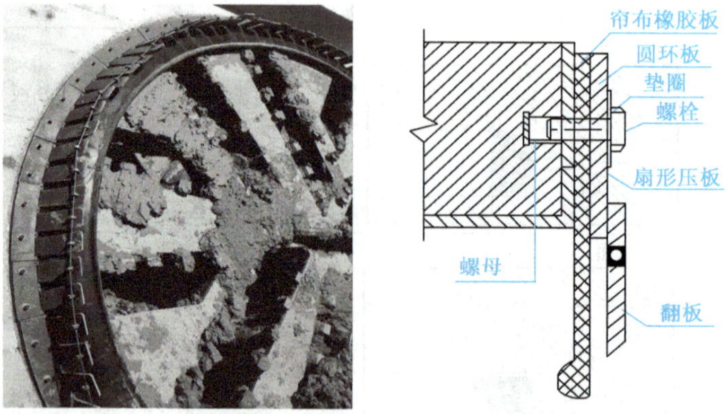

图12-40　盾构洞门密封图

2. 土体开挖与推进

盾构施工首先使切口环切入土层,然后再开挖土体。千斤顶将切口环顶入土层的最大距离是一个千斤顶行程,一般控制在一环管片环宽。盾构的位置与方向以及纵坡度等均依靠调整千斤顶的编组及辅助措施加以控制。如图12-41所示为盾构推进工艺图。

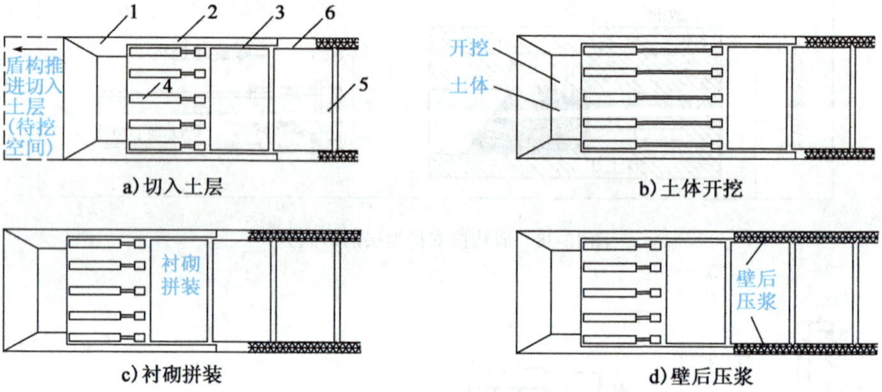

图12-41　盾构推进工艺循环

1-切口环;2-支撑环;3-盾尾;4-推进千斤顶;5-管片;6-盾尾空隙

(三)衬砌施工与衬砌防水

1. 衬砌施工

盾构法修筑隧道常用的衬砌方式有预制管片衬砌、模筑混凝土衬砌、挤压混凝土衬砌、先拼装管片后现浇模筑混凝土的复合式衬砌等类型。

管片是借助拼装机实现拼装成环。管片拼装可通缝拼装,亦可错缝拼装,见图12-42。通缝拼装是每环管片的纵向缝环环对齐,错缝拼装是每环管片的纵向缝环环错开1/3～1/2宽度。盾构隧道衬砌通常采用错缝拼装管片,接头则以螺栓连接,如图12-43所示。

从管片的通缝和错缝两种拼装形式来看,各有其优缺点。

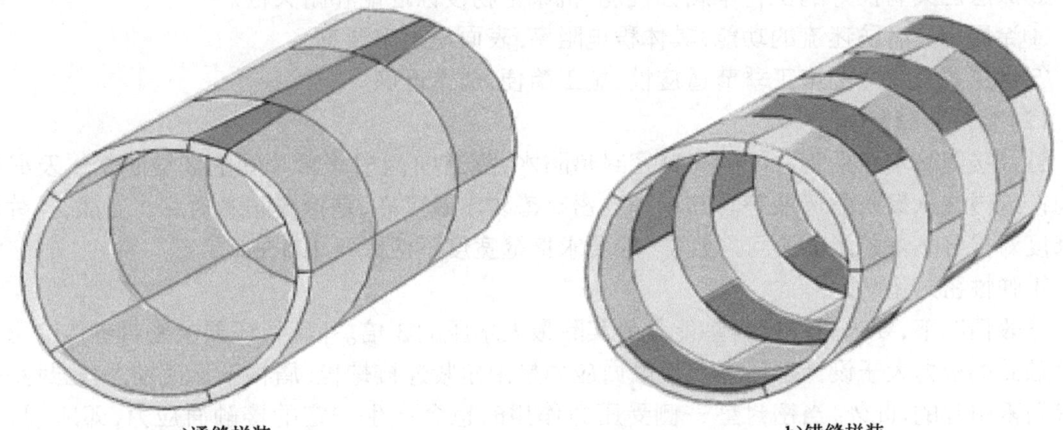

a)通缝拼装　　b)错缝拼装

图 12-42　管片拼装形式

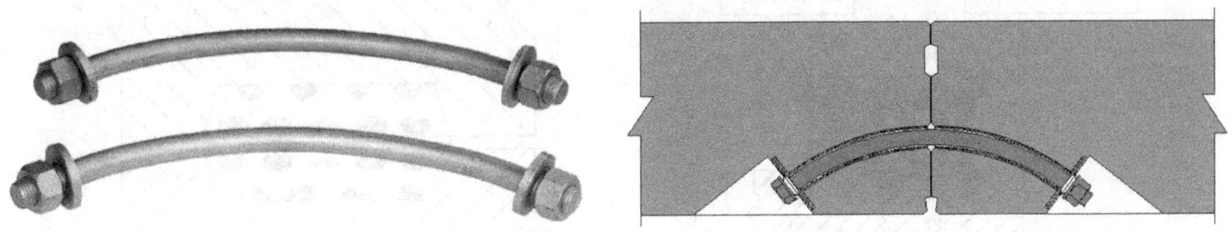

a)　　b)

图 12-43　管片螺栓

通缝拼装的优点是：盾构掘进时，管片拼装机的操作较简单，每环管片的拼装角度都相同，不需变换角度；盾构中推进千斤顶位置的布置较方便，而且长行程千斤顶只需按封顶块的大小来布置，数量较少。从通缝拼装的受力情况分析，当盾构千斤顶的顶力作用于管片上时，如果管片的宽度差异较大，对于管片的受力也不会产生大的影响，在正常的顶力下，管片不会被顶坏。

缺点是：从整个隧道的受力情况分析，通缝拼装的管片成环后的整体受力情况不是最好。

错缝拼装的管片优点是整体受力情况好。但是，盾构中管片拼装机的操作较复杂；长行程千斤顶的数量增多。当盾构千斤顶的顶力作用于管片上时，如果管片的宽度误差较大，会使管片因受力不均引起应力集中而导致被顶坏。因此要避免管片被顶坏，必须提高管片的精度要求，特别是管片的宽度精度要求大大提高。

2. 衬砌防水

盾构隧道衬砌在满足结构强度和刚度要求的同时，尚应加强隧道的衬砌防水，以保证隧道运营期间的安全和良好的工作环境。

(1) 管片防水

管片防水包括管片本体防水和管片外防水涂层。根据隧道所处的水文地质条件，应对管片本体的抗渗性能做出明确规定，一般要求其抗渗标号不小于 P8，渗透系数不大于 10 ~ 11cm/s。

微课：负环管片的安装与拆除

管片外防水涂层需根据管片材质而定，对钢筋混凝土管片而言，一般要求：

①涂层应能在盾尾密封钢丝刷与钢板的挤压摩擦下不损伤。

②当管片弧面的裂缝宽度达 0.3mm 时，仍能抵抗 0.6MPa 的水压，长期不渗漏。

③涂层应具有良好的抗化学腐蚀性能、抗微生物侵蚀性能和耐久性。

④涂层应具有防迷流的功能，其体积电阻率、表面电阻率要高。

⑤涂层要有良好的施工季节适应性，施工简便，成本低廉。

（2）管片接缝防水

管片接缝防水包括管片间的弹性密封垫防水，隧道内侧相邻管片间的嵌缝防水以及必要时向接缝内注入聚氨酯药液等。其中弹性密封垫防水最可靠，是接缝防水重点。当然，管片制作精度对接缝防水的影响不可忽视，一般要求接缝宽度不应大于1.5cm。

①弹性密封垫防水

一般情况下，要求弹性密封垫能承受实际最大水压的3倍。同时，还要求密封垫传给密封槽接触面的应力大于设计水压力。接触面应力是由扭紧连接螺栓、盾构千斤顶推力、密封垫膨胀等因素引起的，此外，当密封垫一侧受压力作用时也会产生一定的接触面应力，即所谓“自封作用”。如图12-44所示。

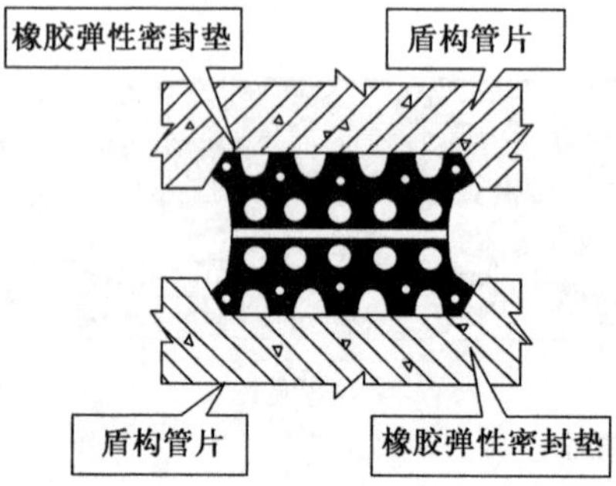

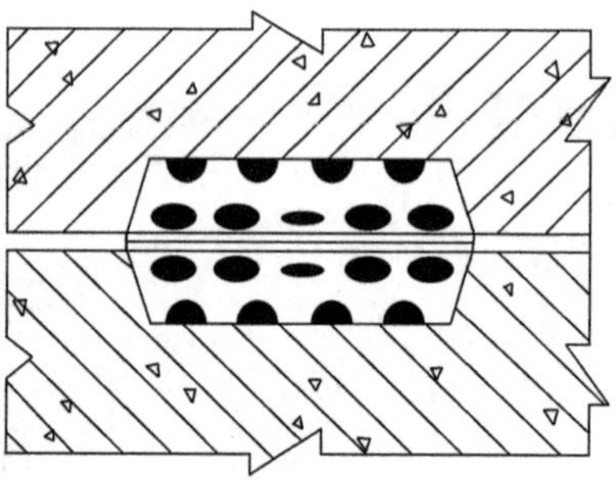

图12-44　管片密封垫类型

②接缝嵌缝防水

嵌缝槽的形状要考虑拱顶嵌缝时，不致使填料坠落、流淌，其深度通常为20mm，宽度为12mm，如图12-45所示。嵌缝材料应具有良好的水密性、耐侵蚀性、伸缩复原性等特性，硬化时间短，收缩小，便于施工。满足上述要求的材料主要是以环氧类、聚硫橡胶类、尿素树脂类为主。

变形缝的嵌缝槽形状和填料必须满足在变形情况下亦能止水的要求。

③接缝注浆

接缝注浆是在管片的四边端面上设置灌注槽，管片拼装成环后，由隧道内向管片的灌注槽内压注砂浆或药液。要求压注的材料流动性好，具有膨胀性，固结后无收缩，如聚氨酯类浆液。

但应注意，接缝注浆常易引起衬砌变形，反而降低防水效果，故需对管片的形状和压注方法仔细考虑。也有文献建议，只有当接缝的密封垫防水和嵌缝防水施作后仍有漏水现象时才使用。

④螺栓孔和压浆孔防水

螺栓与螺栓孔或压浆孔之间的装配间隙是渗水的重要通道，所采取的防水措施就是在螺栓和螺孔口之间，使用塑性（合成树脂类、石棉沥青或铅）和弹性（橡胶或聚氨酯水膨胀橡胶等）密封圈垫，由于拧紧螺栓时密封圈受挤压变形，充填在螺栓与孔壁之间，从而达到止水效果。

另一种防水方法是采用一种塑料螺栓孔套管，浇筑混凝土预埋在管片内，与密封圈结合起来使用，防水效果更佳，如图12-46所示。

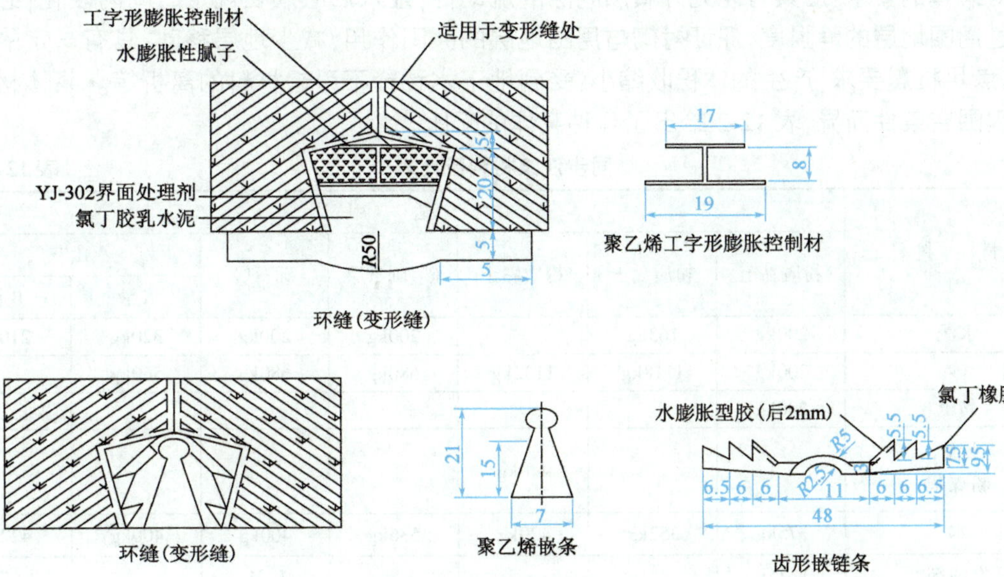

图 12-45　接缝嵌缝防水构造图(尺寸单位:mm)

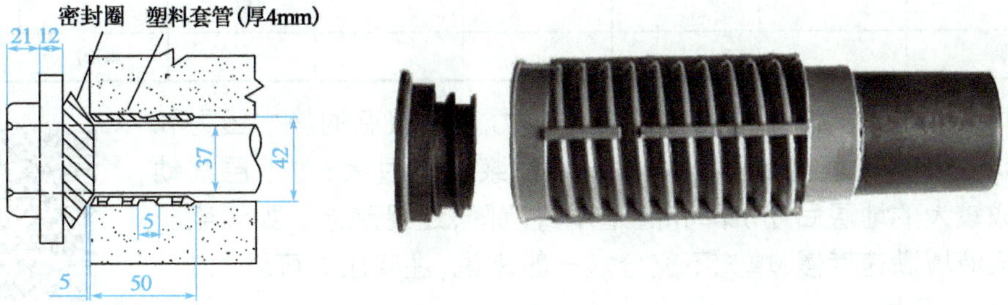

图 12-46　螺栓孔和压浆孔防水(尺寸单位:mm)

密封圈应具有良好的伸缩性、水密性、耐老化性能。由于螺栓垫圈会因蠕变而松弛,为了提高止水效果,有必要对螺栓进行二次拧紧,必要时也可对螺栓孔进行注浆。

(四)盾构注浆

为了防止隧道周围土体变形,有效控制地面沉降,在盾构施工中应及时对盾尾和管片间的空隙进行压注浆液,以增强隧道结构的整体防水性能,并改善隧道衬砌的受力状态。见图 12-47。

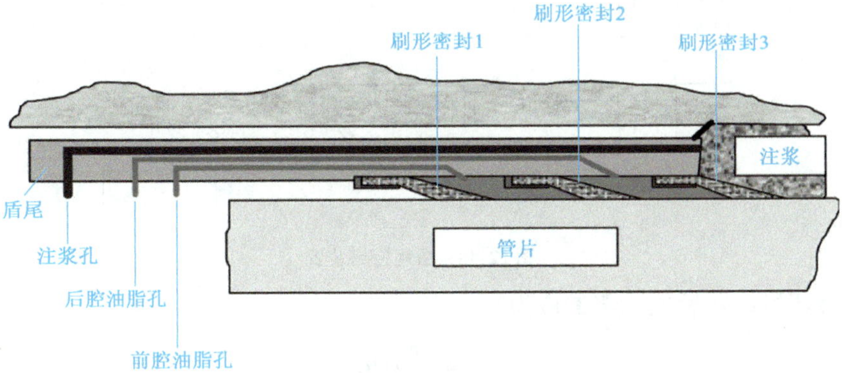

图 12-47　同步注浆示意图

对浆体的要求:应具有能充分填满间隙的流动性;注入后必须在规定时间内硬化;必须具有超过周围地层的静强度,保证衬砌与周围地层的共同作用,减少地层移动;具有一定的动强度,以满足抗震要求;产生的体积收缩小;受到地下水稀释不引起材料的离析等。浆体材料的使用因围岩条件而异,表 12-2 给出了几种浆体的配比。

同步注浆材料配比表

表 12-2

材　料	适　用						
	粉质黏土	粉质黏土	粉质黏土	砂、砾石层	砾石层	火山灰层	
						A 液	B 液
水泥	200kg	163kg		200kg	200kg	320kg	210kg
砂	200kg	1118kg	1132kg	680kg	680kg	560kg	
黏土	200kg						膨胀土 25kg
水泥、粉煤灰			440kg				
水	375kg	352kg	420kg	536kg	400kg	400kg	422kg
发泡剂	1.25L				1.5L		
缓凝剂				1.3L			
锯末					15kg		
水玻璃						400L	

采用同步注浆时,要求在注入口的注浆压力大于该点的静水压力和土压力之和,做到尽量填充而不是劈裂。如注浆压力过大,对地层扰动大,将会造成较大的地层后期沉降和隧道本身沉降,还易跑浆。如注浆压力过小,则浆液填满速度慢,填充不充分。一般来说,注浆压力可取 1.1 ~ 1.2 倍的静止土压力。

微课:盾构施工-同步注浆

目前,衬砌背部注浆,一般都采用在衬砌脱出盾尾及盾构掘进时的盾尾同步注浆,且在 60min 内完成。盾尾注浆装置如图 12-48 所示,它是在盾尾的表面设置了若干块凸板,每个凸板内装置一根同步注浆管,一根备用管,另一根为盾尾密封刷的密封油脂注入管。

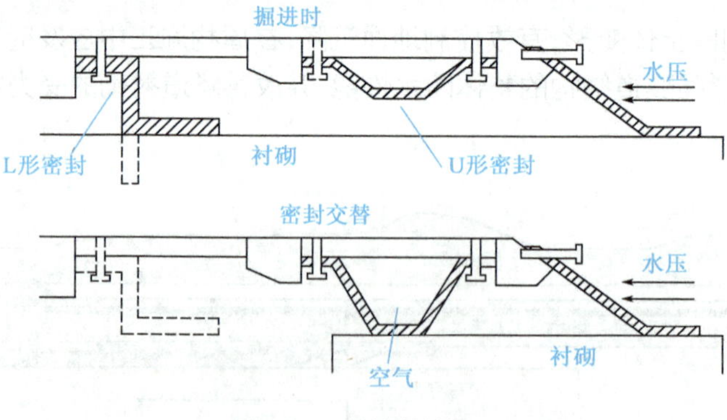

图 12-48　盾尾密封装置

理论上每环衬砌背后的注浆量应为:

$$V = \frac{\pi}{2} lDG \tag{12-1}$$

式中：l——衬砌环的宽度；

D——盾构外径；

G——建筑总间隙宽度。

考虑到盾构推进过程中因为纠偏引起的超挖、浆液损失和浆体的收缩等因素，实际注浆量一般为理论值的120% ~180%。

必须注意的是，为了防止地层中泥水和注浆的浆液从盾尾间隙中漏入盾构，同步注浆时盾尾密封装置必须完好。目前，盾尾密封装置都是由2~3道弹簧钢丝刷组成。盾构起步时，密封刷上必须涂足密封油膏，推进中还应按要求压注油膏，以提高密封效果，减少密封刷与衬砌外表面的摩擦，延长密封刷的寿命。

(五)盾构法施工地面沉降机理和防治

采用盾构法施工时，一般在地表均会有变形，尤其在松软含水地层或其他不稳定地层中尤为显著，即使采用目前先进的盾构技术，要完全消除地面沉降也是不太可能的。地表变形的程度与隧道的埋深、直径地层特性、盾构施工方法、地面建筑物基础形式等有关。

1. 地面沉降机理

(1)地表变形的规律

盾构法施工时，沿隧道纵向轴线所产生的地表变形，一般在盾构前方约与盾构埋深相等的距离内地表开始产生隆起，在盾构通过以后地表逐渐下沉，其下沉量随着时间的推移由增加而最终趋于稳定，其变形规律如图12-49所示。

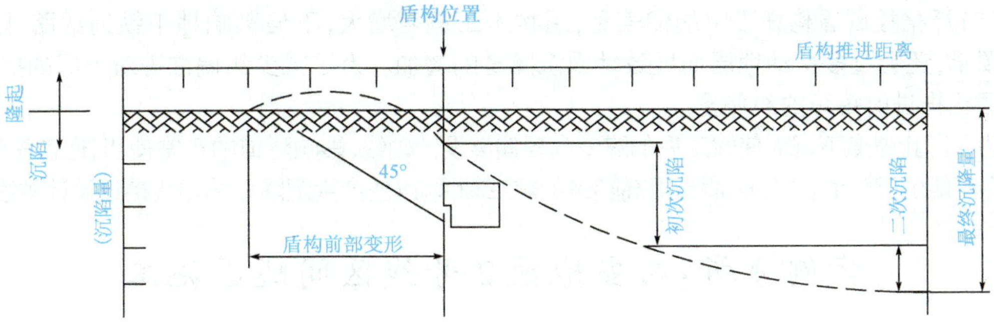

图12-49　地表变形纵向沉降规律

不同的盾构施工方法，其变形规律及影响范围大致相同，但变形量的差异很大。一般全闭胸挤压盾构推进时，地表隆幅最大，土压平衡式盾构或泥水平衡式盾构施工时，地表隆起现象相对较小。一般隆起越多盾构过后沉降越大。施工时掌握得好，地表沉降量可控制在50mm左右，最大不超过100mm。

盾构法施工中地表变形问题应予以足够重视，特别是城市街道或建筑群下施工，更应采取各种技术措施，严防地表下沉或隆起危及地表建筑物的正常使用。

(2)导致地面沉降的因素

盾构法施工中，导致地面沉降的主要因素有以下几种：

①盾构掘进时，开挖面土体的松动和崩塌，破坏了地层平衡状态，造成土体变形而引起地表变形。

②盾构法施工中应采用降水疏干措施时，因地下水浮力消失，土体自重压力增加，地层固结沉降加速，引起地表下沉。

③盾构尾部建筑空隙充填不实，导致地表下沉。施工纠偏及弯道掘进的局部超挖，均会造成盾构与衬砌间建筑空隙的不规则扩大，而这些扩大量有时难以估计或无法及时充填，给地表下沉带来影响。

另外，施工速度快慢，衬砌结构的受力变形等都会导致表面的微量下沉。总之，盾构法施工导致地表变形是一个综合性的技术问题，目前世界各国仍在进行研究。在城市地下工程中应用时，一定要采取多种辅助措施，选择好施工方法，否则不能进入城市繁忙街道及密集建筑群下施工。

2. 地表变形及隧道沉降的控制

盾构法施工中做不到完全防止地表变形，但能够设法减少地表变形并使地表下沉得以控制，可以采取如下措施：

(1)采用灵活合理的正面支撑结构或适当压力的压缩空气来疏干开挖面土层，以此保持开挖面土体的稳定。

(2)采用技术上较先进的盾构，如土压平衡式盾构、泥水平衡式盾构、复合式盾构等。基本不改变地下水位，严格控制开挖面的挖土量，防止超挖。

(3)及时、有效、足量地充填衬砌背后的建筑间隙，必要时还可通过在管片上的注浆孔进行二次加固注浆。浆液材料要严格控制其稠度、含水率和浆液中的黏粒含量，要根据盾构注入和拌浆设备的具体条件，优选浆液的材料和配比。同时要控制注浆压力，防止影响管片衬砌环的正常使用。

(4)提高隧道施工速度，减少盾构在地下的停搁时间，尤其要避免长时间的停搁。

(5)严格控制盾构施工中的偏差量，盾构施工偏差增大，不但影响地下铁道线路、限界等使用要求，还会过多扰动地层而导致地面沉降量的增加。为了减少纠偏推进对土层的扰动，应限制盾构推进时每环的纠偏量。

为了防止隧道下沉而使竣工后的隧道高程偏离设计轴线，影响隧道的正常使用，通常按经验估计一个可能的沉降值，施工时适当提高隧道的施工轴线，以使产生沉降后的轴线接近设计轴线。

案例分析：西安地铁2号线区间隧道施工

一、工程简介

1. 工程概况

本工程为西安地铁2号线TJSG-4标土建工程，包括北客站—北苑站、北苑站—运动公园站、运动公园站—行政中心站三个区间，其中北客站—北苑区间长1262m，北—运区间长932m，运—行区间长815m。本标段左右线共投入两台小松盾构机并由行政中心站明挖区间北端盾构始发井始发，在运动公园站和北苑站过站，在北客站解体吊出。相对于行政中心站—运动公园站—北苑站两个区间，第三区间盾构隧道穿越的建(构)筑物和地下管线明显增多。北客站—北苑站盾构区间起讫里程Z(Y)DK0+562.714～Z(Y)DK1+825.6，其中左线短链1.428m，左线长1261.458m，右线长1262.886m。竖曲线最大下坡坡度为2.42%，最大上坡坡度为2.0%。

2. 地质水文

根据地质详勘报告揭示区间地层为地表一般分布有厚度不等的全新统人工填土；其下为

全新统的冲积黄土状土、粉质黏土、粉细砂、中砂、粗砂,局部为砾砂、圆砾。盾构隧道洞身的地层主要为粉细砂,中、粗砂(局部为砾砂、圆砾)。砂层具有流塑性差、含水率高、渗透系数大等特点。砂层的标贯平均击数为101击。砂层极为密实。以石英、云母为主的砂粒硬度大,硬度为6~7,与普通钢材的硬度相仿。特别是左线在ZDK1+400~ZDK1+250(300~400环),有150m的砾砂层;右线YDK1+550~YDK0+950(190~590环),有600m左右的砾砂层。

3. 施工概况

目前,左线盾构机已顺利穿越北三环辅道(南)、天然气管道、绕城高速、高压电缆、通信光纤、北三环辅道(北)、麻家什字东侧五层民房及西侧两层民房、高压电塔、长征搅拌站等重要的建(构)筑物,并即将穿越北客站地下停车场。右线盾构机已成功穿越北三环辅道(南)、绕城高速公路和西铜高速公路辅道,并即将穿越西侧两层民房及油厂民房、长征搅拌站和北客站地下停车场。

二、盾构机类型

西安地铁2号线沿线分为黄土和砂层及其复合地层(表12-3),所选盾构机既要满足在黄土地层的施工,也要满足在砂层的使用,需要通用性较好的盾构机。在2号线试验段的施工中已证明土压平衡盾构机满足黄土地层施工。

土层的性质　　表12-3

类　型	参　数		
	渗透系数(m/s)	颗粒级配	地下水压(MPa)
土压平衡盾构	$\leqslant 10^{-4}$	粗砂及以下	≤0.3
泥水平衡盾构	$\geqslant 10^{-4}$	细砂及以上	>0.3
行—凤黄土区间	9.25×10^{-3}	细砂以下	0.07
北—北区间砂层	8.25×10^{-4}	细砂及以上	0.08

由表12-3可以得出,土压平衡盾构机完全适应于黄土地层的施工,对于砂层的适应性稍差,根据土压平衡盾构机掘进砂层的经验,在对渣土进行流塑性改良后也能满足砂层的施工。所以黄土地层盾构施工选择土压平衡盾构机,砂层盾构施工也选择土压平衡盾构机,但有必要对盾构机进行一些适应性改造和对渣土进行改良。

三、黄土地层掘进施工

1. 黄土地层防范重点

对于黄土地层盾构施工最重要的还是避免发生地层湿陷的事故,虽然地铁工程选线时一般都会避开湿陷性较为严重的地层,但在非自重轻微湿陷性黄土地区,尤其是隧道洞身或上部有黄土的地层,在遇水或遇到受力较大时,发生湿陷的概率较大。

2. 湿陷性黄土地层的应对措施

(1)非自重式湿陷性黄土发生湿陷的外因是水和外力作用,避免发生湿陷最重要的因素是不向湿陷性黄土提供水和外力作用。

(2)在具有湿陷性黄土地段掘进时,必须做好应急准备,密切巡视沿线地面情况,坚决避免为发生湿陷提供外因,尤其是对地面的排(送)水管道和其他外力因素进行排查。

(3)在湿陷性黄土地层掘进,必须加强同步注浆浆液的质量,选择能快速凝结的饱和浆液，在掘进时选择小推力掘进，尽量减少对地层的扰动。

(4)渣土改良。砂层主要采用泡沫对土体进行改良，在加泥箱中加入膨润土和聚合物等方式对渣土进行改良；黄土选用钠基膨润土泥浆和砂性泡沫剂为土体改良剂。

(5)工程实施。盾构在施工过程中采取了一系列建立土压、维持掌子面稳定和各种注浆手段的措施，通过监测数据可知，对纵向和横向的土体变形都起到了良好的控制作用。

技能训练

1. 简述盾构法隧道施工的原理、工艺流程和关键技术。
2. 简述隧道掘进机隧道施工的原理、工艺流程和关键技术。
3. 开敞式掘进机是怎样实现掘进循环的?
4. 盾构在掘进过程中有哪些控制因素和技术手段?
5. 分析掘进机与盾构的各自特点以及应用范围。
6. 分析盾构施工引起地面沉降的原因，并确定其合理的控制措施。
7. 土压平衡盾构和泥水盾构有什么不同? 各自适用范围是什么?
8. 盾构法隧道施工中常见问题有哪些? 主要采取哪些对策?
9. 通过已建成地隧资源库收集并分析当前国内掘进机、盾构施工的技术特点。
10. 通过已建成资源库收集当前国内掘进机、盾构施工的主要技术问题，并尝试提出相应的解决方法。

项目十三

沉管法施工

知识目标：

1. 了解沉管隧道的特点、组成、施工的工艺流程；
2. 了解干坞的修建；
3. 明确沉管隧道的预制、管节浮运与沉设方法；
4. 理解水力压接的原理和方法；
5. 掌握沉管隧道关键工序及技术措施。

能力目标：

1. 具备沉管隧道管节预制、沉放、水下连接、地基处理的一般施工能力；
2. 具有分析沉管隧道的主要技术问题，并提出相应的解决方法的能力。

素质目标：

1. 培养学生民族自豪感；
2. 培养学生任劳任怨的精神；
3. 培养学生分析问题和解决问题的能力。

任务描述：

某跨海工程，主体工程长约29.6km，采用桥隧结合方案，设计寿命为120年。其中，穿航段约6.75km，由于较差的地质条件和相关的风险，经过比选拟采用沉管隧道方案，其余路段约2.9km采用桥梁方案，桥隧工程预算约327亿元。海底高程在−8～−15m变化，根据地质水文及通航要求，试完成下列任务：

1. 确定沉管法隧道施工流程；
2. 选择沉管法施工各个参数；
3. 确定管节浮运、下沉和连接相关要求；
4. 选择基础处理方法。

任务实施

任务一　沉管法概述

教学课件：沉管法概述

一、沉管法的概念

沉管法，亦称预制管节沉埋法，即先在隧址以外的预制场（多为临时干坞或船坞）制作隧道管节（每节长 60 ~ 140m，多数为 100m 左右，最长达 268m），管节两端用临时封墙密封，制成后浮运到指定位置上，注水下沉至预先挖好的基槽内，通过水力压接进行水下连接，再覆土回填，完成隧道。用沉管法修建的隧道，称为沉管隧道。沉管法是用来修筑穿越江河、港湾、海峡等水底隧道的一种全新的施工方法。

采用沉管法修筑水下隧道的试验最早始于 1810 年的伦敦，到 1894 年采用此法在美国波士顿建成一条城市下水道工程和 1904 年建成底特律水底铁路隧道才宣告沉管法的成果诞生。自 1959 年加拿大迪斯（Deas）隧道成功采用水力压接法进行管节水下连接后，很快为世界各国普遍采用，沉管法变得更加优越。

我国对沉管隧道的认识始于 20 世纪 50 年代初期，但应用于工程实践则较晚。20 世纪 80 年代中期，继台湾高雄港隧道建成后，也开始着手用沉管法建造水底道路隧道，目前已经建成的沉管隧道有香港地铁隧道、广州珠江水下隧道、宁波甬江水底公路隧道、上海外环线越江隧道、南昌红谷沉管隧道、天津海河水下隧道、港珠澳大桥沉管隧道等工程。其中上海外环线越江隧道为双向八车道，沉管断面高 9.55m、宽 43m，管节长 108m；港珠澳大桥沉管隧道总长 6.75km。正在规划研究的水底沉管隧道工程还有：连接辽东半岛和胶东半岛的渤海海底隧道，长约 57km；连接上海和南通的长江水下隧道，长度约 7km；上海至宁波的杭州湾水下隧道，最长的隧道方案长约 52km，隧道建成后沪甬两地的运输距离较经杭州钱塘江大桥缩短约 250km。台湾海峡隧道目前由清华大学进行可行性研究。

二、沉管隧道的断面形式

沉管法水下隧道按断面形状分为圆形和矩形两大类。其施工及所用材料均有所不同。圆形沉管一般采用钢壳，钢壳又有单层与双层之分。20 世纪 50 年代后，多采用矩形钢筋混凝土沉管。

1. 圆形断面

圆形管节横断面的内轮廓为圆形，外轮廓有圆形、八角形和花篮形（图 13-1）。通常，圆形沉管隧道是钢壳与混凝土的组合结构。在造船厂船台上制造的管节一般为圆形管节，因而圆形管节又称船台型管节。这种管节制造时先在船台上预制钢壳，制成后沿船台滑道滑行下水成为浮体，在漂浮状态下浇筑钢筋混凝土管节。这种圆形管节内一般只能设两个车道，在建造 4 车道时就需制作两管并列的管节。这种制作方式在早期沉管隧道中应用较多。

单层钢壳的管节，外层为钢壳，内层为钢筋混凝土环（图 13-2）。钢壳为防水层，其防水性能的好坏取决于钢壳焊缝的质量，外层的钢壳与内部钢筋混凝土环共同承受静水压力和覆土荷载。这种结构一般用于直径较小的单线或双线隧道，如城市轨道交通隧道工程。

双层钢壳的管节，外层为多边形钢壳，内层为圆形钢壳，为了增加其刚度和强度，在钢壳内还需设置钢筋混凝土衬环，以形成主要承载结构，见图 13-3。

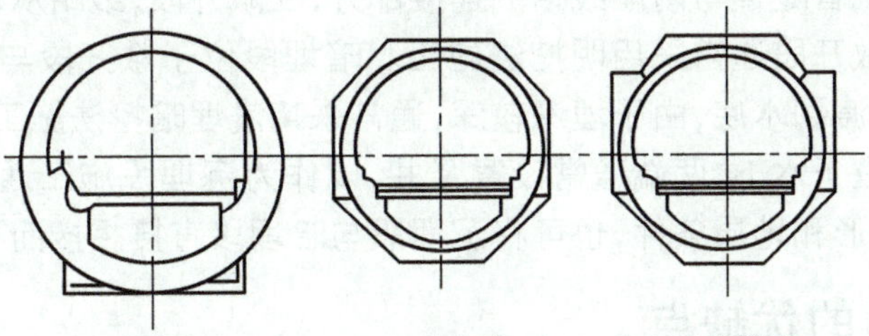

a)圆形　　b)八角形　　c)花篮形

图 13-1　圆形沉管断面

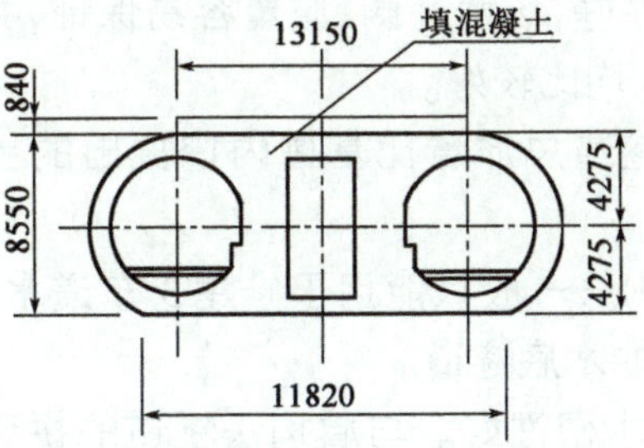

13-2　单层钢壳圆形沉管断面(尺寸单位:mm)

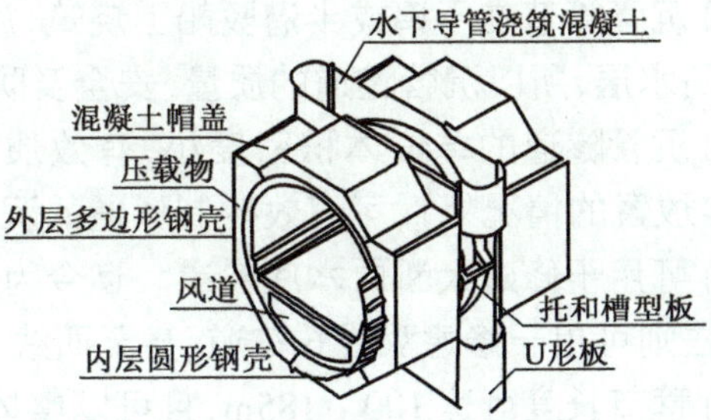

图 13-3　双层钢壳圆形沉管断面

2. 矩形断面

钢筋混凝土矩形管节一般在临时干坞中或半潜驳船上制作，管节预制好将之拖运至隧址沉放。一般来说，一个矩形断面可以同时容纳 4 ~ 8 个车道(图 13-4)，具有空间利用率高、节约钢材等特点。选用矩形管节比圆形管节经济，且适合于多车道隧道，故成为最常用的断面形式。

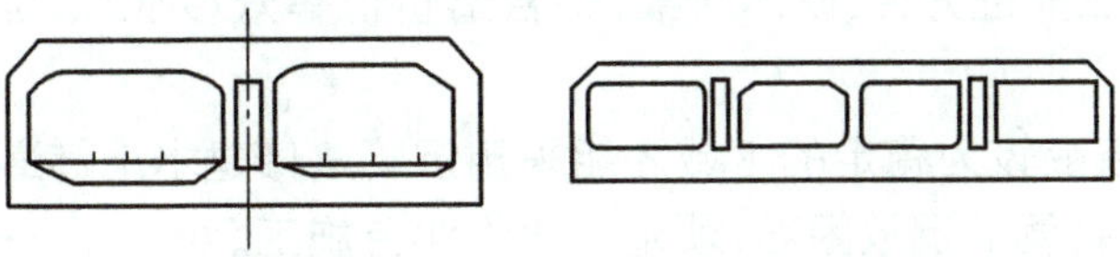

a)6车道断面　　b)8车道断面

图 13-4　矩形沉管断面

三、沉管隧道的组成部分

沉管隧道一般由敞开段、暗埋段、岸边竖井及沉埋段等部分组成，见图 13-5。敞开段位于

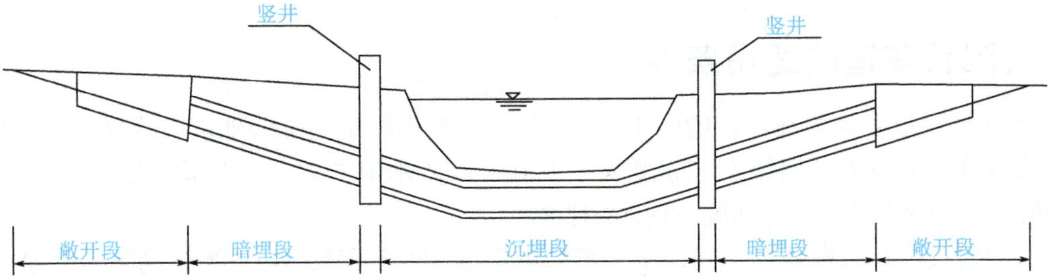

图 13-5　沉管隧道组成部分

沉管隧道的两端，为沉管隧道与两岸线路的连接部分，在敞开段，线路从地表逐步过渡到地下，一般埋深较浅，所以敞开段通常采用明挖法施工。暗埋段位于敞开段与沉埋段之间，在该段，线路由地下进一步过渡到水底，由于埋深较深，通常采用浅埋暗挖法施工。采用沉管法施工的部分是沉埋段，该段位于水下，两端通常设置竖井，以作为沉埋段施工通风、供电、排水及进料的通道。根据两岸地形和地质条件，也可将沉埋段与暗埋段直接相接而不设竖井。

四、沉管隧道的优缺点

（一）沉管隧道的优点

沉管法在世界各国得到广泛应用，技术日趋成熟，主要具有如下优点：

（1）沉管管节在干坞或半潜驳船上浇筑，施工条件好，场地开阔，质量容易保证，并可方便施作外防水层，所以沉管隧道的质量、安全及防水性能均比较好。

（2）沉管隧道的单位体积密度小，有效质量小，隧道总质量比基槽内挖掘出的土体要轻（除直接放置的情况外），可有效控制隧道的沉降。

（3）可用于修建大断面水底隧道。迄今为止，盾构法一般只能用于修建3车道水底隧道，而沉管法则可用于修建双线6车道，甚至四线8车道的水底隧道。

（4）管节长度可达100~185m，且可以整体浇制，水密性好。与盾构法隧道的拼装管片相比较，单位长度内沉管法隧道接缝数量仅为盾构法的1/100左右，防水抗渗性能大大提高。

（5）沉管隧道位于水下浅滩上，埋深较浅，与两岸道路距离较短，与埋深较大的盾构法相比，缩短了线路的总体长度，从而减少了工程费及运营维护费用。

（6）综合工期短。两岸工程、基槽开挖、管节预制等工程可平行作业，大大缩短了施工工期。

（二）沉管隧道的缺点

沉管隧道虽有施工先进方便、防水可靠、综合造价低等众多优点，但在实施时也要注意以下几个方面的问题：

（1）一般在河床演变较为稳定的水域才能采用沉管法修建水下隧道。

（2）在水流较急时，管节沉放困难，须用专业作业台施工。

（3）水深超过60m时，难以采用沉管法。

（4）当沉管隧道管节过长，尤其是单节管节过长时，设计和施工存在较大困难。

（5）水上施工时需与航道部门密切配合，采取临时措施，以保证航道畅通。

（6）在淤积严重的水域施作沉管隧道，必须及时充分清淤，避免管节沉放困难。

（7）制作管节时，对混凝土工艺与质量的控制要求比较严格，在一定程度上可能导致造价的提高。

五、沉管隧道的适用条件

（1）沉管隧道多修建在江河的中下游河床较稳定和浅海（港）湾处。在下游，河床比较平坦，水流速度不会过大。但如水流速度大于3.0m/s，或水流方向极不稳定，或河床有深沟，地形陡峭，都会造成管节浮运、沉放、对接的困难。

若水深超过60m，则矩形钢筋混凝土管节的沉放、对接困难。对于圆形钢壳与混凝土组合的管节，由于难以实施水下焊接及水下混凝土的浇筑工艺，水下接头处理十分困难。

（2）沉管隧道适用于各种软弱的地基条件。沉管隧道对地基承载能力要求不高，广泛应用于地层承载力差的软弱地基上。地基的标准贯入度 N 不大于 30 的情况对修建沉管隧道极为有利。对于需在岩石地层河(海)床开槽沉放管节的情况,需要进行水下爆破开挖,则工期延长,造价提高。

(3)需要合适的干坞条件。选用沉管工法修建水下隧道,必须具有合适的干坞条件,一般应具备合适的异地干坞条件,才能发挥沉管隧道敞开段段、沉管节基槽开挖、管节预制同步施工的优势。异地干坞必须有足够的土地面积、良好的工程地质和水文地质条件及合适的管节浮运航道。如没有合适的异地干坞条件,对于较短沉管隧道,预制管节数量少时,可采用轴线干坞或半潜驳船预制管节。

简单来说,该工法在软弱地层非常适用,而在硬岩地层施工较为困难。

任务二　沉管隧道施工

教学课件:沉管隧道施工

动画:沉管法隧道施工

沉管隧道的施工工艺见图 13-6,首先在隧址以外选择合适的位置修建干坞,在干坞中预制钢筋混凝土沉管管节,两端用临时端墙封闭,向坞内注水使管节起浮,经检漏合格后牵引出坞,浮运至隧址位置,注水下沉至预先挖好的水下沟槽内,通过水力压接法将各管节连接成整体,拆除临时封端墙,处理地基后进行覆土回填,从而形成沉管隧道。

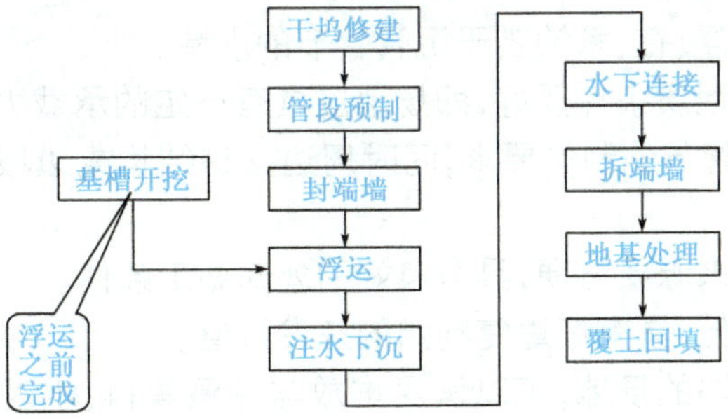

图 13-6　沉管隧道施工工艺

一、干坞修建

干坞是预制管节的场地,坞内一般设有混凝土拌合站,集料、水泥、钢材等各种原材料的堆放场地与仓库,各种机械加工车间以及完善的交通、供电、防火与防洪等设备与机械。随着我国沉管隧道修建技术的发展,越来越多的水下隧道采用沉管法施工,而干坞是修建沉管隧道的关键工序之一。

(一)干坞的类型与选址

干坞主要包括固定干坞和移动干坞两大类。干坞通常选择在陆地上合适的位置进行建造,此为固定干坞,又称岸上干坞。固定干坞根据与隧址的关系又分为轴线干坞和异地干坞。目前我国已建成的沉管隧道多采用固定干坞方案,少量采用移动干坞。在国外也有利用造船厂作为干坞进行工厂化制作沉管管节的情况。

1. 移动干坞

移动干坞就是修造或租用大型半潜驳船作为沉管管节预制的干坞。在移动干坞上完成管节预制，然后利用拖轮将半潜驳船托运到隧址附近已建好的港池内下潜，实现管节与半潜驳船的分离，再将管节浮运到隧道位置，完成沉放安装工作。移动干坞具有节省固定干坞修建时间、场地及费用等优点，但是当沉管管节尺寸大、数量多时，移动干坞建造费用增加，且移动干坞水上作业多，施工难度相对较大，施工受天气影响亦较大。

2. 轴线干坞

轴线干坞就是布置在隧道敞开段位置的干坞。国内已建成的广州珠江沉管隧道、宁波甬江沉管隧道、宁波常洪沉管隧道、广州生物岛大学城沉管隧道、洲头咀沉管隧道等都采用轴线干坞方案。采用轴线干坞方案，管节预制完成后从坞内拖出后，可以直接沿隧道纵向浮运至隧址，减少了航道疏浚的费用。轴线干坞与隧道敞开段相结合，节省了施工场地，同时敞开段和干坞共用基坑，可以减少工程费用。但轴线干坞方案存在与敞开段主体结构施工相互干扰、无法实现平行作业、导致施工工期增加的缺点，适于在干坞开挖量不大或综合效益比较好时采用。

3. 异地干坞

异地干坞是在隧道轴线以外选择合适的位置建造的干坞。其最大的优点是敞开段施工、管节制作以及基槽开挖等关键性工序都可以实现平行作业，有利于节省工期。

4. 干坞选址

干坞选址应遵循以下原则：

(1) 干坞至隧址的航道应具备足够的水深和宽度，确保管节的良好起浮与拖运条件，便于管节浮运和缩短运距。

(2) 干坞附近应具备浮、存、系泊若干沉管管节的水域。

(3) 干坞所在场地的地质条件要好，即场地应具有一定的承载力，不会产生过大或不均匀沉降，能满足巨型混凝土管节的制作要求，同时周边支护结构或边坡防渗体系技术措施简单，工程量小，造价低。

(4) 交通运输及材料来源要方便，具有良好的外部施工条件。

(5) 征地拆迁费用较低，具有可重复利用的开发价值。

(6) 干坞周边应有足够的场地，可以满足堆放与储藏集料、水泥钢材等各种原材料，停放各种机械设备，布置材料加工场地的要求，周边可设混凝土拌合站或便于就近获取商品混凝土。

(7) 地理环境良好，场地规模应能满足预制所有管节的工期需要。

(8) 若已有适当规模的码头或船厂，在对其规模和使用条件作出调查，经过方案比选与论证后，可考虑采用移动干坞方案。

(二) 干坞的构造

干坞通常由坞基、车道、排水系统、坞口、围堰或坞门等组成，通常沿坡面设置两条施工便道以联络坞底到坡顶，见图13-7。干坞应边坡稳定，出入坞道路满足设备、物料运输要求，施工不得危及边坡稳定。坞内应排水畅通，坞底干燥无水。坞底的平整度、均匀性和承载力满足设计要求。坞门应起闭自如，拆卸方便。

1. 干坞规模

干坞规模应从需同时预制的管节数量、尺寸，干坞所处地形、地质条件、工期要求、土地使用费和施工设备等情况综合考虑。需要同时制作多节管节的干坞尺寸较大，反之较小。

2. 干坞深度

干坞的深度是由坞顶面设计高程和坞底设计高程确定的。坞顶设计高程一般应高于其水域一定重现期内最高水位高程，而坞底设计高程应根据管节高度、管节浮态时的干舷高度、管节浮态时管节底面至坞底需保持的最小距离、管节出坞所需的潮位高度等浮态条件予以确定。干坞的深度，应能保证管节制成后能顺利地进行安装并浮运出坞。因此其深度要保证低水位时管节露出水面，高水位时有足够的水深以安设浮箱，中水位时能自由浮升。

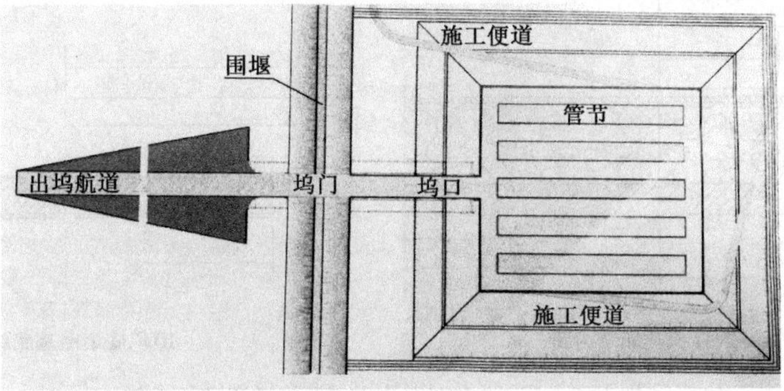

图 13-7　固定干坞主要构造

3. 坞墙(围堰)

坞墙(围堰)应具有足够的稳定性与挡水抗渗性，应能保证在高水压情况下不发生坍塌与渗漏水现象。坞墙(围堰)应采用合理的边坡坡率，选择不透水的黏性土或袋装土进行填筑，确保填筑密实。同时，应设置坡面防护及防渗设施。为了提高挡水抗渗性，可采用钢板桩或混凝土墙等形式的防渗墙，南昌红谷隧道采用了素混凝土防渗墙，见图 13-8。

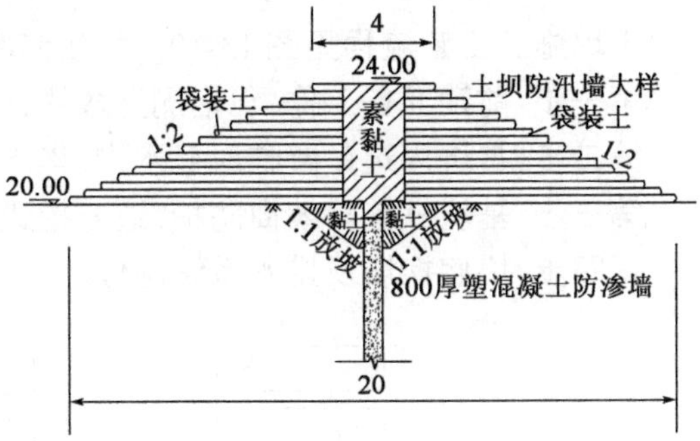

图 13-8　坞墙及防渗墙(尺寸单位：m)

4. 坞底

坞底应有足够的承载力，以减少由于地基不均匀沉降导致管节产生裂缝。一般位置的坞底是在砂层上铺设一层 20 ~ 30cm 厚的素混凝土或钢筋混凝土，而放置管节的坞底通常采用多层结构，自下而上依次为厚岩渣层、PVC 盲沟管、厚中粗砂倒滤层、混凝土垫层、厚中等级配碎石、厚胶木板。坞内道路自下而上依次为 PVC 盲沟管、厚中粗砂倒滤层、钢筋混凝土路面厚中等级配碎石层。广州生物岛—大学城沉管隧道坞底结构设计如图 13-9 所示。

坞底地基必须确保密实、平整、均匀性好、承载力高。基础垫层应分层填铺，每层压实遍数应通过试验确定，确保沉降量小，避免对管节浇筑过程及其结构产生不良影响。垫层所用换填材料应满足设计强度与排水要求。

5. 坞门

坞门应满足强度、刚度、拆卸方便及起闭自如等要求。可采用浮箱式闸门、单排或多排钢板桩或可拆卸的围堰等作为坞门。

6. 排水系统

干坞的排水系统是干坞很重要的一个部分。排水系统的好坏，直接影响到干坞的安全性。干坞相当于一个特大基坑，干坞平面开挖面积较大，汇水面大，水的来源主要是雨水和地下水，如不及时将坞内积水排除，将会影响到边坡的稳定性，威胁到干坞的安全。干坞排水系统分为地表排水系统和地下排水系统。地表排水系统主要用来排除进入坞内的地面雨水，包括坡顶截水沟、边坡排水沟、坞内排水沟及集水井等设施来排除。地下排水系统主要用于排除土层内的地下水，通过埋设盲沟管来排除。

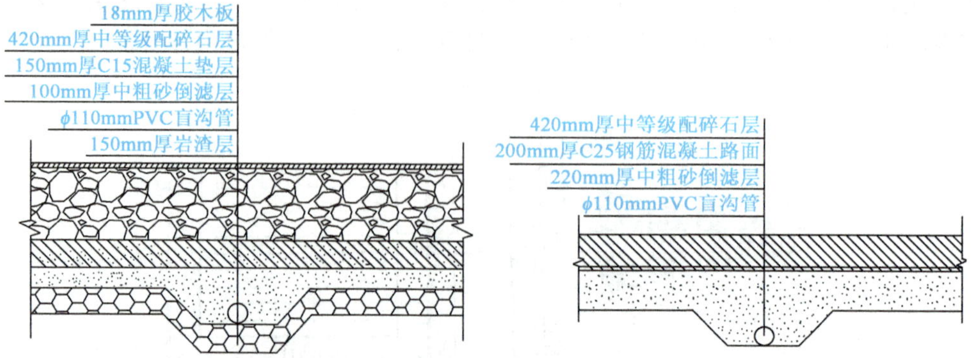

a)胶合板基底结构图　　　　b)坞底道路基底结构图

图 13-9　广州生物岛—大学城沉管隧道坞底结构

(三)干坞施工

干坞施工工艺流程见图 13-10。施工步骤主要为：

第一步：前期准备工作，包括测量放线，临时便道施工，现场水、电安装等。

第二步：基坑周边设置临时截水沟、集水井。

第三步：基坑开挖与坡面防护，边开挖边防护。

第四步：坞底换填及排水系统施作。

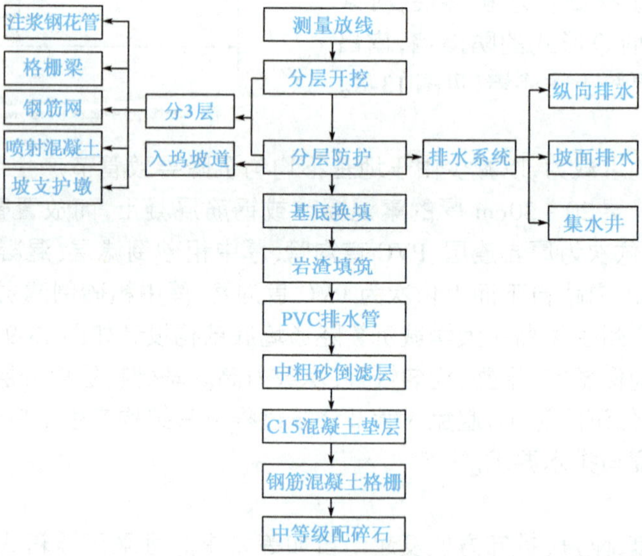

图 13-10　干坞施工工艺流程图

二、管节预制

管节预制在干坞中进行，其工艺流程见图 13-11，主要包括管节混凝土浇筑、压载水箱安装、封端墙与止水带安装、检漏及防锚层施工等工序。

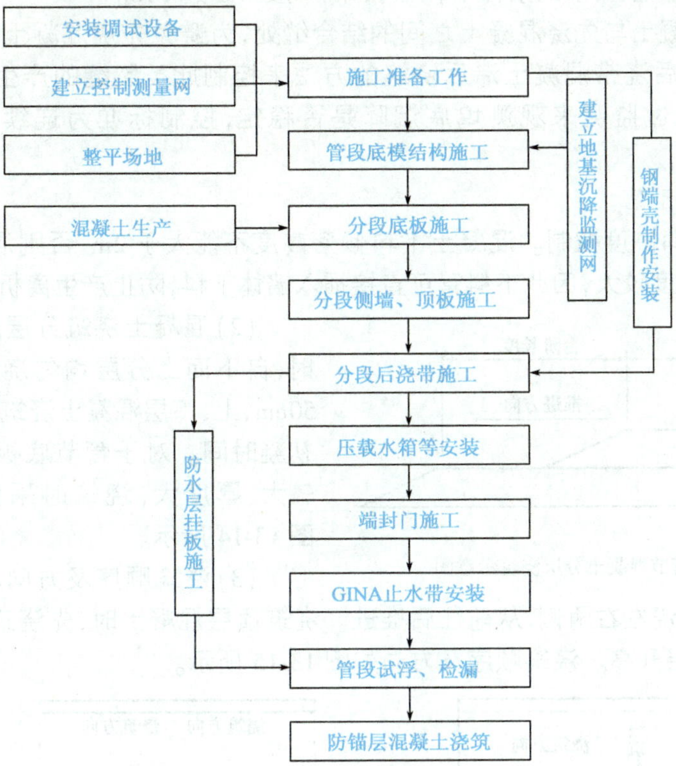

图 13-11　管节预制施工工艺

(一)管节制作

管节制作工艺与一般混凝土结构基本相同,但考虑到浮运沉设对匀质性与水密性的特殊要求,浇筑中应注意保证混凝土的防水性及抗渗性,严格控制混凝土的重度,确保管节顺利起浮,严格控制模板的变形,以保证对混凝土均质性的要求,防止管节在浮运中发生倾覆。

1. 管节施工的分段与分层

为防止和尽量减少管节混凝土表面裂缝,管节应分段分层施工。分段长度应结合模板台车长度、预埋件位置及变形缝设置等因素综合确定,通常可把横向施工缝做成变形缝,每节管节由变形缝分成若干节段,每段长 15~20m。每段混凝土分两次浇筑,形成纵向施工缝(横断面上的施工留缝)。如图 13-12、图 13-13 所示。

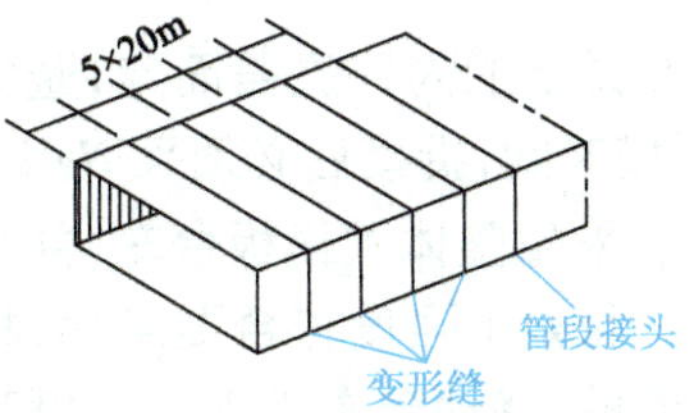

图 13-12　管节的施工分段与变形缝

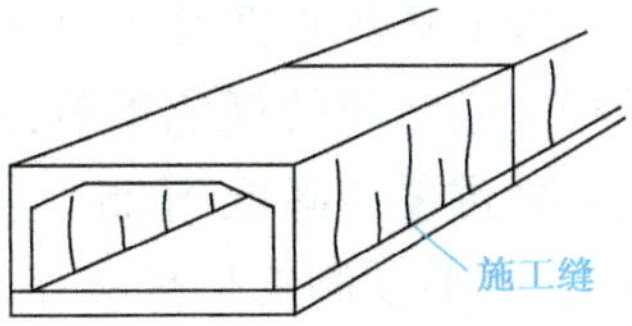

图 13-13　纵向施工缝

2. 混凝土浇筑顺序

(1)预制管节混凝土一般分两层浇筑,施工缝设在侧墙底部倒角上方约 1m 处。

(2)管节底层与顶层混凝土浇筑时,两浇筑部位的间隔时间以温差不超过 20℃为限。在保证混凝土强度等质量要求的条件下，间隔时间一般不超过 14d。

(3) 后浇带混凝土与先浇混凝土之间的结合缝处，为避免先浇混凝土因收缩不充分而产生收缩裂缝，采用后浇带混凝土滞后浇筑的方法来控制此类裂缝的产生，滞后时间不小于 42d。同时，必须通过监测来观测坞底沉降是否稳定，控制标准为连续 7d 的沉降量少于 2mm/d。

3. 混凝土浇筑工艺

(1) 混凝土下料高度控制。混凝土下料倾落高度不能大于 2m，否则混凝土会产生离析。由于管节的墙体宽度较大，因此下料管可直接插入墙体下料，防止产生离析。

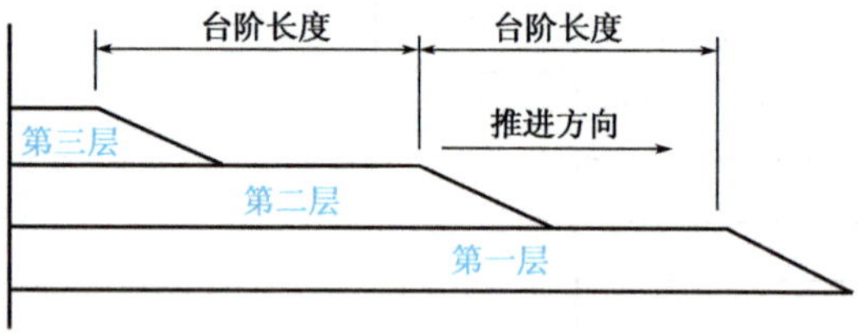

图 13-14　管节混凝土分层浇筑示意图

(2) 混凝土浇筑分层。管节浇筑混凝土时，自下而上分层均匀浇筑，每层高度 35 ~ 50cm，上、下层混凝土浇筑间隔时间不得超过初凝时间。对于管节底板，由于其平面尺寸较大、厚度大，浇筑时采用台阶法推进，如图 13-14 所示。

(3) 浇筑顺序及方向。浇筑底层混凝土时，应先浇中间，后浇左右两侧，从前往后推进。浇筑顶层混凝土时，先浇筑底部中间部分，后浇筑两侧部分，逐层升高。浇筑顺序及方向如图 13-15 所示。

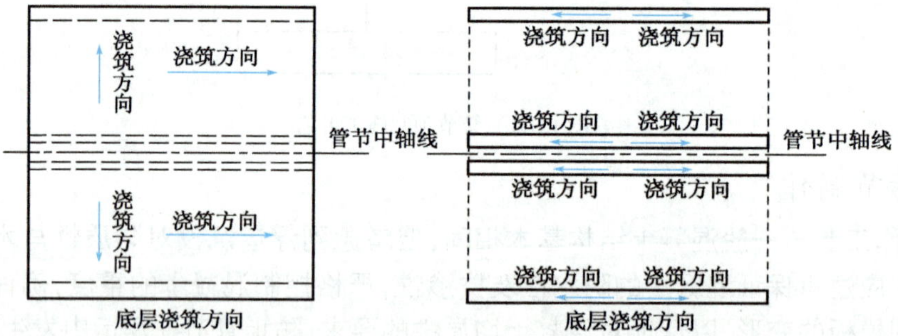

图 13-15　管节混凝土浇筑方向示意图

在浇筑顶板或施工缝时，采取二次表面凿除和抹面，清除表面浮浆，使混凝土表面密实。插入式振捣器作业时，要使振捣棒垂直插入混凝土中，并插到下层尚未初凝层中 50 ~ 100m，以促使上下层相互结合，各插点间距不应超过其作用半径的 1.5 倍。使用时，要做到"快插慢抽"的振捣要点，各插点振捣时间宜为 40 ~ 50s，并以混凝土开始泛浆和不冒气泡为准。

4. 拆模

模板拆除的时间应根据混凝土已达到的强度及混凝土的内外温差而定，避免在夜间或气温骤降期间拆模。在气温较低的季节，应适当延迟拆模时间，拆模后必须采取保湿、保温措施。

混凝土的内外温差应降低到 25℃ 以下方可拆模。采用整体式模板台车，并采取侧墙与顶板一次性浇筑时，管节预制的拆模顺序为：温差测定与混凝土强度符合要求后，松开外墙边模和台车的侧墙边模；顶板强度达到要求后，松开台车顶模，移动台车进入下一循环施工。及时对拆下的模板进行清理及保养处理，以保持模板的良好工作状态及混凝土浇筑的光洁性。

5. 养护

对于大体积箱形混凝土结构的施工，其养护期间的保湿、保温工作非常重要，而后浇带混凝土由于掺加了微膨胀复合防水剂，其养护要求更加严格，因此必须采取有效的养护措施来保证混凝土质量。

(二)压载水箱施工

压载水箱是安装在管节内部底板上的临时设施，压载水箱对于管节在沉放过程中的稳定性至关重要。

1. 压载水箱作用

管节预制好后，根据计算向压载水箱内注入适度水量，使管节起浮时保持纵向、横向平衡，并调节干舷高度。管节浮运至沉放位置，注入足够水量，使其产生足够的负浮力，使管节顺利沉放、定位、对接。对接完成后，再注入适度水量，使管节保持不少于 1.1 的抗浮系数，以确保施工过程的安全。

2. 压载水箱的容量

河(海)水的密度是确定压载水箱容量的主要因素。压载水箱容量应满足以下几个条件：

(1)保持 10 ~ 12cm 干舷高度所需水量。

(2)保持规定负浮力时所需水量。

(3)施工期间保证负浮力达到 1.05 安全系数时所需的水量。

3. 压载水箱的结构与布置

压载水箱一般为钢结构，骨架由型钢组成，箱体为钢板，采用型钢及钢管支撑。压载水箱对称设置在管节底板外侧，主要采用间隔模板成排安装布置于管节内。压载水箱的进、排水系统和管节间隔舱的排水泵结合使用。压载水箱结构见图 13-16。

a)压载水箱侧视图

b)压载水箱侧俯视图

图 13-16 压载水箱结构图

4. 压载水箱的安装

压载水箱面积大，整块制作安装存在困难，因此采取先制成片块，然后进行现场组装的办法。但管节内空间狭窄，要注意现场焊接组装时的施工质量和安全。安装完毕后，要进行整体试漏工作，试漏对象包括压载水箱本体、阀门及管道系统。

沉管隧道主体工程完工后，逐步拆除压载水箱，并用底部混凝土压重层代替。

(三)封端墙

管节浮运前必须于管节的两端离端面 50 ~ 100cm 处设置封端墙，其作用是使管节成为密闭的箱体，从而满足管节浮运沉放的要求。封端墙可用木料、钢材或钢筋混凝土制成。封端墙设计按最大静水压力计算。

封墙上须设排水阀、进气阀以及入水孔。排水阀设于下部，进气阀设于顶部，口径 100mm

左右。入水孔应设置防水密闭门。

(四)检漏与干舷调整

管节预制完成准备出坞之前,必须对管节进行试漏检查。先往干坞内注水至管节浸入一定深度的水(初步加水至管顶以下2~3m),停止时间不小于24h,并检查底板、封门底部、水密门渗漏情况,然后向压载水箱内注水进行压载。继续向干坞内注水至管顶0.5m以上,停止时间不小于24h,进行全面检漏,如有渗漏,则标出各渗漏位置,并对管节的渗漏位置进行修补。

管节在浮运过程中,露出水面以上的高度称为干舷。具有一定干舷高度的管节,在遇到风浪作用时会自动产生反倾覆力矩,使管节保持稳定。干舷值的大小与混凝土重度、钢筋配筋率、断面上钢筋混凝土面积与空腔面积之比、水的重度、管节上各种施工附加重力等因素有关。若干舷高度过小,对管节预制的精度要求过高,则难以施工;若干舷高度过大,则在沉设阶段,消除干舷所需的压载增大,运营阶段的配重也增大,且不经济。矩形断面的管节,干舷高度一般保持在10~15cm。经检漏合格的管节,还需在干坞中检查干舷是否符合规定、有无倾侧现象。通过调整压载的办法,使干舷达到设计要求。

在一次制作多节管节的大型干坞中,经检漏和调整好干舷的管节,应再加压载水,使之沉置坞底,待使用时再逐一浮升,拖运出坞。

(五)防锚层施作

防锚层指在管节顶面浇筑的混凝土保护层,其作用主要是为了防止船舶抛锚对管节结构和防水层造成破坏以及调整干舷值。防锚层的厚度由实测干舷值确定,并应小于或等于150mm。二次舾装完成后,管节的干舷值应控制在50~100mm,以利于远期管节的抗浮。

防锚层混凝土在管节二次舾装时施作。防锚层应分段浇筑,从中间向两端对称间隔施工。振捣混凝土时,严格控制振捣深度,不得破坏管节外防水层。由于管节干舷很低,为防止在混凝土凝固之前遭到波浪的冲刷,在混凝土浇筑后,应用水玻璃喷洒混凝土表面,以加速凝固。

(六)管节防水

沉管管节埋设与水下,必须做好防水措施,管节防水措施一般包括管节自身防水、外包防水、施工缝防水及管节接头防水等,见图13-17。

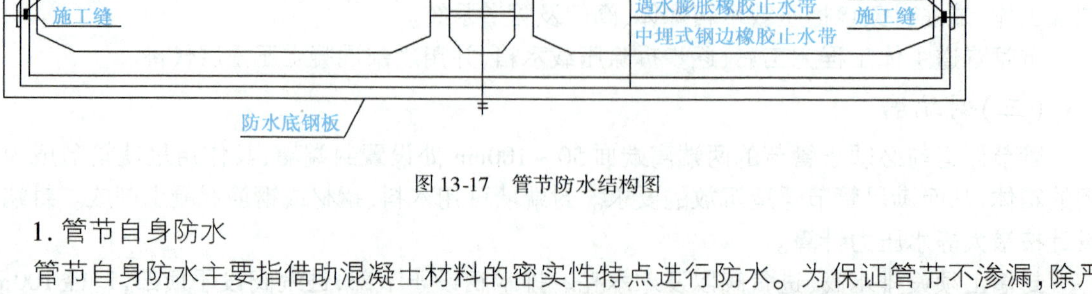

图13-17　管节防水结构图

1. 管节自身防水

管节自身防水主要指借助混凝土材料的密实性特点进行防水。为保证管节不渗漏,除严格控制混凝土级配、振捣密实、加强养护外，还需采取以下防裂措施：

(1)分段浇筑，设后浇带。

(2)采用低水化热水泥。

(3)设置水冷散热系统。

(4)采用预应力混凝土。

2. 外包防水层

主要指采用外包钢板、防水涂料、混凝土防锚层等防水措施。

3. 施工缝防水

纵、横向施工缝通常采用中埋式钢边橡胶止水带进行防水。

4. 管节接头防水

管节接头防水主要采用橡胶止水带，如Gina止水带和丁苯橡胶Omega止水带等，见图13-18。

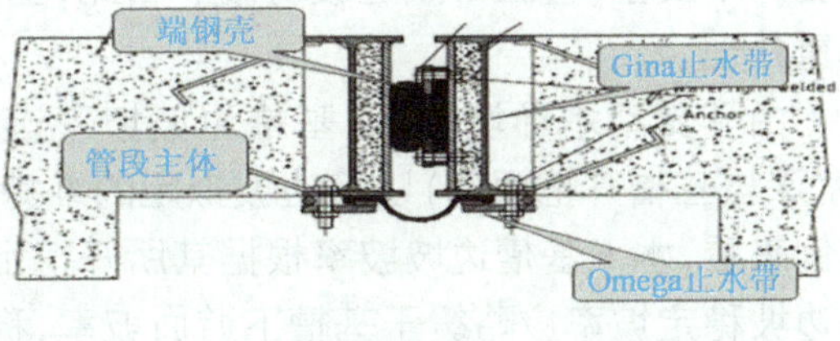

图13-18　Gina止水带和Omega止水带安装示意图

三、基槽开挖

在管节预制的同时，进行隧址水下基槽开挖，为管节沉放提供空间，所以，基槽开挖应该在管节浮运之前完成。

(一)地质、水文及航道资料调查

1. 地质调查

(1)进行水上钻探，探查沿基槽方向的典型地质纵断面。

(2)浅震试验：获取必要的地震动参数。

(3)探坑试验：在基槽开挖前，一般都在探坑内进行试验性挖掘，进一步查明有关工程地质资料。

2. 水文及航道要求调查

(1)河(海)床冲刷情况。

(2)悬浮质及推移质调查。

(3)潮汐、水位、流速和流向调查。

(4)基槽开挖时的通航要求以及对通航影响调查。

(二)基槽断面尺寸

1. 基槽底宽

基槽底宽一般为管节最大外侧宽度 B 加两侧预留量 $2b$，见图13-19。一般 b 为1～2.5m，根据不同的具体地基处理方法，b 可适当加大。

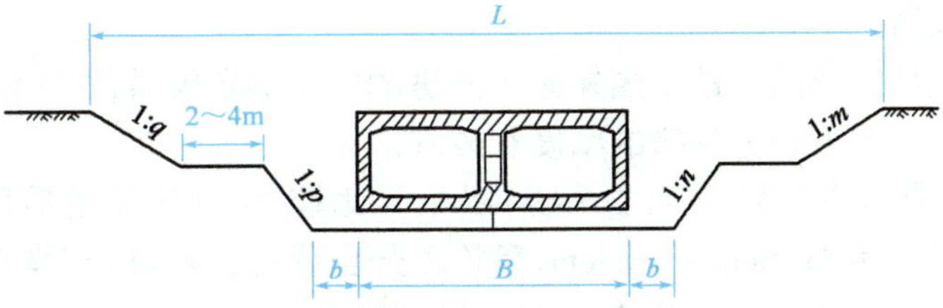

图13-19　基槽断面示意图

2. 基槽开挖深度

基槽开挖深度，可由线路纵断面图获得。基槽底部设计高程原则上等于沉管段的底面设计高程，将其加上地基处理所需高度以及基槽（疏浚）的精度[一般为 ±（300～500）mm]误差，即可得出任一位置基槽开挖横断面的开挖深度。如遇岩层，尚需确定爆破岩层厚度。

3. 基槽边坡坡率

基槽边坡坡率直接影响工程水下开挖的土方量和管节沉放之后的回填覆盖量，进一步影响到工期与造价。坡度设计过缓，基槽开挖量与回填量变大，工程不经济；坡度设计过陡可能使施工不安全，甚至导致边坡坍塌。因此，基槽边坡的稳定性与合理坡度的确定在设计中必须慎重处理。

由于受动水环境影响，基槽边坡坡率选择应考虑水的重度、流速、潮位、回淤、埋设高度（水深与基槽开挖深度）以及边坡拟定的维持时间等因素，从国内外已建的100多座沉管隧道实例来看，水下基槽边坡坡率根据其所开挖土层的不同有较大差异。研究成果表明，基槽上游面边坡稳定坡率应略缓于基槽下游面坡率，稳定边坡的总体平均坡率为1:3～1:2。

（三）开挖设备

根据施工地段的水文和地质情况的不同，基槽开挖方法与设备也不尽相同。对于水深较浅、开挖地层较为软弱的泥、沙、土地段，采用一般设备（如挖泥船）即可开挖；对于水深较深地段，则需较特殊的或专门制作的挖深较大的设备；对于岩石地层，还需进行水下爆破进行开挖作业。除了开挖设备外，定位测量仪器也是施工设备必不可少的一部分，准确的定位测量是保障顺利开挖和工程施工质量的重要手段。同时，沉管隧道的基槽开挖必须考虑防淤和清淤问题。

用于水下挖掘疏浚的挖泥船种类较多，有耙吸、铰吸、链斗、抓斗、铲斗、射流等多种形式的挖泥船，使用的定位、测量仪器有DGPS接收机、微波定位仪、自动追踪型全站仪、经纬仪、水准仪、测深仪、测深水铊、声速剖面仪、潮位遥报仪等。

1. 挖泥船的选用

在挖泥船的选择上应注意经济性，挖泥船的成本较高，一般中型船的价格就需几千万元甚至上亿元，所以对于较少开挖的沉管基槽工程，应尽可能使用现有的设备，避免单纯追求施工进度而使设备投资过大。

不同种类的挖泥船技术性能各不相同，可以满足不同的需要。抓斗式挖泥船适应性强，不仅可以开挖泥、沙、土地层，还适宜于开挖碎石类（如鹅卵石、爆破后的岩层）地层，而且相对挖深较大，但效率较低；铰吸式挖泥船开挖效率高，而且适用于较密实的泥、沙、土地层，但挖深一般不大；自航耙吸式挖泥船开挖精度较高，特别是配备水深测量计算机自动成图系统之后，可以使施工过程的定位、测量基本处于全受控状态，能较精确地开挖沟槽；链斗式挖泥船适用于实际开挖地层较深且成形的基槽，效率较高，但适用于较大水深（20m以上）的很少。目前，对大挖深的基槽开挖使用抓斗式挖泥船的较多。

2. 定位、测量仪器

近些年，大多数施工部门引进了国外许多先进的定位测量仪器，这些仪器在施工中发挥了极大的作用，保证了在水下开挖沟槽的精度和效率。

水下开挖沟槽通常采用两套定位系统，以相互比较，保证定位的准确性。例如，可采用DGPS（Differential Global Positioning System，简称差分全球定位系统）和微波定位系统或DGPS和自追式全站仪定位，也可使用双DGPS定位系统定位。

在定位仪器和测深仪等测量仪器的配合下，挖泥船在水中施工，超欠挖可以控制在30cm以内。已有资料表明，航道工程部门(单位)现有的定位测量仪器完全能够满足沉管基槽开挖的需要。

3. 其他配套设备

其他配套设备有船舶拖轮、泥驳、锚艇、DGPS、全站仪、水准仪、测深仪等。

(四)开挖施工

1. 土质基槽施工开挖

对于土层，多采用挖泥机进行施工：

(1)对待挖表面的清理。主要是在测量好的待挖范围内清理石块、杂物等障碍物，用抓斗式挖泥船较适合。若两岸有妨碍定位测量的障碍物也应一并清理，清理后用测深仪测深，以求大致反映出基槽的开挖全貌。

(2)基槽切滩。这一阶段要借助定位测量仪器挖除高于水底自然轮廓的浅滩(水中高地)。

(3)基槽粗挖。根据所探明的地质情况，采用相适合的挖泥船进行粗挖。粗挖是指分层开挖基槽时，每层的开挖深度较大，效率高，但精度较低的开挖。由于铰吸式挖泥船的效率高，一般进行粗挖可采用铰吸式挖泥船。抓斗式、链斗式耙吸式等其他种类的挖泥船的选用可根据实际条件选择。

(4)基槽精挖。基槽精挖阶段常进行分层开挖，每层的开挖深度较小，速度稍慢。根据开挖区地质条件，采用合适的设备，但通常需要借助定位测量仪器和电子计算机等的配合，以确保高精度要求，目前广泛采用的自航耙吸式挖泥船电子图形控制系统，可高效率、高精度开挖基槽。

每一层开挖完成之后应准确测深，为下一层的开挖做好准备或确定基槽开挖是否已符合设计要求，将精挖放在临近管节沉放期间进行，还可减少成形后基槽中泥沙的淤积以及清淤的工作量。如果选用抓斗式挖泥船进行精挖，则应选用斗容稍小的挖泥船，因其定位精度较高，可以使开挖的基槽成形更精准。

2. 岩石质基槽开挖

岩石质基槽开挖通常需要进行水下爆破，水下爆破施工的主要施工材料与机械设备包括：炸药、起爆装置、钻孔爆破船、冲击式钻机、清渣作业所需的各种类型抓斗挖泥船、泥驳等辅助船只。

四、管节浮运

(一)气象、水文及航运条件观察

1. 气象

(1)天气。关注管节拟沉放期间的天气预报(晴天、阴天及雨天)。

(2)降雨。雨季与旱季的历史分布、降雨强度。

(3)雾况。作为选择管节浮态系泊、沉放状态等需采取保护措施的依据。

(4)风。风向和风速作为管节浮态下的临时存放以及浮运、沉放作业过程中系泊系统设计的主要参数之一。

2. 水文

(1)潮位/水位。作为管节系泊存放、浮运、沉放施工组织设计，确定附属设施的重要依据之一。其内容包括历史最高水位(m)、历史最低水位(m),100 年一遇洪水位(m)、200 年一遇洪水位(m)、最高潮水位(m)、最低潮水位(m)。

(2)流速及流向,作为管节系泊存放,浮运、沉放作业施工组织,系泊系统设计及设备配置的主要依据之一。其内容包括涨急最大断面流速(m/s)、涨急最小断面流速(m/s)、涨急平均断面流速(m/s)、涨潮时水流平均流向(°N)、落潮时水流平均流向(°N)。

(3)水重度。作为控制管节浮态时干舷值的主要计算参数之一,影响管节的浮运工作。

3. 航运条件

由于管节浮运、沉放与对接施工等作业程序都需要占用河道,会在一定程度上影响所在水域的水上交通,因此需要了解航运相关资料,尽量少占用河道行洪纳潮过水断面,减小对航运交通的影响。

(二)坞内准备工作

坞内准备工作主要是指管节出坞准备工作,包括绞车、转向滑轮、管面缆桩的布置,管节出坞所用绞车上的钢丝绳与管面缆桩的连接,一次舾装件的连接安装等。具体施工操作如下:

(1)在干坞四周设置承力装置,供管节坞内移位及出坞使用,承力装置的个数与设计荷载根据实际情况计算确定。

(2)在坞顶四周合理位置布设电动绞车,负责管节坞内移位及出坞。通常布置在坞中和坞门部位。

(3)管节在干坞内预制完成后,在干坞注水之前,必须向管节压载水箱内注入适量的压载水,以防止坞内注水后管节自行起浮,同时防止在破堤后管节发生位移。在管节起浮之前,将绞车上的钢丝绳连接到管节的缆桩上,并收紧钢丝绳,以防止管节起浮时发生漂移。

(4)在低潮期管面露出水面时,利用抛锚艇将管面的一次舾装件吊放在预定位置,并连接安装。通常的一次舾装主要包括以下两个方面:一是管节外部。GINA 橡胶止水带、吊点、拉合座、系缆柱、导缆钳、端封墙人孔封门、GINA 橡胶止水带保护装置、灌砂管顶部保护盖、现浇管顶防锚层护边块,第一节人孔钢护筒。二是管节内部。垂直千斤顶、垂直千斤顶液压控制系统、压载水箱、进气管和进、排水管路系统、管内临时照明系统、管内临时通风系统、水箱顶部施工走道。

(5)检查端封墙人孔封门、管顶人孔井处的密封。

(6)检查进气管和进、排水管的口部有无堵塞。

(7)清理导向装置表面,确保无杂物。

(8)清理预制场地,不得留有施工机械施工材料和垃圾杂物。

(三)管节浮运

1. 准备工作

(1)测量出坞航道、浮运航道及系泊位置的水深及回淤情况。若回淤严重造成水深不足,则应进行清淤。

(2)清除浮运线路上的障碍物。

(3)在坞口设置流速仪,以详细掌握水流速度变化情况。设置水位标尺,以获取潮位资料。

2. 出坞时机

一般情况下,管节都是通过绞车系泊缆绳系统牵引出坞。出坞作业应选在高潮的平潮前半小时进行。管节出坞时应控制速度，避免由于出坞速度过快形成涡流，造成搁底的事故。管节在坞内移位时，应保证管节不触及临近的坡面结构。

3. 出坞作业

(1) 在管节起浮前，要将坞顶绞车及转向滑轮布置好，并用缆绳连接管面的缆桩，收紧钢丝绳，防止管节起浮时发生漂移。

(2) 利用管内水泵，在高潮前将管内压载水箱内的水抽排出管外，使管节起浮。

(3) 利用坞顶及工程驳船上的绞车将管节自起浮位缓慢地绞移出坞。

4. 浮运步骤

管节浮运方案如图 13-20 所示。

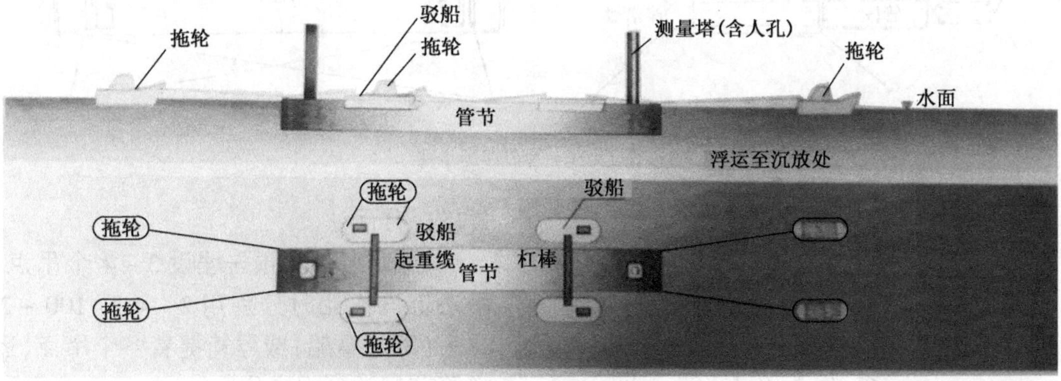

图 13-20　管节浮运方案

步骤一：拖带半潜驳在预定下沉位置抛锚定位，管节的绞拉及定位的驳船就位，并系好所有缆绳。

步骤二：选择在当日最低潮时，半潜驳压水下沉，坐落在河床上面。

步骤三：待潮水涨至管节底部离半潜驳甲板面高约 400mm 时，起动工程驳船上绞拉管节的卷扬机，将管节缓慢地移出半潜驳。

步骤四：利用工程驳船，将管节绞移至沉放区，带上管节的系泊缆绳使管节在沉放区系泊定位。管节浮运步骤见图 13-21。

五、管节沉放与对接

(一) 沉放方法

管节沉设是整个沉管隧道施工中重要的环节之一。它不仅受气候、河流自然条件的直接影响，还受到航道、设备条件的制约。因此，沉管施工中并没有统一的通用方案。须根据自然条件、航道条件、管节规模以及设备条件等因素，因地制宜选用经济合理的沉设方案。

沉设方法和工具设备，种类繁多，为便于了解，做如下归纳：

- 吊沉法
  - 分吊——起重船或浮箱
  - 扛吊——方驳船组
  - 骑吊——水上作业平台
- 拉沉法——桩墩地垄

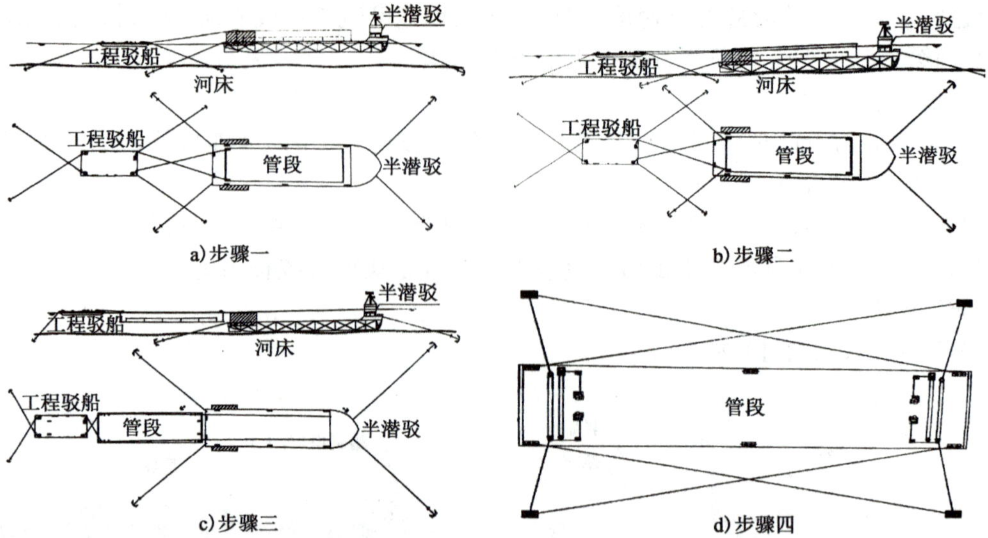

图 13-21 管节浮运步骤

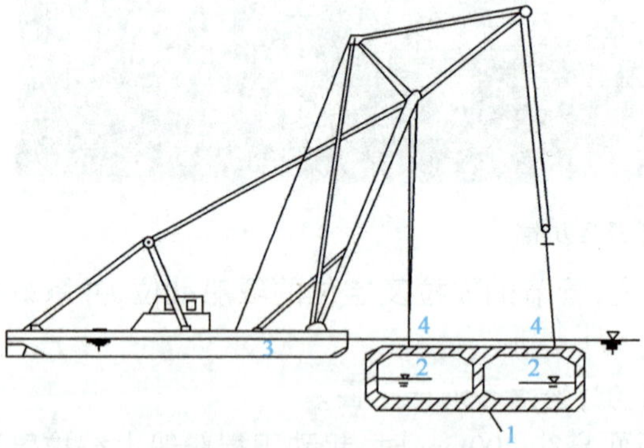

图 13-22 起重船吊沉法

1-沉管;2-压载水箱;3-起重船;4-吊点

1. 分吊法

管节制作时,预先埋设 3 ~ 4 个吊点,分吊法沉设作业时分别用 2 ~ 4 艘 100 ~ 200t 浮吊(即起重船)或浮箱提着各个吊点,逐渐将管节沉放到规定位置。

第一条四车道矩形管节隧道——玛斯隧道采用了四艘起重船分吊沉设,如图 13-22 所示。20 世纪 60 年代荷兰柯恩(Coen,1966 年)隧道首创以大型浮筒代替起重船的分吊沉设法。

浮箱吊沉设备简单,适用于宽度特大的大型管节。沉放用 4 只 100 ~ 150t 的方形浮箱(边长约 10m,深约 4m)直接将管节吊起来,吊索起吊力作用在各个浮箱中心。4 只浮箱分成前后两组。图 13-23 为西德汉堡市易北河隧道(E3 – Elbe,1974 年建成)浮箱吊沉法示意图。

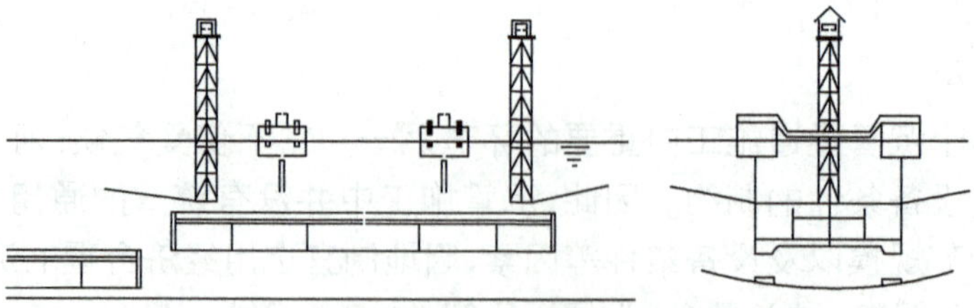

图 13-23 浮箱吊沉法

2. 扛吊法

亦称方驳扛吊法。方驳扛吊法是以四艘方驳,分前后两组,每组方驳肩负一副"杠棒",即两副"杠棒"由位于沉管中心线左右的两艘方驳作为各自的两个支点;前后两组方驳用钢杵架连接起来,构成一个整体驳船组,"杠棒"实际上是一种型钢梁或是钢板组合梁,其上的吊索一端系于卷扬机上，另一端用来吊放沉管；驳船组由6根锚索定位，沉管管节另用6根锚索定位。

加拿大台司(Peas,1959)隧道工程中，曾采用吨位较大、船体较长的方驳，将各侧前后2艘方驳直接连接起来，以提高驳船组的整体稳定性。

在美国和日本的沉管隧道工程中，习惯用"双驳扛沉法"，其所用方驳的船体尺度比较大(驳体长度为60~85m，宽度为6~8m，深2.5~3.5m)。"双驳扛沉法"的船组整体稳定性较好，操作较为方便，但大型驳船费用较高。如图13-24所示。管节定位索改用斜对角方向张拉的吊索系定于双驳船组上。美国旧金山市地下铁道(BART,1969)的港下水下隧道(长达5.82km，共沉设58节100~105m长的管节)工程即用此法。

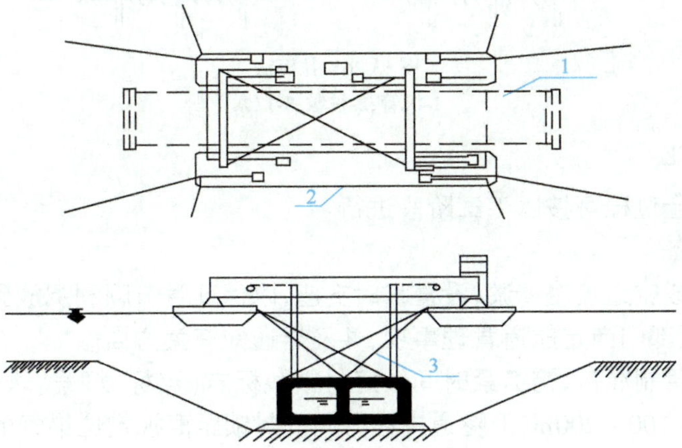

图13-24 双驳扛吊法

1-管节；2-大型铁驳；3-定位索

3.骑吊法

采用水上作业平台"骑"于管节上方，将管节慢慢地吊放沉设。如图13-25所示。

水上作业平台亦称自升式作业平台SEP(Self-elevating platform)，原是海洋钻探或开采石油的专用设备。它的工作平台实际上是个矩形钢浮箱，有时则为方环形钢浮箱。就位时，向浮箱里灌水加载，使四条钢腿插入海底或河底。移位时则反之，排出箱内储水使之上浮，将四条钢腿拔出。在外海沉设管节时，因海浪袭击只有用此法施工；在内河或港湾沉设管节，如流速过大，亦可采用此法施工。它不需抛设锚索，作业时对航道干扰较小。由于设备费很大，一般内河沉管施工时较为少用。

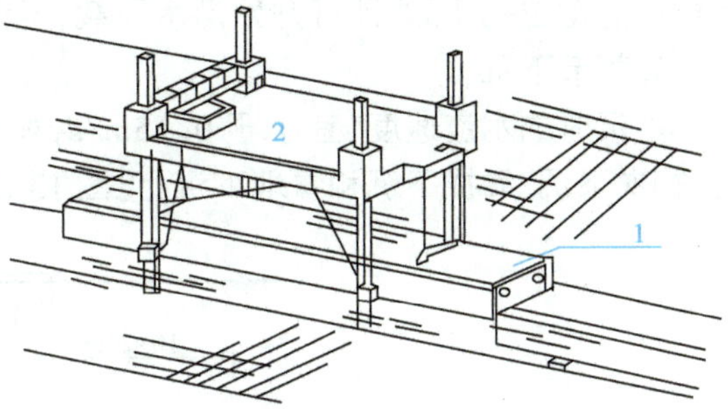

图13-25 自升式平台吊沉法

1-沉管；2-自升式平台吊沉法(SEP)

4.拉沉法

利用预先设置在沟槽底面上的水下桩墩作为地垄，依靠安设在管节钢桁架上的卷扬机，通过扣在地垄上的钢索，将管节缓慢地"拉下水"，沉设于桩墩上，而后进行水下连接。该法设置水下桩费用较大，所以很少采用，只在荷兰埃河(IJ,1968)隧道，和法国马赛市的马赛(Marseile,1969)隧道中用过。如图13-26所示。

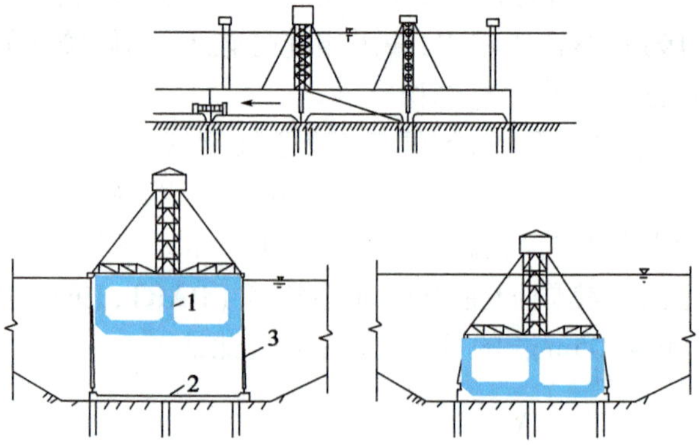

图 13-26　拉沉法

1-沉管;2-桩墩;3-拉索

(二)沉放作业

管节沉放作业全过程可按以下三阶段进行:

1. 沉放前的准备

沉放前必须完成航道疏浚清淤,设置临时支座,以保证管节顺利沉放到规定位置。应事先与港务、港监等有关部门商定航道管理事项,并及早通知有关方面。

做好水上交通管制准备,需抓紧时间做好封锁线标志(浮标、灯号、球号等)。暂短封锁的范围:上下游方向各 100~200m,沿隧道中线方向的封锁距离视定位锚索的布置方式而定。

2. 管节就位

在高潮平潮之前,将管节浮运到指定位置,此时可距规定沉设位置 10~20m 处,并挂好地锚,校正好方向,使管节中线与隧道轴线基本重合,误差不应大于 10cm。管节纵向坡度调至设计坡度。定位完毕后,即可开始灌水压载,至消除管节的全部浮力为止。

3. 管节下沉

下沉时的水流速度,宜小于 0. 15m/s,如流速超过 0. 5m/s,需采取措施。下沉分三步进行:初次下沉、靠拢下沉和着地下沉,见图 13-27。

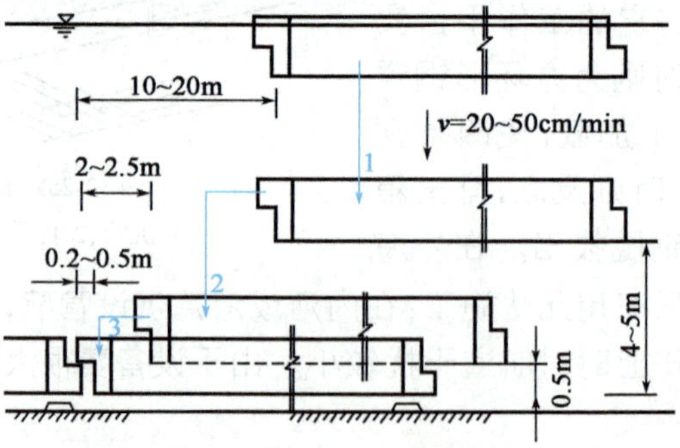

图 13-27　管节下沉作业步骤

1-初步下沉;2-靠拢下沉;3-着地下沉

(1)初次下沉

灌注压载水至下沉力达到规定值之 50%。随即进行位置校正,待前后左右位置校正完毕后,再灌水至下沉力规定值的 100%。而后按 40~50cm/min 的速度将管节下沉,直到管底离设计高程 4～5m 止，下沉时要随时校正管节位置。

(2) 靠拢下沉

将管节向前平移，至距已设管节 2m 左右处，然后再将管节下沉到管底离设计高程 0.5～1m，并校正管位。

(3) 着地下沉

先将管节前移至距已设管节约 50cm 处，校正管位并下沉，最后 10cm 的下沉速度要很慢，并应随沉随测。着地时先将前端搁在"鼻式"托座上或套上卡式定位托座，然后将后端轻轻地搁置到临时支座上。搁好后，各吊点同时分次卸荷至整个管节的下沉力全都作用在临时支座上为止。

(三) 水下连接

1. 水力压接法的发展

早期沉管隧道管节之间的连接，都是待管节沉设完毕后，再灌注水下混凝土。如荷兰的玛斯(Maas, 1942)隧道、古巴的阿尔曼德斯(Almendaras, 1953)隧道和哈瓦那港(Havana Bay, 1958)水下隧道，这种方法水下潜水工作量大，工艺复杂，且不能适应隧道变形，易开裂漏水。20 世纪 50 年代末期加拿大的台司隧道首创了水力压接法之后，几乎所有的沉管隧道都改用了这种水力压接法。随后又有不少改进，连接性能越法可靠。

台司隧道所用胶垫为一方形硬橡胶，外套一软橡胶片。20 世纪 60 年代，荷兰鹿特丹地下铁道沉管隧道，将其改进成为尖肋型(荷文原名 Gina)止水带，如图 13-28 所示，目前，各国普遍采用尖肋形止水带。

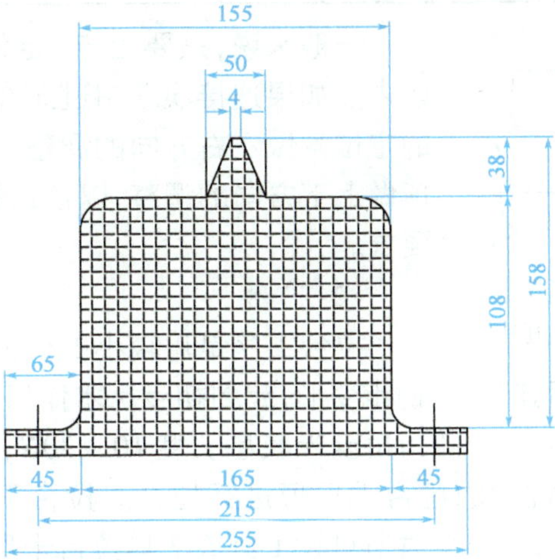

图 13-28　尖肋形(Gina)止水带(尺寸单位：mm)

2. 水力压接法施工

水力压接系利用作用在管节后端(亦称自由端)端面上的巨大水压力，使安装在管节前端(即靠近已设管节或管节的一端)端面周边上的一圈橡胶垫环(Gina 带，在制作管节时安设于管节端面上)发生压缩变形，并构成一个水密性良好，且相当可靠的管节间接头，如图 13-29 所示。

用水力压接法进行水下连接的主要工序是：对位→拉合→压接→拆除端封墙。

(1) 对位

着地下沉时必须结合管节连接工作进行对位。对位精度一般要求，见表 13-1。自采用鼻托后，对位精度很容易控制。上海金山沉管工程中曾用一种如图 13-30 所示的卡式托座，只要前端的“卡钳”套上，定位精度就自然控制在水平方向 ±1cm 之内。

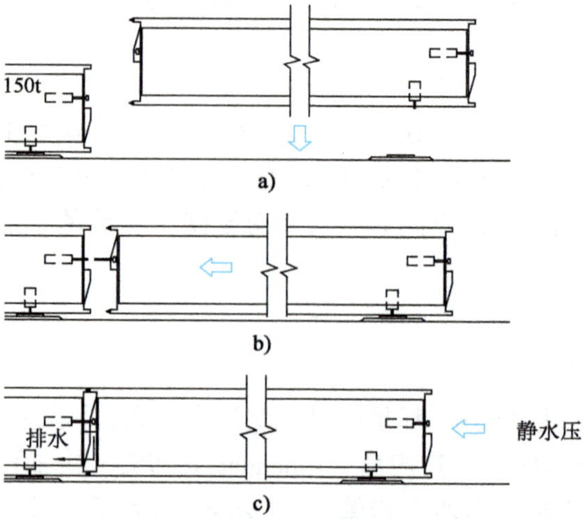

图 13-29 水力压接法

对位精度要求 表 13-1

部 位	水平方向	垂直方向
前端	±2cm	±0.5cm
后端	±5cm	±1cm

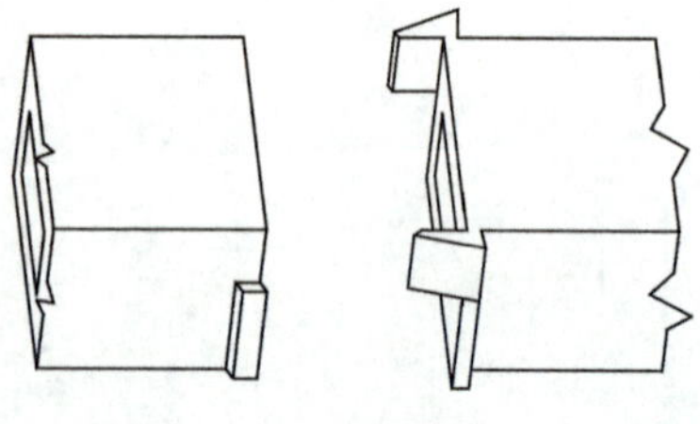

图 13-30 金山沉管工程的卡式托座

一般来说，只要上卡，定位精度就必然控制在 ±2cm 以内。如果连接误差超过允许值，可用设在新设管节后端的定位索做左右方向的调整，或管节后端底部的定位千斤顶做上下方向的调整，以校正管节位置使之符合对位精度要求。

(2)拉合

拉合工序是用较小的机械力量，将刚沉设的管节拉向前节既设管节，使胶垫的尖肋部产生初步变形，起到初步止水作用。

拉合时所需机械拉力不大，一般为每延米胶垫长度 10～30N，通常用安装于管节竖壁(可为外壁或内壁)上带有锤形拉钩的拉合千斤顶进行拉合。拉合千斤顶总拉力一般为 1000～3000kN，行程为 1000mm 左右。一个管节可设 1 具或 2 具拉合千斤顶，其位置应对称于管节的中轴线。通常采用 2 个 1000～1500kN 拉力的拉合千斤顶设于管节两侧，以便调整管节。

(3)压接

拉合完成之后，打开既设管节后端封墙下部的排水阀，排出前后二节沉管封墙之间被胶垫所包围封闭的水。

排水完毕后，作用到整环胶垫上的压力，等于作用于新设管节后端封墙和管节周壁端面上的全部水压力。在此压力作用下，胶垫必然进一步压缩，其压缩量一般为胶垫本体高度的 1/3 左右。

(4)拆除封端墙

压接完毕后,即可拆除前后两节管节间的封端墙。

3. 水力压接法的优点

(1)工艺简单,施工方便。

(2)水密性切实可靠。

(3)基本上不用潜水工作。

(4)成本低,施工速度快。

六、地基处理与基槽回填

(一)地基处理

沉管隧道,一般不需构筑人工基础,但为了平整槽底,施工时仍须进行基础处理。因任何挖泥设备,浚挖后槽底表面总留有 15~50cm 的不平整度(铲斗挖泥船可达 100cm),使槽底表面与管节表面之间存在着众多不规则空隙,导致地基土受力不匀,引起不均匀沉降,使管节结构受到较高的局部应力以致开裂。故必须进行适当处理。

沉管的基础处理方法大体上可归纳为两类:

- 先铺法——刮铺法
  - 刮砂法
  - 刮石法
- 后填法
  - 灌砂法
  - 喷砂法
  - 灌囊法
  - 压浆法
  - 压砂法

1. 先铺法

先铺法的基本程序如下:

(1)在浚挖沟槽时超挖 60~80cm。

(2)在沟槽两侧打数排短桩,安设导轨以控制高程、坡度。

(3)向沟底投放铺垫材料粗砂,或粒径不超过 100mm 的碎石,铺宽比管节底宽 1.5~2.0m,铺长为一节管节长度,在地震区应避免用黄砂作铺垫材料。

(4)按导轨所规定的厚度、高度以及坡度,用刮铺机(图 13-31)刮平,刮平后的表面平整度,对于用刮砂法,为 ±5cm 左右;用刮石法,为 ±20cm 左右。

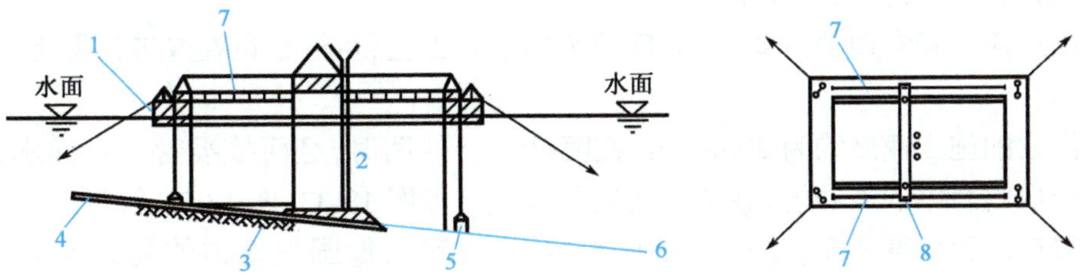

图 13-31　刮铺机

1-方环形浮箱;2-砂石喂料管;3-刮板;4-砂石垫层(厚 0.6~0.9m);5-锚块;6-沟槽底面;7-钢轨;8-移行刚梁

(5)为使管底和垫层密贴,管节沉设完毕后,可进行"压密"工序。"压密"可采用灌压载水或加压砂石料的办法,使垫层压紧密贴。

刮铺法费工费时,平整度不高,逐渐被后填法所取代。

2. 后填法

(1)后填法的基本工序

①在浚挖沟槽时,先超挖100cm左右。

②在沟底安设临时支座。

③管节沉设完毕(在临时支座上搁妥)后,往管底空间回填垫料。

后填法中,安设水底临时支座是项重要工序。多用道砟堆上设置钢筋混凝土预制支承板的办法构成临时支座。道砟堆的常用尺度为7m×7m×(0.5~1.0)m,预制支承板的尺度为2m×2m×0.5m。支承板可以浮吊沉设,近年已多改为随管节一起浇制、一起沉设。预制支承板由液压千斤顶实现调整定位(图13-32)。

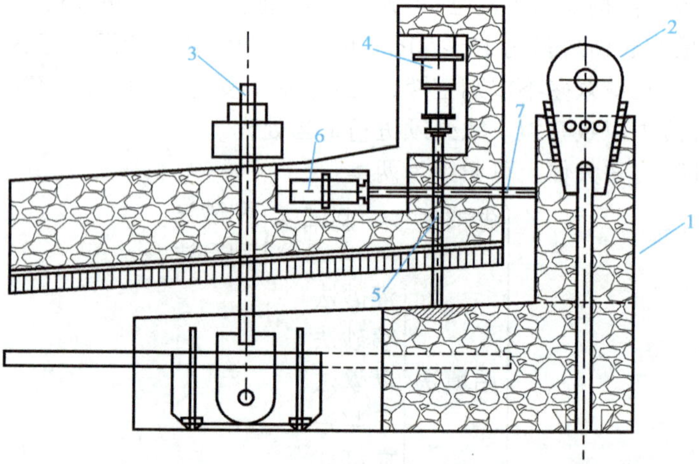

图13-32 预制支承板

1-预制支承板;2-吊环;3-吊杆;4-垂直千斤顶;5-垂直顶杆;6-水平定位千斤顶;7-水平顶杆

(2)后填法施工

①喷砂法

1941年荷兰玛斯隧道(世界上第一条矩形断面沉管隧道,底宽为24.79m)施工时创造了喷砂法。此法是从水面上用砂泵将砂、水混合料通过伸入管节底面下的喷管向管节底下喷注,以填满空隙。喷砂法所筑成的垫层厚一般为1m。

喷砂材料平均砂粒径为0.5mm,混合料中含砂量一般为10%,有时可达20%,但喷出的砂垫层比较疏松,空隙比为40%~42%。

喷砂作业用一套专用的台架,台架顶部突出在水面上,可沿铺设在管节顶面上的轨道作纵向前后移动。

喷砂作业的施工速度约为200m³/h,在喷砂进行的同时,经两根吸管抽吸回水,使管节底面形成一个规则有序的流动场,砂子便能均匀沉淀。如图13-33、图13-34所示。

喷砂法在欧洲用得较多,适于宽度较大的沉管隧道,德国汉堡市的易北河隧道(管节宽41.5m),比利时安特卫普市的肯尼迪隧道(管节宽47.85m)等大型沉管隧道都用此法完成基础处理。

②灌囊法

灌囊法系在砂、石垫层面上用砂浆囊袋将剩余空隙垫密。沉设管节之前需先铺设一层砂、石垫层。管节沉设时，带着事先系紧扣在管节底面下的空囊袋一起下沉。待管节沉设完毕后，从水面上向囊袋里灌注由黏土、水泥和黄砂配成的混合砂浆，以使管底空隙全部消除。

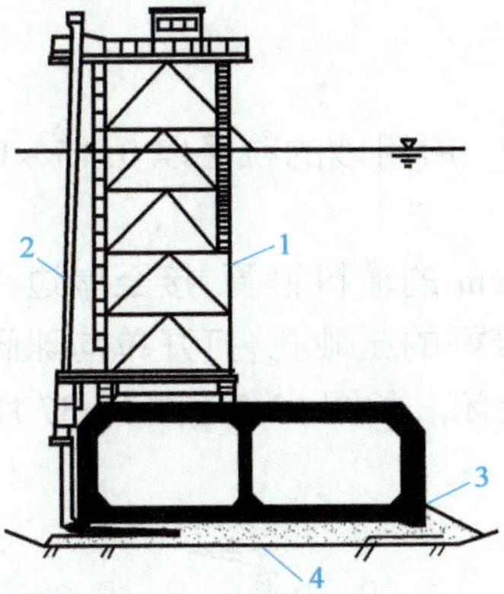

图 13-33　喷砂台架

1-喷砂台支架；2-喷管及吸管；3-临时支座；4-喷入砂架

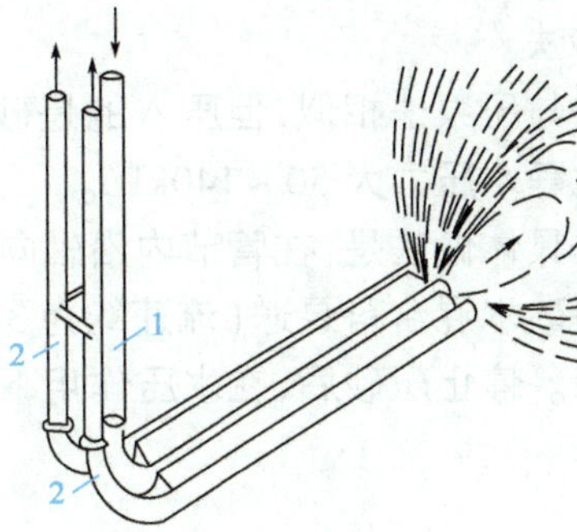

图 13-34　喷砂法原理

1-喷砂管；2-回吸管

③压浆法

采用此法时，沉管沟槽须先超挖 1m 左右，摊铺一层碎石（厚 40～60cm），大致整平后，再设临时支座所需碎石（道砟）堆和临时支座。

管节沉设结束后，沿管节两侧边沿及后端底部边缘堆筑砂、石封闭栏，栏高至管底以上 1m 左右，用来封闭管底周边。然后从隧道内部，用压浆设备通过预埋在管节底板上的压浆孔（直径 80mm），向管底空隙压注混合砂浆，如图 13-35 所示。

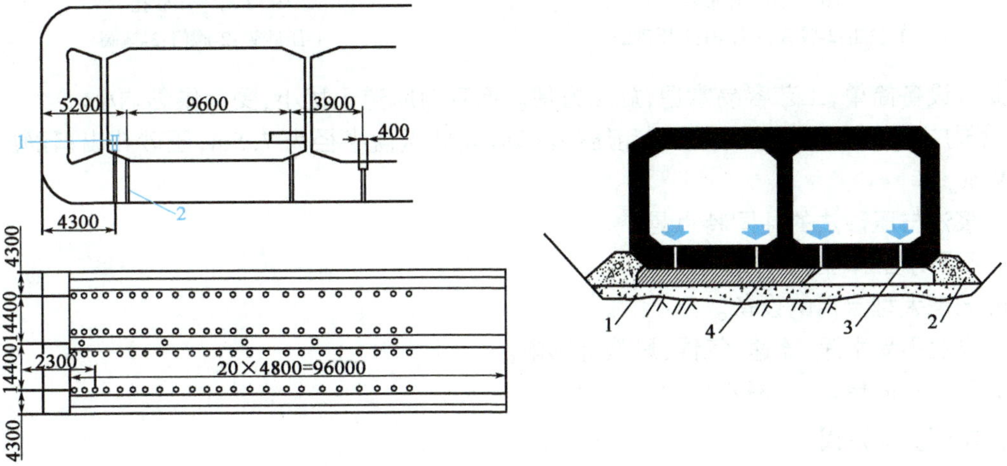

图 13-35　压浆法（尺寸单位：mm）

1-碎石垫层；2-砂、石封闭栏；3-压浆孔；4-压入砂浆

混合砂浆系由水泥、膨润土、黄砂和适量缓凝剂配成。膨润土或黏土，可增加砂浆流动性，节约水泥。混合砂浆强度 5×105Pa 左右，且不低于地基土体的固有强度。混合砂浆之配比为每立方米：水泥 150kg，膨润土 25～30kg，黄砂 600～1000kg。压浆孔的间距一般为 40～90cm。压浆的压力一般比水压大 20%。

此法比灌囊法省去了囊袋费用、频繁的安装工艺及水下作业等。

宁波甬江水下隧道是我国第一座采用压浆基础的沉管隧道，管节沉放后，通过管节内的压浆孔先用高压水冲洗管底，将淤泥冲出，然后压注 40cm 厚的水泥膨润土砂浆，压浆间距为 5.5m，压浆孔口静压力为 0.0527MPa。经施工后观察，压浆基础情况良好，说明在软弱地基中采用压浆基础是合适的。

④压砂法

压砂法与压浆法相似，但压入的是砂、水混合料。所用砂的粒径以 0.15 ~ 0.27mm 为宜。注砂压力比静水压力大 50 ~ 140kPa。

压砂法具体做法是：在管节内沿轴向铺设 ϕ200mm 的输料钢管，接至岸边或水上砂源，通过吸料管将砂水混合料泵送（流速约为 3m/s）到已接好的压砂孔，打开单向球阀，将混合料压入管底空隙。停止压砂后，在水压作用下球阀自动关闭。如图 13-36、图 13-37 所示。

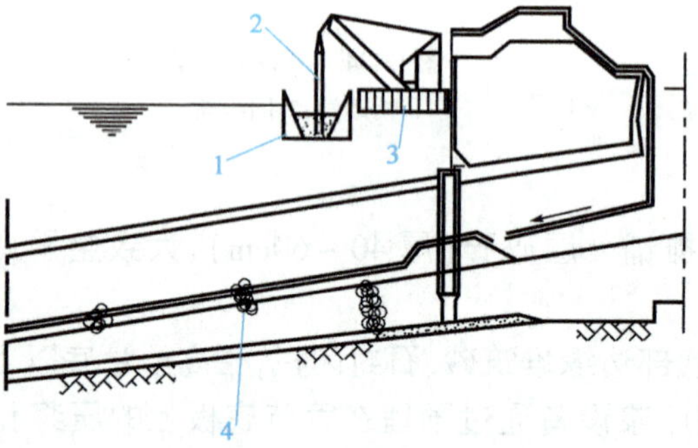

图 13-36 压砂法

1-驳船；2-吸管；3-浮铂；4-压砂法

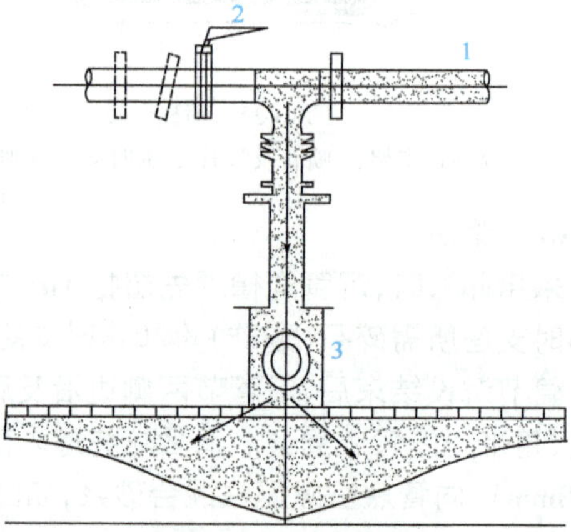

图 13-37 压砂孔

1-压砂管；2-阀门；3-球阀

此法设备简单，工艺容易掌握，施工方便。而且对航道干扰小，受气候影响小。

我国广州珠江沉管隧道成功采用压砂基础，其砂积盘半径为 7.5m，压砂孔出口静压强为 0.25MPa。

压浆法与压砂法的共同特点是：

a. 不需水上作业，不干扰航运。

b. 无需大型专用的设备。

c. 作业不受水深、流速、气候、风浪等影响。

d. 工艺较简单，不需潜水作业。

（二）基础加固

沉管隧道的地基土如果过于软弱，仅作垫平处理是不够的，应结合基槽地基的实际情况对沉管隧道的基础予以加固。

1. 加固方法

(1) 以粗砂置换软弱土层。

(2) 打砂桩并加载预压。

(3) 减轻沉管重量。

(4) 采用桩基。

以上四种方法中：第一种方法会较大地增加工程造价，且在地震区有液化危险；第二种方法使地基土达到固结需要时间较长；第三种方法管节抗浮安全系数不大，故不实用。比较适宜的是第四种方法。

2. 桩基施工

在沉管隧道中采用桩基时，会遇到桩顶高程不齐平的问题，必须设法使各桩顶与管底均匀接触，一般有三种方法：

(1) 水下混凝土传力法

基桩打好后，先浇筑一、二层水下混凝土，将桩顶裹住，而后在其上刮砂或刮石，使沉管荷载经砂、石垫层和水下混凝土层传递到桩基上。

1940 年建成的美国的本克海特隧道(Bankhead)等水下隧道就采用此法。如图 13-38 所示。

(2) 灌囊传力法

在管底与桩群顶部之间，用大型化纤囊袋灌注水泥砂浆加以垫实，使所有基桩均能同时受力。

(3) 活动桩顶法

即在所有基桩上设一小段预制混凝土活动桩顶。活动桩顶与预制混凝土桩之间留有一空腔，空腔周围用尼龙织物裹住，形成一个囊袋。管节沉设完毕后，向空腔与囊袋里灌注水泥砂浆，将活动桩顶顶升，使之与管底密贴，待砂浆强度达到要求后，卸除千斤顶，管节荷载便能均匀地传递到桩群上去。如图 13-39 所示。

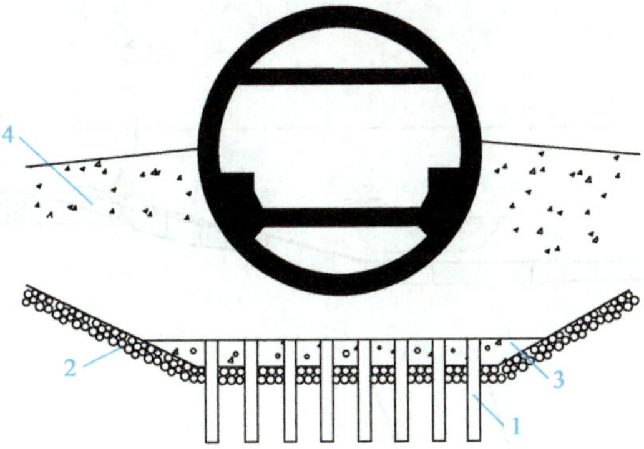

图 13-38 水下混凝土传力法

1-基桩；2-碎石；3-水下混凝土；4-砂石垫层

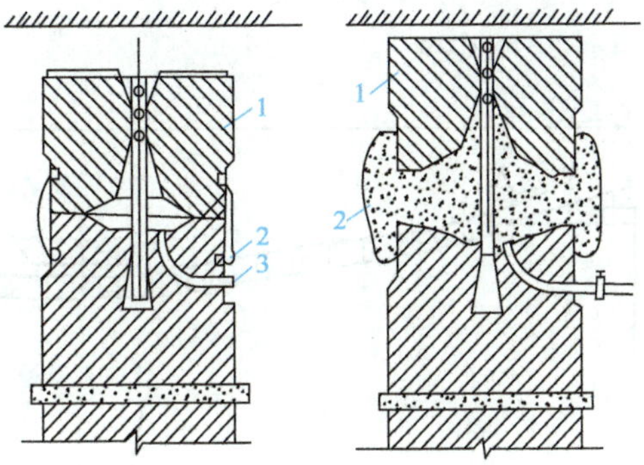

图 13-39 活动桩顶法

1-活动桩顶；2-尼龙布套石；3-压浆孔

(三) 覆土回填

回填工作是沉管隧道施工的最终工序，回填工作包括沉管侧面回填和管顶压石回填。沉管外侧下半段，一般采用砂砾、碎石、矿渣等材料回填，上半段则可用普通土砂回填。

覆土回填工作应注意以下几点：

(1) 全面回填工作必须在相邻的管节沉放完后方能进行，采用喷砂法进行基础处理或采用临时支座时，则要等到管节基础处理完，落到基床上再回填。

(2) 采用压注法进行基础处理时，先对管节两侧回填，但要防止过多的岩渣存落管节顶部。

(3) 管节上、下游两侧(即管节左右侧)应对称回填。

(4) 在管节顶部和基槽的施工范围内应均匀地回填，不能在某些位置投入过量而造成航道障碍，也不得在某些地段投入不足而形成漏洞。

案例分析:港珠澳大桥沉管隧道方案

一、工程概况

港珠澳大桥跨越珠江口伶仃洋海域,是连接香港特别行政区、广东省珠海市、澳门特别行政区的大型跨海通道,是国家高速公路网规划中珠江三角洲地区环线跨越伶仃洋海域的关键性工程,是我国继三峡工程、青藏铁路、京沪高铁后又一项超级工程,是当今世界上规模最大、标准最高、技术最复杂的桥、岛、隧一体化的集群工程,三地总投资超过1000亿元人民币,计划2016年年底建成通车。

主体工程长约29.6km,采用桥隧结合方案,设计寿命为120年。其中,穿越伶仃西航道和铜鼓航道段约6.75km,采用隧道方案,其余路段约22.9km采用桥梁方案,桥隧工程预算约327亿元。为实现桥隧转换和设置通通风竖井,隧道两端各设置一个长约625m的海中人工岛,造陆面积各约为10万m^2。

1. 隧道方案

由于较差的地质条件和相关的风险,经过比选沉管隧道方案优于盾构隧道方案,根据设计沉管节长约5.664km,东西人工岛在尽量控制阻水率的原则下长度均为625m,岛上的暗埋段长约163m,敞开段长约398m,隧道总长约6.75km(图13-40)。港珠澳大桥建成后将成为世界最长的跨海连线工程。

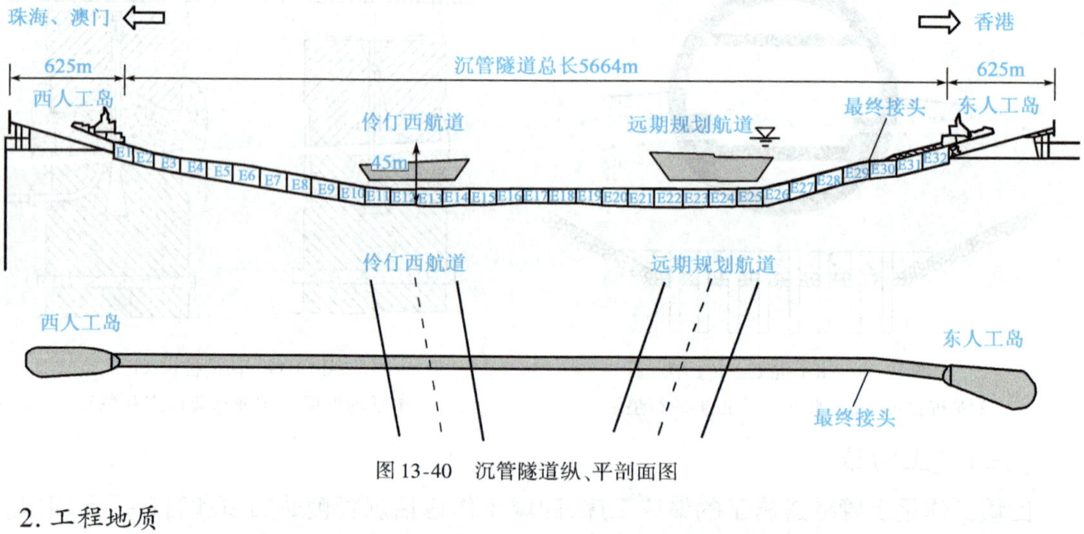

图13-40 沉管隧道纵、平剖面图

2. 工程地质

海底高程在-15~-8m之间变化,全新世地层包括淤泥、淤泥质黏土和淤泥质黏土混合砂,被评定为非常软弱、高压缩性和正常固结的土层。在全新世地层的下面是更新世晚期土层,厚度变化为37~102m,超固结且主要由黏土夹松散到中等密实的砂层组成;砂层和碎石层一般都在黏性土的下面;在更新世晚期土层下面就是岩层/花岗岩。

3. 水文地质

工程区海域潮流属于不规则半日潮类型,呈现往复流运动形式。浅水效应较为显著,具体表现在涨、落潮流的不对称性及涨、落潮历时不等较明显。平均海平面高程为0.540m,120年海平面上升0.4m,120年重现期最高水位4.190m,最低水位-1.750m。

4. 气象条件

工程区域北靠亚洲大陆，南临热带海洋，属南亚热带海洋性季风气候区。该区气候温暖潮湿、气温年较差不大，降水量多且强度大；而且处于热带气旋路径上，登陆和影响桥隧的热带气旋十分频繁。因而，主要灾害性影响天气为热带气旋。

5. 环保条件

项目所在区域自然保护区种类多，生态环境敏感，特别是大桥穿越珠江口中华白海豚自然保护区。

二、隧道技术标准

1. 隧道横断面

本隧道为双向三车道，隧道 2×14.25m，净高 5.1m，横断面最大跨度达到 14.55m。隧道横断面采用 2 孔 1 管廊形式（图 13-41），即包括 2 个交通行车孔和 1 个中间逃生及设备管廊，宽 37.95m，高 11.5m，底板、顶板、侧墙厚度均为 1.5m，中隔墙厚 0.8m。

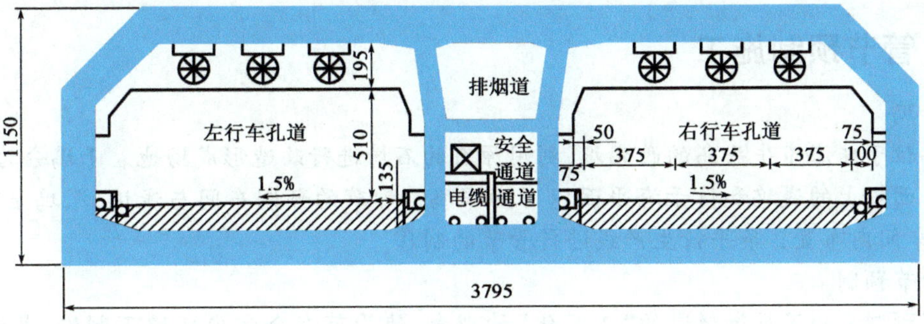

图 13-41　沉管隧道横断面示意图（尺寸单位：cm）

2. 隧道纵断面

隧道区船舶通航最小埋深为设计最低通航水位（1.18m）以下 29m，包括综合考虑了 30 万吨级油轮不乘潮时满载吃水最大水深、海底最大冲刷深度、施工超深、安全富余深度及隧道顶面以上 2m 保护层。隧道中部 2810m 范围，管节顶板控制在 30.18m 以下，底板达到水深 40m 以下，为沉管隧道结构水密性要求提出了挑战。

三、沉管隧道组成

预制沉管节共分 33 节管节（E1～E33）（表 13-2），最终接头设置于 E29 和 E30 之间，长度为 2.5m，采用水下止水板方式施工。

沉管节分节长度表　　表 13-2

节号	E1	E2～E28	E29-1	最终接头	E29-2 + E30	E31	E32～E33
理论长度（m）	81.5	180	180	2.5	5 + 175	180	90

该沉管隧道第一次在国内采用柔性管节，1 个标准管节由 8 个 22.5m 长的节段组成，节段之间采用柔性接头允许纵向变形和水平与竖向的转动。接头之间采用剪切键来限制接头水平和竖向不连续的位移。

施工期间，通过张拉纵向临时预应力索，将 8 个节段连接成一个整体（图 13-42）。管节防水采用混凝土自防水,抗渗等级 P12。为确保管节预制质量和控裂效果,每个 22.5m 的节段采用全断面一次浇筑工艺。

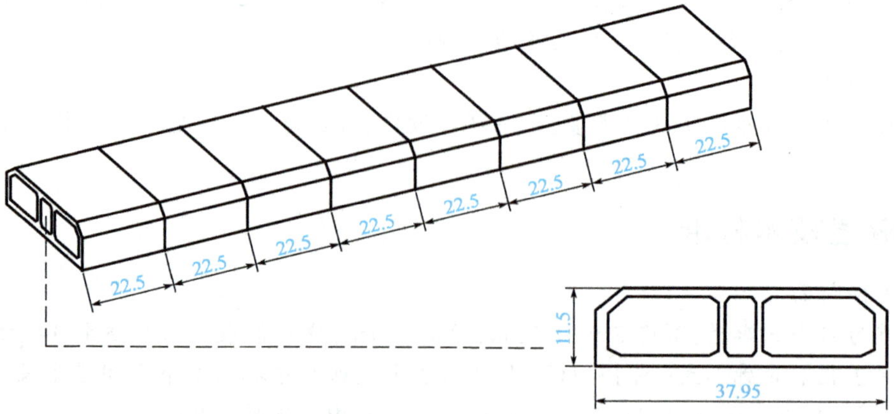

图 13-42 标准管节整体示意图(尺寸单位:m)

四、管节预制施工

1. 干坞

干坞位于珠海市牛头岛的西北端,利用原有的石场进行改造形成场地。干坞分为 2 部分,即在海平面以上的浅坞和位于海平面以下的深坞。管节的预制车间与浅坞、深坞呈"L"形布置,预制车间内布置 2 条平行生产线进行管节的制作。

2. 管节预制

管节预制采用了厄勒隧道的"工厂化"的理念,使管节在全室内环境下制造,易于控制混凝土浇筑和养护,并取得有效的混凝土控裂。钢筋加工和绑扎、模板的安装和拆除、混凝土浇筑和养护等实现标准化流水作业,提高生产效率。本隧道 33 节钢筋混凝土管节,在预制时分为 8 个施工段。

五、管节沉设与基础处理

1. 管节沉设

管节的浮运将采用拖轮拖带的方式,结合工程实际情况,采用纵拖和横拖相结合的浮运方案;选用稳定性和可控性较好的双驳扛吊法进行管节沉放安装;使用管节外部定位系统及选用沉管水下测量定位系统可以实现管节水下高精度测量定位。

2. 基础处理

为满足沉降控制和平顺过渡的要求,基础设计采用了两种方法,且尽量只在敏感位置进行地基加固。一是地基参数改良:采取砂石或碎石换填软土、减沉桩、深层搅拌桩、挤密砂桩,以提高其强度、刚度和增加地基的均匀性;二是对地基土太软弱或太复杂(靠近人工岛位置)处采用基础桩支承在持力层上。

六、工期进度

港珠澳大桥工程项目已于 2009 年 12 月 15 日开工建设,2010 年对岛隧工程进行总体招投标,2012 年 5 月 2 日首节沉管开始预制,2013 年 11 月 21 日铺就首个 180m 长沉管隧道,2013

年 12 月 8 日海底沉管隧道突破千米大关。2017 年 7 月港珠澳大桥海底隧道顺利贯通,港珠澳大桥于 2018 年 10 月 23 建成通车。

技能训练

1. 简述沉管法施工的工艺流程和关键技术。
2. 目前沉管隧道接缝防水的方式都有哪些? 如何施作?
3. 管节沉放的方法各有什么特点? 分别适用于哪些条件?
4. 简述沉管隧道水力压接的原理。
5. 分析沉管隧道水下连接的工序,如何实施控制?
6. 分析沉管隧道基础处理的各种方法,提出你认为比较科学合理的方法的道理。
7. 通过网络收集并分析当前国内沉管隧道施工技术特点。
8. 通过网络收集并分析当前国内沉管隧道的主要技术问题,并尝试提出相应的解决方法。

项目十四

隧道养护与维修

知识目标：

1. 了解隧道病害检查制度、观测种类；
2. 熟悉隧道常见病害的类型、成因；
3. 掌握隧道常见病害的防治方法。

能力目标：

1. 具备查阅隧道技术文件、调查隧道状态的能力；
2. 具备绘制病害展示图的能力；
3. 具备对病害隧道病害进行检查、观测的能力；
4. 具备选定隧道病害防治方法的能力。

素质目标：

1. 培养学生良好的职业道德；
2. 培养学生吃苦奉献的精神；
3. 培养学生勇于创新的能力。

任务描述：

小王同学今年毕业于某高职院校，就业于某铁路局，在某工务段负责桥隧养护工作，负责的工区位于西南地区，雨水较多，很多隧道发生了漏水、衬砌裂损等病害。试完成下列任务：

1. 确定隧道检查内容；
2. 隧道漏水处理；
3. 衬砌裂损处理；
4. 衬砌冻害处理。

任务实施

任务一　隧道养护概述

教学课件:隧道养护概述

隧道结构的寿命是指设计时预计的结构可安全稳定工作的年限。影响隧道结构寿命的因素有:隧道的结构形式,使用的建筑材料,外界因素如人的因素、工程地质和水文地质状态等。为了尽量延长隧道的结构寿命,应对隧道进行经常性的养护工作。隧道养护工作应本着以预防为主,预防与及时整治病害相结合的原则。要经常性地对隧道进行检查,及时发现问题,并采取有效措施整治,做到防治结合,把病害控制在最小的范围内。

所谓隧道病害是指由于外力、施工、材料、洪水、火灾等造成的影响隧道使用性能的目视可见的损伤及劣化状态。衬砌损伤是指由于地震和其他外力等引起的衬砌开裂和剥离,它是在短时间内发生的,其变异不随时间推移而发展。衬砌劣化是指隧道运营过程中出现的病害,与隧道所在地的地质环境条件(盐害、寒冷、温泉、地下水中所含有害物质等)、衬砌材料和设计、施工等因素有关,表现形式如衬砌裂纹、衬砌漏水、衬砌腐蚀、混凝土中性化、碱—集料反应、冻害、基底软化等,衬砌劣化会随着运营期限的增长而发展。要保证现有和即将交付使用的铁路隧道、公路隧道的安全、畅通运营,必须对隧道可能出现的病害、灾害进行预防和整治。

一、隧道病害调查

为了整治隧道病害而有针对性的进行的检查、观测、无损检测等称为病害调查。在隧道进行补修、加固或改建前,为了掌握隧道的病害状况,应对隧道的结构状态进行调查。在调查工作开始前,应编制符合实际的调查计划。如对于病害发展较迅速的隧道,为了尽快地判断出病害的发展性,最初应以较高的频率进行量测调查(最低每月一次),在一定程度掌握发展状况后可改为适宜的测定频率。因此,制订完善的调查计划,对于详细完整的掌握隧道病害种类、数量、成因及其发展性是至关重要的。一般情况下,隧道病害调查分为三个阶段进行,即初步调查、详细调查和安全等级评定。

隧道调查一般在以下有问题的地点实施:地压等外力造成隧道衬砌有变异的地点;衬砌混凝土劣化使其强度降低的地点;衬砌混凝土有可能剥落的地点;衬砌漏水和基床变异影响行车的地点。调查内容如表 14-1 所示。

隧道变异调查内容　　表 14-1

变异调查	结构变异调查	衬砌漏水	位置、类型、是否有泥浆、漏水量、水温、水质、结冰、冻结
		衬砌裂纹	位置、长度、宽度、发展性、接缝材料劣化、接缝材料脱落状况、土砂流入
		衬砌压溃或剥落、腐蚀	位置、大小、发展性、衬砌材质
		衬砌位移或变形	衬砌位移、断面变形、衬砌材质
		整体道床破损	位置、长度、宽度、强度、材质劣化
		道床变形、翻浆、轨道病害	位置、水平病害、高低病害、底鼓、下沉、翻浆
		排水设施病害	位置、水沟裂损、水沟淤积、水沟排水不良
		洞门病害	前倾、下沉、裂损
	环境调查	地形、地质、地下水、气象、土地利用	

续上表

变异调查	资料调查	隧道线路	线路、站间、里程、隧道长度、牵引方式、线路等级、线路构造、曲线半径、线路坡度、轨道构造、运行限制条件
		隧道历史	建设年代、建设经历、设计施工单位、监理单位、建设记录、使用经历、既有病害历史、灾害经历、补强补修经历等
		隧道构造	净空尺寸、衬砌形式、衬砌厚度、衬砌材质、有无仰拱或底板、水沟形式

二、隧道病害检查与观测

隧道管理部门为了掌握隧道的结构状态和运营状况，组织或责成有关单位进行的检查、调查及观测工作即隧道检查。

（一）检查制度

1. 检查种类

隧道检查分为经常检查、定期检查及特别检查，其目的和要求见表14-2。

隧道检查种类 表14-2

检查种类		目的和要求
经常检查		（1）对隧道建筑物容易变化和对行车有直接影响的部位进行检查，以确保行车安全； （2）为了解隧道技术状态，发现病害而进行的检查以及调查需要修理的工作量，据以安排维修和保养
定期检查	秋季大检查	对隧道建筑物各部分技术状态进行全面细致的检查，必要时用仪器检查，查明各种病害情况及发生的原因，据以安排大修和维修
	春季检查	针对所在地区的不同气候条件和容易发生的病害特点进行检查。严寒地区要着重对春融病害的检查，南方旱雨地区则要进行防洪检查
特别检查		对于长大、构造复杂、特别重要和有严重病害的隧道建筑物进行特别检查

2. 检查工作项目

隧道检查工作是及时发现病害的十分重要的手段，每次检查，特别是定期大检查，宜事先对隧道设备状况，拟定出检查提纲，避免漏项。检查工作项目可参考表14-3。

隧道工作项目 表14-3

检查部位	检查工作项目
洞顶及其附近检查	（1）地面排水系统是否完善； （2）排水系统有无漫沟出槽、冲刷、淤积、堵塞或铺砌破损； （3）洞顶山坡有无崩塌、落石； （4）有无常年积水和季节性积水的地形、地物； （5）泥石流有无漫槽； （6）洞外支挡建筑物和河流调节建筑物有无变化或破损； （7）隧道轴线山坡地面有无滑坡裂缝或陷穴； （8）竖井、斜井等辅助坑道有无沉陷、损坏及地表水灌入； （9）河流冲刷对隧道有无威胁； （10）水库塌岸对隧道能否造成危害； （11）工农业生产活动对隧道能否造成不利影响； （12）山体植被有无严重破坏； （13）安全检查设备是否完善或有无破损

续上表

检查部位	检查工作项目
洞口检查	(1)洞门顶上的仰坡及两侧路堑,有无开裂、移动、冲刷、坍滑、危石、沉陷或风化剥落; (2)仰坡排水状况是否良好; (3)洞门顶上水沟有无漫槽、冲刷、堵塞、或铺砌破损; (4)洞门是否完整,圬工体有无开裂、剥落下沉或倾斜; (5)洞门墙与翼墙是否漏水,泄水孔是否淤塞; (6)洞门有无腐蚀
洞内检查	(1)衬砌有无裂缝,错台、剥落、掉块、下沉、隆起或变形凸鼓侵限; (2)衬砌有无水蚀、烟蚀、冻蚀或集料酥解; (3)整体道床有无断裂、下沉、隆起或翻浆冒泥,支承垫块有无松动破损; (4)洞内有无挂冰侵限、冰锥侵限、冻胀裂损或春融翻浆冻害; (5)洞内有无渗、滴、漏、涌等水害; (6)喷锚支护有无裂纹、腐蚀、剥离、错牙、渗水或失效; (7)防水层有无失效、里鼓、脱落或裂损,各种嵌缝材料有无失效; (8)排水设备有无水流出槽、淤塞、冰塞或破损;检查井防寒材料是否失效; (9)辅助坑道有无坍塌、堵塞;积水对正洞有无影响,封口有无损坏; (10)洞内有害气体浓度有无超标及其变化情况; (11)各种标牌是否清晰,有无缺损;检查及安全设备是否完善、有无缺损
明洞检查	检查工作项目同上,并着重检查明洞顶覆盖土层厚度有无变化,排水设备是否完好,外侧地面线有无变化,山体有无滑坡等
无衬砌隧道检查	检查工作项目同上,并着重检查有无危石和侵限

(二)观测制度

对长大、结构复杂、特别重要或有严重病害的隧道,应建立观测系统,以便长期、连续的监视、检查和观测隧道的技术状态和病害的变化,并建立技术档案,以记载病害发生的时间和位置,研究和分析病害的发展规律和原因,为制订整治病害措施提供依据。根据观测工作的需要和隧道病害严重程度分为定期观测和特别观测两种。观测项目及目的要求见表14-4。

观测种类 表14-4

观测种类	观测项目	目的要求
定期观测	(1)穿越地质不良山坡、古滑坡及有明显偏压的隧道或明洞的衬砌压力的变化; (2)隧道限界、线路中线及洞内净空变化; (3)隧道衬砌裂纹、腐蚀、冻融和剥离; (4)长大及通风不良隧道有害气体浓度; (5)涌水量、水温、气温、地温的变化; (6)锚杆、喷射混凝土整治加固隧道的效果	积累数据,掌握隧道结构技术状态的变化,判定病害变化规律,据以采取相应的整治措施
特别观测	病害特别严重或病害持续发展,危及行车安全的隧道	设立专门看守点,设人昼夜监视,检查每趟列车过后病害的变化,看守点配备专用通信工具及色灯停车信号,发现险情,立即显示停车信号确保行车安全

三、隧道技术文件

隧道技术文件是加强技术管理,全面掌握设备技术状态,有计划地进行改善和加强的重要依据。各种技术文件都必须按有关规定，准确如实编制填写。

(一)技术文件种类

各种技术文件种类及编制和保管单位见表 14-5。

技术文件种类 表 14-5

名称	编制和保管单位
隧道登记簿	由领工区负责编制和保管
隧道表	由工务段编制，分存工务段、分局、路局及铁道部
隧道概况表	由工务段编制，分存工务段、领工区及工区
隧道卷宗	由铁路局、分局、工务段编制和保管

(二)隧道登记簿

每座隧道均应建立登记簿，其主要内容如下。

1. 略图及照片

(1)纵断面图

包括拱顶线、起拱线、轨面线(标明坡度)、排水沟底线、辅助坑道的位置等，如有条件应标明地质情况。

(2)横断面图

包括直线、曲线及内轮廓尺寸有变化段落的隧道内轮廓和衬砌厚度示意图及辅助坑道的位置。

(3)平面图

线路和隧道的平面位置、曲线要素及隧道的方位等。

(4)山上地形及排水设备示意图

(5)其他有关隧道的技术图纸

2. 历史概况及现状分析

(1)隧道历史概况

①写明隧道所在区间位置、开始修建年月、交付运营使用年月及设计施工单位等。

②隧道设备情况概述。

③工程地质及水文地质情况。

④在修建过程中，曾发生过坍方冒顶等灾害的地点，施工单位所作的一些特殊处理的情况。

⑤根据施工单位的工程日志所记载的，或在竣工移交时所介绍的一些需要特殊记载的事项。

(2)隧道现状分析

①记载隧道的主要病害状况，包括产生病害的时间、位置和原因分析等，并写明危害性及发展的趋向。

②对主要病害曾采取过的整治措施；其收效及经验教训。

③历年来经过基建、大修解决的问题，还存在的问题。

④整治病害或技术改造的意见。

(3)主要病害

①病害种类包括隧道水害，隧道冻害，衬砌病害，整体道床病害，限界不足及有害气体危

害等。

②病害性质，如隧道水害中分涌水、淌水、滴水、渗水；隧道冻害中分衬砌冻害、线路冻害、排水沟冻结及挂冰刨冰等；衬砌病害中分衬砌变形、裂损、腐蚀等。

③至少每年记录或修改一次，无变化时只写记录日期。

④每种主要病害使用一张卡片。

⑤最大数量是指漏水量或刨冰量(t/d)，以及冻胀量的最高纪录。

(4)最小限界图

根据铁路运输组织工作的需要，把每一区段内所有的隧道、桥梁、跨线建筑物及其附属设备所组成的综合最小限界，叫作该区段的综合最小限界。它是根据每一座建筑物的综合最小限界汇成的。引起隧道综合最小限界发生变化的原因，一般有：隧道内出现病害；隧道限界改善或改建；隧道大修，维修施工中安装临时设施；线路起拨道和超高量的变化。按照规定，隧道的综合最小限界应每隔五年重绘一次。此外，在运营过程中一旦发生变化而影响区段综合最小限界时，应随时补作检查测绘，修正上报。隧道综合最小限界均按随超高转动的线路坐标系测绘。已采用和正在采用的方法如下：横断面法；触手式综合限界检查法；摄影法；电视测量法。隧道综合最小限界的测绘，应做到：既能满足货物运输组织的需要，又能为制订改善与扩大隧道限界提供可靠的图形和数据。

3. 隧道表

记载隧道基本特征及其技术状态的变化，按线装订，每年对变动部分进行修改或局部更换。其主要内容包括：隧道编号、中心里程、全长、由洞口起距离(顺里程方向、衬砌的形式、厚度、材料、整体道床或轨枕版、线路坡度、地质概况等项有变化时，都应分段填写)、式样(按定型图号填写)、道床类型、通风方式、排烟时间、排水设备、照明设备、避车洞、地质概况等。

4. 隧道概况表

为了便于查阅和使用，将一些最基本的技术特征编制成概况表。

5. 隧道卷宗

长大及重要或有严重病害的隧道，应建立专门的卷宗，其主要内容包括以下内容：

(1)隧道登记簿的全部内容。

(2)隧道设计、施工图、施工检定验收记录。

(3)隧道衬砌展示图。

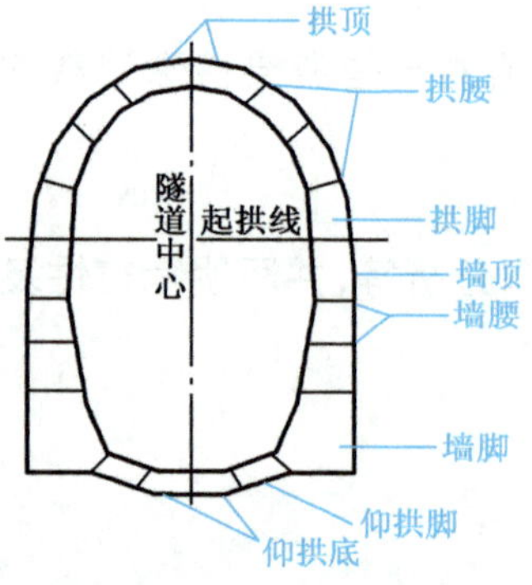

图 14-1 衬砌部位划分

为了便于检查记录病害和分析病害，通常使用隧道衬砌展示图。

隧道衬砌部位的划分见图 14-1。衬砌病害展示图见图 14-2。

(4)隧道综合最小限界图。

(5)各种检查观测记录：衬砌裂纹记录；隧道外降雨记录；衬砌漏水记录；流量、流速、水温观测记录；其他项目观测记录。

隧道技术文件的登记保存非常重要，各工务段应将有关信息资料分门别类寻入计算机进行储存，以便进一步利用计算机网络调用查询。

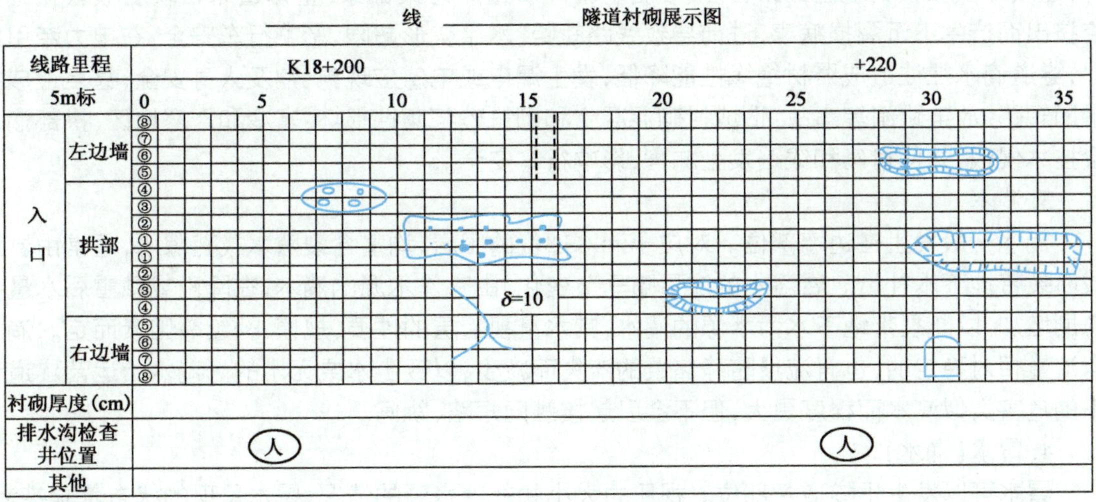

图 14-2　衬砌病害展示图

任务二　隧道水害及整治

教学课件：隧道水害及整治

隧道水害是指在隧道修建和运营过程遇到水的干扰和危害，是最常见的隧道病害。隧道水害对隧道稳定、洞内设施、行车安全、地面建筑和隧道周围水环境产生诸多不良影响甚至威胁，影响内部结构及附属设施，降低使用寿命，严重时将危害到及地下工程的运营安全。因此，研究隧道水害成因，进行合理的防水技术设计，采用正确的方法、工艺进行整治，成为隧道设计、施工和保养的重要内容。

一、隧道水害的种类及危害

（一）隧道渗漏水

按照出水量的大小和形态，通常又细分为渗、滴、淌、冒几种情况。

1. 渗水

发生渗水的部位可能在拱部，也可能在边墙。对应于渗水部位的围岩中，一般只含孔隙水或少量裂隙水，获得的补给很少，甚至完全没有补给水源。某些位于含水率较小围岩中、具有复合衬砌的隧道，当初期支护和二次模筑衬砌间的防水板有细小破损时，也会出现渗水现象。

渗水给运营隧道带来的危害不大。如渗出的水含侵蚀性，将会腐蚀衬砌，但因水量很小，此种腐蚀也不会造成大的破坏。渗水给北方严寒地区隧道带来的危害要比南方大，因为除有类似于南方隧道的危害外，还有冬季的冻害问题。

2. 滴水

滴水一般发生在拱部。对应于滴水部位的围岩，多数富含裂隙水或孔隙水，并有补给水源。补给水源又分为地下水和地表水两种。同一滴水处所也可能同时具有两种补给水源。通常，有稳定地下水源补给的处所，其流量四季变化不大；而主要由地表水补给的处所，其流量会随地表水的季节性变化而变化，这就是同一滴水处所有时滴水、有时又滴水成线的原因。

隧道滴水的主要危害有：造成轮轨黏着力的降低，加速钢轨、扣件以及管线设备的锈蚀损坏;造成土质和软岩地基翻浆冒泥、硬岩地基碎石道床污染翻浆、整体道床松软层被软化或掏空挤出而产生下沉裂损病害,进而导致线路轨距、水平变形超限,影响行车安全;在电力牵引区段,隧道滴水往往造成器材绝缘性能降低,发生漏电或电感应现象,危及人身安全,甚至造成接触网短路、放电跳闸等事故;造成衬砌混凝土和砌筑砂浆腐蚀损坏;寒冷和严寒地区,拱部滴水会挂冰侵限,并使衬砌和线路发生冻害,影响行车安全。

3. 淌水

淌水一般发生在边墙部位。对应于淌水部位的围岩,均富含裂隙水或孔隙水,通常由岩溶或断裂带地下水补给。岩溶水的流量随季节变化,由它作水源的淌水,在降雨或融雪后水量会急剧增加;以断裂带地下水为水源的淌水,其水量视断层的性质、规模、补给等因素而定。淌水有流量相对稳定的,也有流量随静储量的流失而减少,以致少水或无水的。淌水给运营隧道带来的危害类似滴水而程度更大,但不会引起接触网短路、跳闸。

4. 冒水(涌水)

冒水可以发生于隧道各部位。视压力大小和补给水源的情况,冒水呈现的状态差异甚大,可以如喷瀑般地汹涌而出,也可是大股流、射水或散流如暴雨,再小一点像小股流、漫流或散流似大雨,最小也似拱部大片滴水成线或底部小股上冒如泉。

对应于衬砌冒水部位的围岩,多含承压水、岩溶暗河水或者断层带水。全路有水隧道中属于涌水以上的只是极少数,其比例约占5%或更少。在隧道内出现涌水的同时,一般都会发生地表沉陷或地表水源枯竭等现象。

冒水给隧道造成的危害,除前三类漏水危害全有且程度更为严重外,还会引发新的灾害。如贵昆线梅花山隧道,临运中因降大雨后隧道内发生涌水,将已衬砌的边墙压裂,外鼓侵限。打孔放水时,水势凶猛,直射对面边墙,日流量达万吨,中断了行车。

(二)衬砌周围积水

指运营隧道中地表水或地下水向隧道周围渗流汇集,如不能迅速排走,会引起的病害有:

(1)水压较大时导致衬砌破裂。

(2)围岩浸水软化,承载力降低,对衬砌压力加大,导致衬砌破裂。

(3)膨胀性围岩体积膨胀,导致衬砌破裂。

(4)寒冷地区引发冻胀病害。

(三)潜流冲刷

指由于地下水渗流和流动而产生的冲刷和溶蚀作用,其危害有:

(1)衬砌基础下沉,边墙开裂或仰拱、整体道床下沉开裂。

(2)围岩滑移错动,导致衬砌变形开裂。

(3)超挖围岩回填不实或未全部回填者,引发围岩坍塌,导致衬砌破坏。

二、水害的成因

(一)不良的外部环境

指隧道穿过了下列含水地层:

(1)沙类或漂卵石类土层。

(2)节理、裂隙发育的岩层。

(3)石灰岩及白云岩一类可溶性岩层(当有充水溶槽、溶洞或暗河与隧道相连通时)。

(4)浅埋隧道,地表水极易下渗、拥有众多裂隙和孔洞的第四系各类土层。

(二)结构自身缺陷

1. 设计不足

(1)忽视防排水设计。在防水设计前,对工程地质及水文地质情况了解得不够仔细,对衬砌周围地下水源,水量、流向及水质勘察不全,有时还缺乏反映防水材料性能的室内试验数据,致使衬砌混凝土抗渗等级过低和衬砌排水设施不完善,最终引发渗漏和积水。

(2)忽视防腐措施。设计前忽视了对环境水有无侵蚀性介质的测定,设计中对处于含有侵蚀性介质的环境水包围中的衬砌未作防腐设计,导致衬砌腐蚀破坏而漏水。

2. 施工不良

(1)集料受污染。当混凝土内集料不洁时,水泥浆难以与集料表面很好黏结,水泥石本身的黏聚力超过了与集料的附着力,在集料表面形成透水缝隙。

(2)集料有杂物。混凝土材料中混有杂物块体,腐烂后形成透水缝隙或集水空洞。

(3)衬砌后支撑料未拆除在塌方或地层压力过大处,常存在支撑木料未拆或未拆净的现象,腐烂后会在较大范围内形成过水通道或集水空间。

(4)拌和不良。拌和不良分为拌和不充分及拌和时间过长两类。拌和时间过短,水泥浆就很难充分裹覆于集料颗粒表面,特别是潮湿结团的细集料颗粒,从而留下渗漏水小空腔;拌和时间过长又容易产生离析和"泌水"现象,造成局部石子堆积、局部砂浆聚集的状态。局部石子堆积处极易出现蜂窝、麻面类渗漏水区域。

(5)水灰比控制不严。水灰比控制不严有水灰比过大和水灰比过小两种情况。水灰比过大则水泥水化后会剩余较多水分,它们蒸发后会给混凝土内部普遍带来细小孔洞,使之因疏松而渗漏;水灰比过小又会造成水泥水化不充分,集料得不到很好胶结而引发渗漏。

(6)捣固不良。当施工单位缺少振捣设备、设备临时出现故障或负责捣固的人员责任心不强时,往往会出现捣固不足的情况。捣固不足容易造成局部混凝土不密实,留下蜂窝、麻面而引发衬砌渗漏。捣固不良的另一面是由于施工人员专业知识不足,心里没底而捣固过度。捣固过度会出现所谓"翻砂"现象,致使部分水泥浆与细集料分离,造成混凝土局部疏松而引发渗漏。

(7)模板漏浆。浇筑混凝土时,如模板拼接不严密又未加堵塞,捣固过程中就极易导致部分水泥浆流失,从而造成蜂窝、麻面类漏水区域。

(8)砌体灰缝不实。石衬砌或混凝土预制块衬砌的灰缝不密实,会造成众多过水缝隙。

(9)衬砌后空洞。在一些坍方地段,因空间过大,施工单位为省工、抢进度,故意不填实而留下空洞。这些空洞不仅为地下水聚集准备了良好的场所,也极易引发其下部的衬砌出现渗漏。

(10)"三缝"处理不良。衬砌混凝土的"三缝"(施工缝、沉降缝、伸缩缝)未加处理或处理不当,产生接合不严的漏水缝隙。

(11)成品掺假。有些施工队为牟取暴利,会用根本不防水的弃渣填充到衬砌混凝土中而引发渗漏。

3. 材料自身缺陷

混凝土是指以水泥为胶凝材料,以砂、石为集料,通过水泥水化凝固成气、液、固三相并存的多孔性、非匀质性刚体材料。这种材料天生存在大量微裂缝。这是由于水泥水化后,多余水分因组成材料相对密度的不同会向上泌出,而在上泌的过程中,部分水分会沉积于阻挡它上泌的粗集料颗粒和钢筋的底面下，使该处水泥浆体的水灰比增大，以后这些多余水分逐渐蒸发，形成粗大的连通毛细孔。在正常使用条件和正常荷载作用下，这些薄弱的界面区最有可能形成大量微裂缝而引发渗漏。

三、隧道水害整治的方法

微课：隧道水害整治

（一）适当疏排

（1）疏导地表水。对地表水丰富的浅埋隧道，用疏导积水、填平沟谷、砌沟排水等措施，使洞顶地表形成良好的排水系统。洞口仰坡边缘周围设截水沟和排水沟，并保持良好状态。

（2）增设排水沟。对地下水丰富，隧道内无排水沟或排水沟深度不足而导致隧底积水的，应采取增设水沟、改单侧水沟为双侧水沟及加深侧沟等措施。

（3）加深侧沟。既有隧道侧沟沟底位于基床底面以上时，隧道底部的地下水排不出去，积聚在基底以下，在列车动荷载作用下使基底软化、沟墙开裂或倾倒、铺底或仰拱破碎、道床翻浆。实践证明，消除这一病害有效的方法是将侧沟加深至轨面以下1.5m左右，排除基底以下的积水，以保持隧底干燥和稳定。

（4）增设或疏通平行导洞。当长大隧道，仅靠隧道内排水沟不能将流入隧道的地表水及地下水排出时，往往引起水漫道床冲断行车。如贵昆线梅花山隧道、果纳隧道、京原线平行关隧道，这种情况都曾多次发生，这时一般都采用增设或疏通平行导洞的方法。

（5）增设防寒泄水洞。寒冷地区的隧道，衬砌后的地下水渗漏到隧道中，冻结成冰，悬挂在拱部成冰溜，贴附在边墙成冰柱，积聚在道床上成冰丘，都可能侵限危及行车安全，而且由于结冰冻胀，导致衬砌裂损、脱落。为消除其病害增设了泄水洞，泄水洞设在最大冻结线以下，以竖向排水沟与衬砌背后相连，并在泄水洞边墙及洞顶向围岩打潜水孔，以利疏排围岩中的裂隙水。实践证明，增设防寒泄水洞是整治寒冷地区隧道水害的有效方法。

（二）注浆堵水

（1）注浆材料。对注浆材料总的要求是：可灌性好；凝结时间可控制，固化最好是突变的；固化体强度高、抗渗性好、黏结力强、微膨胀、耐久性好；材料来源广，价格便宜；施工工艺简便；无毒，对环境无污染。

（2）向衬砌背后围岩或回填层注浆。一般使用普通水泥净浆或砂浆。普通水泥净浆或砂浆原料丰富，价格低廉，且结硬强度高，耐久性好，但是普通水泥浆初凝时间长，且难以准确控制，易造成浆液流失，早期强度低，强度增长慢，易沉淀析水。因此使用时必须加入速凝剂、膨胀剂、减水剂等，使普通水泥浆具有快凝、早强、微膨胀的性能。

（3）向衬砌内部注浆。衬砌内部的空洞和裂纹相对较小，一般采用超细水泥。超细水泥的可注性与化学浆液相近，无毒、无污染、结硬强度高、耐久性好，是材砌内部注浆的理想材料。

（4）向基底注浆。一般在行车间隔内进行，要求注浆材料必须具有快凝、早强、高强、微膨胀的性能，而且耐久性好。注浆材料曾使用过水泥水玻璃混合液，可注性好、早期效果也好。但是水玻璃的耐久性差。

（三）增设内防水层

运营隧道发生水害，可采用增设内防水层的方法阻止水流进入隧道。内防水层的施作方法主要有三种：刷涂、刮压及喷涂。

（四）水害整治技术关键

1. 分析病害成因，对症整治

检查和分析清楚病害成因是隧道整治的基础，根据引发水害的影响因素和规律，以及病害实际情况，采取针对性的措施，才能取得良好的整治效果；否则，整治效果就不会好。

2. 合理选择防水材料

随着科学的进步，隧道水害整治材料有了很大的发展。新型防水材料，防水材料种类的增多，使水害整治材料的选择有了更大的余地。根据隧道水害的特点，合理地选择防水材料，可做到施工简便、质量可靠、牢固耐久、造价低廉。

3. 严格施工工艺

隧道水害整治应严格按施工工艺进行，否则将会影响整治效果。

四、隧道漏水整治的对策

整治漏水对策按漏水状况，如图 14-3 所示，分为线状漏水整治对策和面状漏水整治对策两类。线状整治对策又可按水的处理方法，面状整治对策按施工方法等分为若干类。

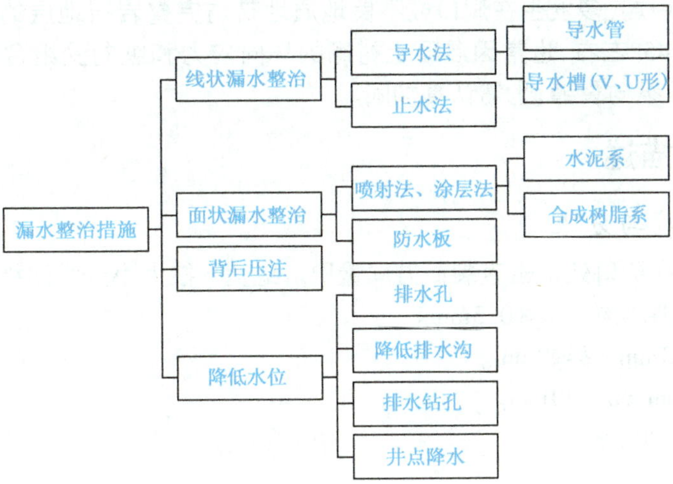

图 14-3 整治漏水对策的分类

任务三 衬砌裂损及整治

教学课件：衬砌裂损及整治

隧道衬砌由于地层压力作用、腐蚀性介质作用、人为因素、列车循环荷载作用等原因产生裂缝和变形，统称为隧道衬砌裂损。衬砌裂损是隧道病害的主要形式，其主要危害有：

（1）降低衬砌结构对围岩的承载能力。

（2）使隧道净空变小，侵入建筑限界，影响车辆安全通过。

（3）拱部衬砌掉块，影响行车和人身安全。

（4）裂缝漏水，造成洞内设施锈蚀，道床翻浆，严寒和寒冷地区产生冻害。

（5）铺底和仰拱破损，基床翻浆、线路变形、危及行车安全，增加养护维修工作量。

一、衬砌裂损的类型

隧道衬砌裂损的类型主要有衬砌变形、衬砌移动、衬砌开裂三种。

（一）衬砌变形

衬砌变形有横向变形和纵向变形两种，其中横向变形是主要变形。横向变形是指衬砌由于受力原因而引起拱轴形状的改变。

（二）衬砌移动

衬砌移动是指衬砌的整体或其中一部分出现转动（倾斜）、平移和下沉（或上抬）等变化，也有纵向和横向之分。对于大多数裂损的衬砌，往往是纵向与横向移动同时出现。

（三）衬砌开裂

衬砌开裂是指衬砌表面出现裂纹（或龟裂）和裂缝（宽度较大）或贯通衬砌全部厚度的裂纹的总称，是衬砌变形的结果。衬砌开裂根据裂缝走向及其和隧道长度方向的相互关系，分为纵向裂缝、环向裂缝及斜向裂缝三种。纵向裂缝平行于隧道轴线，其危害性最大，发展可引起隧道掉拱、边墙断裂甚至整个隧道塌方。环向裂缝，主要由纵向不均匀荷载、围岩地质变化、沉降缝等处理不当所引起，多发生在洞口或不良地质地带与完整岩石地层的交接处。斜向裂缝一般和隧道纵轴呈45°左右，也常因混凝土衬砌的环向应力和纵向受组合而成的拉应力造成的，其危害性仅次于纵向裂缝，也需认真加固。

二、裂损的描述

（一）裂缝宽度与分级

裂缝开裂宽度在缝口处沿垂直裂面方向量取。缝宽 δ 按大小分为四级：

（1）毛裂缝（又叫发丝）：$\delta \leqslant 0.3\text{mm}$。

（2）小裂缝：$0.3\text{mm} < \delta \leqslant 2\text{mm}$。

（3）中裂缝：$2\text{mm} < \delta \leqslant 20\text{mm}$。

（4）大裂缝：$\delta > 20\text{mm}$。

（二）裂缝错距

衬砌出现错牙，用裂缝错距表示。错距沿垂直方向和水平方向量取，前者叫垂直错距，后者叫水平错距。

（三）裂缝间距

具有走向大致相同的相邻裂缝间距，用以描述衬砌破碎程度，一般宜取每一个节段单位来分析。

三、衬砌裂缝的观测

（一）灰块测标观测

如图14-4所示，灰块测标用1:3水泥砂浆　在裂缝上，灰块尺寸可做成 ϕ100mm，厚10mm圆块，或做成100mm × 120mm × 10m的长方块，在灰块上写明日期、编号，再在裂缝的起点、终点用色漆垂直裂缝画线，写明日期，把裂缝编号、宽度、和长度和深度等记入技术文件内。

裂缝如有发展，灰块裂开，裂缝的起止点也将超出原来色漆所标明的位置，此时可按上述方法重做。灰块测标一般设在下列部位:裂缝起止端、裂缝最宽处、裂缝交合处、裂缝中部每3~5m设一块。灰块测标是现场常用的方法,简便易做,但精度稍差。

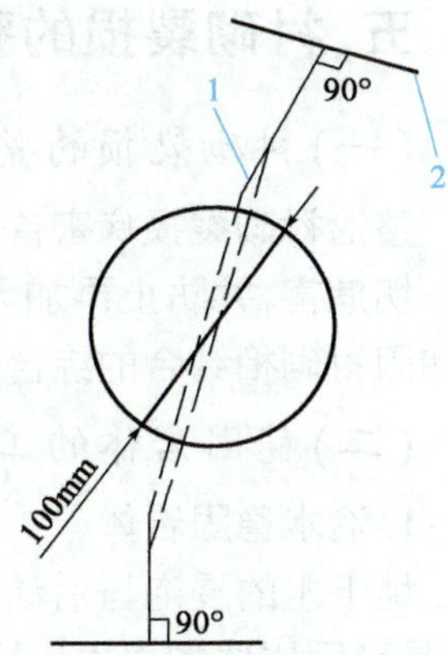

图14-4 灰块测标
1-灰缝;2-油漆画线

(二)钎钉测标观测

对裂纹的扩张程度及其错距还可以安装钎钉测标进行观察。即在裂纹两侧完好圬工中埋入两个钎钉(其中一个为L形),两个钎钉的尖端相交于一点。当衬砌裂纹扩张时,除可量的其扩张程度外,还可测量裂纹的错距。如图14-5所示。

(三)金属板测标观测

金属板测标如图14-6所示。在裂纹两侧的完好圬工中各埋入两个标钉,固定两块薄金属板,其中一块有刻度,另一块有指划零点。根据两块金属板相互移动的位置,可知裂纹扩张程度。这种观测方法可以累计读数,精度较灰块为高。

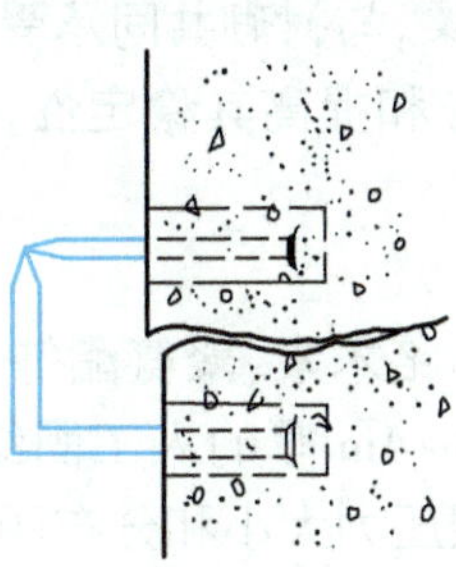
图14-5 钎钉测标

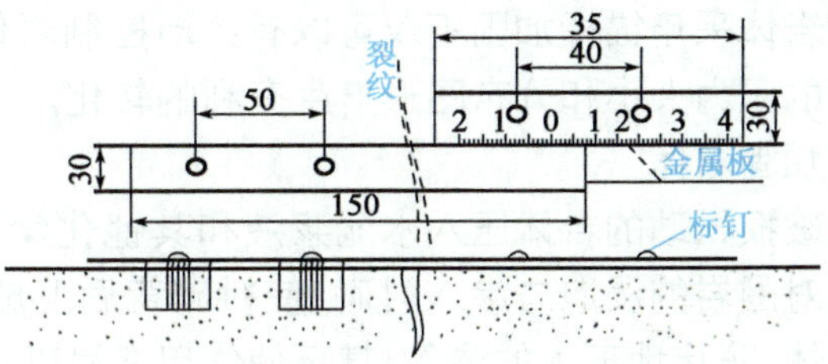

图14-6 金属板测标(尺寸单位:mm)

(四)裂缝宽度及深度测量

裂缝宽度及深度是判别开裂程度的重要依据,现场测量裂缝宽度一般采用裂缝插片尺和裂缝观测仪,南京水利科学研究院采用自制的裂缝尺测量裂缝宽度。裂缝深度一般采用超声波探测仪。

四、衬砌裂损的原因

引发衬砌开裂的原因很多,归纳起来,从大的方面讲,主要有外因和内因两类。外因包含外力和环境,内因则包括材料性质和设计、施工的不足。

(一)导致衬砌开裂的外部原因

(1)出现未预料到的外力:包括松弛土压、突发性崩塌、偏压及坡面蠕动、滑坡、膨胀性土压、水压、地震力、冻胀压力。

(2)环境因素:包括冻害、火灾、盐害、酸害、混凝土碳化。

(二)导致开裂的内部原因

(1)材料固有性质引起开裂:包括水化热、干燥收缩、碱集料反应、和易性差。

(2)设计缺陷:包括设计尺寸不足、未做防腐设计。

(3)施工不良:包括养生不足、拆模过早、灌注不均匀、模板下沉、施工缝处理不良。

五、衬砌裂损的整治措施

微课:隧道衬砌裂损整治

(一)衬砌裂损的整治原则

整治衬砌裂损病害首先要消灭已有的衬砌裂损带来的对结构及运营的一切危害,并防止再加大裂损;其次是采用以稳固围岩为主,稳固围岩与加固衬砌相结合的综合治理措施。

(二)稳固岩体的工程措施

1. 治水稳固岩体

地下水的浸泡与活动对各种围岩的稳定性削弱最大。疏干围岩含水并采取相应治水措施,是稳固岩体的根本措施之一。

2. 锚杆加固岩体

对较好的岩体(小于Ⅴ级),自衬砌内侧向围岩内打入一定数量和深度(3~5m)的金属锚杆、砂浆锚杆,可以把不稳定的岩块固定在稳定的岩体上,提高破损围岩的黏结力,形成一定厚度的承载拱;在水平层状的岩石中把数层岩层串联成一个组合梁,与衬砌共同承受外荷载。对松散破损的岩体采用锚杆加固不仅可以有效地控制岩体的变形和提高其稳定性,而且可以使岩体对衬砌的压力大小和分布图形产生有利的转化。

3. 注浆加固岩体

通过向破损松动的岩体压入水泥浆液和其他化学浆液(如铬木素、聚氨酯等)加固围岩,疏散地下水对围岩的浸泡与渗入衬砌,使衬砌背后形成一个1~4m厚的人工固结圈,就能有效地稳固岩体,防止地下水的渗入,甚至使作用在衬砌上的地层压力大小和分布图形产生有利的转化,有利于衬砌结构的受力和防水。

4. 支挡加固岩体

对靠山、沿河偏压隧道或滑坡地带,除治水稳固山体外,尚可采用支挡措施,包括设支挡墙、锚固沉井、锚固钻(挖)孔桩等来预防山体失稳与滑坡,这种工程措施只能用于洞外整治。

5. 回填与换填

如果衬砌外周围存在着各种大小的空隙(如超挖而没有回填等),不仅使地层压力分布图形产生不利影响,而且使得衬砌结构失去周边的有力支撑条件,不能使衬砌的承载能力得到更大的发挥。此时应采取回填措施,用砂浆或混凝土将围岩空隙回填密实。

如果隧底存在厚度不大的软弱不稳定的岩体或有不稳定的充填物,可以采取换填办法处理。

(三)衬砌更换与加固

已裂损的衬砌一般均有相当大的支护潜力,可以充分利用,仅在没有加固条件或经济上不合理的情况下,或者根据长远技术改造规划的要求才采用更换衬砌的办法。加固工程的主要方法如下:

1. 压浆加固

(1)圬工体内压浆。衬砌裂损发展非常缓慢或者已呈稳定时,可以进行圬工体内压浆,一般以压环氧树脂浆为主,并选择无水季节施工。

(2)衬砌背后压浆加固。主要是针对衬砌的外鼓和整修侧移。在拱后压浆增加拱的约束可以提高衬砌刚度和稳定性。一般可以局部应用,主要在发生外鼓变形的部位使用。

如果衬砌同时存在外鼓与内鼓部位,首先采取临时措施控制内鼓继续变形,然后在外鼓变形的部位压浆加固之后再对内鼓采取加固措施，最后再对全断面进行整体加固。

2. 嵌补加固

对已呈稳定暂不发展的裂隙，如果不能采取压浆加固者可以采取嵌补，即将裂缝 凿剔深，在缝口出用水泥浆、环氧树脂砂浆或环氧树脂混凝土进行嵌补。对发展较快的裂损，为确保安全，可以采取钢拱架临时加固，只加固拱部时用上部拱架加固，拱架脚可以嵌入墙顶或支撑于埋在墙顶的牛腿上，并加纵向联结。如果要全断面加固，则可用长腿钢拱架。为了增加纵向抗弯能力，支撑纵向应加强连接，如果隧道内部净空条件不足，钢拱架可以部分或全部嵌入被加固的圬工体内，并在钢拱架之间再加纵向联结，然后灌注混凝土做成薄套拱形，如图14-7所示。此法在衬砌厚度太薄或衬砌严重破损碎裂时不能采用。

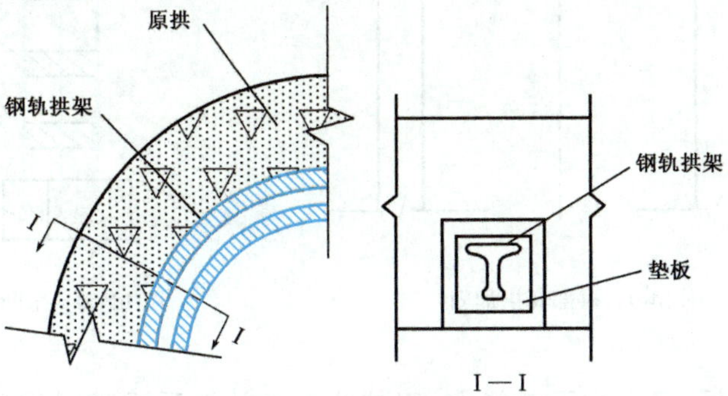

图14-7　嵌补加固

3. 喷锚加固

喷锚加固是较为常用的加固衬砌裂损的措施。

对裂损衬砌的所有内鼓变形和内向移动的裂损部位，采用（预应力）锚杆加固岩体（图14-8）是有效的，此时锚杆即可沿内缘张裂纹的走向两边布置，做局部加固，也可做全断面加固，将衬砌与岩体嵌固在一起，形成一个均匀压缩带，以增强围岩的稳定性，提高支护结构的承载能力。采用此法时应检查衬砌厚度、背后超挖回填及围岩整体性情况。锚杆的设置应在衬砌的背后压浆后两周进行。锚杆的锚固段应设在稳定围岩中。对于衬砌上的裂纹及时嵌填。

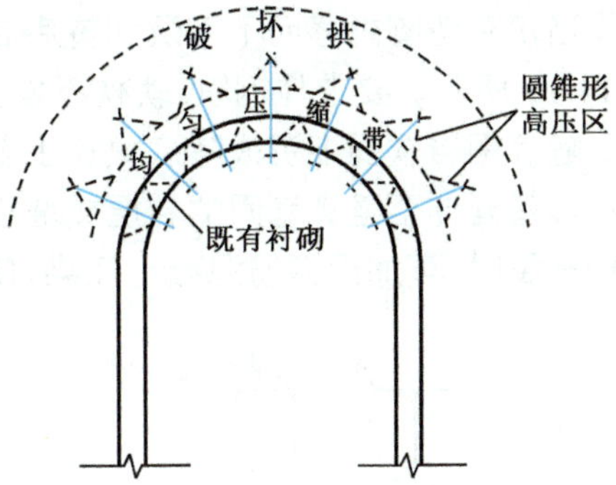

图14-8　喷锚加固

喷混凝土可以使所有已裂损的圬工块体紧密结合，阻止这些块体的松动，同时在喷射压力作用下嵌入裂缝内一定深度，使裂缝重新闭合，增强裂损（包括原因施工缝）衬砌的整体性，较大幅度地提供裂损衬砌的承载能力，达到加固的目的。必要时也可以在喷层中加入钢筋网用于防止收缩裂纹，提高加固结构的整体性和抗震、抗冲切能力。

4. 套拱加固

如果混凝土质量差，厚度不够，或受机车煤烟侵蚀，掉块剥落严重，并且拱顶净空有富余时，可对衬砌拱部加筑套拱（图14-9）或全断面加筑套拱（图14-10）。如果隧道内净空条件不足，可以采取落道加套拱的办法。套拱与原衬砌间用 $\phi16\sim18$mm 的钢筋纤钉锚接，纤钉埋入原拱20cm左右作为钢筋的生根处。套拱中的主筋也可用钢拱架、格栅来代替，其间距为50～80cm，纵向用拉杆焊接。套拱用强度等级不低于C20的混凝土灌注，其厚度为20～30cm。套拱拆模后要进行压浆,以填充其背后空隙,使新旧拱圈连成整体。当拱部灌注混凝土难度较大时,可以采用喷混凝土、网喷混凝土和喷钢纤维混凝土进行加固。事实上,套拱加固已日益被喷锚加固所代替。

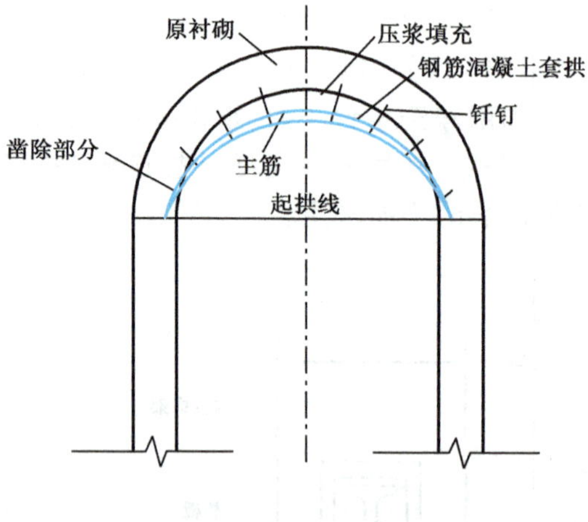

图 14-9　拱部套拱加固

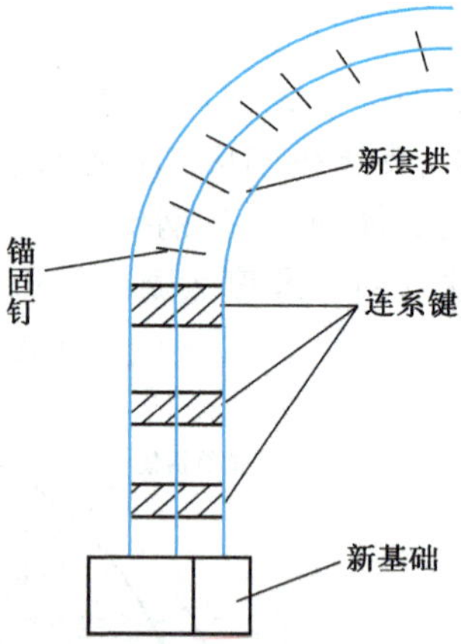

图 14-10　全断面套拱加固

5. 更换衬砌

拱部衬砌破坏严重,已丧失承载能力,用其他整治补强手段难以保证结构稳定,或者衬砌严重侵入限界,采用其他整治措施有困难时,可采用全拱更换,彻底根除病害。

6. 其他加固手段

当仅有墙脚内移而不下沉和隧底岩土隆起时,可在墙基处增设混凝土支撑以扩大基础,如图 14-11 所示。要求与钢轨、轨枕不发生挤压,尺寸一般为 40cm × 40cm,间距 1.5 ~ 2.0m。

隧底围岩软弱下沉或隧底填充上鼓时,可加设仰拱,如图 14-12 所示。边墙基地软弱时,可将墙基延伸至坚实稳固的岩层或增设仰拱。若隧底或墙基下因溶洞或其他洞穴而引起衬砌结构开裂时,可加设钢筋混凝土托梁,使墙基与道床设于钢筋混凝土托梁上。

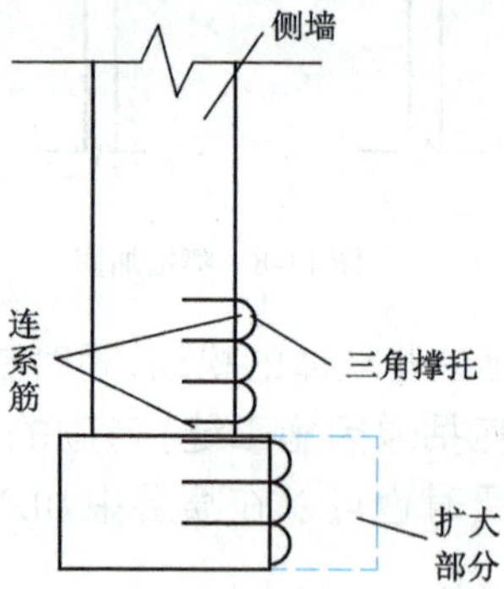

图 14-11　墙基混凝土支撑加固

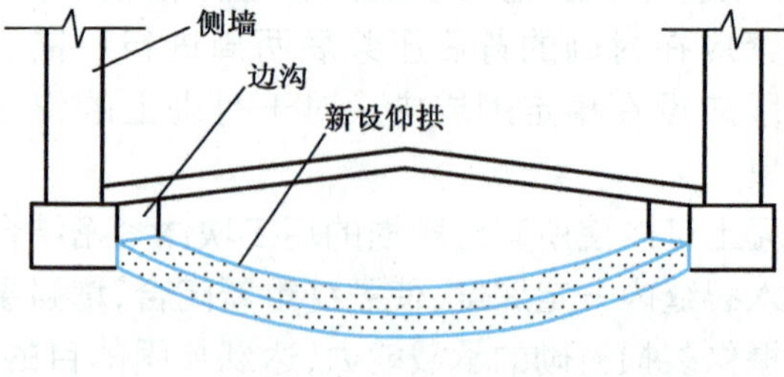

图 14-12　增设仰拱加固

任务四　衬砌腐蚀及整治

教学课件:衬砌腐蚀及整治

铁路、公路线分布广,隧道所处的地质环境千差万别。其中有些地区富含腐蚀性介质。衬砌背后的腐蚀性环境水,容易沿衬砌的毛细孔、工作缝、变形缝及其他孔洞渗流到衬砌内侧，对衬砌混凝土产生物理性或化学性的侵蚀作用，造成衬砌腐蚀。

隧道衬砌腐蚀使混凝土变酥松，强度下降，降低隧道衬砌的承载力，会导致钢轨及扣件腐蚀，缩短使用寿命，危及行车安全。为确保隧道的安全使用，应积极应对衬砌腐蚀病害，研究分析隧道产生腐蚀的原因及作用机理，指导隧道腐蚀的预防和整治。

一、隧道衬砌腐蚀类型

（一）物理腐蚀

1. 冻融交替冻胀性裂损

在寒冷及严寒地区，衬砌混凝土充水部位，受到反复的冻融交替冻胀作用，产生和发展冻胀性裂损病害，造成混凝土裂损。

2. 干湿交替部位的盐类结晶性胀裂破损

渗透到混凝土衬砌表面毛细孔和其他缝隙的盐类溶液，在干湿交替的条件下，由于低温蒸发浓缩析出白毛状或梭柱状结晶，产生胀压作用，会造成混凝土或不密实的砂石衬砌和灰缝起白斑、长白毛，促使混凝土由表及里、逐层破裂疏松脱落，沿渗漏水的裂缝和局部麻面处呈带状或蜂窝状腐蚀凹槽和孔洞。

（二）化学腐蚀

1. 硫酸盐侵蚀

腐蚀机理：主要是因为水中的 SO_4^{2-} 浓度过高，发生化学反应。当 SO_4^{2-} 的浓度高于 1000mg/L 时，能与水泥中的 $Ca(OH)_2$ 起反应，生成石膏：石膏体积膨胀 1.24 倍，形成混凝土的物理破坏。当 SO_4^{2-} 的浓度低于 1000mg/L 时，铝酸三钙与 $Ca(OH)_2$、SO_4^{2-} 共同作用生成硫铝酸盐晶体，体积较原来增大 2.5 倍，产生强大的内应力，造成混凝土开裂、强度下降，破坏混凝土结构稳定。

2. 镁盐侵蚀

腐蚀机理：主要是因为水中的含有 $MgSO_4$、$MgCl_2$ 等镁盐与水泥石中的 $Ca(OH)_2$ 发生反应，生成物 $CaSO_4$ 产生硫酸盐侵蚀，$CaCl_2$ 溶于水而流失，$Mg(OH)_2$ 胶结力很弱，易被渗透水带走。

3. 溶出性侵蚀（软水侵蚀）

腐蚀机理：主要原因是水中 HCO_3^- 含量少，在渗透水的作用下，混凝土中的 $Ca(OH)_2$ 随水陆续流失，使得溶液中的 $Ca(OH)_2$ 浓度降低。当 $Ca(OH)_2$ 浓度低于 1.3g/L 时，混凝土中的 $Ca(OH)_2$ 晶体将溶入水中流失。使混凝土结构变得松散，强度逐渐降低。

4. 碳酸盐侵蚀

侵蚀机理：主要是水中的 CO_2 含量过高，超过了与 $Ca(HCO_3)_2$ 平衡所需要的 CO_2，在侵蚀性 CO_2 作用下，混凝土表层的 $CaCO_3$ 溶于水中，生成 $Ca(HCO_3)_2$，混凝土内部的 $Ca(OH)_2$ 继续与 HCO_3^- 作用或直接与 CO_2 作用，生成 $CaCO_3$，如 CO_2 含量较多，这种作用将继续下去，水泥石因 $Ca(OH)_2$ 流失而结构松散。

5. 一般酸性侵蚀

腐蚀机理：主要原因是水中含有大量的 H^+，各种酸与 $Ca(OH)_2$ 作用后，生成相应的钙盐，由于生成物溶于水的程度不同，侵蚀影响也不同，$CaCl_2$、$Ca(NO_3)_2$ 等易溶于水，随水流失，

$CaSO_4$ 则发生硫酸盐侵蚀。

二、隧道衬砌腐蚀的整治措施

微课:隧道衬砌腐蚀整治

目前,对隧道侵蚀采取的防治措施主要有以下几种:

1. 提高衬砌的密实度和整体性

这是提高混凝土抗侵蚀性能最主要的,也是最重要的措施。因为不管是混凝土或砌块、砂浆遭受化学侵蚀,还是冻融交替或是干湿交替作用,甚至几种情况同时存在的最不利情况,共同的必要条件是衬砌的透水性。由于水及其中侵蚀介质能渗透到衬砌内部,才会发生一系列物理、化学变化,致使衬砌混凝土或砌块、灰缝产生腐蚀损坏。如果在修建隧道衬砌时,采用了防水混凝土(或防水砂浆砌不受侵蚀的石料)作衬砌,提高了衬砌的密实度和整体性,外界侵蚀性水就不易渗入混凝土内部,从而阻止了环境水的侵蚀速度,就可以提高衬砌的耐久性,降低侵蚀的影响。

一般用集料级配法和掺外加剂法配制防水混凝土,来提高隧道衬砌的密实性和防水性。由于隧道衬砌是现场浇筑,在有地下水活动的地段,往往很难保证防水混凝土的质量,从而影响防水性,因此要采取相应措施。

2. 外掺加料法

由于腐蚀主要是由于混凝土中游离的 $Ca(OH)_2$ 等引起的,可以采取降低混凝土中 $Ca(OH)_2$ 浓度的措施来达到抗侵蚀的目的。比如:掺加粉煤灰可以除去游离的 $Ca(OH)_2$,且给予铝相以不活泼性。也可以掺加硅粉,但由于硅粉颗粒细,施工时污染严重,对环境有害,影响其使用。

3. 选用耐侵蚀水泥

合理选择水泥品种,尽量改善混凝土受侵蚀的内因(如对抗硫酸盐侵蚀的水泥要限制C3A 含量不大于5%,在严寒地区不宜选用火山灰质水泥等),但目前尚没有完全可以消除腐蚀的水泥品种。从合理选择水泥品种,与优选粗细集料及级配、掺外加剂、减少用水量等项措施结合起来,最大限度地提高衬砌的抗蚀性和密实度,配制成防腐蚀混凝土,效果就更好。目前隧道工程常用的防腐蚀水泥有抗硫酸盐水泥、高抗硫酸盐水泥、低碱高抗硫酸盐水泥、矾土水泥、石膏矿渣水泥等。

4. 加强衬砌外排水措施

将侵蚀性环境水排离隧道周围,减少侵蚀性地下水与衬砌的接触。目前,在地下水丰富地区,用泄水导洞法将地下水引至导洞内,减少地下水对主体隧道的影响,一般泄水异洞应根据地下水的活动规律和流向,设在主洞的上游,拦截住地下水。地下水不发育地区,在隧道背后做盲沟,将地下水排入盲沟,从而减少对隧道衬砌的腐蚀。

5. 使用密实的与混凝土不起化学作用的材料,在衬砌外表面做隔离防水层

国内常用的防水卷材有 EVA、ECB、PE、PVC 等,这些材料的耐酸碱性能稳定,作为隔离防水层,是较理想的材料。

6. 采用与侵蚀性环境水不起化学反应的天然石料砌筑衬砌

这种方法适用地质条件较好的隧道。

7. 向衬砌背后压注防蚀浆液

这种方法一般适用于隧道。目前,常用材料有阳离子乳化沥青、沥青水泥浆液等沥青类的乳液,高抗硫酸盐、抗硫酸盐水泥类浆液。

在衬砌表面涂抹防水防蚀涂料,常用的有阳离子乳化沥青胶乳涂料、编织乙烯共聚涂料,近几年又使用了焦油聚氨酯涂料、RG 防水涂料等。

8. 防腐蚀混凝土

防腐蚀混凝土是针对环境水侵蚀性介质不同,选用相应抗侵蚀性能较好的水泥品种,通过调整配合比、掺减水剂、引气剂,并采用机械拌和、机械振捣生产的一种密实性和整体性较高的抗腐蚀的防水混凝土。

对既有线隧道的普通混凝土衬砌,产生腐蚀病害,应查明病害原因,结合隧道裂损、漏水病害,综合考虑衬砌加固和改善防、排水条件。对于拱部质量较差的衬砌(有裂损、漏水、厚度不足和腐蚀等多种病害),一般应同时考虑衬砌背后压浆后,对衬砌圬工仍存在的局部渗漏且采用排堵结合整治,并采用喷射混凝土补强堵漏。成昆线既有隧道裂损、漏水、腐蚀病害综合整治取得了大量的成功经验,证明:压浆与喷射混凝土,是综合整治隧道裂损、漏水、腐蚀三种病害的有效措施。对不需要补强的大面积渗漏水地段,也可采用喷涂阳离子乳化沥青胶乳或喷射防水砂浆,做成内贴式防水、防蚀层。在凿毛冲洗干净的圬工面上,喷射混凝土和防水砂浆,均具有黏结性好、密实度高(满足抗渗标号 > B8)、质量耐久可靠等突出优点,应优先考虑采用。

案例分析:隧道病害整治

一、隧道概况及工程地质条件

某电气化双线铁路隧道,隧道全长 6061m,隧道采用复合式衬砌和聚乙烯板防水层,轨下道床采用混凝土宽枕板道床,隧道内设人字坡,除进出口段外,隧道其余地段设置双侧水沟、双侧电缆槽和中心水沟。

自然地理特征及地质构造如下:

隧道位于山丘陵区,地形起伏不大,地面高程 320 ~ 500m。南岭山脉为珠江和长江两大水系的分水岭,山岭多呈馒头形,局部地形陡峻,灌木丛生,植被发育,地表连溪河绕转两次流经隧道顶部。隧道范围内岩溶洼地、岩溶漏斗发育,隧道经过五处溶蚀洼地。隧道地处中亚热带季风湿润气候区,雨量充沛,汛期雨量集中。

二、隧道病害现状

由于地质条件复杂以及设计施工时对岩溶危害认识不足,加上岩溶水的进一步侵蚀作用,造成隧道病害严重,威胁行车安全。自隧道投入运营以来,共发生中断行车和限速慢行 3 次及多次断轨,严重影响了线路的畅通。

隧道病害主要表现为:

(1)拱顶掉块。拱顶掉块共发生 3 次。

(2)衬砌渗漏水严重。支护及维护较差的隧道洞室处渗漏水特别严重,局部水压大的地段发生射水,甚至冲倒洞室边墙。

(3)局部地段衬砌厚度不足,强度不够,部分地段衬砌背后存在空洞、松散回填物及富水等病害情况。

(4)轨下基础破坏导致翻浆冒泥甚至涌水涌泥。隧底铺底基面长期被水浸泡，在列车动载作用下，造成铺底吊空，在列车经过时产生呼吸作用，将碎石与砂子排空，威胁行车安全。

(5)中心水沟涌水涌泥导致泥沙淤积排水不畅。由于道床翻浆冒泥以及水沟本身破坏造成的涌水、涌泥，致使水沟淤塞严重，过水断面减小，排水阻力增加，严重影响了水沟排水。

(6)既有迂回导坑大量涌水加上隧道内渗漏水，由于排水不畅，导致每年雨季水漫道床2～5次。地表旧陷坑复活，并有新陷坑出现，且从小到大、从点到面发展；河水在雨季从陷坑倒灌入隧道。

三、隧道无损检测结果

通过对隧道衬砌周边和隧底的无损检测，发现主要存在以下病害：

在隧道9条测线的衬砌检测中，测线总长度为47720m，衬砌厚度不足的长度为13419m，占总测线长度的28.12%。

从检测图像上看，衬砌背后的空洞和松散区分布较多，大都含有水，且水量较大。由现场勘察结果表明，衬砌表面的裂纹、渗漏水，衬砌腐蚀、麻面等病害较多。无仰拱地段铺底以下部分的虚渣充水吊空病害居多。隧底吊空下沉及充泥充水严重病害段共计10段，合计长度995m。隧道排水系统功能不足，排水不畅，隧底积水，所有病害段均充水，加速了隧底病害的发展。由检测结果可知，南岭隧道病害严重。应对衬砌背后的空洞、松散区、衬砌厚度及强度不足、衬砌裂损、衬砌渗漏水及破损、虚渣吊空、吊空下沉、充泥充水等病害进行整治，以确保隧道运营安全。

四、南岭隧道病害整治措施

(一)整治原则

隧道综合整治遵照安全、可靠、经济以及不危害目前衬砌结构安全的原则，按照以堵为主、拱堵墙排以及清水排、浊水堵的地下水处治方法，灵活采用截、堵、排、填等方法，对地表和洞内衬砌分批、分次序进行整治。

(二)整治方案

1. 疏通地表排水系统

对隧道地表陷坑发育地段，核算地表汇水量，改造既有地表明沟(渠)或新建部分沟渠，使沟渠断面满足地表排水需要，保证隧道地表排水通畅，将地表水排出隧道影响范围之外。

2. 地下水通道整治

根据地下水通道可能位置及对隧道可能产生的危害情况，分别采用陷坑回填、地表浅层注浆隔水和地下注浆拦水墙的整治方案。

(1)地表陷坑回填

根据陷坑大小分别采用钢筋混凝土板或3～5m厚片石混凝土浇筑，上面夯填黏土封闭，陷坑回填后的表面稍高于原有地面，其上植草防护。

(2)地表浅层注浆

对溶蚀洼地进行地表浅层注浆，注浆孔距7～9m，孔深20～25m。采用填充、渗透及挤密等注浆工艺。注浆材料一般采用纯水泥浆液，视注浆情况掺入速凝剂，对较大溶槽、溶沟和溶洞注入水泥砂浆填充。

(3)地下水拦截

在地下水力通道处设置地下拦水注浆墙，以拦截地下水，减少地下水对隧道的影响。

(4)疏通洞内排水系统

①增设侧沟

原设计进出口两端带仰拱衬砌没有设置侧沟,在1995年的大修中增设了侧沟,但增设的侧沟断面小,作用有限,需要补做。

②既有水沟的疏通

对隧道内因道床翻浆冒泥而被破坏的水沟进行修复,并清除沟底淤积的泥沙,确保隧道内排水畅通。

3. 帷幕注浆

在埋深较浅,隧道影响范围内地表陷坑发育,且仍在继续发展,同时洞内病害较严重。采取帷幕注浆方案进行整治,在增强隧道防水能力的同时,改善隧道衬砌受力条件。

4. 隧道衬砌结构补强

根据隧道围岩级别、衬砌裂损情况、衬砌厚度不足和衬砌混凝土强度等情况,对局部地段的衬砌采取中空注浆锚杆、喷聚丙烯纤维混凝土单独或组合进行衬砌结构补强。

5. 隧道衬砌渗漏水处理

对隧道衬砌渗漏水严重地段,采取衬砌背后注浆堵水,注浆材料采用水泥浆。

对隧道衬砌渗漏水点、渗漏水环向施工缝和渗漏水裂缝采取凿槽填充立止水瞬间堵漏剂和外涂优止水高效防水剂进行处理。

6. 隧道衬砌背后局部空洞和松散段回填处理

对隧道衬砌背后空洞、松散回填物和富水等病害采取衬砌背后注浆处理,在防水的同时改善隧道衬砌受力条件。在渗漏水严重地段,采用水泥浆;对其他地段采取水泥砂浆。

五、整治方案总结

以上整治方案作为一个整体,从隧道涌水、涌泥产生的源头以及搬运的路径和出路逐段整治,采用减少源头、截断中间、堵住出口、泄除余量的综合方案。通过地表水系的疏通以及地表陷坑的回填,减少地表水的下渗、土体的下陷;通过地表浅层注浆截断地下水下渗通道,减少流向隧道周边的水流量及含砂量;通过帷幕注浆以及洞内整治对隧道防排水能力以及衬砌结构进行加强,减少隧道内涌水、涌泥量;通过增设侧沟及疏通中心水沟,增强隧道排水能力,减少水对道床的浸泡。

技能训练

1. 大瑶山隧道1988年交付运营,由于道床基地施工质量差,中心沟水大流急等原因,三年后发生线路突然下沉,不得不扣轨限速运行,直到1997年8月隧道内6处扣轨,限速运行6年之久。请分析发生病害原因和处理方法。

2. 小王同学今年毕业于某高职院校,就业于某铁路局,在某工务段负责桥隧养护工作,刚进入单位,对工作内容不熟悉。试确定隧道常规养护内容,以及隧道病害检查内容和缺陷类型。

3. 某铁路单线隧道全长3307m,由于该线路二线施工,新建隧道距离既有隧道仅20m左右,自新线隧道施工开始,由于施工单位在隧道内进行放炮作业,导致既有隧道衬砌多次发生开裂、掉块病害。请分析衬砌裂损原因,并提出处理方法。

参考文献

[1] 国家铁路局. 铁路隧道设计规范:TB 10003—2016[S]. 北京:中国铁道出版社,2016.
[2] 国家铁路局. 高速铁路设计规范:TB 10621—2014[S]. 北京:中国铁道出版社,2014.
[3] 中国铁路总公司. 高速铁路隧道工程施工技术规程: Q/CR 9604—2015[S]. 北京:中国铁道出版社,2015.
[4] 中华人民共和国国家质量监督检验检疫总局,中国国家标准化管理委员会. 全断面隧道掘进机敞开式岩石隧道掘进机:GB/T 34652—2017[S]. 北京:中国铁道出版社,2017.
[5] 中华人民共和国铁道部. 铁路隧道超前地质预报技术规程:Q/CR 9217—2015 [S]. 北京:中国铁道出版社,2015.
[6] 招商局重庆交通科研设计有限公司. 公路隧道设计规范 第一册 土建工程:JTG 3370.1—2018[S]. 北京:人民交通出版社股份有限公司,2019.
[7] 招商局重庆交通科研设计有限公司. 公路隧道通风设计细则:JTG/T D70/2-02—2014[S]. 人民交通出版社,2014.
[8] 任尚强,王建华,郭军,等. 公路隧道标准化施工技术指南[M]. 北京:人民交通出版社,2015.
[9] 关宝树. 矿山法隧道关键技术[M]. 北京:人民交通出版社股份有限公司,2016.
[10] 关宝树. 隧道施工要点集[M]. 2 版. 北京:人民交通出版社,2011.
[11] 中华人民共和国住房和城乡建设部,中华人民共和国国家质量监督检验检疫总局. 岩土锚杆与喷射混凝土支护工程技术规范:GB 50086—2015[S]. 北京:中国建筑工业出版社,2015.
[12] 国家铁路局. 铁路隧道排水板:TB/T 3354—2014[S]. 北京:中国铁道出版社,2015.
[13] 中国铁路总公司. 铁路隧道监控量测技术规程:Q/CR 9218—2015[S]. 北京:中国铁道出版社,2016.
[14] 国家铁路局. 高速铁路隧道工程施工质量验收标准:TB/T 10753—2018[S]. 北京:中国铁道出版社,2018.
[15] 王梦恕. 中国隧道及地下工程修建技术[M]. 北京:人民交通出版社,2010.
[16] 韦爱勇. 工程爆破技术[M]. 哈尔滨:哈尔滨工业大学出版社,2010.
[17] 傅鹤林. 隧道安全施工技术手册[M]. 北京:人民交通出版社,2010.
[18] 刘殿中,杨仕春. 工程爆破实用手册[M]. 北京:冶金工业出版社,2003.
[19] 叶英. 隧道施工超前地质预报[M]. 北京:人民交通出版社,2011.
[20] 吴从师,阳军生. 隧道施工监控量测与超前地质预报[M]. 北京:人民交通出版社,2012.
[21] 朱永全,宋玉香. 隧道工程[M]. 3 版. 北京:中国铁道出版社,2015.
[22] 陈馈. 盾构施工技术[M]. 2 版. 北京:人民交通出版社,2016.
[23] 中铁隧道集团有限公司. 铁路隧道防排水施工技术指南:TZ 331—2009[S]. 北京:中国铁道出版社,2009.
[24] 张冰. 地铁盾构施工[M]. 北京:人民交通出版社,2011.
[25] 李祖伟,袁勇. 特长公路隧道建设工程技术——重庆万开高速公路铁峰山隧道工程[M]. 北京:人民交通出版社,2007.

[26] 杨新安,黄宏伟. 隧道病害与防治[M]. 上海:同济大学出版社,2003.
[27] 方利成. 隧道工程病害防治图集[M]. 北京:中国电力出版社,2001.
[28] 张惠兰. 京广铁路南岭隧道病害整治[J]. 隧道建设,2006,03.
[29] 何广沂 ,徐凤奎. 节能环保工程爆破[M]. 北京:中国铁道出版社,2007.
[30] 高红宾. 隧道掘进新技术-水压爆破施工[J]. 公路交通技术,2009(3).
[31] 邓勇,孙星亮,吴应明,等. 岩溶区高速铁路隧道修建技术[M]. 北京:中国铁道出版社,2019.
[32] 何广沂,张进增,王树成,等. 隧道聚能水压光面爆破新技术[M]. 北京:中国铁道出版社,2018.
[33] 肖明清. 水下隧道设计技术[M]. 北京:中国铁道出版社,2016.
[34] 高军. 图解铁路不良地质与特殊岩土隧道施工安全与逃生[M]. 北京:中国铁道出版社,2012.
[35] 赵勇,肖明清,肖广智. 中国高速铁路隧道[M]. 北京:中国铁道出版社,2016.
[36] 王海涛. 隧道管棚预支护技术的作用机理与工程应用[M]. 北京:中国铁道出版社,2017.
[37] 卿三惠. 隧道及地铁工程[M]. 2 版. 北京:中国铁道出版社,2013.
[38] 雷升祥. 瓦斯隧道施工技术与管理[M]. 北京:中国铁道出版社,2011.
[39] 徐国平,吕卫清,陈越,等. 沉管隧道设计与施工指南[M]. 北京:人民交通出版社股份有限公司,2018.
[40] 安关峰. 沉管隧道施工技术指南[M]. 北京:中国建筑工业出版社,2017.
[41] 刘辉. 蒙华重载铁路隧道修建关键技术[M]. 北京:人民交通出版社股份有限公司,2019.

人民交通出版社股份有限公司　轨道与航空出版中心
高职交通运输与土建类专业系列教材

一、公共基础课

土木工程实用应用文写作(第3版)(朱　旭) …… 39.8元

二、专业基础课

1. 工程力学(上)(王建中) …… 34元
2. 工程力学(下)(王建中) …… 24元
3. 土木工程实用力学(第3版)(马悦茵) …… 49元
4. 工程制图与识图(牟　明) …… 28元
5. 工程制图与识图习题集(牟　明) …… 20元
6. 工程地质(任宝玲) …… 29元
7. 工程地质(彩色)(沈　艳) …… 39元
8. 工程测量(第3版)(冯建亚) …… 48元
9. 土木工程材料(第3版)(活页式教材)(赵丽萍　何文敏) …… 89元
10. 混凝土结构(李连生) …… 35元
11. 钢筋混凝土结构(胡　娟) …… 39元
12. 土力学与地基基础(第3版)(靳晓燕) …… 49元
13. 施工临时结构检算(第2版)(李连生) …… 32元
14. 工程材料(盛海洋) …… 53元

三、专业课

(一)铁道工程/高速铁道工程技术专业

1. 铁道概论(第2版)(张　立) …… 35元
2. 铁路线路施工与维护(第二版)(方　筠) …… 46元
3. 高速铁路路基施工与维护(第2版)(安　宁) …… 65元
4. 高速铁路轨道施工与维护(第2版)(方　筠) …… 55元
5. 隧道施工(第3版)(宋秀清) …… 55元
6. 桥梁工程(付迎春) …… 46元
7. 铁路工程施工组织(吴安保) …… 27元
8. 铁路工程概预算(吴安保) …… 25元
9. 铁路工程概预算(第二版)(樊原子) …… 42元
10. 施工内业资料整理(徐　燕) …… 29元
11. 无砟轨道施工测量与检测技术(赵景民) …… 29元
12. 工程材料试验与检测(夏　芳) …… 38元
13. 铁路机械化养路(汪　奕) …… 38元
14. 道路与铁道工程试验检测技术(第二版)(白福祥　韩仁海) …… 45元
15. 混凝土(钢)结构检算(第2版)(丁广炜) …… 38元
16. 施工企业财务管理(孔艳华) …… 44元

(二)城市轨道交通工程/地下与隧道工程技术专业

1. 城市轨道交通工程概论(张　立) …… 32元
2. 城市轨道交通工程(安　宁) …… 38元
3. 地下铁道(毛红梅) …… 35元
4. 地铁盾构施工(张　冰) …… 29元
5. 隧道施工(第3版)(宋秀清) …… 55元
6. 盾构构造与操作维护(毛红梅) …… 45元
7. 地铁车站施工(战启芳) …… 30元
8. 高架结构(刘　杰) …… 34元
9. 工程材料试验与检测(夏　芳) …… 38元
10. 城市轨道交通工程施工组织与概预算(王立勇) …… 86元
11. 城市轨道交通工程测量(钱治国) …… 39元
12. 施工内业资料整理(徐　燕) …… 29元
13. 地下工程监控量测(第2版)(毛红梅) …… 45元
14. 隧道施工质量检测与验收(第2版)(毛红梅) …… 52元
15. 工程机械(第2版)(卜昭海) …… 45元
16. 混凝土(钢)结构检算(第2版)(丁广炜) …… 38元
17. 盾构法施工(陈　馈　焦胜军　冯欢欢) …… 49元
18. 隧道工程(盛海洋) …… 53元

(三)道路与桥梁工程技术专业

1. 路基路面施工(叶　超　赵　东) …… 49元
2. 路基路面施工技术(梁世栋) …… 42元
3. 桥梁工程(付迎春) …… 46元
4. 公路工程施工组织与概预算(第二版)(梁世栋) …… 41元
5. 路基路面试验与检测(张小利) …… 34元
6. 工程材料试验与检测(夏　芳) …… 38元
7. 施工内业资料整理(徐　燕) …… 29元
8. AutoCAD2016道桥制图(张立明) …… 48元
9. 公路工程预算(罗建华) …… 33元
10. 建设法规实务(夏　芳　齐红军) …… 32元

(四)城市轨道交通运营管理/铁道运营管理专业

1. 城市轨道交通概论(叶华平) …… 35元
2. 城市轨道交通概论(翁　瑶　朱　鸣) …… 45元
3. 城市轨道交通行车组织(费安萍) …… 39元
4. 城市轨道交通安全管理(第3版)(李慧玲) …… 48元
5. 城市轨道交通应急处理(第3版)(李宇辉) …… 49元
6. 铁路客运组织(李　亚) …… 39元

了解教材信息及订购教材,可查询:天猫"人民交通出版社旗舰店"